高职高专食品类专业规划教材

U1020009

食品营养与健康

SHIPIN YINGYANG YU JIANKANG

（第2版）

主　编　杨玉红　孙秀青

副主编　刘海琴　曹　娅　王富刚
　　　　薛娟萍　裴保河　徐　魏

参　编　刘国政　刘　越　刘　皓
　　　　张阳迪　刘利娟　胡肖容

武汉理工大学出版社
WUTP　Wuhan University of Technology Press

内 容 提 要

本教材以《高等职业学校专业教学标准》为依据，按照高等职业教育食品类专业规定的职业培养目标要求，参照"公共营养师"等国家职业标准（中/高级）的基本工作要求，结合《中国公民健康素养——基本知识与技能（试行）》要点编写，旨在介绍食品营养与健康的基本知识与技能。

本教材可作为高职高专食品加工技术专业、食品营养与检测专业、食品生物技术专业、农产品质量检测专业、农畜特产品加工专业、食品药品监督管理专业、粮食工程专业等教学用书，同时也可供从事营养、食品专业的工作人员参考。

图书在版编目(CIP)数据

食品营养与健康/杨玉红，孙秀青主编. —2 版. —武汉：武汉理工大学出版社，2019.4
ISBN 978-7-5629-6021-8

Ⅰ.①食… Ⅱ.①杨… ②孙… Ⅲ.①食品营养-关系-健康-高等职业教育-教材
Ⅳ.①R151.4

中国版本图书馆 CIP 数据核字(2019)第 079968 号

项目负责人：崔庆喜（027-87523138）
责任编辑：雷 蕾
责任校对：楼燕芳
封面设计：芳华时代
出版发行：武汉理工大学出版社
网　　址：http://www.wutp.com.cn
地　　址：武汉市洪山区珞狮路 122 号
邮　　编：430070
印　　刷：武汉兴和彩色印务有限公司
经　　销：各地新华书店
开　　本：787×1092　1/16
印　　张：19.5
插　　页：1
字　　数：489 千字
版　　次：2019 年 4 月第 2 版
印　　次：2019 年 4 月第 1 次印刷
印　　数：3000 册
定　　价：49.00 元

凡使用本教材的教师，可通过 E-mail 索取教学参考资料。
E-mail：wutpcqx@163.com
本社购书热线电话：027-87384729　87664138　87165708（传真）
凡购本书，如有缺页、倒页、脱页等印装质量问题，请向出版社发行部调换。

出版说明

食品工业的发展直接关系到国计民生，也是衡量一个国家、一个民族经济发展水平和人民生活质量的重要标志。经过改革开放30多年的快速发展，我国食品工业呈现出快速发展的势头，已成为国民经济发展中增长最快、最具活力的产业之一，对提高城乡居民生活水平、推动相关产业发展、扩大就业、带动农民增收等具有重要作用。而食品工业的发展离不开优秀专业人才的支撑，这些人才既需要具备现代的专业知识、理念和素质，熟悉食品行业的生产技术、管理方法和手段，又要具备较强的实践操作能力和创新能力。

为了响应教育部关于"推出一批特色鲜明的高质量的高职高专教育教材，形成一纲多本、优化配套的高职高专教育教材体系"的目标，满足我国高速发展的食品工业对优秀高职人才的迫切需求，武汉理工大学出版社在广泛、细致、深入调研的基础上，经申报立项，组织编写了这套"高职高专食品类专业规划教材"。本套教材将分期、分批出版。

本套教材的编写具有以下特色：

◆ **定位准确。**根据高职食品类专业人才培养目标与定位，本套教材的编写紧紧围绕"为高等职业教育服务"这一宗旨，依据企业对食品类专业人才的知识、能力、素质要求，突出职业能力培养，精选高职高专学生终身发展所需的基础知识和基本技能，遵循"必需"、"够用"、"管用"的原则，突出"能力本位"和"就业导向"等高职教育特色，以实现社会需要、学科特点和学生发展三者的有机统一。

◆ **内容全面。**本套教材以高职高专食品类专业基本课程建设为依据，内容覆盖面广，知识含量多，为学生提供丰富、多层次、跨学科的全面的专业知识。同时，将职业工作任务引领的工作过程知识、基本理论、技能、程序、步骤融入教材，反映专业新知识、新技术，体现与时俱进原则；引入企业实例、项目和管理案例，适于自主学习，培养创新人才；在适当介绍理论知识的基础上，突出强调实践环节的设计，在选材上紧扣食品行业的生产实践，以满足用人单位对人才的知识和技能要求。

◆ **体例新颖。**本套教材中多数专业课教材的编写体例以学习情境和学习项目代替以往的章节，将以往的理论知识放在实验原理部分讲授，理论知识以实用为主，其内容选取紧紧围绕工作任务完成的需要来进行，同时又充分考虑了高等职业教育对理论知识学习的需要，并融合了相关职业资格考试对知识、技能和素质的要求。通过训练学习和职业技能鉴定，以工作任务为中心，将不同类型的知识综合起来，实现理论与实践的一体化，有利于培养学生综合应用知识的技能。针对高职高专的教学特点，几乎每本教材均设置了"知识目标"、"技能目标"、"小结"、"关键概念"、"课堂讨论"、"复习思考题"、"实验"或"实训"等栏目，讲练结合，体例新颖，可读性强，以期通过寓教于乐的方式加深学生对相关知识的理解与掌握。

为确保教材的编写质量，我们对教材编写人员做了比较严格的把关，参加本套教材编写的人员多数来自教学和生产一线，有丰富的教学经验和科研成果，又得到了行业专家的指导和积极参与，从而保证了教材的编写质量。相信本套教材的出版不仅能较好地满足高职高专食品类专业的教学需求，而且对促进高职高专的课程建设与改革、提高教学质量也将起到积极的推动作用。

为方便教师组织教学，我们精心制作了与教材配套的教学课件，以提高教学时效，丰富课堂教学内容。

本套教材主要适用于高等职业技术学院、普通高等专科学校、本科院校的二级学院和成人高校的食品加工技术、食品营养与检测、食品生物技术、农产品质量检测等专业以及其他相关专业的教学，也可作为专业技能考试和国家相关职业证书考试的教学培训和参考用书，还可作为从事食品类生产的技术人员的参考用书。

高职高专食品类专业规划教材编审委员会

2011年1月

高职高专食品类专业规划教材
编审委员会

高职高专食品类专业规划教材
参 编 单 位

（排名不分先后）

黑龙江生物科技职业学院
武汉职业技术学院
黑龙江农业职业技术学院
南充职业技术学院
辽宁经济职业技术学院
黑龙江职业学院
漯河医学高等专科学校
河北农业大学
黑龙江省农垦科学院
山东商务职业学院
广东轻工职业技术学院
芜湖职业技术学院
佳木斯市药品检验所
黑龙江生态工程职业学院
清远职业技术学院
河北工程大学
华南理工大学
黑龙江省完达山乳业股份有限公司
黑龙江旅游职业学院
湖州师范学院
哈尔滨米旗食品公司
湖南农业大学
内蒙古兴安职业技术学院
新疆石河子职业技术学院
鹤壁职业技术学院
广东科贸职业学院
湖南生物机电职业技术学院
邯郸职业技术学院
湖南食品药品职业技术学院
黑龙江农垦科技职业学院
武汉软件工程职业学院
威海职业学院
广东食品药品职业学院
湖南环境生物职业技术学院
黑龙江民族职业学院
邯郸市疾病预防控制中心
河南农业职业学院
常熟理工学院
黑龙江农垦职业学院
重庆教育学院
哈尔滨啤酒有限公司
华中农业大学
湖南科技职业技术学院
黑龙江达仁堂医药有限公司
揭阳职业技术学院
佳木斯大学
江苏食品药品职业技术学院
湖北轻工职业技术学院

第2版前言

《食品营养与健康》自2015年出版以来受到了广大职业院校师生的认可与好评。近年来,相关食品法律法规及标准出台或修订,特别是2016年发布了第四版《中国居民膳食指南》,该指南的可操作性和实用性更强,注重饮食文化传承发扬,兼顾科学性和科普性。应广大读者的要求,我们依据新版《中国居民膳食指南》及相关标准,对初版教材进行了更新和完善,推出了《食品营养与健康》的第2版。

第2版教材以《高等职业学校专业教学标准》为依据,按照高等职业教育食品类专业规定的职业培养目标要求,在保留初版教材特色的基础上,结合多所高职高专院校本课程的教学及实践发现的问题,对初版教材存在的疏漏及不当之处加以修正;依据新版《中国居民膳食指南》对合理营养与膳食指南、特殊人群的膳食指南、营养评价等内容进行了修订,删除了与现行食品标准不吻合的内容,加大了特殊人群的膳食指南相关内容的比重,更新了营养强化及保健食品相关内容,同时新增及更新了部分实训。修订后的教材实用性更强,内容更新颖。

本教材可作为高职高专食品加工技术专业、食品营养与检测专业、食品安全与管理专业等专业的教学用书,同时也可供食品企业和食品质量管理等部门人员学习参考。

本教材由杨玉红和孙秀青(鹤壁职业技术学院)担任主编并统稿,刘海琴(鹤壁市畜产品质量监测检验中心)、曹娅(河南农业职业学院)、王富刚(漯河医学高等专科学校)、薛娟萍(广西生态工程职业技术学院)、裴保河(鹤壁市疾病预防控制中心)、徐魏(湖南食品药品职业学院)担任副主编。刘国政(重庆安全技术职业学院)、刘越(鹤壁市疾病预防控制中心)、刘皓(鹤壁市人民医院)、张阳迪(鹤壁职业技术学院)、刘利娟(鹤壁职业技术学院)、胡肖荣(长沙环境保护职业技术学院)参加了部分章节的编写修订工作。

在教材的编写过程中,我们得到了国内有关高等院校、企业专家的热情帮助和武汉理工大学出版社的大力支持,在此谨致以诚挚的谢意。编写过程中,我们参考了许多国内同行的论著及部分网上资料,资料来源未能一一注明,在此向原作者表示诚挚的感谢。

由于编者水平和时间有限,书中不当之处在所难免,恳请同仁和读者批评指正,以便进一步修改和完善。

编　者

2019年2月

第1版前言

“食品营养与健康”是营养指导核心职业能力培养的主要支撑课程，本课程以食品加工生产、销售、餐饮服务等职业岗位及人们日常生活中所需食品营养基础知识为重点，旨在培养学生的营养指导职业能力和基本健康素养。

本教材以《高等职业学校专业教学标准（试行）》为依据，按照高等职业教育食品类专业规定的职业培养目标要求，参照“公共营养师”等国家职业标准（中/高级）基本工作要求，结合《中国公民健康素养——基本知识与技能（试行）》要点编写，旨在介绍食品营养与健康的基本知识与技能，把“公共营养师（三级、四级）”的主要工作内容与食品加工生产、销售、餐饮服务等职业岗位要求有机结合，突出科学性和职业性；把膳食指导的相关知识和技能与公民健康素养教育紧密联系在一起，注重教材的实用性和科普性。

教材内容包括营养基础知识、膳食营养指导、膳食营养与疾病、食品的营养强化、保健功能食品等，力求将现代食品营养学理论与健康理念有机结合。为方便学生学习，每章前均有“知识目标”和“技能目标”，理论学习同时安排技能训练，章后有小结和思考题。在思考题、实训的编写上强调对学生的发散性思维的培养，鼓励学生扩大知识面，学以致用，将理论转化为实际技术。各学校可根据教学实际需要，灵活选用教学内容及实训项目。

本教材可作为高职高专食品加工技术专业、食品营养与检测专业、食品生物技术专业、农产品质量检测专业、农畜特产品加工专业、食品药品监督管理专业、粮食工程专业等教学用书，同时也可供从事营养、食品专业的工作人员参考。

本教材由杨玉红、孙秀青担任主编并统稿，曹娅、陈刚、刘卫国、郭芸担任副主编，裴保河、何雷堂参与了大纲的审定及内容筛选工作。具体编写分工如下：杨玉红编写绪论、第二章、附表（部分），刘卫国编写第一章、第八章（部分），孙秀青编写第三章、第五章（部分）、第六章（部分），曹娅编写第四章，陈刚编写第五章（部分）、第六章（部分）、附表（部分），郭芸编写第七章、第八章（部分）。

本教材的编写得到国内各有关高等院校及企业领导、食品专家的热情帮助和武汉理工大学出版社的大力支持，在此谨致以诚挚的谢意。在编写过程中，编者参考了许多国内同行的论著及部分网上资料，材料来源未能一一注明，在此向原作者表示诚挚的感谢。由于编者知识水平和条件有限，教材内容涉及生理学、医学、食品科学等多门学科，并且内容体系庞大，错误在所难免，恳请同仁和读者批评指正，以便进一步修改、完善。

编　者

2015年1月

目　录

第一章 食物的消化与吸收

知识目标

1. 了解消化系统的组成；消化与吸收的概念。
2. 熟悉各类食物消化和吸收的过程。

技能目标

能够根据食物的种类推测出消化与吸收的部位、分子形式、途径及影响因素。

第一节 消化系统概述

食物中含有多种营养素，其中水、无机盐及某些维生素能够直接被人体吸收；蛋白质、脂肪及多糖必须先要在消化管内进行消化分解，使结构复杂的大分子物质变成结构简单的小分子物质，才能被吸收。

一、消化与吸收的概念

食物在消化管内被分解成结构简单、可被吸收的小分子物质的过程称为消化，包括机械性消化和化学性消化两个过程。其中，通过消化管的机械作用，把食物进行机械性磨碎并与消化液混合、推进食糜，称为机械性消化；通过消化酶的作用，对食物进行化学性分解，把大分子变成小分子，称为化学性消化。机械性消化和化学性消化是相互联系、相互促进的。

食物消化后产生的分解产物通过消化管壁进入血液和淋巴的过程称为吸收。

消化和吸收两个生理过程的正常进行，对人体的新陈代谢、生长发育及从事各项活动所需营养的供给，是非常重要的。

二、消化系统的组成

消化和吸收是通过消化系统来完成的。消化系统由消化管和消化腺两部分组成。

(一)消化管

消化管是一条起自口腔延续到肛门的肌性管道，全长8～10m，按照位置、形态和功能的不同，分为口腔、咽、食管、胃、小肠(十二指肠、空肠、回肠)及大肠(盲肠和阑尾、升结肠、横结肠、降结肠、乙状结肠、直肠和肛门)等部分。消化管可以通过紧张性收缩、蠕动及节律性分节运动等方式混合食物和推进食糜。

(二)消化腺

消化腺是分泌消化液的器官，有小消化腺和大消化腺两种。小消化腺(胃腺、肠腺)分散在消化管各部的管壁内，其分泌液直接进入消化管腔；大消化腺有三对唾液腺(腮腺、下颌下腺、舌下腺）、肝和胰，它们均借助导管，将分泌物排入消化管内。

人体的消化系统如图 1-1 所示。

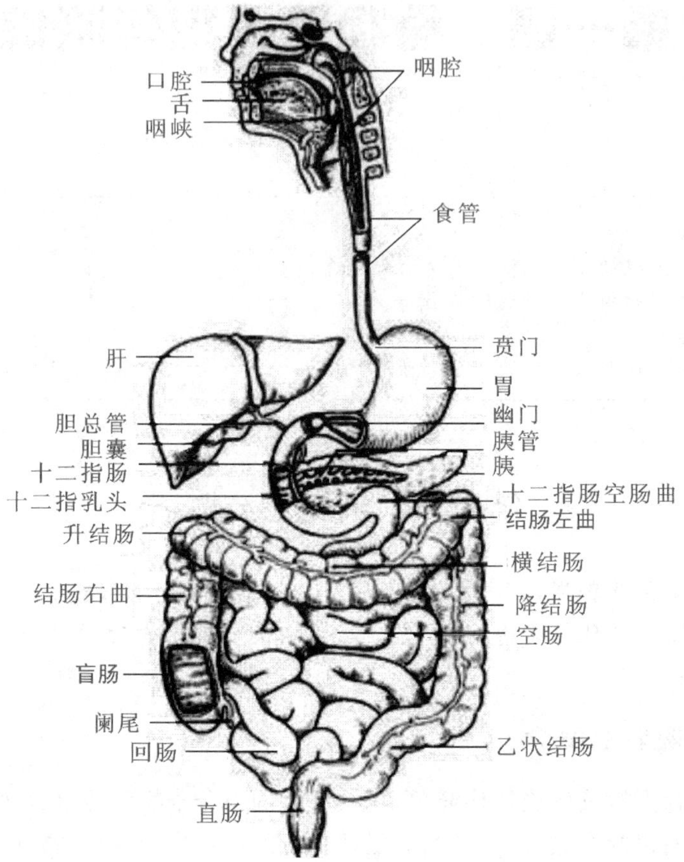

图 1-1　人体的消化系统

第二节　食物的消化

食物在人体内的消化过程，按其先后顺序可分为三个阶段。

一、口腔消化

食物在口腔内主要是进行机械性消化，经牙齿的咬切、撕裂、咀嚼，将大块的食物磨碎，再经舌的搅拌，使食物与口腔中分泌的唾液充分混合。唾液中含有淀粉酶，能将粮谷类食品中的淀粉变成麦芽糖。唾液中除了淀粉酶外，还有黏蛋白，它可使食物润滑，易于吞咽，使食物由食道经贲门进入胃。由于食物在口腔中停留的时间很短，因此食物中的淀粉并不能完全被消化。唾液中没有其他的酶，脂肪和蛋白质在口腔中主要是机械性消化。

二、胃内消化

食物进入胃后需要继续进行消化。胃有两种机能：一种是暂时贮存食物。成年人的胃一般可容纳 1～2L 食物，因此一次饱餐后食物在胃内可停留较长时间，使食物慢慢地进入十二指肠，这就保证了食物在小肠内的消化和吸收。食物在胃内停留时间的长短与食物的量和性质有密切关系。另一种是消化食物。当食物进入胃时，胃壁就逐渐舒张，以容纳食物，同时胃壁肌肉也开始有节奏地蠕动，其蠕动作用是将胃内的食物搅动，使其和胃液充分混合成为粥状食糜。胃的蠕动还能把食糜推送到十二指肠。如果暴饮暴食，会引起急性胃扩张，使胃的蠕动减弱或丧失。

胃黏膜内有胃腺，它分泌一种无色透明的酸性胃液，成年人每天可分泌 1.5～2.5L 胃液。胃液中含有三种主要成分，即胃蛋白酶、盐酸和黏液。胃蛋白酶能够使食物中的蛋白质分解成为分子较小的蛋白胨。盐酸即胃酸，能使无活性的蛋白酶原变成有活性的胃蛋白酶，并为胃蛋白酶创造适宜的酸性环境，同时还有杀死随食物进入胃内细菌的作用。胃酸进入小肠后可刺激胰液、胆汁和小肠液的分泌。胃酸形成的酸性环境有助于小肠对铁和钙的吸收。胃黏液有润滑作用，可减少食物对胃黏膜的损伤，也能减少胃酸、胃蛋白酶对胃黏膜的侵蚀，对胃有保护作用。

胃液分泌受不同食物的影响，蔬菜、蛋白质类食物（浓肉汤、鸡汤、骨头汤和各种煮熟的蔬菜）促进胃液分泌的作用较强，糖类也有促进胃液分泌的作用，脂肪类食物则抑制胃液的分泌，使食物在胃内停留的时间较长。食物由胃进入小肠的过程称为胃的排空。一般食物入胃后 5min 就开始有部分食物排入十二指肠，但完全排空需要 4～6h；胃排空的时间与食物的量和性质有关，一般流体食物比固体食物排空快。各类食物中糖类排空较快，蛋白质排空较慢，脂肪排空更慢，人们吃了油腻的食物后不易饥饿就是这个原因。混合性食物的排空时间为 4～5h。

三、小肠内消化

胃内的食物进入小肠后，因带酸性，刺激胰腺分泌胰液，肝脏分泌胆汁，小肠黏膜分泌小肠液。胰液是由胰腺分泌的一种碱性消化液，成年人每天分泌 1～2L 胰液，其中含有一些重要的酶类，如胰淀粉酶、胰蛋白酶和胰脂肪酶等。胰淀粉酶能将食物中的淀粉分解为麦芽糖，并在麦芽糖酶的作用下进一步将麦芽糖分解为葡萄糖。胰蛋白酶能将蛋白质分解成氨基酸。胰脂肪酶能将脂肪分解成甘油和脂肪酸。由此可见，胰液是消化液中消化能力最强的一种。因此，当胰腺功能受损时（如慢性胰腺炎），食物的消化将明显受到影响，这时在患者的粪便中就会出现未消化的肉类、纤维和脂肪微粒。

胆汁是由肝脏分泌的一种金黄色或深绿色、味苦的碱性液体，它平时贮存在胆囊中。当食物进入小肠后引起胆囊收缩，胆汁就排入十二指肠中。成年人每天分泌 1～1.5L胆汁。胆汁中不含消化酶，其成分除水外，还有胆色素、胆盐、胆固醇、卵磷脂等。其中最重要的成分是胆盐，它的主要作用：一是使脂肪乳化变成极细小的脂肪微粒，这样，一方面加大了胰脂肪酶和脂肪的接触面，有利于脂肪酶对脂肪的分解，另一方面被乳化的脂肪微粒有一部分可以直接被肠黏膜吸收；二是增加胰脂肪酶的活性，从而加速对脂肪的分解。

小肠液是由小肠黏膜分泌的一种弱碱性液体，成年人每天分泌 1～3L 小肠液。小肠液含有多种与消化有关的酶，对食物中的三大营养素成分都有消化作用。其中主要的消化酶有淀粉酶、麦芽糖酶、蔗糖酶、乳糖酶、脂肪酶、肠肽酶等。这些酶和胰液中的消化酶及胆盐相互配合，把食物中的多糖和双糖分解成单糖。这样食物在小肠内就彻底完成了化学分解，消化成完全可以被肠壁吸收的物质。

大肠中不含或只含少量的消化酶，所以大肠无明显的消化作用。大肠的主要功能是吸收水分和形成粪便。大肠内有大量的细菌，这些细菌能利用肠内某些简单的物质合成人体需要的维生素 K 和 B 族维生素，被人体吸收和利用。

第三节　食物的吸收

一、吸收的方式

消化管内小分子物质的吸收有两种方式：被动吸收和主动吸收。

吸收作用是一个复杂的生理过程，它包括物理过程和化学过程两个方面，物理过程有滤过、扩散、渗透等作用（即被动吸收）；化学过程主要是由小肠壁上皮细胞的主动运输而产生作用的（即主动吸收）。

被动吸收取决于细胞膜内外被吸收物质的浓度差、分子大小及电荷状态等，不需要消耗机体的能量，包括滤过、渗透、自由扩散、易化扩散等作用。

主动吸收与被动吸收相反，必须通过机体消耗能量，是一种逆电化学梯度的物质转运形式，是吸收营养物质的主要方式。主动吸收具有高度的选择性，各种分子吸收的速度不尽相同。如几种己糖，按照吸收速度由快到慢排序依次为半乳糖、葡萄糖、果糖及甘露糖。

二、吸收的部位

小肠的结构具有与吸收作用相适应的条件。人体的小肠长达 5～6m，是消化管最长的一段。小肠黏膜表面有很多环形的皱襞，皱襞表面又有许多细小的指状突起，叫绒毛。这种结构增大了吸收面，使食物在小肠内停留的时间很长，达 3～5h，这样就有足够的时间进行吸收。

人体消化道的不同部位对消化后的各种营养物质有不同程度的吸收功能。口腔和食道基本上不吸收物质，但口腔黏膜可吸收少量的药物（如硝酸甘油）；胃只能吸收少量的水分和酒精；大肠只能吸收少量的水分、无机盐和一部分维生素。消化后的绝大部分营养物质主要是由小肠吸收的，所以小肠是消化食物、吸收营养物质的主要场所。

成年人每天可分泌约 7L 的消化液（如唾液、胃液、胆汁、胰液和肠液等），这些消化液中的水分、无机盐和某些有机成分也可由小肠重新吸收入血液。当人体发生急性呕吐和腹泻时，除影响对物质的正常消化和吸收外，也由于消化液的大量丢失而引起体内水盐代谢和酸碱平衡的严重紊乱，有时还会出现危及生命的严重后果。

一般认为蛋白质、脂肪和糖类的消化产物主要在十二指肠和空肠吸收，到达回肠时已基本吸收完毕，胆盐、无机盐和维生素在回肠吸收（图 1-2）。

三、吸收的途径

营养物质的吸收主要通过两条途径进行：一是通过毛细血管经过肝门脉系统入肝，再运送到全身；二是先通过毛细淋巴管吸收，再进入血液。糖、氨基酸、水、无机盐及水溶性维生素等有 90% 以上是通过毛细血管吸收的，而脂肪及脂溶性物质则主要通过毛细淋巴管

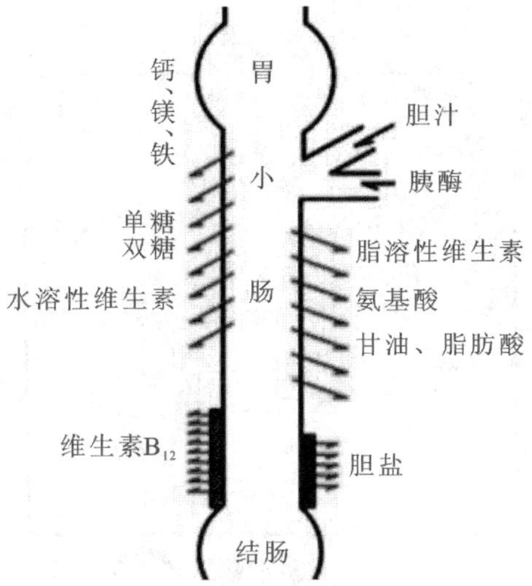

图 1-2 营养物质的吸收部位

吸收。

(一)糖类的吸收

糖类以单糖形式在小肠内被吸收而进入血液，经门静脉运送入肝脏，贮存于肝内或经血液循环运送到全身，供各组织利用。一般是半乳糖和葡萄糖吸收最快，果糖吸收较慢，戊糖的吸收慢于己糖。半乳糖和葡萄糖的吸收为主动吸收，需要载体协助，并消耗能量。果糖的吸收一般为被动吸收。

(二)蛋白质的吸收

绝大部分蛋白质被消化成氨基酸后才可被小肠吸收，其吸收途径与葡萄糖相似。但有些未经消化的蛋白质或蛋白质的不完全分解产物(如胨、肽)，也可能极少量地直接被小肠吸收，因此有些人对食物有过敏反应，可能是由于某些蛋白质被直接吸收引起的。

(三)脂肪的吸收

脂肪消化后形成甘油、游离脂肪酸、单酰甘油酯以及少量二酰甘油酯和未消化的三酰甘油酯。短链和中链脂肪酸组成的三酰甘油酯容易分散和被完全水解。短链和中链脂肪酸经门静脉入肝。长链脂肪酸组成的三酰甘油酯经水解后，其长链脂肪酸在肠壁被再次酯化为三酰甘油酯，经淋巴系统进入血液循环。在此过程中胆盐将脂肪进行乳化分解，有利于脂肪的水解、吸收(图 1-3)。

各种脂肪酸的极性和水溶性均不同，其吸收率也不相同。吸收率的大小依次为：短链脂肪酸＞中链脂肪酸＞不饱和长短链脂肪酸＞饱和长链脂肪酸。脂肪酸的水溶性越小，胆盐对其吸收的促进作用越大。甘油的水溶性大，不需要胆盐即可通过黏膜经门静脉吸收入血。

大部分食用脂肪均可被完全消化、吸收、利用。如果大量摄入消化、吸收慢的脂肪，很容易使人产生饱腹感，而且其中的一部分尚未被消化和吸收就会随粪便排出；那些易被消化和吸收的脂肪，则不易令人产生饱腹感，并很快就会被机体吸收、利用。

一般脂肪的消化率为 95%，奶油、椰子油、豆油、玉米油与猪油等都能全部被人体在 6～8h 内消化，并在消化后的 2h 内吸收 24%～41%，4h 内吸收 53%～71%，6h 内吸收 68%～86%。婴儿与老年人对脂肪的吸收速度较慢。脂肪乳化剂不足可降低吸收率。若摄入过量

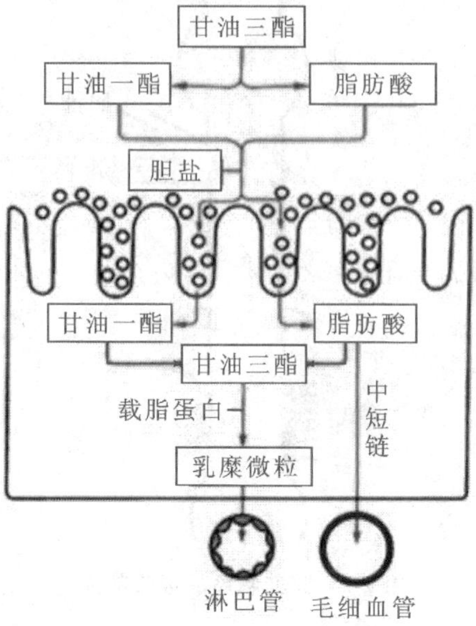

图 1-3　脂肪吸收示意图

的钙，会影响高熔点脂肪的吸收，但不影响不饱和脂肪酸的吸收，这可能是钙离子与饱和脂肪酸形成难溶的钙盐所致。

人体从食物中获得的胆固醇称作外源性胆固醇，为 10～100mg/d，多来自于动物性食品。由肝脏合成并随胆汁进入肠腔的胆固醇称作内源性胆固醇，为 2～3g/d。小肠吸收胆固醇的能力有限，成年人胆固醇的吸收量约为每天 10mg/kg。大量进食胆固醇时吸收量可加倍，但每天最多吸收 2g(上限)。内源性胆固醇约占胆固醇总吸收量的一半。食物中的自由胆固醇可由小肠黏膜上皮细胞吸收，胆固醇酯则经过胰胆固醇酯酶水解后吸收。肠黏膜上皮细胞将三酰甘油酯等组合成乳糜微粒时，也把胆固醇掺入在内，成为乳糜微粒的组成部分。吸收后的自由胆固醇又可再酯化为胆固醇酯。胆固醇并不是百分之百吸收，自由胆固醇的吸收率比胆固醇酯高；禽卵中的胆固醇大多数是非酯化的，较易吸收；植物固醇不但不易被吸收，而且还能抑制胆固醇的吸收，可见食物胆固醇的吸收率波动较大。通常食物中的胆固醇约有 1/3 能够被吸收。

(四)水和无机盐的吸收

水的吸收主要在小肠，大肠也可以吸收食物残渣中的水分。各种无机盐只有在溶解状态下才能被吸收，吸收后的水和无机盐经绒毛内的毛细血管进入血液循环。

(五)维生素的吸收

各类维生素主要在小肠中吸收。维生素 C 摄取后 2～3h，血液中的浓度最高；3～4h 后即可排出，一部分被代谢分解，另一部分转化为抗坏血酸-α-硫酸酯，多余的部分则以还原型或氧化型抗坏血酸的形式从尿液排出。

肠道功能不佳者吸收维生素 B 受阻。此时尽管食物中硫胺素充足，但仍可出现明显的维生素 B 缺乏症。健康人体内维生素 B 的总量约为 25mg，不能大量贮存，摄食过多时由尿液排出，故需每天从食物中摄取。

维生素 B_2(核黄素)只有少量在组织中存留，体内的耗竭时间为 60～180d，量大时即可经尿液排出，胆汁、乳汁和皮肤也可排出维生素 B_2。

膳食中的维生素 D 在胆汁的作用下与脂肪一起被吸收，在小肠中被乳化形成胶团被吸收进入血液。维生素 D 在体内要经过活化才具有生物活性，吸收后可贮存于肝脏，也可存留于脂肪、心脏、肌肉等中，当膳食缺乏维生素 D 时可供应用。

食物在小肠经过消化和吸收后，剩下的残渣进入大肠。食物残渣在大肠内的停留时间很长，一般在 10 个小时以上。

大肠黏膜能分泌碱性黏液，使肠腔润滑，便于食物残渣通过。大肠也有一定的吸收功能，能将食物残渣中的水、盐类和少量剩余的营养物质进一步吸收。残渣经过细菌的腐败作用后，以粪便的形式排出体外。

四、影响吸收的因素

影响吸收的因素主要有被吸收物的理化性质（如相对分子质量大小、溶解度、分子形状和浓度等）、小肠的生理机能状态（如蠕动、吸收面积、一些特殊的生理和病理状况等）和食物在消化系统中的停留时间。

本章小结

消化过程分为口腔消化、胃内消化、小肠内消化三个阶段。消化管内小分子物质的吸收有被动吸收和主动吸收两种方式。小肠是消化食物、吸收营养物质的主要场所。营养物质的吸收主要通过毛细血管、毛细淋巴管吸收两条途径进行。影响吸收的因素主要有被吸收物的理化性质、小肠的生理机能状态和食物在消化系统中的停留时间。

思考题

一、名词解释

消化　　　吸收　　　主动吸收　　　被动吸收

二、判断题

1. 结构复杂的大分子能直接被吸收。（　　）
2. 小肠是消化食物、吸收营养物质的主要场所。（　　）
3. 半乳糖和葡萄糖吸收最快，果糖吸收较慢，戊糖的吸收慢于己糖。（　　）
4. 脂肪酸的水溶性越小，胆盐对其吸收的促进作用越大。（　　）
5. 大肠也有一定的消化和吸收功能。（　　）

三、填空题

1. 消化和吸收是通过________完成的。消化系统由________和________两部分组成。
2. 食物在人体内的消化过程，按其先后顺序可分为________、________及小肠内消化三个阶段。

3. 成年人胆固醇的吸收量约为每天________。

4. 有些人对食物有过敏反应，可能是由于某些________被直接吸收所致。

5. 肠内细菌能合成一些对人体有用的物质，如________和维生素B复合体。

四、选择题

1. 肠道功能不佳者吸收(　　)受阻。

A. 维生素A　　B. 维生素B　　C. 维生素C　　D. 维生素D

2. 胃只能吸收少量的(　　)。

A. 水分和酒精　　B. 葡萄糖　　C. 氨基酸　　D. 维生素

3. 大量进食胆固醇时吸收量可加倍，但每天最多吸收(　　)。

A. 2g　　B. 12g　　C. 20g　　D. 2mg

4. 蛋白质、脂肪和糖类的消化产物主要在(　　)吸收。

A. 十二指肠　　B. 空肠　　C. 回肠　　D. 十二指肠和空肠

5. (　　)将脂肪进行乳化分解，有利于脂肪的水解、吸收。

A. 胆汁　　B. 胆盐　　C. 唾液　　D. 胰液

五、简述题

1. 试简述人体消化系统的组成及特点。

2. 试简述各营养素消化和吸收的途径。

3. 试简述影响消化和吸收的因素。

第二章 能量与营养素

知识目标

1 了解能量、蛋白质、脂类、碳水化合物、食物纤维、维生素、矿物质及水的功能；水的分布和缺乏、过量的危害；食品的酸碱性及矿物质的生物有效性；各类营养素的加工特性。

2. 熟悉蛋白质失调对人体的影响；脂类的组成；食物纤维的概念及组成；维生素的功能及种类。

3. 掌握食物蛋白质、脂肪的营养评价方法；各种维生素在膳食中的应用；食物中蛋白质、脂类、碳水化合物、热能、矿物质、水及维生素的供给量及食物来源；必需氨基酸、氨基酸模式、必需脂肪酸的概念及其对机体的意义。

技能目标

1. 能够利用理论知识对食物中的蛋白质、脂肪进行营养评价。

2. 能够对膳食中能量、水及各种营养素的供给量及摄入进行指导。

第一节 能　量

人体通过摄取食物中的糖类、脂肪和蛋白质来获取能量，以维持机体的各项生理功能和生命活动。人体每日消耗的能量主要由基础代谢、体力活动和食物热效应构成。体内的能量平衡既受到外环境因素（如摄食行为、温度变化、体力活动及精神压力等）的影响，也受到内环境因素（如多种细胞因子、受体、激素及神经-体液系统等）的影响，任何原因导致的能量平衡失调均会引起一系列的健康问题。

一、产能营养素和生理有效能量

（一）能量单位

能量在自然界有多种形式，如电能、化学能、机械能等，各种能量之间可以相互转换。能量的国际单位是焦耳（Joule，简称 J），在使用时根据实际需要还可用千焦耳（kJ）或兆焦耳（MJ）。1J 是指用 1N 的力把 1kg 物体移动 1m 所消耗的能量。营养学上更多采用的能量单位为千卡（kcal），1kcal 是指 1000g 纯水的温度由 15℃上升到 16℃所吸收的能量。焦耳与千卡之间的换算关系如下：

$$1kcal=4.184kJ \qquad 1kJ=0.239kcal$$

（二）产能营养素

在食物的构成成分中，只有糖类（碳水化合物）、脂肪和蛋白质对食物的能量构成具有实际意义，营养学上将这三种营养素称为“产能营养素”。其他大多数营养成分，或者在代谢过程中本身不产生能量（无分解变化或反应过程中产能很少或需要能量），如水、无机盐、维生素和酶等；或者在食品中的含量很少，没有实际产能意义，如呈味成分等。

糖类是人体内的主要供能物质，是为机体提供热能最多的营养素。一般来说，机体所需热能的55%～65%都是由食物中的糖类提供的。脑组织所需能量的唯一来源是糖类，在通常情况下，脑组织消耗的热能均来自糖类在有氧条件下的氧化，这使糖类在能量供给上更具有其特殊的重要性。脑组织消耗的能量相对较多，因而脑组织对缺氧非常敏感。另外，由于脑组织代谢消耗的糖类主要来自血糖，因此脑功能对血糖水平有很大的依赖性。人体虽然可以依靠其他物质供给能量，但必须定时进食一定量的糖，维持正常血糖水平以保障大脑的功能。

脂肪也是人体重要的供能物质，是单位产热量最高的营养素，在膳食总能量中20%～30%是由脂肪提供的。脂肪还构成了人体内的储备热能，在体内的全部储备脂肪中，一部分是来自食物的外源性脂肪，另一部分则是来自体内糖类和蛋白质转化成的内源性脂肪。当体内热能不足时，储备脂肪可被动员释放出热量以满足机体的需要。

蛋白质在体内的功能主要是构成体蛋白，而供给能量并不是它的主要生理功能，人体每天所需要的能量有10%～15%是由蛋白质提供的。

（三）生理有效能量

在营养学中，将每克产能营养素在体内氧化分解后为机体供给的净能称为生理有效能量或能量系数。

三种产能营养素在人体内氧化分解释放能量的数量各不相同。对碳水化合物和脂肪而言，在体内可以完全被氧化成CO_2和H_2O，其终产物及产生的能量与在体外燃烧相同；但蛋白质在体内不能完全被氧化分解，其终产物除CO_2和H_2O外，还有含氮有机物，如尿素、尿酸、肌酐等，它们随尿液排出体外。将每克蛋白质产生的这些含氮化合物在体外继续燃烧，还可产生5.44kJ的能量。采用体外测热试验推算体内氧化产生的能量值时，1g糖类、脂肪、蛋白质在体内氧化时平均产生的能量分别为17.15kJ、39.54kJ、18.2kJ。

一般混合膳食中，糖类的消化吸收率为98%、脂肪为95%、蛋白质为92%。因此，营养学在实际应用时，将产能营养素产生能量的多少按以下关系换算：

1g糖类产生热能为：17.15kJ×98%＝16.81kJ(4.0kcal)

1g脂肪产生热能为：39.54kJ×95%＝37.56kJ(9.0kcal)

1g蛋白质产生热能为：18.2kJ×92%＝16.74kJ(4.0kcal)

二、决定人体能量消耗的因素

人体的热能消耗主要用于维持基础代谢、食物热效应、体力活动及生长发育等方面的需要。其中体力活动消耗的能量所占的比重较大。另外，孕妇还包括子宫、乳房、胎盘、胎儿的生长及体脂储备所需的能量，乳母还包括合成乳汁的能量。情绪、精神状态、身体状态等也会影响到人体对能量的需要。在理想的能量平衡状态下，机体的能量需要等于其能量消耗。

（一）基础代谢

基础代谢(BM)是指人体为了维持生命，各器官进行最基本生理机能的最低能量需要，即机体处于安静和松弛的休息状态下，空腹（进餐后12～16h）、清醒、静卧于18～25℃的舒适环境中维持心跳、呼吸、血液循环、某些腺体分泌和肌肉紧张度等基本生命活动时所需的能量。其能量代谢不受精神紧张、肌肉活动、食物和环境温度等因素的影响。

单位时间内的基础代谢称为基础代谢率(BMR),一般以每小时所需要的能量为指标,即指机体处于基础代谢状态下,每小时每平方米体表面积的基础代谢热。

影响基础代谢的因素主要有以下几个方面。

1.体表面积

人的身材不同,基础代谢与人的体表面积基本上成正比关系。基础代谢率如果以单位体表面积表示,则比较恒定。因此,用每平方米体表面积为标准来衡量基础代谢率是比较合适的。人体的体表面积与体重及身高显著相关,我国成年人的体表面积可以按下式计算:

$$S=0.00659H+0.0126M-0.1603 \tag{2-1}$$

式中:S——体表面积,m^2;

H——身高,cm;

M——体重,kg。

根据公式先计算体表面积,再按年龄、性别分别在表 2-1 中查出相应的基础代谢率,就可计算出基础代谢水平。

基础代谢水平=体表面积(m^2)×基础代谢率[$kJ/(m^2\cdot h)$或/$kcal(m^2\cdot h)$] (2-2)

表 2-1 中国人正常基础代谢率平均值 单位:$kJ/(m^2\cdot h)$

年龄(岁)	11~15	16~17	18~19	20~30	31~40	41~50	>51
男	195.5	193.4	166.2	157.8	158.7	154.1	149.1
女	172.5	181.7	154.1	146.5	146.4	142.4	138.6

2.年龄

在人的一生中,婴幼儿阶段是整个代谢活动最活跃的阶段,其中包括基础代谢,以后到青春期又出现一个较高代谢的阶段。成年以后,随着年龄的增加,代谢缓慢地降低,其中也有一定的个体差异。因而,相对来说,婴幼儿、儿童和青少年的基础代谢率比成人要高。

3.性别

实际测定表明,在同一年龄、同一体表面积的情况下,女性的基础代谢率低于男性。

4.环境温度与气候

环境温度对基础代谢率有明显的影响,在舒适的环境(18~25℃)中,代谢率最低;在低温和高温环境中,代谢率都会升高。环境温度过低可能引起身体不同程度的颤抖而使代谢率升高;当环境温度较高时,因为散热而需要出汗,呼吸及心跳加快,因而致使代谢率升高。另外,在寒冷气候下基础代谢率比温热气候下高。

5.激素

激素对细胞的代谢及调节都有较大的影响,如甲状腺激素可以增加所有细胞的全部生化反应的速率,因此,甲状腺激素的增多即可引起基础代谢率的升高。甲状腺功能亢进者,基础代谢率可比正常平均值高 40%~80%;甲状腺机能低下者,基础代谢率可比正常平均值低 40%~50%。

6.其他因素

影响人体基础代谢的因素还有生理状况、病理状况、食物的影响等,不同劳动强度的人群也存在一定的差别。

(二)食物热效应

人体在摄食过程中,由于对食物中的营养素进行消化、吸收、代谢转化等,需要额外消耗能量，同时引起体温升高和散发能量。这种由于进食而引起的能量额外消耗的现象，称为食物热效应（TEF），也叫食物特殊动力作用（SDA）。食物热效应在进食后不久即可出现，进食2h后达到最高点，在进食3～4h恢复正常。

食物热效应与进食的总热量无关，而与食物的种类有关。进食糖类与脂肪对代谢的影响较小，持续时间也只有1h左右，糖类的食物热效应为其本身所产生热能的5%～6%，脂肪的食物热效应为其本身所产生热能的4%～5%。但进食蛋白质对代谢的影响则较大，持续时间也长，有的可达10～12h。蛋白质的食物热效应为其本身所产生热能的30%～40%。一般混合膳食的食物热效应约占基础代谢能量的10%。

（三）体力活动

除基础代谢外，体力活动也是人体能量需要的主要因素。生理状况相近的人，基础代谢消耗的热能是相近的，而体力活动情况却相差很大。体力活动的能量消耗也称为运动的生热效应（TEE），通常各种体力活动所消耗的能量占人体总消耗能量的15%～30%。随着人体活动量的增加，其能量的需要也将大幅度增加。

人体从事体力活动所消耗的热能主要与劳动强度和劳动持续时间有关。体力活动一般包括社会活动、职业活动、家务活动和休闲活动等，其中以职业活动消耗的能量差别最大。一般根据劳动强度的不同将活动水平分为三个等级（表2-2）。

表2-2　中国营养学会建议的各人群身体活动水平分级表

年龄（岁）	身体活动水平		
	轻（Ⅰ）	中（Ⅱ）	重（Ⅲ）
6～7	1.35	1.55	1.75
8～9	1.40	1.60	1.80
10～14	1.45	1.65	1.85
15～17	1.55	1.75	1.95
18～79	1.50	1.75	2.00
80～	1.45	1.70	—

注：1. 0～6岁儿童体力活动不分级。

2. 6～17岁为儿童青少年；18岁以上为成人。

三、膳食能量推荐摄入量与食物来源

人体所需的热能利用是食物中的糖类、脂类和蛋白质。粮谷类和薯类食物中含糖较多，是膳食能量最经济的来源；油料作物富含脂肪；动物性食物一般比植物性食物含有更多的脂肪和蛋白质，但大豆和坚果类例外；蔬菜和水果一般含能量较少。

三大产能营养素在人体代谢过程中既有各自特殊的生理功能，相互之间又有影响。在膳食中，除了总的能量需要以外，对这三种产能营养素都各有一定的需要量，并且它们之间必须保持一定的比例，才能保证膳食平衡及能量平衡。若按其各自提供的能量占总能量的百分比计算，则蛋白质占10%～15%，脂肪占20%～30%，糖类占55%～65%，打破这种比例，将对人体产生不利的影响。年龄越小，蛋白质供能占总能量的比重应越高。成年人的脂肪摄入量不宜超过总能量的30%。

健康成人的能量参考摄入量见附表2“中国居民膳食营养素参考摄入量表(*DRIs*)”。

第二节　蛋　白　质

一、概述

(一)蛋白质的百分含量

蛋白质是化学结构复杂的一大类有机物质,主要由碳(50%～55%)、氢(6.7%～7.3%)、氧(19%～21%)、氮(13%～19%)四种元素构成,一部分蛋白质也含有硫、磷、铁和铜等元素。在人体内只有蛋白质含有氮元素,其他营养素不含氮元素。氮元素在各种蛋白质中的含量是最稳定的。蛋白质是人体氮的唯一来源,常以食物中的含氮量来测定体内蛋白质的含量。

一般来说,蛋白质的平均含氮量为16%,每克氮相当于6.25g蛋白质,由氮计算蛋白质的折换系数即为6.25。所以,只要测定出生物样品的含氮量,就可以计算出其中蛋白质的大致含量。

$$蛋白质的百分含量(\%)=每克样品中的含氮量(g)\times 6.25\times 100\% \qquad (2\text{-}3)$$

(二)蛋白质的生理功能

1.构成和修复机体的组织

正常成年人体内含蛋白质16%～19%,蛋白质是组成机体所有组织和细胞的主要成分,人体的一切组织、器官等都含有蛋白质。

人体内各种组织细胞的蛋白质始终在不断更新。成年人体内每天约有3%的蛋白质被更新,借此完成组织的修复更新。例如,人体的血浆蛋白质的半寿期约为10d,肝中大部分蛋白质的半寿期为1～8d,还有一些蛋白质的半寿期很短,只有数秒。

2.构成体内各种重要的生理活性物质

生命活动有条不紊地进行有赖于机体中多种生理活性物质的调节。如绝大多数酶是蛋白酶;有些激素是蛋白质,如胰岛素、生长激素、甲状腺激素等;有些可溶性蛋白质可维持体液和电解质平衡,调节酸碱平衡;蛋白质可作为运输物质的载体,如血红蛋白运输氧,脂蛋白运输脂类,有些蛋白质运输维生素和矿物质;包括抗体和细胞因子的各种免疫物质可以抵御外来微生物和其他有害物质的入侵;血液的凝固和视觉的形成等重要的生理活动都与蛋白质密切相关。

3.供给能量

蛋白质作为三大产能营养素之一,在体内降解成氨基酸后,经脱氨基作用生成α-酮酸,当机体需要时,可以经三羧酸循环氧化分解并释放能量。1g蛋白质在体内约产生16.7kJ(4.0kcal)的能量,人体每天所需要的能量有10%～15%来自蛋白质。

一般情况下,机体主要利用脂肪和糖类氧化供能,但当机体所需能源物质供能不足,如长期不能进食或消耗量过大时,体内的糖原和储存脂肪已大量消耗之后,将依靠组织蛋白质分解产生的氨基酸来获得能量,以维持必要的生理功能。

二、蛋白质的需要量

（一）氮平衡

正常成年人体内的蛋白质含量相对稳定，当膳食蛋白质来源适宜时，机体蛋白质代谢处于动态平衡，一部分被分解，一部分同时又被合成。由于直接测定食物中所含蛋白质和体内消耗蛋白质比较困难，而蛋白质是人体氮的唯一来源，因此常以氮平衡来表示蛋白质的平衡情况。氮平衡是指氮的摄入量与排出量之间的平衡状态，表示机体摄入氮（食物蛋白质含氮量约为16%）和排出氮的关系，是描述机体蛋白质代谢及营养状况的重要指标。通过氮平衡可了解机体对特定蛋白质的消化与吸收情况、蛋白质的总代谢状况以及机体对蛋白质的需要量。

食物蛋白质中所含的氮，称之为膳食氮（摄入氮）；体内蛋白质的分解产物主要是通过尿液、粪便、皮肤或其他途径排出，这些氮分别称为尿氮、粪氮、通过皮肤或其他途径排出的氮。尿氮主要包括尿素、氨、尿酸和肌酐等；粪氮主要包括食物中未被吸收的氮、肠道分泌物及肠道脱落细胞中的氮；通过皮肤或其他途径排出的氮包括表皮细胞、毛发、指甲、分泌物中的氮。

氮平衡的表示方法为：

$$B=I-(U+F+S) \tag{2-4}$$

式中：B——氮平衡；

I——摄入氮的量；

U——尿氮的量；

F——粪氮的量；

S——从皮肤或其他途径排出的氮的量。

$B>0$，摄入量>排出量，为正氮平衡，表明体内蛋白质的合成量大于分解量。生长期的儿童、少年，孕妇和恢复期的伤病员等就属于这种情况。所以，在这些人的饮食中，应该尽量多给些蛋白质含量丰富的食物，保持正氮平衡。

$B<0$，摄入量<排出量，为负氮平衡，表明体内蛋白质的合成量小于分解量。慢性消耗性疾病患者、组织创伤和饥饿状态下的人等就属于这种情况。蛋白质摄入不足，就会导致身体消瘦，对疾病的抵抗力降低，患者的伤口难以愈合等。应注意尽可能减轻或改变负氮平衡。

$B=0$，摄入量=排出量，为零氮平衡，表明体内蛋白质的合成量和分解量处于动态平衡。一般营养正常的健康成年人就属于这种情况。实际上，摄入氮应比排出氮多5%，才可以认为确实处于平衡状态。

机体在完全不摄入蛋白质（无蛋白膳）的情况下处于负氮平衡状态。这种状态持续几天之后，氮的排出将维持在一个较恒定的低水平，此时机体通过粪、尿及皮肤等一切途径所损失的氮，是机体不可避免的氮消耗，称为必要的氮损失。在正常情况下，理论上只要从膳食中获得相当于必要的氮损失的量，即可满足人体对蛋白质的需要。

例如，一般成年人每千克体重每日通过尿液、粪便、皮肤等途径分别排出氮37mg、12mg、3mg，即一般成年人每日损失总氮量为52mg/kg体重。一般食物蛋白质平均含氮16%，蛋白质换算系数为6.25，一个70kg体重的成年男性每日排出氮为：52×70＝3640(mg)，换算成蛋白质为：6.25×3640＝22750(mg)。由此可见，一般成年人为了维持氮平衡，每日至少应从膳食中摄取22.75g的蛋白质。实际上成人摄入22.75g的食物蛋白质还不足以维持氮平衡，因为食物蛋白质的氨基酸模式与人体蛋白质的氨基酸模式不完全相同，并且消化率与吸收率也有一定的影响。根据试验，成年人每日约需摄入 45g 蛋白质才能补偿机体蛋白质的分解损失。

人体蛋白质缺乏的可能原因大致有以下几种：①膳食中蛋白质供给不足。如膳食中蛋白质的量不足或质量太差。②生理需要量增加（如生长发育期的儿童、青春发育期的青少年以及孕妇或乳母、疾病恢复时的患者以及劳动量增加者），但膳食中的供给没有增加。③饮食习惯不好。如因偏食、挑食而不吃一些蛋白质含量较高且质优的肉、鱼和蛋等，或者长期酗酒造成酒精中毒。④患某些疾病使蛋白质不能很好地被吸收。如肾脏疾病使氮的排出率增加、肝脏合成蛋白质的机能衰退等。

（二）需要量

蛋白质的摄入量包括生理需要量和供给量两个方面。生理需要量是维持生命和保证生长发育需要的蛋白质量。供给量是指在需要量上再加上 50%～200%的安全系数，以消除个体差异和食物中营养素的质量差异，维持高健康水平和工作能力。

蛋白质的需要量与许多因素有关，如个体年龄、各国标准、蛋白质优劣程度等。

理论上成人每天摄入约 30g 蛋白质就可满足零氮平衡，但从安全性和消化、吸收等其他因素考虑，成人按 0.8g/(kg·d)摄入蛋白质为宜。我国以植物性食物为主，成人蛋白质推荐摄入量为 1.16g/(kg·d)。据推算，1 岁以内的婴儿每千克体重需要蛋白质的摄入量为 1.5～3g；14 岁男性青少年每日的需要量较多，应达到 85g；孕妇和乳母每日需要摄入 100g 蛋白质。

（三）蛋白质营养失调对人体的影响

蛋白质的摄入必须适量。蛋白质营养失调通常是指营养不足与营养过剩，它们都对人体健康有不良影响。

1.膳食中蛋白质长期摄入不足

蛋白质缺乏在成人和儿童中都有发生，但处于生长阶段的儿童更为敏感。膳食中蛋白质长期摄入不足时，可出现疲倦、贫血、血浆蛋白质下降，尤其是血清蛋白含量降低。其特征是不仅由于所有宏量营养素减少而造成能量缺乏，而且许多微量营养素也缺乏。蛋白质营养不良，常与热能营养不良同时发生，称蛋白质-热能营养不良，可分为三种类型：

(1)干型（消瘦，干燥）。以消瘦为特征的混合型蛋白质-热能同时严重缺乏。多见于经济落后国家 1 岁以下婴儿，表现为精神萎靡，生长发育迟缓，皮下脂肪减少或消失，明显消瘦、体弱、易哭闹，皮肤、毛发干燥、无光泽，腹泻、脱水，对传染病的抵抗力降低，容易发生感染。

(2)湿型（水肿，肿胀）。以浮肿为特征的蛋白质严重缺乏。多见于断奶及断奶后 1～3 岁的幼儿，表现为表情淡漠，哭声低弱，应激反应不良，体重不增或减轻，皮肤、毛发干燥、无光泽，伴有营养性皮炎，好发于身体易受刺激的部位，如臂、背、胸等处，肝（脾）大，全身浮肿等，若不及时治疗，死亡率很高。

(3)复合型。介于前两者之间。此类型的儿童有点水肿，比干瘦型儿童的体脂多。

据世界卫生组织估计，目前全世界约有 500 万儿童患蛋白质-热能营养不良，主要分布在非洲、南美洲、南亚洲及中东等地区，绝大多数是贫穷和饥饿引起，少数是疾病或营养不当引起。在我国，儿童蛋白质营养不良主要见于边远山区和不发达地区，以膳食蛋白质摄入不足，或膳食中优质蛋白质所占比例偏低为主要原因。目前，在我国，严重的儿童蛋白质营养不良已不常见，临床表现为生长发育迟缓（身高偏低）和体重偏低。

蛋白质缺乏可使成人机体生理功能下降，抵抗力降低，消化功能障碍，伤口愈合缓慢，精神不振，并出现贫血、脂肪肝、组织中酶活力下降等。幼儿则出现生长发育不良、皮肤和毛发异常变化，并因为免疫力低下而易感染并继发疾病等。引起蛋白质缺乏的原因多为食物来源不足，或者某些特殊生理状况使需要量增加（如乳母、应激状态等）、某些疾病使体内蛋白质排出量增加或消耗量增加（如肾炎、慢性失血等）。

2.膳食中蛋白质摄入过多

摄入蛋白质过多，尤其是动物性蛋白质，也对人体有害。一方面，膳食中蛋白质摄入过多，会增加饱和脂肪酸和胆固醇的摄入、尿钙的流失及肝肾的负担。如摄入较多的动物脂肪和胆固醇，会加重肾脏的负荷，造成含硫氨基酸摄入过多，加速骨骼中钙质的流失，易产生骨质疏松；大量蛋白质在肠道中由肠内细菌引起腐败，可产生大量胺类，对机体也不利。另一方面，大量蛋白质会增加食物的特殊动力作用，使机体增加额外的热能消耗。

此外，膳食中蛋白质含量过高（占热能的26%），在体内不能贮存，机体无法吸收，造成蛋白质的浪费。

三、氨基酸及其模式

（一）氨基酸

氨基酸是组成蛋白质的基本单位，人体内的氨基酸有两个来源：一是来自食物蛋白质消化所产生的氨基酸，由小肠吸收入血；二是在机体代谢过程中，组织细胞蛋白质分解产生的氨基酸。这两个部分的氨基酸主要用于合成细胞成分以实现自我更新，也用于合成酶、激素等生物活性物质，还可以作为能源物质。

一般情况下，食物蛋白质需在消化道经消化酶水解成氨基酸和小分子的肽后方能被人体吸收，通过血液循环送到身体各组织，再在组织中为机体所利用来合成所需的各种蛋白质。有时某些抗原、毒素蛋白可通过黏膜细胞少量进入体内，会产生过敏反应、毒性反应。

（二）必需氨基酸和非必需氨基酸

组成蛋白质的氨基酸有20多种，但绝大多数的蛋白质只由20种氨基酸（不包括胱氨酸）组成。营养学上将氨基酸分为必需氨基酸、半必需氨基酸和非必需氨基酸三类。

必需氨基酸指的是人体自身不能合成或合成速度不能满足人体需要，必须从食物中摄取的氨基酸。已知的人体必需氨基酸有9种，包括赖氨酸、蛋氨酸、亮氨酸、异亮氨酸、苏氨酸、缬氨酸、色氨酸、苯丙氨酸和组氨酸。必需氨基酸是决定食物蛋白质营养价值高低的关键。人体对必需氨基酸的需要量随年龄的增长而不断下降，婴儿和儿童对蛋白质和必需氨基酸的需要量比成人要高，主要是用以满足其生长发育的需要。

非必需氨基酸是人体可以自身合成或由其他氨基酸转化得到，不一定非从食物中直接摄取的氨基酸。这类氨基酸包括谷氨酸、谷氨酰胺、丙氨酸、精氨酸、甘氨酸、天门冬氨酸、天门冬酰胺、胱氨酸、脯氨酸、丝氨酸等。

另外，半胱氨酸和酪氨酸在体内可分别由蛋氨酸和苯丙氨酸转化而成，如果膳食中能直接提供这两种氨基酸，则人体对蛋氨酸和苯丙氨酸的需要量可分别减少30%和50%。所以半胱氨酸和酪氨酸称为半必需氨基酸或条件必需氨基酸。因此，膳食中半胱氨酸和酪氨酸供给充裕，可以减少人体对蛋氨酸和苯丙氨酸的需要量。在计算食物必需氨基酸组成时，往往将半胱氨酸和蛋氨酸、酪氨酸和苯丙氨酸合并计算。

（三）氨基酸模式

某种蛋白质中各种必需氨基酸的含量和构成比例称为氨基酸模式。构成比例的计算方法是：根据蛋白质中必需氨基酸的含量，以含量最少的色氨酸为1，其他必需氨基酸的含量与其进行比较而计算出相应比值。人体每日必需氨基酸的需要量及氨基酸模式见表2-3。

表2-3 人体每日必需氨基酸的需要量及氨基酸模式

氨基酸名称	需要量[mg/(kg·d)]				氨基酸模式	
	3～4月龄婴儿	2岁幼儿	10～12岁学龄儿童	成人	含量(mg/g)	构成比例
异亮氨酸	70	31	30	10	40	4.0
亮氨酸	161	73	45	14	70	7.0
赖氨酸	103	64	60	12	55	5.5
蛋氨酸＋半胱氨酸	58	27	27	13	35	3.5
苯丙氨酸＋酪氨酸	125	69	27	14	60	6.0
苏氨酸	87	37	35	7	40	4.0
缬氨酸	93	38	33	10	50	5.0
组氨酸	28	—	—	—	—	—
色氨酸	17	12.5	4	3.5	10	1.0

从食物中摄入的蛋白质经消化、吸收后的必需氨基酸的模式越接近于机体蛋白质的模式，即越接近于人体的需要，其蛋白质实际被利用的效率越高，营养价值也就相对越高。如果食物蛋白质中一种或几种必需氨基酸数量不足，在合成人体组织蛋白时，只能进行到这一氨基酸用完为止，即使其他氨基酸含量非常丰富，其利用也被限制；必需氨基酸数量过多，同样也会影响氨基酸间的平衡。所以，食物蛋白质中必需氨基酸必须种类齐全、数量充足、比例适当才能维持人体健康，才具有较高的营养价值。

食物蛋白质的营养价值取决于其所含蛋白质的氨基酸模式，所以在营养学上可根据食物蛋白质中必需氨基酸的种类和数量将其分为完全蛋白质、半完全蛋白质、不完全蛋白质三类。

1.完全蛋白质

这是一类优质蛋白质。它们所含的必需氨基酸种类齐全、数量充足、比例适当。这一类蛋白质不但可以维持成人的健康，还可以促进儿童的生长发育。如乳中的酪蛋白和乳白蛋白、蛋类中的卵白蛋白及卵黄蛋白、肉类中的白蛋白和肌蛋白、大豆中的大豆蛋白、小麦中的麦谷蛋白和玉米中的谷蛋白等，都是完全蛋白质。

2.半完全蛋白质

这类蛋白质所含氨基酸虽然种类齐全，但其中某些氨基酸的数量不能满足人体的需要或比例不适当，它们作为膳食中唯一的蛋白质来源可以维持生命，但不能促进生长发育。例如，小麦中的麦胶蛋白便是半完全蛋白质，含赖氨酸很少。

3.不完全蛋白质

这类蛋白质所含氨基酸种类不齐全，若作为膳食中唯一的蛋白质来源，既不能维持生命，也不能促进生长发育，如玉米中的玉米胶蛋白、动物结缔组织和肉皮中的胶原蛋白、豌豆中的豆球蛋白等。

鸡蛋中的蛋白质和人乳中的蛋白质与人体氨基酸模式最为接近，在比较食物蛋白质营养价值时常用来作为参考蛋白质。参考蛋白质是指蛋白质氨基酸模式较好，可用来测定其他蛋白质质量的标准蛋白质。食物蛋白质中一种或几种必需氨基酸含量相对降低，会导致其他的必需氨基酸在体内不能被充分利用而使蛋白质营养价值降低，这些含量相对较低的氨基酸称为限制氨基酸。即由于这些必需氨基酸的不足，从而限制了其他氨基酸的利用。其中，含量最低的称为第一限制氨基酸，余者类推，以其不足程度大小可依次称为第一、第二、第三限制氨基酸。在植物蛋白质中，赖氨酸、蛋氨酸、苏氨酸和色氨酸的含量往往相对较低，所以营养价值也相对较低。谷类蛋白质中赖氨酸含量多半较低，所以，它们的第一限制氨基酸是赖氨酸；小麦、大麦、燕麦和大米中苏氨酸的含量也较低，为第二限制氨基酸；而玉米的第二限制氨基酸是色氨酸。蛋氨酸则是大豆、花生、牛乳和肉类蛋白质的第一限制氨基酸。几种常见植物性食物的限制氨基酸见表2-4。

表2-4 常见植物性食物的限制氨基酸

食物名称	第一限制氨基酸	第二限制氨基酸	第三限制氨基酸
小麦	赖氨酸	苏氨酸	缬氨酸
大麦	赖氨酸	苏氨酸	蛋氨酸
大米	赖氨酸	苏氨酸	—
玉米	赖氨酸	色氨酸	苏氨酸
花生	蛋氨酸	—	—
大豆	蛋氨酸	—	—

四、食物蛋白质的营养评价

食物蛋白质的营养价值都是从“量”和“质”两个方面来综合评价的。“量”即食物蛋白质含量的多少；“质”即食物蛋白质的营养价值，可以通过人体代谢来观察，但为了慎重和方便，往往采用动物试验的方法进行。常用的食物蛋白质营养价值评价指标及方法是从食物蛋白质的含量，被人体消化、吸收和利用的程度等多方面进行考虑的。

（一）蛋白质的含量

食物蛋白质的含量是评价其营养价值的基础，如果某食物的蛋白质含量甚低，即使食物蛋白质中必需氨基酸的模式好，仍难以满足机体蛋白质的需要，无法发挥蛋白质应有的作用。

蛋白质中的含氮量比较恒定，所以可测定食物中的总氮量，再乘以蛋白质折算系数6.25，即可得到粗蛋白质的含量。在各类食物中，动物性食物的蛋白质含量较高，可达到20%左右，而植物性食物的蛋白质除大豆类含量较高外，其他含量较低。

（二）蛋白质的消化率

蛋白质的消化率是指蛋白质在消化道内被蛋白酶分解的程度，同时反映蛋白质被消化后的氨基酸和短肽被吸收的程度，通常以蛋白质中被消化、吸收的氮的数量与该种蛋白质的含氮总量的比值来表示。根据是否考虑粪代谢氮因素而将消化率分为真消化率和表观消化率。粪代谢氮是指无蛋白膳（即试验对象摄入足够的热量但完全不摄入蛋白质）时粪便中的含氮量，属于必要的氮损失。

摄入氮是指从食物中摄入的氮；粪氮是指随粪便排出的氮，包括肠道中不能被消化和吸收的氮和粪代谢氮；粪代谢氮是指机体不摄入氮时粪便中所含有的氮，主要来自消化道脱落的上皮细胞、消化液和肠道中死亡的微生物所含的氮。

$$\begin{aligned}\text{蛋白质的消化率} &= \frac{\text{氮吸收量}}{\text{氮摄入量}} \times 100\% \\ &= \frac{I-(F-F_k)}{I} \times 100\%\end{aligned} \tag{2-5}$$

式中：I——摄入氮的量；

F——粪氮的量；

F_k——粪代谢氮的量。

上式计算结果是蛋白质的真消化率。由于粪代谢氮的测定十分烦琐，且难以准确测定，故在实际应用中往往不考虑粪代谢氮，而是计算表观消化率。由于表观消化率比实际消化率低，对蛋白质的消化及吸收作了较低的估计，应用时安全系数较大，且易于测定，故较多采用。

$$\text{蛋白质的表观消化率} = \frac{I-F}{I} \times 100\% \tag{2-6}$$

蛋白质的消化率越高，则被机体吸收利用的可能性越大，其营养价值也就越高。但由于蛋白质在食物中的存在形式、结构各不相同，食物中还有不利于蛋白质吸收的其他因素的影响等，不同的食物或同一种食物的不同加工方式，其蛋白质的消化率都有差异。食物中蛋白质的消化率受到蛋白质性质、膳食纤维、多酚类物质和酶反应等因素的影响。一般来说，植物性食物蛋白质由于被纤维素包围，因此比动物性食物蛋白质的消化率低。如大豆整粒食用时，消化率仅 60%，而加工成豆腐后消化率提高到 90%以上。按照普通方法烹调，动物蛋白质的平均消化率高于植物蛋白质。常用食物的蛋白质消化率为：乳类 97%～98%，肉类 92%～94%，蛋类 98%，馒头 79%，米饭 82%，马铃薯 74%，玉米面窝头 66%，大豆 60%，豆腐 90%。

一般烹调方法（如蒸、煮）对蛋白质的消化率影响不大，但温度过高或时间太久的煎、炸等，可破坏部分氨基酸，影响其消化率，降低其营养价值。

（三）蛋白质的利用率

蛋白质的利用率是指食物蛋白质在体内被利用的程度。衡量蛋白质利用率的指标有很多，各指标分别从不同角度反映蛋白质在体内被利用的程度。其测定方法大体上可以分为两大类：一类是以氮在体内储留为基础的方法；另一类是以体重增加为基础的方法。以下介绍几种常用的指标。

1. 蛋白质生物价

蛋白质的生物学价值（简称蛋白质生物价，*BV*）是反映食物蛋白质经体内消化吸收后，在机体内可储留并加以利用的程度，以食物蛋白质在机体内吸收后被储留的氮量与被吸收的氮量的比值来表示。被机体利用的程度越高，蛋白质生物价的值越大，则该蛋白质的利用率越高。

$$\text{氮储留量}=\text{氮吸收量}-(\text{尿氮}-\text{尿内源氮})$$

$$\text{氮吸收量}=\text{摄入氮}-(\text{粪氮}-\text{粪代谢氮})$$

$$\begin{aligned} BV &= \frac{\text{氮储留量}}{\text{氮吸收量}}\times 100 \\ &= \frac{I-(F-F_k)-(U-U_m)}{I-(F-F_k)}\times 100 \end{aligned} \tag{2-7}$$

式中：I——摄入氮的量；

F——粪氮的量；

F_k——粪代谢氮的量；

U——尿氮的量；

U_m——尿内源氮的量。

尿内源氮是指无蛋白膳（即试验对象摄入足够的热量但完全不摄入蛋白质）时尿液中的含氮量，同粪代谢氮，都属于必要的氮损失。

生物价越高，说明蛋白质被机体利用的程度越高，即蛋白质的营养价值越高。生物价的最高值为100。常见食物蛋白质的生物价见表2-5。

表 2-5　常见食物蛋白质的生物价

蛋白质	生物价	蛋白质	生物价	蛋白质	生物价
鸡蛋蛋白质	94	大米	77	小米	57
鸡蛋蛋白	83	小麦	67	玉米	60
鸡蛋黄	96	生大豆	57	白菜	76
脱脂牛乳	85	熟大豆	64	红薯	72
鱼	83	扁豆	72	马铃薯	67
牛肉	76	蚕豆	58	花生	59
猪肉	74	白面粉	52		

2.蛋白质净利用率

蛋白质净利用率（*NPU*）是反映食物中蛋白质实际被利用的程度，以体内储留的氮量与摄入氮量的比值来表示，包括食物蛋白质的消化和利用两个方面，因此评价更加全面。

$$\begin{aligned} NPU &= \frac{\text{氮储留量}}{\text{氮摄入量}}\times 100\% \\ &= \frac{I-(F-F_k)-(U-U_m)}{I}\times 100\% \\ &= \text{生物价}\times\text{消化率} \end{aligned} \tag{2-8}$$

式中各字母意义同前。

3.蛋白质功效比值

蛋白质功效比值（*PER*）是以体重增加为基础的方法，是测定蛋白质利用率的另一种简便方法。它是指试验期内，处于生长阶段的幼年动物平均每摄入1g蛋白质所增加的体重（g）。

$$PER=\frac{\text{动物增加的体重(g)}}{\text{摄入食物蛋白质的量(g)}}\times 100\% \tag{2-9}$$

蛋白蛋的功效比值反映蛋白质用于机体生长的效率，摄入同样质量不同食物的蛋白质时,凡体重增加越多者,表明此蛋白质的营养价值越高。

由于同一种食物蛋白质在不同实验室所测得的 *PER* 往往有明显差异,为了使实验结果具有一致性和可比性,通常将酪蛋白作为参考蛋白质,设对照组,并将酪蛋白对照组 *PER* 值换算为 2.5,然后校正被测蛋白质 *PER*。

$$\text{被测蛋白质 } PER=\frac{\text{实验组蛋白质 } PER}{\text{对照组蛋白质 } PER}\times 2.5 \tag{2-10}$$

4.氨基酸评分

氨基酸评分(AAS)也称蛋白质化学评分,由食物蛋白质中必需氨基酸的模式决定,是目前广泛应用的一种食物蛋白质营养价值评价方法,不仅适用于单一食物蛋白质的评价,还可用于混合食物蛋白质的评价。通常将鸡蛋蛋白质或人乳蛋白质作为参考蛋白质,因为这两种蛋白质是食物营养价值最高的蛋白质,它们的生物价接近 100,即在体内将近 100%被利用。将每克待评蛋白质(或氮)中相应的必需氨基酸逐一进行比较,依据下式计算出氨基酸评分。

$$AAS=\frac{\text{每克被测食物蛋白质(或每克氮)中必需氨基酸含量(mg)}}{\text{每克参考蛋白质(或每克氮)中必需氨基酸含量(mg)}}\times 100 \tag{2-11}$$

在实际计算某种氨基酸评分时,首先将被测食物蛋白质中的必需氨基酸与参考蛋白质中的必需氨基酸进行比较,计算出被测蛋白质中必需氨基酸的评分值,然后再在各评分值中找出比值较低者,即分值小于 100 的氨基酸,为限制氨基酸,分值最低的称为第一限制氨基酸,余者类推,根据分值从小到大可依次称为第一、第二、第三限制氨基酸。被测食物蛋白质的第一限制氨基酸的评分即为该种蛋白质的氨基酸评分。

氨基酸评分的方法比较简单,有许多可取之处,因为它可以明确食物的限制氨基酸,也可以看出其他氨基酸的不足,对于应当补充或强化的氨基酸也比较清楚。

例如,面粉蛋白质中限制氨基酸为异亮氨酸、赖氨酸、苏氨酸和缬氨酸,其中赖氨酸的比值最低,为第一限制氨基酸。面粉中相当于每克氮的赖氨酸含量为 150mg,而参考蛋白质中赖氨酸含量为 340mg,故面粉蛋白质的氨基酸评分为 150/340×100=44。

(四)蛋白质的互补作用

为了提高食物蛋白质的营养价值,往往将两种或两种以上的食物混合食用,以相互补充其必需氨基酸的不足,达到以多补少,提高膳食蛋白质营养价值的目的,这称为蛋白质的互补作用。蛋白质的互补作用在蛋白质生物价的提高、膳食调配等方面有着重要的实际意义。

例如,大豆的蛋白质中富含赖氨酸,而蛋氨酸含量较低,玉米、小米的蛋白质中赖氨酸含量较低,而蛋氨酸含量相对较高。大豆、玉米、小米单独食用时,其生物价分别为 64、60、57,若将它们按 52%、23%、25%的比例混合食用,使赖氨酸和蛋氨酸两者相互补充,蛋白质的生物价可提高到 73。若在植物性食物的基础上再添加少量动物性食物,蛋白质的生物价还会提高,如小麦、小米、大豆、牛肉单独食用时,其蛋白质的生物价分别为 67、57、64、76,若将它们按 39%、13%、22%、26%的比例混合食用,蛋白质的生物价可提高到 89。由此可见,动物性食物与植物性食物混合后的互补作用比单纯的植物性食物之间的互补作用更好。

为充分发挥食物蛋白质的互补作用,在进行膳食调配时应遵循三个方面的原则:①食物的生物学种属越远越好,可将动物性食物与植物性食物进行混合;②搭配的种类越多越好;③食用时间越近越好,同时食用最好,时间间隔不要超过 5h,且其互补作用随着时间的延长而逐渐降低，若超过8h，食物之间便不再起互补作用。这是因为单个氨基酸在血液中的停留时间约为4h，然后到达组织器官，再合成组织器官的蛋白质，而合成组织器官蛋白质的氨基酸必须同时到达才能发挥互补作用。

五、食品加工对蛋白质和氨基酸的影响

烹调加工是食品合理利用的重要环节。加工对食物营养素的影响具有双重性：一方面，食品通过烹调加工，其中的蛋白质、脂肪和糖类等营养素发生一系列的理化变化，使食品增加色、香、味，改善感官性状，如动物蛋白质凝固、部分蛋白质分解为多肽和氨基酸等，增加了食物的鲜味；水溶性物质的浸出、芳香物质的挥发使食品散发出诱人的香味，也使各类食品适合于人类的饮食习惯，更容易被消化吸收，有助于人体对这些营养素的利用。通过对食品的整理、洗涤和加热烹调，还可去除食品中可能存在的病菌、寄生虫卵和其他有害物质。另一方面，食品在加工烹调时，因烹制方法不当而受到一定损失，主要通过流失（蒸发、渗出和溶解）和破坏（物理、化学和生物作用）两个途径而损失，其损失的程度取决于食品的种类、性状和烹调加工的方法。

六、蛋白质的食物来源

蛋白质广泛存在于动植物性食物中。根据蛋白质的食物来源可将蛋白质分为植物性蛋白质和动物性蛋白质两大类。中国人的膳食蛋白质主要从肉类（畜、禽肉）、蛋类、奶类、鱼类、豆类、坚果类、薯类及谷类等食物中获得。

动物性食物有各种肉类，包括畜、禽、鱼类，蛋白质含量一般为10%～20%；奶类的蛋白质含量为1.5%～4%，奶粉的蛋白质含量为25%～27%；蛋类的蛋白质含量为12%～14%。动物性蛋白质含量丰富，生物价高，多为优质蛋白质。

植物性食物中，豆类含蛋白质较多，干豆类的蛋白质含量为20%～40%，且含有各种必需氨基酸，可以与动物性蛋白质媲美，但含硫氨基酸含量略低。

谷类食品蛋白质的含量虽然不高，但谷类食品每日摄入量大（成年人的每日摄入量一般达500g左右），于是，谷类蛋白质几乎成为我国居民膳食蛋白质的重要来源。但由于谷类蛋白质多为不完全蛋白质，因此要适当增加动物和大豆蛋白质的比例，以补其不足。谷类含蛋白质6%～10%，赖氨酸和色氨酸含量低，而含硫氨基酸含量较高，可与豆类互补。

薯类含蛋白质2%～3%。蔬菜水果类的蛋白质含量极低。坚果类，如花生、核桃、葵花子等含蛋白质15%～25%，可作为蛋白质来源的一个很好的补充。

鉴于我国的膳食以谷类为主食，植物性蛋白质是人们膳食蛋白质的主要来源，因此，合理利用植物性蛋白质日益受到关注。在此基础上注意蛋白质互补，适当进行搭配是非常重要的。

第三节　碳水化合物

碳水化合物，也称糖类，是由碳、氢、氧三种元素组成的一类多羟基醛或多羟基酮类化合物，因分子式中氢和氧的比例恰好与水相同（为2∶1）而得名。因为一些不属于碳水化合物的分子也有同样的元素组成比例，如甲醛（CH_2O），所以国际化学名词委员会于1927年曾建议用

“糖”来代替“碳水化合物”这一称呼。但由于习惯和接受率，“碳水化合物”一词仍被广泛使用。

一、碳水化合物的生理功能

(一)提供和储存能量

糖类的主要生理功能是提供能量。1g 糖类在体内氧化可以产生 16.81kJ(4.0kcal)的热能。在三大产能营养素中，糖类比蛋白质和脂肪易消化、吸收，且产生热量的速度较快，能在较短的时间内满足人体对热能的需求。

(二)构成组织及重要生命物质

糖类是构成机体组织并参与细胞的组成和多种活动的重要物质。糖类是机体重要的构成成分之一，如结缔组织中的黏蛋白、神经组织中的糖脂及细胞膜表面具有信息传递功能的糖蛋白。另外，在核糖核酸和脱氧核糖核酸这两种重要生命物质中也含有大量的核糖，在遗传中起着重要作用。在每个细胞中都含有糖类，其含量为 2%～10%，主要以糖脂、糖蛋白和蛋白多糖的形式存在。一些具有重要生理功能的物质，如抗体、酶和激素的组成，也需要糖类参与。

(三)节约蛋白质作用

食物中供给充足的糖类还可以免于过多的蛋白质作为机体的能量来源消耗，使蛋白质用于最适宜发挥其特有生理功能的地方，糖类的这种作用为节约蛋白质作用(也称为蛋白质的保护作用)。

(四)抗生酮作用

脂肪酸分解所产生的乙酰基需与草酰乙酸结合才能进入三羧酸循环而最终被彻底氧化，产生能量。若糖类不足，则草酰乙酸生成量不足，脂肪酸不能被彻底氧化而产生大量酮体。尽管肌肉和其他组织可利用酮体产生热能，但如果酮体生成过多，可引起酮血症，破坏机体的酸碱平衡，导致酸中毒。故摄入足够的糖类可预防体内酮体生成过多，即起到抗生酮作用。人体每天至少需要 50～100g 糖类，才可有效预防酮血症的发生。

(五)解毒功能

机体肝糖原丰富时对某些有害物质(如细菌毒素)的解毒作用增强。肝糖原不足时，机体对酒精、砷等有害物质的解毒作用显著下降。肝中的葡萄糖醛酸能结合一些外来的化合物以及细菌产生的毒素等，共同排出体外，起到解毒作用。

(六)提供膳食纤维

膳食纤维虽然不能为人体消化、吸收，但却具有特殊的营养功能。

二、食品中重要的糖类物质

根据化学结构及生理作用，在营养学上一般将糖类分为糖(1～2 个单糖)、寡糖(3～9 个单糖)、多糖(大于或等于 10 个单糖)。

(一)糖

糖包括单糖、双糖和糖醇。

1. 单糖

单糖是糖类的基本构成单位，易溶于水，可直接被人体吸收利用。

(1)葡萄糖。它是在人类空腹时唯一存在的单糖。人体的血糖就是指血液中葡萄糖的含量。葡萄糖主要由淀粉水解而来。此外，还可来自蔗糖、乳糖等的水解。它是机体最方便吸收、利用的单糖。有些器官实际上完全依靠葡萄糖供给所需的能量。例如，大脑中无能量储备，须由葡萄糖提供，每日需 100～120g 葡萄糖。要维持大脑进行正常工作，必须保持一定的血糖水平，因此在早餐仅提供牛奶和鸡蛋这样的高蛋白质食物是不符合营养学要求的。

(2)果糖。果糖存在于蜂蜜和许多水果中，为白色晶体。人工制作的玉米糖浆中果糖含量可达到 40%～90%。果糖是饮料、冷冻食品、糖果、蜜饯生产的重要原料。

机体内的果糖是由蔗糖分解(一分子的果糖和一分子的葡萄糖)而得，吸收时部分果糖进一步被肠黏膜细胞转变成葡萄糖和乳酸。人体的肝脏是实际利用果糖唯一的器官，它可以将果糖迅速转化。其他部位的果糖含量极低。因此，果糖作为肌肉运动的能源不如葡萄糖及时，但作为运动后的恢复糖原储备较为有利。果糖的代谢可以不受胰岛素的制约，故糖尿病人可适当食用果糖。大量摄入果糖，容易出现恶心、呕吐、上腹部疼痛以及不同血管区的血管扩张现象。

(3)半乳糖。半乳糖是乳糖的重要组成成分，很少以单糖的形式存在于食品中。半乳糖吸收后在肝脏内转变成肝糖，然后分解为葡萄糖被机体利用。此外，半乳糖的吸收速度较快，以葡萄糖的吸收速度为 100 作为标准，则果糖为 43，半乳糖为 130。

2. 双糖

(1)蔗糖。蔗糖是从糖料作物甜菜或甘蔗中提取出来的。因此，蔗糖是天然食品，是安全的营养型甜味剂。

蔗糖可以增加机体 ATP 的合成，有利于氨基酸的活力与蛋白质的合成；蔗糖具有一定的解毒功能，食物中毒者在没有得到医生救治时，可立即服用大量的白糖水，起到解毒保肝的作用；蔗糖对肝病患者有提高肝的解毒能力、促进肝细胞恢复、保护肝脏的作用；人们若不慎轻度烫伤、擦伤、创口出血，在没有医疗的条件下，可将伤口清洗后，用蔗糖敷在伤口上，能抑制细菌的繁殖、止血消炎，有助于伤口愈合。

当然，过度摄入蔗糖会引起健康问题，比如龋齿的发生，对于肥胖症、糖尿病患者要严格限制蔗糖的摄入等。蔗糖的理想替代物有异麦芽酮糖、异麦芽酮糖醇和异麦芽酮糖浆等。

异麦芽酮糖又称帕拉金糖，是将蔗糖在蔗糖异构酶的作用下发生异构而形成的。普通的糖从进入口腔开始就能够被人体迅速吸收，而异麦芽酮糖在进入口腔后，唾液并不能将其水解，只有到达肠内以后，才能经肠内微生物缓慢分解。由于分解十分缓慢，它仍是一种能源物质(只相当于普通糖的一半的能量)，使人体对糖的吸收和利用达到了平衡，不会使血糖浓度提高。此外，由于它的分解需要微生物的参与，因此可以刺激肠道内有益菌群的生长和繁殖，优化人体的消化系统。

(2)麦芽糖。麦芽糖又称饴糖，为蔗糖的同分异构体。一般植物中的麦芽糖含量很少，但种子发芽时可因酶的作用分解淀粉生成麦芽糖，尤其在麦芽中含量较多。动物体内除淀粉水解外不含麦芽糖。食品工业中所用的麦芽糖主要由淀粉经酶水解而来，是食品工业中重要的糖质原料。其甜度约为蔗糖的 1/2。它除了是一种高能物质外，在少量促进双歧杆菌生长的同时，也能被腐败菌所利用，产生气体，引起消化道不适的感觉，儿童多食对牙齿不利。

(3)乳糖。乳糖是哺乳动物乳汁的主要成分，其含量依动物的不同而异。通常人乳约含乳糖 7%，牛乳约含乳糖 5%。乳糖是婴儿主要食用的糖类物质。随着年龄的增长，肠道中的乳糖酶活性下降，因而很多成年人食用大量的乳糖后不易消化，即乳糖不耐症。食物中乳糖含量高于15%时可导致渗透性腹泻。

乳糖的功能除供热外，还可促进钙、磷、镁、锌和其他微量元素的吸收，对婴儿的生长发育十分重要。1周岁以内的婴儿每千克体重每天需要糖13g左右，主要摄入的就是乳糖；乳糖在通过小肠中段后，被黏膜上皮细胞的乳糖酶分解成葡萄糖和半乳糖，最终产物乳酸造成肠道酸性环境，增加了钙盐的溶解性，使更多的钙被吸收；乳糖代谢产生的酸性环境促进双歧杆菌的生长，双歧杆菌代谢产生乳酸和醋酸，抑制了致病菌的生长，使婴儿减少肠道感染；乳糖很少致成龋齿，对婴儿有利。幼儿若缺乏乳糖会出现消瘦、乏力、体重减轻、生长发育缓慢等症状，甚至因消耗体内脂肪、蛋白质而导致蛋白质缺乏症。

故在婴儿食品中可添加适量的乳糖。因人乳比牛乳的乳糖含量要高，应调整牛乳的乳糖含量至7%～8%。8～12g/mL为最适乳糖含量，能满足婴儿碳水化合物的要求。

(4)异构乳糖。异构乳糖是乳糖的异构体，它不存在于自然界。例如原乳中就没有异构乳糖。但是，经过不同加工处理后所得到乳制品可含有一定量的异构乳糖。

异构乳糖的甜度约为蔗糖的一半。由于机体内没有异构乳糖酶，故不能被消化、吸收。但它却有利于肠道双歧杆菌的生长、发育，从而抑制肠道中碱性腐败菌的生长等，对人体健康有利。异构乳糖的作用主要有以下几点：①促进肠道有益菌的增殖，抑制腐败菌的生长。这主要是双歧乳酸杆菌的代谢产物——乳酸、己酸等有机酸降低肠道pH值所致。②促进肠道中双歧杆菌自行合成维生素B_1、B_2、B_6、B_{12}，烟酸，泛酸以及维生素E、K等，尤以维生素B_1的合成最为显著。③促进肠蠕动、通便等作用。

3.糖醇

在天然的水果、蔬菜之中还存在少量的糖醇类物质。糖醇是单糖的重要衍生物，在营养上具有独特的作用。因其在体内消化、吸收速度慢，且提供的热能要比葡萄糖少，已被广泛应用于食品加工业，常用来代替蔗糖作为甜味剂使用。食品中的糖醇主要有：①山梨醇。存在于许多植物的果实中，其主要特点是体内代谢时可转化为果糖而不是葡萄糖，不受胰岛素的控制，食用后不会引起血糖浓度的迅速上升，因而适于在糖尿病人的专用食品中作为甜味剂使用。②木糖醇。存在于多种水果、蔬菜中，如南瓜、香蕉等。木糖醇的甜度及供热量与蔗糖相似，但其代谢不受胰岛素的控制，且在糖果中作为甜味剂具有预防和控制龋齿的作用，目前在口香糖的生产中被广泛应用。③麦芽糖醇。由麦芽糖氢化而来，为非能源物质，不会使血糖升高，也不会增加胆固醇和脂肪的含量，可作为功能性甜味剂用于心血管疾病、糖尿病等患者的保健食品中，不能被口腔中的微生物利用，有预防龋齿的作用。

(二)寡糖

寡糖又称低聚糖，是指由3～9个单糖以糖苷键聚合而成的糖类。目前已知的几种重要的寡糖有低聚果糖、低聚乳糖、低聚半乳糖、低聚异麦芽糖、低聚甘露糖、大豆低聚糖等，其甜度通常只有蔗糖的30%～60%。大多数低聚糖不能被人体消化酶分解，人体难以消化吸收，是理想的功能性甜味剂，对心血管疾病、糖尿病患者有重要的意义。有些低聚糖还可被肠道有益菌——双歧杆菌所利用，有利于双歧杆菌的活化和增殖，有利于肠道的健康。另外，有些低聚糖还具有某些食用纤维的生理功能，如降低血清胆固醇和预防肠癌；不易或难以为龋齿所利用，不易形成齿垢和龋变，可以预防口腔疾病等。由于功能性低聚糖具有营养和生理方面的重要意义，目前已被广泛应用于食品工业中，它们在食品加工中可代替或部分代替甜味剂。

（三）多糖

多糖是由单糖聚合形成的一类天然高分子化合物，它是维持生命机器正常运转的基本物质之一。已发现的多糖化合物有数百种，广泛分布于植物、动物和微生物中。

多糖可用通式$(C_6H_{10}O_5)_n$表示。组成多糖的单糖可以相同也可以不同。由相同的单糖组成的多糖称为均多糖，如淀粉、纤维素和糖原；由不同的单糖组成的多糖称为杂多糖，如阿拉伯胶是由戊糖和半乳糖等组成。多糖不是一种纯粹的化学物质，而是聚合程度不同的物质的混合物。食品中常用的多糖简述如下：

1. 淀粉

淀粉是人体能量的主要来源，根据其结构可分为直链淀粉（糖淀粉）与支链淀粉（胶淀粉），前者易使食物老化，后者易使食物糊化，糊化后的淀粉消化率、吸收率显著提高。

淀粉在肠道逐渐水解，这需要一定的时间，因此，机体不会突然出现葡萄糖过量，且血糖水平上升较慢，不会达到极限高度。所以，人们食用淀粉后通常不会发生饮食性糖尿病症，并且在任何情况下均能较好地适应。在食品工业中，利用高直链玉米淀粉生产的减肥食品和煎炸食品，是糖尿病人的理想食品，也被称为"功能性食品"。此外，高直链淀粉还是胆结石及高血压病人的理想食品，具有防止胆结石形成及降低血液胆固醇的作用。

糖原是葡萄糖在动物及人体内贮存的主要形式，也叫动物性淀粉，在人体内的贮存量有限，一般不超过500g。人体内的糖原约有1/3存在于肝脏，称为肝糖原，含量可达肝重的5%（总量为90～100g）；另有2/3存在于肌肉，称为肌糖原，含量为肌肉重的1%～2%（总量为200～400g）。此外，肾脏中有极少的肾糖原存在。肝糖原可维持正常的血糖浓度，肌糖原可提供机体运动所需要的能量，尤其是高强度和持久运动时的能量需要。在食物中糖原含量很少，因此它不是有意义的碳水化合物的来源。

2. 糊精

糊精是淀粉分解的中间产物，其甜度低于葡萄糖。糊精的溶解度比淀粉高，机体摄入后，被分解成葡萄糖分子，在小肠被吸收。糊精在肠道中有利于嗜酸杆菌的生长，能减少肠内细菌的腐败作用。

糊精与淀粉不同，它具有易溶于水、强烈保水及易于消化等特点，在食品工业中常被用来增稠、稳定或保水，例如在制作羊羹时添加少许糊精可以防止结晶析出，避免外观不良。

3. 树胶及海藻胶

树胶也称植物胶，包括植物分泌胶（如阿拉伯胶）和种子胶。海藻胶来自海藻类，如琼脂、红藻胶。它们均属于多糖类物质，摄食后均不被人体消化、吸收。

三、碳水化合物的食物来源

在我国每日膳食营养素摄入量的建议中，我国居民糖类的摄入量以占膳食总能量的55%～65%为宜，其中精制糖（食用糖或纯糖食品）应占总能量的10%以下。

糖类主要来源于植物性食物，如粮谷类、薯类和根茎类食物中都含有丰富的淀粉。粮谷类一般含糖类60%～80%，薯类中的含量为15%～29%，豆类中的含量为40%～60%。单糖和双糖除一部分存在于水果、蔬菜等天然食物中外，绝大部分是以加工后的食物食用，其主要来源有甜味水果、蜂蜜、蔗糖、糖果、甜食、糕点和含糖饮料等。各种乳及乳制品中的乳糖是婴儿最重要的糖类。

第四节 脂 类

脂类包括脂肪和类脂两大类。营养学上重要的脂类主要有甘油三酯、磷脂和固醇类物质。食物中的脂类95%是甘油三酯,5%是其他脂类。人体储存的脂类中甘油三酯高达99%。

一、脂类的生理功能

(一)供给能量

一般合理膳食的总能量有20%～30%由脂肪提供。储存脂肪常处于分解(供能)与合成(储能)的动态平衡中。哺乳类动物一般含有两种脂肪组织:一种是含储存脂肪较多的白色脂肪组织,另一种是含线粒体、细胞色素较多的褐色脂肪组织,后者较前者更容易分解供能。1g脂肪在体内氧化可产能37.56kJ,相当于9kcal的能量。

(二)构成身体成分

正常人群按体重计算含脂类为14%～19%,肥胖人群约含32%,过胖人群的脂类含量可高达60%左右,且绝大部分是以甘油三酯的形式储存于脂肪组织内。脂肪组织所含脂肪细胞多分布于腹腔、皮下、肌纤维间。类脂包括磷脂和固醇类物质,是组织结构的组成成分。磷脂和胆固醇是所有生物膜的重要组成成分,也是构成脑组织的主要成分。

(三)供给必需脂肪酸

必需脂肪酸是磷脂的重要成分,而磷脂又是细胞膜的主要结构成分,故必需脂肪酸与细胞的结构和功能密切相关;亚油酸是合成前列腺素的前体,前列腺素在体内有多种生理功能;必需脂肪酸还与胆固醇的代谢有密切关系。

(四)促进脂溶性维生素的吸收

食物脂肪有助于脂溶性维生素的吸收,并对食物的营养价值有一定的保护作用。

(五)调节体温和保护内脏器官

脂肪大部分贮存在皮下,用于调节体温,保护对温度敏感的组织,防止热能散失。

(六)增加饱腹感和改善食品感官性状

脂肪在胃中的停留时间较长,可增加饱腹感。油炸食品有特有的味道和脂香,改善了食品的感官性状。

二、脂肪与脂肪酸及其功能

(一)脂肪

1.脂肪的组成

脂肪是由甘油和脂肪酸组成的三酰甘油酯,其中甘油的分子比较简单,而脂肪酸分子的种类和长短却不相同。脂肪的性质和特点主要取决于脂肪酸,不同食物中的脂肪所含有的脂肪酸种类和含量不一样。自然界有40多种脂肪酸,因此可形成多种脂肪酸甘油三酯。通常所说的脂肪主要是油和脂,一般把常温下是液体的称作油,而把常温下是固体的称作脂。

2.脂肪营养价值的评价

在营养学上,主要是通过脂肪的消化率、脂肪酸的种类与含量、脂溶性维生素的含量等三个方面对脂肪的营养价值进行评价。

(1)脂肪的消化率。食物脂肪的消化率与熔点成反比，熔点在50℃以上的脂肪不易消化与吸收，熔点接近体温或低于体温的脂肪的消化率则较高。脂肪的消化率还与其所含不饱和脂肪酸有关，双键数目越多，消化率也就越高。人体对动物脂肪的消化及吸收较差，而对植物油的消化及吸收较好；在畜肉脂肪中饱和脂肪酸含量多，而在鱼油中不饱和脂肪酸多，因此鱼油的营养价值大于畜肉脂肪。

(2)脂肪酸的种类和含量。不饱和脂肪酸含量较高的油脂，必需脂肪酸的含量也较高，营养价值也就相对较高。所以植物油的营养价值高。

(3)脂溶性维生素的含量。脂溶性维生素含量高的脂肪，营养价值也高。维生素E和维生素K在动物脂肪中含量较少，肝脏中维生素A和维生素D含量丰富，特别是某些海产鱼的肝脏中含量较高，乳品、蛋黄中维生素A和维生素D的含量比较丰富，植物油中含有丰富的维生素E，特别是谷类种子的胚油中维生素E更多，所以这些食物脂肪的营养价值高。

(二)脂肪酸

脂肪酸是具有甲基端和羧基端的碳氢链，大多数脂肪酸含有排列成一条直链的偶数碳原子。脂肪酸的基本分子式为$CH_3[CH_2]_nCOOH$，式中n的数目大部分为2～24。脂肪酸的命名和表达方式可以用碳的数目和不饱和双键的数目来表示。如棕榈酸为16个碳的饱和脂肪酸，无不饱和双键，以$C_{16:0}$表示；油酸含有18个碳和1个不饱和双键，以$C_{18:1}$表示。

脂肪酸按碳链长度(链上所含碳原子数目)不同分类，可被分成短链(含4～6个碳原子)脂肪酸、中链(含8～14个碳原子)脂肪酸、长链(含16～18个碳原子)脂肪酸和超长链(含20个或更多个碳原子)脂肪酸四类。人体内主要含有长链脂肪酸组成的脂类。自然界中的脂肪酸几乎都是偶数碳原子脂肪酸，奇数碳原子脂肪酸是由微生物产生的，一般很少见。能被人体吸收的只有偶数碳原子脂肪酸。

脂肪酸按饱和度分类，可分为饱和脂肪酸与不饱和脂肪酸两大类。饱和脂肪酸的分子结构中不含双键，动植物脂肪中所含的饱和脂肪酸主要有硬脂酸、软脂酸、花生酸和月桂酸等。不饱和脂肪酸再按不饱和程度分为单不饱和脂肪酸与多不饱和脂肪酸。单不饱和脂肪酸，在分子结构中仅有一个双键，如油酸，普遍存在于动植物脂肪中，没有气味和味道，但容易与空气中的氧作用发生氧化酸败而引起食物的变质。多不饱和脂肪酸，在分子结构中含两个或两个以上双键，主要有亚油酸、亚麻酸、花生四烯酸等。

血浆中胆固醇的含量受食物中饱和脂肪酸的影响。饱和脂肪酸可提高肝脏合成胆固醇的速度，增加血浆中胆固醇的浓度。饱和脂肪酸摄入量高是导致血胆固醇、甘油三酯和低密度脂蛋白胆固醇升高的主要原因，过多摄入增大了患动脉粥样硬化和冠心病的危险性。单不饱和脂肪酸和多不饱和脂肪酸可使血清胆固醇和低密度脂蛋白胆固醇下降。多不饱和脂肪酸在体内可转变为重要衍生物，几乎参与所有的细胞代谢活动，具有特殊的营养功能。因此，在考虑脂肪需要量时，必须同时考虑饱和脂肪酸、单不饱和脂肪酸和多不饱和脂肪酸三者之间的比例。不饱和脂肪酸含量高的油脂，其营养价值相对较高。最理想的膳食构成中，饱和脂肪酸、单不饱和脂肪酸和多不饱和脂肪酸三者之间的比例为1∶1∶1。

天然食物中含有各种脂肪酸，多以甘油三酯的形式存在。脂肪随其脂肪酸的饱和程度越高、碳链越长，其熔点也越高。一般来说，动物性脂肪(如牛油、奶油和猪油)比植物性脂肪含饱和脂肪酸多，含40%～60%的饱和脂肪酸，30%～50%的单不饱和脂肪酸，多不饱和脂肪酸的含量极少，在常温下呈固态，酶解的速度慢，消化及吸收速度较慢。植物油含10%～20%的饱和脂肪酸和80%～90%的不饱和脂肪酸，在常温下呈液态，酶解的速度快，消化及吸收速度较快。但椰子油仅含5%的单不饱和脂肪酸和1%～2%的多不饱和脂肪酸，这种情况较少。

脂肪酸按空间结构不同分为顺式脂肪酸和反式脂肪酸。自然状态下，大多数的不饱和脂肪酸为顺式脂肪酸。利用氢化过程，不饱和脂肪酸的不饱和双键与氢结合变成饱和键。氢化可以改变食物的结构，如植物油氢化后可以加工为人造奶油。氢化过程中，一些未被饱和的不饱和脂肪酸的空间结构可以改变，由顺式转化为反式。反式脂肪酸的含量一般随植物油的氢化程度而增加，如人造黄油可能含有25%～35%的反式脂肪酸。

脂肪酸按双键的位置分类，碳原了的排列一般从甲基端（CH_3—）的碳（为ω碳）起，计算不饱和脂肪酸中不饱和键的位置。如油酸的表达式为18：1，ω-9，即碳链由18个碳组成，有1个不饱和键，从甲基端数起，不饱和键在第九位和第十位之间。国际上ω也可用n来代替，如ω-9可写成n-9。

（三）必需脂肪酸

一类维持生命活动所必需的、人体内不能合成或合成速度不能满足需要而必须从外界摄取的脂肪酸，称为必需脂肪酸。亚油酸和α-亚麻酸是人体必需脂肪酸，这两种必需脂肪酸还可在体内分别合成花生四烯酸、二十碳五烯酸（EPA）、二十二碳六烯酸（DHA）等人体不可缺少的脂肪酸。花生四烯酸由亚油酸衍生而来，当合成不足时，必须由食物供给，也可列入必需脂肪酸。花生四烯酸对预防心血管疾病、糖尿病和肿瘤等具有重要功效。EPA可帮助降低胆固醇和甘油三酯的含量，促进体内饱和脂肪酸的代谢，从而降低血液黏稠度，增进血液循环，提高组织供氧而消除疲劳，防止脂肪在血管壁的沉积，预防动脉粥样硬化的形成和发展，预防脑血栓、脑溢血、高血压等心血管疾病。DHA能影响胎儿大脑发育，促进视网膜光感细胞的成熟。

必需脂肪酸在人体内具有重要的生理功能，主要表现为：①构成人体组织。脂肪中的磷脂和胆固醇是人体细胞的主要成分，脑细胞和神经细胞中含量最多。一些固醇则是制造体内固醇类激素的必需物质，如肾上腺皮质激素、性激素等。②与胆固醇代谢有密切关系。胆固醇与必需脂肪酸结合后，才能在体内转运，进行正常的代谢，防止动脉粥样硬化。③具有抗氧化作用，对射线引起的一些皮肤损害有保护作用。④是前列腺素在体内合成的原料。前列腺素广泛存在于许多组织中，由花生四烯酸转化而成。⑤维持正常的视觉功能。亚麻酸可在体内转变成DHA，DHA在视网膜光受体中含量丰富，是维持视紫红质正常功能的必需物质。⑥动物精子的形成也与必需脂肪酸有关。若膳食中长期缺乏必需脂肪酸，动物可出现不育症。

必需脂肪酸最好的食物来源是植物油类，特别是棉籽油、大豆油、玉米油和芝麻油。小麦胚芽油中亚油酸含量很高。亚麻酸在豆油和紫苏籽油中较多。动物油脂中必需脂肪酸的含量比一般植物油中的要低。一般认为必需脂肪酸应占每日膳食能量的3%～5%。婴儿对必需脂肪酸的需求较成人迫切，对缺乏也较敏感。

三、类脂及其功能

类脂是一种在某些理化性质上与脂肪相似的物质，种类很多，主要包括：①磷脂。由脂肪酸、磷酸和含氮有机物组成，如卵磷脂、脑磷脂、肌醇磷脂。②糖脂。含有糖类、脂肪酸及氨基乙醇，如脑苷脂类、神经节苷脂。③脂蛋白。为脂和蛋白质的结合物，如乳糜微粒、极低密度脂蛋白、低密度脂蛋白、高密度脂蛋白。④固醇类。都是相对分子质量较大的化合物，是一些类固醇激素的前体，如胆固醇、麦角固醇、皮质甾醇等。

（一）磷脂

磷脂不仅是生物膜的重要组成成分，而且对脂肪的吸收和转运以及储存脂肪酸、特别是不饱和脂肪酸起着重要作用。磷脂主要存在于蛋黄、瘦肉、脑、肝和肾中，机体自身也能合成所需要的磷脂。磷脂按其组成结构可以分为两类：磷酸甘油酯和神经鞘磷脂。前者以甘油为基础，后者以神经鞘氨醇为基础。人体除自身能合成磷脂外，每天从食物中也可以得到一定量的磷脂。磷脂的缺乏会造成细胞膜结构受损，使毛细血管的脆性和通透性增加，皮肤细胞对水的通透性增高，引起水代谢紊乱，产生皮疹等。

（二）固醇类

最重要的固醇是胆固醇。胆固醇是人体中主要的固醇类化合物。人体各组织中皆含有胆固醇，在细胞内除线粒体膜及内质网膜中含量较少外，它是许多生物膜的重要组成成分。人体内90%的胆固醇存在于细胞之中。胆固醇还是维生素D、肾上腺皮质激素、性激素等重要活性物质的前体，是制造体内固醇类激素的必需物质。肝脏是胆固醇代谢的中心，合成胆固醇的能力最强，人体每天合成胆固醇1～1.2g，而在肝脏中的合成量则占总合成量的80%。同时，肝脏还能促使胆固醇形成胆汁酸，人体内约有80%的胆固醇是在肝脏内转变成胆汁酸的。植物中不含胆固醇，所含有的其他固醇类物质统称为植物固醇。植物固醇不但不被人体吸收，还有抑制小肠对胆固醇吸收的作用，而且还可在人体内转变成胆汁酸和性激素，参与人体代谢。胆固醇广泛存在于动物性食品之中，如肉类、内脏、脑、蛋黄和奶油等，人体自身也可以利用内源性胆固醇，所以一般不存在胆固醇缺乏的现象。相反由于它与高血脂症、动脉粥样硬化、心脏病等相关，人们往往关注体内胆固醇过多的危害性。

胆固醇可直接被人体吸收，如果食物中的胆固醇和其他脂类形成胆固醇酯呈结合状态，则先被胆固醇酯酶水解成游离的胆固醇，再被吸收。体内胆固醇随肝脏排出的胆汁进入肠道，一部分在小肠被重新吸收，未吸收的部分在小肠下段经细菌作用后转变为粪固醇，随粪便排出体外。影响胆固醇吸收的因素有：①胆汁酸是促进胆固醇吸收的重要因素，胆汁酸缺乏时，明显降低胆固醇的吸收；②食物中的脂肪不足也会影响胆固醇的吸收；③胆固醇在肠道中的吸收率随食物胆固醇含量的增加而下降；④膳食中含饱和脂肪酸过高，可使血浆胆固醇升高，若摄入较多不饱和脂肪酸，如亚油酸，则血浆胆固醇降低；⑤植物食物中的谷固醇和膳食纤维可减少胆固醇的吸收，从而可降低血胆固醇。

四、食品加工贮藏对脂类的影响

人们在从动、植物原料抽提出粗脂肪时，这些脂肪往往含有使制品品质低劣的着色、呈味等物质，因而有必要对其进行精炼加工，使之脱色、脱臭，并具有高度的化学稳定性，甚至在正常的食品加工时也很稳定。它们涉及脂肪的物理性质和化学组成的改变，也具有一定的营养学意义。

脂类贮藏不当会出现脂肪氧化现象，影响食物的品质。脂类氧化对食品营养价值的影响主要是氧对营养素的氧化作用所致。食品中脂类发生的任何明显的自动氧化或催化氧化作用都将降低必需脂肪酸的含量。与此同时，它还可破坏其他脂类营养素，如胡萝卜素、维生素和生育酚等，从而降低食品的营养价值。

此外，由脂类氧化所产生的过氧化物和其他氧化产物还可进一步与食品中的其他营养素（如蛋白质等）相互作用，形成氧化脂蛋白等物质，从而降低蛋白质等的利用率。

五、脂肪的食物来源

脂肪的摄入受民族、地区、饮食习惯，以及季节、气候条件等影响，变动范围很大。至于脂肪的摄入量，各个国家大都以脂肪供能所占总能摄取量的百分比计算，并多限制在30%以下。

参照2017年修订的“中国居民膳食营养素参考摄入量表”的规定，脂肪能量所占总能量的百分比，儿童和青少年为25%～35%，成人为20%～30%。目前有资料表明，我国部分城市中老年人的脂肪供能占总能摄入量的百分比已超过30%，这不利于心血管等慢性病的防治。

关于脂肪推荐摄入量中不同脂肪酸的组成比例问题，各国均很重视。不同脂肪酸的组成比例包括两个方面：一方面是饱和脂肪酸、单不饱和脂肪酸与多不饱和脂肪酸之间的比例；另一方面是多不饱和脂肪酸中 n-6 和 n-3 多不饱和脂肪酸之间的比例。

关于饱和脂肪酸（S）、单不饱和脂肪酸（M）和多不饱和脂肪酸（P）之间的比例，大多认为以 $S:M:P=1:1:1$ 为宜，而对 n-6 和 n-3 多不饱和脂肪酸之间的比例认识不一。中国营养学会根据我国实际情况，参考国外资料提出不同年龄阶段建议膳食脂肪适宜摄入量，如表2-6所示。

表2-6　中国居民膳食脂肪、脂肪酸参考摄入量和可接受范围

单位：能量百分比（%E）

年龄（岁）/生理状况	脂肪	饱和脂肪酸	n-6 多不饱和脂肪酸[a]		n-3 多不饱和脂肪酸	
	AMDR	U-AMDR	AI	AMDR	AI[b]	AMDR
0～	48[c]	—	7.3	—	0.87	—
0.5～	40[c]	—	6.0	—	0.66	—
1～	35[c]	—	4.0	—	0.60	—
4～	20～30	<8	4.0	—	0.60	—
7～	20～30	<8	4.0	—	0.60	—
18～	20～30	<10	4.0	2.5～9.0	0.60	0.5～2.0
60～	20～30	<10	4.0	2.5～9.0	0.60	0.5～2.0
孕妇和乳母	20～30	<10	4.0	2.5～9.0	0.60	0.5～2.0

a. 亚油酸的数值。

b. α-亚麻酸的数值。

c. AI值。

此外，近年来由于人们对二十碳五烯酸（EPA）和二十二碳六烯酸（DHA）认识的不断深入，认为也有必要控制其在人类膳食中的适宜比例。农业现代化致使植物油和畜牧饲养业发展很快，人类膳食结构发生了显著变化。膳食脂肪酸中 n-6 多不饱和脂肪酸增加，相对主要来自水产（尤其是海鱼）的 n-3 多不饱和脂肪酸下降，致使多不饱和脂肪酸中

(*n*-6)∶(*n*-3)的比例显著上升，并可使二者之比高达10～20，应当适量增加鱼类(尤其是海鱼)的消费，以降低二者之间的比例。中国营养学会建议二者之比为(4～6)∶1。

膳食中脂类的主要来源为植物油和动物脂肪，我国广大居民常食用的植物油是菜籽油、豆油、花生油、芝麻油，有些地方食用棉籽油等，基本可满足人体对必需脂肪酸的需要，不会造成必需脂肪酸的缺乏。动物类食品依据来源和部位的不同，脂类的含量和种类差异很大，脂肪组织含有大量的饱和脂肪酸，脑、心、肝、肺含较多的磷脂，人乳及蛋黄是婴幼儿脂类的良好来源；水产品的多不饱和脂肪酸含量高。深海鱼(如鲱鱼、鲑鱼)的鱼油富含EPA和DHA，它们属于*n*-3系的多不饱和脂肪酸。粮谷类、蔬菜、水果的脂肪含量很少，不作为油脂的来源。

随着我国经济的不断发展和人民生活水平的提高，脂肪在膳食中的比例有逐渐增高的趋势。一些经济发达地区，因能量摄入太高而出现各种病症的人数不断增多，应引起重视。

第五节　矿物质和微量元素

一、概述

(一)矿物质的分类

矿物质可分为常量元素和微量元素两大类。

1. 常量元素

常量元素又称宏量元素，其在人体内的含量大于体重的0.01%，有钾(K)、钠(Na)、钙(Ca)、镁(Mg)、硫(S)、磷(P)、氯(Cl)七种。

2. 微量元素

微量元素又称痕量元素，其在人体内的含量小于体重的0.01%。微量元素在人体内的含量极少，有的甚至只有痕量，即在组织中的浓度只能以mg/kg甚至μg/kg计。1990年，FAO/WHO的专家委员会根据1973年以来的研究结果和认识，提出了人体必需微量元素的概念：①为人体内的生理活性物质，有机结构中的必需成分；②这种元素必须通过食物摄入，当从膳食中摄入的量减少到某一低限值时，即将导致某一种或某些重要生理功能的损伤。该专家委员会还将“必需微量元素”分为三类：第一类为人体必需的微量元素，有铁(Fe)、碘(I)、锌(Zn)、硒(Se)、铜(Cu)、钼(Mo)、铬(Cr)、钴(Co)八种；第二类为人体可能必需的微量元素，有锰(Mn)、硅(Si)、镍(Ni)、硼(B)、矾(V)五种；第三类是具有潜在毒性，但在低剂量时对人体可能具有必需功能的微量元素，包括氟(F)、铅(Pb)、镉(Cd)、汞(Hg)、砷(As)、铝(Al)、锂(Li)、锡(Sn)。

(二)矿物质的特点

(1)矿物质在体内不能合成，必须从食物和饮水中摄取。

(2)矿物质在体内的分布极不均匀，同一元素在不同的机体组织、器官中的含量也有很大差异。

(3)矿物质相互之间存在协同或拮抗作用。

(4)虽然某些微量元素在体内的需要量很少，但其生理剂量与中毒剂量范围狭窄，摄入过多易产生毒性作用。

(三)矿物质的生理功能

1.是构成人体组织的重要成分

矿物质对组织和细胞的结构很重要,大部分硬组织(如骨骼和牙齿)是由钙、磷和镁组成的,而软组织中含钾较多,铁为血红蛋白的组成成分。

2.调节细胞膜的通透性

体液中的矿物质离子可调节细胞膜的通透性,以保持细胞内外液中酸性和碱性无机离子的浓度,控制水分,维持正常渗透压和酸碱平衡,帮助运输普通元素到全身,参与神经活动和肌肉收缩等。

3.维持神经和肌肉的兴奋性

如钙为正常神经系统对兴奋传导的必需元素,钙、镁、钾对肌肉的收缩和舒张具有重要的调节作用。

4.是激素、维生素、蛋白质和多种酶类的组成成分

有些矿物质是构成酶的辅基、激素、维生素、蛋白质和核酸的成分,或作为多种酶系统的激活剂参与许多重要的生理功能,例如保持心脏和大脑的活动、帮助抗体的形成等,对人体发挥有益的作用。

(四)酸性食品与碱性食品

人体吸收的矿物质元素,因性质不同,在生理上有酸性和碱性之别。在生理上把含有带阴离子非金属元素较多的食品称为酸性食品。大部分的肉、鱼、禽、蛋等动物性食品中含有丰富的硫蛋白,主食如米、面及其制品则含磷较多,它们均属于酸性食品,可降低血液等的pH值。

把含有带阳离子金属元素较多的食品称为碱性食品。大部分蔬菜、水果、豆类都属于碱性食品,它们代谢后生成碱性物质,能阻止血液等向酸性变化。虽然某些水果具有酸味,但这些有机酸代谢后生成二氧化碳与水排出体外,在生理上并不显酸性,留下的仍是碱性元素。

通常,人们在饮食中必须注意酸性和碱性食品的适宜搭配,以便于维持机体正常的酸碱平衡,也有利于食品中各种营养成分的充分利用。

(五)食品中矿物质的生物有效性

矿物质的生物有效性是指食品中矿物质实际被机体吸收、利用的程度。食品中矿物质的总含量还不足以准确评价该食品中矿物质的营养价值,因为这些矿物质元素的吸收率、利用率还受元素的化学形式、颗粒大小、食物分解成分、pH值、食品加工及人体的机能状态等因素的影响。

一般来说,微量元素的有机化合物是脂溶性的,易于吸收;酸性食物可增加金属盐的吸收,类脂化合物、磷酸盐可限制微量元素的利用率。以蔬菜为主的膳食中,微量元素的生物利用率低于以动物蛋白为主的膳食,但蔬菜经发酵可提高其中微量元素的利用率。素食中加入动物蛋白,可提高其中铁、锌的利用程度;用高粱和玉米配制啤酒,铁的生物利用率可提高12倍。

(六)食品加工对矿物质含量的影响

1.烫漂

烫漂对矿物质的影响很大,这主要与它们的溶解度有关。如菠菜在烫漂时矿物质的损失率:钾为56%、钠为43%、镁和磷为36%、硝酸盐为70%,但钙的含量略有增加。

2. 烹调

食品中矿物质的损失程度与烹饪方法有关。

3. 碾磨

碾磨可使食品中矿物质的含量明显下降，碾磨次数越多，损失率越高。

二、常量矿物元素

（一）钙

钙是人体的重要组成成分，占人体总质量的1.5%～2.0%，正常人体内含有1000～1200g钙。其中大约99%的钙以羟磷灰石结晶形式集中在骨骼和牙齿内，其余1%以游离或结合状态存在于体液和软组织中，这部分钙统称为混溶钙池中的钙。混溶钙池中的钙与骨骼钙维持着动态平衡，为维持体内所有细胞的正常生理状态所必需。

1. 生理功能

钙是构成骨骼和牙齿的主要成分，维持所有细胞正常的生理功能，促进体内酶的活动，调节神经和肌肉的兴奋性；钙还是血液凝固、激素分泌、维持酸碱平衡等不可缺少的物质。

2. 吸收

钙的吸收因摄入量的多少与需要量的高低而有两种途径：①主动吸收。当机体对钙的需要量高，或摄入量较低时，肠道对钙的主动吸收机制最活跃，是一个需要能量的主动吸收过程。这一过程需要钙结合蛋白的参与以及维生素D的调节。②被动吸收。当钙的摄入量较高时，则大部分由被动的离子扩散方式吸收。这一过程也需要维生素D的作用。

钙的吸收主要在小肠上端，因为此处有钙结合蛋白，吸收的钙最多。通常膳食中20%～30%的钙是由肠道吸收进入血液的。膳食中对钙吸收的影响因素很多，有的在肠道中对钙的吸收有促进作用，而有的却会抑制人体对钙的吸收。

（1）促进钙吸收的主要因素：①维生素D促进钙的吸收。膳食中维生素D的存在与含量，对钙的吸收有明显的影响。尤其是对婴幼儿，可通过定期补充维生素A、维生素D制剂来促进机体对膳食中钙的吸收。②蛋白质供给充足，促进钙的吸收。③乳糖促进钙的吸收。④酸性环境促进钙的溶解和吸收。

（2）对钙吸收不利的主要因素：①粮食、蔬菜等植物性食物含有的植酸、草酸、磷酸，与钙结合形成难溶的盐类，使钙难以被吸收。②脂肪消化及吸收不良时，未被消化及吸收的脂肪酸与钙结合，形成难溶的钙皂，对钙的吸收不利。③过多的膳食纤维。膳食纤维中的糖醛酸残基与钙螯合形成不溶的物质，从而干扰钙的吸收。

3. 代谢

人体营养状况良好时，每天进出的钙大致相等，处于平衡状态。钙的储存量与膳食钙的摄入量呈正相关。正常情况下机体根据需要来调节体内钙的吸收、排泄与储存，维持体内钙的内稳态。体内钙的储留随供给量的增多而增加。另外，机体对钙的需要量增多时，储留的量也较多。

4. 缺乏与过量

钙缺乏症是较常见的营养性疾病。人体长期缺钙会导致骨骼、牙齿发育不良，血凝不正常，甲状腺机能减退等。过量的钙摄入可能会增加患肾结石的危险性，持续大量地摄入钙还可导致骨硬化。另外，实验证明，高钙摄入能影响铁、锌、镁、磷的生物利用率。

5. 供给量及食物来源

我国推荐的钙的摄入参考量为每日膳食中钙的摄入量:50 岁以上的成人为 800mg,50 岁以下的成人以及儿童、青少年为 1000mg,孕妇和乳母为 1000～2000mg。

乳及乳制品含钙丰富,吸收率高,是钙的重要来源。人体内的钙主要还是应从膳食中摄取。

(二)磷

磷是人体含量较多的元素之一,在人体中的量居矿物质的第二位。成人体内含磷 600～700g,约占体重的 1%,占矿物质总量的 1/4,其中 85%～90%的磷与钙一起以羟磷灰石结晶的形式储存在骨骼和牙齿中,10%与蛋白质、脂肪、糖及其他有机物结合构成软组织,其余则分布于骨骼肌、皮肤、神经组织和其他组织及膜的成分中。软组织和细胞膜中的磷多数是有机磷酸酯,骨骼中的磷为无机磷酸盐。

细胞中普遍存在磷,因而在动物性食物和植物性食物中均含有丰富的磷,合理的膳食结构中磷的含量往往超过人体的正常需要量,不易缺乏。

1. 生理功能

磷的生理功能为:构成骨骼和牙齿的重要成分;组成生命物质的重要物质;参与能量代谢;调节机体的酸碱平衡;磷酸盐还能调节维生素 D 的代谢,维持钙的内环境稳定;钙和磷的平衡有助于人体对矿物质的吸收和利用。

2. 吸收与代谢

磷的吸收部位在小肠,从膳食摄入的磷 70%在小肠吸收。正常膳食中磷的吸收率为 60%～70%。维生素 D 可促进磷的吸收。

磷的代谢过程与钙相似。体内磷的平衡取决于体内和体外环境之间磷的交换,即磷的摄入、吸收和排泄三者之间的相对平衡。磷的储留与钙和磷的摄取量有关。

磷的主要排泄途径是经肾脏排出。

3. 缺乏与过量

磷广泛存在于食物中,几乎所有的食物中均含有磷,一般不会由于膳食引起磷的缺乏,也不易发生由于膳食而引起的磷过量。

4. 供给量及食物来源

通常磷的摄入量大于钙的摄入量,如果食物中钙和蛋白质的含量充足,则磷也能较好地满足人体的需要。我国推荐磷的参考摄入量为成人每日 700mg。

磷在食物中分布很广,动物性食物和植物性食物都含有丰富的磷,动物的乳汁中也含有磷。

(三)钠

1. 生理功能

钠的生理功能为:维持细胞外液渗透压,保持细胞外液容量;维持体液的酸碱平衡;增强神经肌肉的兴奋性;与 ATP 的生成和利用、肌肉运动、心血管功能、能量代谢有关。此外,糖代谢、氧的利用也需要钠的参与。

2. 吸收和代谢

钠的吸收主要在小肠,几乎全部被吸收。消化道吸收的钠包括食物的钠和消化道分泌液中的钠。在空肠,钠的吸收过程主要是钠与糖和氨基酸的主动转运相耦联进行的被动性过程，而在回肠则大部分钠是主动性吸收。

钠还从汗液中排出，汗液中平均含钠盐（NaCl）2.5g/L左右，最大含盐浓度可达3.7 g/L。在热环境下由于大量出汗可丢失大量钠盐，如在中等强度下劳动4h即可丢失钠盐7～12g。

3.摄入量与食物来源

食物中钠的来源可分为两大类，即天然存在于食物中的钠和在加工、制备食物过程或餐桌上随意加入的盐。我国居民的食盐摄入量远高于中国营养学会的建议量（健康成年人每日6g食盐，包括酱油和其他食物中的食盐量）。鉴于我国居民食盐实际摄入量与目前6g的建议量有较大差距，因此仍然维持目前的建议量。

（四）钾

1.生理功能

钾的生理功能为：参与细胞的新陈代谢和酶促反应；维持渗透压和酸碱平衡；维持跨膜电位，保持细胞应激功能。钾对水和体液的平衡起调节作用，当体内需要钠和水时，肾小管就排出钾离子换回钠离子。钾与钠相对抗。摄入适当比例的钠与钾可减轻因高钠摄入产生的不良影响。钾也有扩张血管的作用，因此钾能对抗食盐引起的高血压，对轻症高血压者及有高血压因素的某些正常血压者有降压作用。钾还具有使胰岛素释放的作用。

2.吸收和代谢

钾的主要吸收部位在空肠和回肠。在正常情况下，80%～90%的钾由肾脏排出，10%～20%的钾由粪便排出。皮肤通常排钾甚少，汗液含钾仅约5.6mmol/L，但在热环境中从事体力活动、大量出汗时，汗钾排出量可占钾摄入量的50%左右。此外，在钾摄入极少甚至不进食钾时，肾仍排出一定量的钾。

3.摄入量与食物来源

我国居民一般可从膳食中摄入钾40～95mmol/d(1560～3705mg/d)。根据人体钾平衡的研究结果，在轻体力活动、出汗甚少的情况下，40mmol/d的钾足以维持生理需要；但在热环境下从事中度体力活动时，则需60mmol/d的钾才能维持钾平衡，而供给量以80mmol/d为宜。若膳食中钾摄入量偏低，可在此基础上适当补充钾，以防缺钾。

大部分食物都含有钾，但蔬菜和水果是钾最好的来源。每100g谷类中含钾100～200mg、豆类中含钾600～800mg、蔬菜和水果中含钾200～500mg、肉类中含钾150～300mg、鱼类中含钾200～300mg。每100g食物中钾含量高于800mg以上的食物有紫菜、黄豆、冬菇、小豆等。

（五）镁

1.生理功能

镁作为多种酶的激活剂，参与300余种酶促反应，维护骨骼生长。镁是骨细胞结构和功能所必需的元素，可影响骨钙溶出，维持神经肌肉的兴奋性。镁离子在肠道中吸收缓慢，促使水分滞留，具有导泻作用。低浓度镁可减少肠壁的张力和蠕动，有解痉作用，并有对抗毒扁豆碱的作用。血浆镁的变化直接影响甲状旁腺激素（PTH）的分泌。当镁水平极端低下时，可使甲状旁腺功能降低，经补充镁后即可恢复。

2.吸收和代谢

食物中的镁在整个肠道均可被吸收，但主要是在空肠末端与回肠部位被吸收，吸收率一般约为 30%；可通过被动扩散和耗能的主动吸收两种机制吸收。

影响镁吸收的因素很多，首先是受镁摄入量的影响，膳食成分对镁的吸收也有很大影响。另外，镁的吸收还与饮水量有关，多饮水对镁离子的吸收有明显的促进作用。由于镁与钙的吸收途径相同，二者在肠道竞争吸收，因此，也有相互干扰的问题。

肾脏是排镁的主要器官，滤过的镁有 85%～95% 被重吸收。血清镁水平高，肾小管重吸收减少；血清镁水平低，肾小管重吸收增加，此调节过程有甲状旁腺激素参与。消化液中含有镁，但正常情况下 60%～70% 被重吸收，故粪便只排出少量内源性镁。汗液也可排出少量镁。

3. 摄入量与食物来源

中国居民膳食镁元素参考摄入量中，11 岁以上人群镁的适宜摄入量为 320mg，孕妇和乳母应增加到 370mg 和 330mg。

镁虽然普遍存在于食物中，但食物中的镁含量差别甚大。由于叶绿素是镁卟啉的螯合物，因此绿叶蔬菜是富含镁的食物。食物中诸如粗粮、坚果也含有丰富的镁。除了食物之外，从饮水中也可以获得少量镁，但饮水中镁的含量差异很大，如硬水中含有较高的镁盐，软水中镁的含量相对较低，因此水中镁的摄入量难以估计。

(六)氯

1. 生理功能

氯是人体的必需常量元素之一，是维持体液和电解质平衡所必需的，也是胃液的一种必需成分。氯的生理功能包括维持细胞外液的容量与渗透压，维持体液酸碱平衡，参与血液二氧化碳的运输及胃液中胃酸的形成等。

2. 吸收和代谢

饮食中的氯多以氯化钠的形式摄入，并在胃肠道被吸收。吸收的氯离子经血液和淋巴液运输至各种组织中。氯化物主要从肾脏排出，但经肾小球滤过的氯，约有 80% 被重吸收，只有小部分经尿排出体外。氯和钠除主要从肾排出体外外，也从皮肤排出，在高温、剧烈运动、汗液大量排出时，也相应促使了氯化钠的排出。

由于氯来源广泛(特别是食盐)，摄入量往往大于正常需要水平，因此，由饮食引起的氯缺乏很少见。

三、微量矿物元素

(一)铁

铁是人体极为重要的必需微量元素之一，人体内铁的总量为 4～5g，会随着年龄、性别、营养状况和健康状况等的不同而有很大的个体差异，如成年男子每千克体重平均含铁约为 50mg，成年女子则为 35mg。

生物体内的铁都是与蛋白质结合在一起的，没有游离的铁离子存在。人体内的铁有两种存在形式：一种为“功能性铁”，是铁的主要存在形式，占人体内铁总量的 70%～75%。另一种为“储存铁”，占人体内铁总量的 25%～30%，作为人体内的储备铁以铁蛋白和含铁血黄素的形式存在于肝、脾与骨髓中。铁在人体器官组织中的分布，以肝、脾中的含量为最高，其次是肾、心、骨骼肌和脑。

1. 生理功能

（1）参与体内氧的运输、氧与二氧化碳的交换和组织呼吸过程。铁在人体内的生理功能主要是作为血红蛋白、肌红蛋白、细胞色素等的组成部分而参与体内氧的运输、氧与二氧化碳的交换和组织呼吸过程。血红蛋白能与氧进行可逆性的结合，当血液流经氧分压较高的肺部时，血红蛋白能与氧结合成氧合血红蛋白；而当血液流经氧分压较低的组织时，氧合血红蛋白又将离解成血红蛋白和氧，以供组织利用，并将各组织中的二氧化碳送至肺部排出体外，从而完成氧与二氧化碳的转运、交换和组织呼吸的任务。

$$\text{Hb（血红蛋白）}+O_2 \rightleftharpoons HbO_2\text{（氧合血红蛋白）}$$

肌红蛋白能在肌肉组织内转运并储存氧。细胞色素能在细胞呼吸过程中起转运电子的作用，从而对细胞呼吸和能量代谢具有重要的意义。

（2）维持正常的造血功能。铁在骨髓造血细胞中与卟啉结合形成高铁血红素，再与珠蛋白合成血红蛋白。

（3）与维持正常的免疫功能有关。免疫功能与体内铁的水平有关。

另外，铁还参与许多其他重要的功能，如催化促进β-胡萝卜素转化为维生素A、嘌呤与胶原的合成、脂类从血液中转运以及药物在肝脏内解毒等方面均需铁的参与。

2.吸收与代谢

食物中的铁主要是三价铁，需在胃中经过胃酸的作用使之游离出来，并还原成二价铁后才能被胃肠黏膜所吸收。铁的吸收在小肠的任何一段都可进行，主要是在小肠的上段，且吸收效率最佳。铁在体内的代谢过程中可反复被机体利用。

人体对食物中的铁的吸收率很低，膳食中铁的吸收率平均约为10%。但各种食物间有很大的差异，一般动物性食物中的铁的吸收率高于植物性食物，例如牛肉为22%、牛肝为14%～16%、鱼肉为11%，而玉米、大米、大豆、小麦中铁的吸收率只有1%～5%。所以，如果膳食中植物性食物的比重较大，铁的吸收率就可能不到10%。鸡蛋中铁的吸收率低于其他动物性食物，在10%以下。人乳中铁的吸收率最高，可达49%。

食物中的铁可分为血红素铁和非血红素铁两类，它们通过不同的机理被吸收。血红素铁主要存在于动物性食物中，如动物的肝、肌肉、血液中，是与血红蛋白及肌红蛋白的原卟啉结合的铁。此种类型的铁不受植酸、磷酸等的影响，而是以卟啉铁的形式直接被肠黏膜上皮细胞吸收，然后在黏膜细胞内分离出铁，并和脱铁铁蛋白结合形成铁蛋白，再转运到身体其他部位被利用。其吸收率较非血红素铁高，且其吸收过程不受其他膳食因素的干扰，吸收率一般是25%。非血红素铁主要存在于植物性食物中，其吸收经常可受到膳食因素（如食物中所含的植酸盐、草酸盐、磷酸盐）的干扰，故其吸收率很低，约为3%。非血红素铁在吸收前，必须与结合的有机物（如蛋白质、氨基酸和有机酸等）分离，而且必须在转化为亚铁后才可被吸收，因而有很多因素可影响非血红素铁的吸收。影响铁吸收的主要因素有：①植物性食物中含有较多的植物盐、草酸盐、碳酸盐、磷酸盐等，可和铁形成难溶性铁盐，降低了铁的吸收率。②维生素C有利于铁的吸收。③肉、禽、鱼类食物中铁的吸收率较高，除了与其中含有一半左右（约40%）的血红素铁有关外，也与动物肉类中的一种叫"肉因子"的物质有关。此种"肉因子"为动物的细胞蛋白质，能显著地促进非血红素铁的吸收，但迄今并未确知"肉因子"的化学构造，促进机理尚不清楚。④食物中的有些成分，如胱氨酸、半胱氨酸、赖氨酸、组氨酸、葡萄糖、果糖、柠檬酸、琥珀酸、脂肪酸、肌苷、山梨酸等能与铁螯合形成小分子可溶性单体，阻止铁的沉淀，因而有利于铁的吸收。⑤食物中的钙含量充足，可与铁吸收的抑制因素如植酸根、草酸根等结合，利于铁的吸收。但大量的钙不利于铁的吸收，原因尚不明确。⑥蛋黄中含有卵黄磷蛋白，会干扰铁的吸收，其吸收率仅为35%。⑦食物中另有一些成分可妨碍铁的吸收，如茶叶中所含的鞣酸在肠道内可与铁形成难溶性的复合物，对铁的吸收有明显的抑制作用。

另外，铁的吸收也受体内铁的储存量和需要程度的影响。当铁的储存量多时，铁的吸收率降低；储存量减少时，需要量增加，吸收率亦增高。如患缺血性贫血时铁的吸收率增高，而铁负荷过量和红细胞生成受到抑制时则吸收率降低。胃肠吸收不良综合征也会影响铁的吸收。

3. 缺乏与过量

铁是微量元素中最容易缺乏的一种，膳食中长期供铁不足，可引起体内铁的缺乏，严重的可导致缺铁性贫血。缺铁性贫血被WHO确定为世界性营养缺乏病之一，也是我国主要的公共营养问题。

体内缺铁可分三个阶段：第一阶段为铁减少期（ID），此时储存铁减少，血清铁蛋白浓度下降，无明显症状。第二阶段为红细胞生成缺铁期（IDE），此时除血清铁蛋白浓度下降外，血清铁（与运铁蛋白结合的铁）的含量也下降，同时铁结合力上升（即运铁蛋白的饱和度下降），游离原卟啉浓度上升，但血红蛋白尚未降到贫血标准。第三阶段为缺铁性贫血期（IDA），血红蛋白和红细胞比积下降，红细胞色淡、大小不一，并出现缺铁性贫血的症状。

发生缺铁性贫血时的表现为头晕、气短、心悸、乏力、脸色苍白、指甲脆薄、注意力不集中、抗感染力下降等症状，儿童易于烦躁、智力发育差。孕妇缺铁可造成婴儿先天性缺铁，对婴儿的发育和健康会产生长久的不良影响。

通过各种途径进入体内的铁量的增加，可使铁在人体内储存过多，因而可导致铁在体内潜在的有害作用。体内铁的储存过多与多种疾病有关。

4. 供给量及食物来源

我国推荐的膳食中铁的每日参考摄入量为：成年男性12mg，成年女性20mg，孕妇和乳母应按需要增加。如孕妇每日需铁20～29mg，在一般膳食中不可能满足其需要，可在医师或营养师的指导下补充铁剂，以预防缺铁性贫血。但人体每日铁的摄入量最好不超过42mg。

动物性食物中含有丰富的铁，如动物肝脏、瘦猪肉、牛羊肉、禽类、鱼类、动物全血等不仅含铁丰富而且吸收率很高，是膳食中铁的良好来源，但鸡蛋和牛奶中铁的吸收率低。植物性食物中含铁量不高，且吸收率低，以黄豆、小油菜、芹菜、萝卜缨、荠菜、毛豆等的铁含量较高，其中黄豆中的铁不仅含量较高且吸收率也较高，是铁的良好来源。在我国的膳食结构中，植物性食物的摄入比例较高，血红素铁的含量低，应注意多从动物性食物中摄取铁。

另外，用铁质烹调用具烹调食物可在一定程度上对膳食起强化铁的作用。

（二）碘

碘是人体必需的微量元素，正常成年人体内含碘20～50mg，其中70%～80%存在于甲状腺组织内，是甲状腺激素合成的必不可少的成分，其余分布在骨骼肌、肺、卵巢、肾、淋巴结、肝、睾丸和脑组织中。甲状腺中的含碘量随年龄、摄入量及腺体的活动性不同而有差异。

1. 生理功能

（1）参与机体的能量代谢。甲状腺激素在蛋白质、脂肪、糖类的代谢中能促进生物氧化过程,调节能量的转换,使产热增加。碘缺乏引起的甲状腺激素合成减少会导致基本生命活动受损和体能下降,这个作用是终身的。

(2)促进机体的物质代谢。甲状腺激素有促进蛋白质的合成、调节蛋白质合成和分解的作用,因此,对人体的生长发育有着重要的生理意义。

在糖类和脂肪代谢中,甲状腺激素除能促进生物氧化过程外,还有促进糖类的吸收、加速肝糖原分解、促进周围组织对糖类的利用、促进脂肪的分解和氧化、调节血清中的胆固醇和磷脂的浓度等作用。因此,人体内糖类和脂肪的代谢在甲状腺功能亢进时增强,减退时减弱。

(3)促进生长发育。甲状腺激素能调控并维持动物体内细胞的分化与生长。

(4)促进神经系统发育。甲状腺激素能促进神经系统的发育、组织的发育和分化、蛋白质的合成,这些作用在胚胎发育期和出生后的早期尤其重要。

(5)垂体的支持作用。甲状腺激素对维持垂体正常的形态、功能和代谢是至关重要的。

2.吸收与代谢

人每日摄取的碘总量为100～300μg,主要以碘化物的形式由消化道吸收,其中有机碘一部分可直接吸收,另一部分则需在消化道转化为无机碘后才可吸收。肺、皮肤及黏膜也可吸收极微量的碘。

食物中的碘离子极易被吸收。在代谢过程中,甲状腺激素分解而脱下的碘,一部分可被重新利用。

3.缺乏与过量

机体因缺碘而导致的一系列障碍统称为碘缺乏病。人体的碘80%～90%来自食物,10%～20%来自饮水,不到5%来自空气。环境、食物缺碘造成的碘缺乏病常呈地方性特征。处于内陆、山区的人群,一般远离海洋,水和土壤中含碘极少,因而食物含碘也不高,长期生活在缺碘环境中容易发生碘缺乏病。

碘缺乏病的典型症状为甲状腺肿大。婴幼儿缺碘可引起生长发育迟缓、智力低下,严重者发生呆小症。

较长时间的高碘摄入也可导致高碘性甲状腺肿、典型甲状腺功能亢进、乔本氏甲状腺炎等。碘过量通常发生在高碘地区以及在治疗甲状腺肿等疾病中使用过量的碘剂等情况。

4.供给量及食物来源

人维持正常代谢和生命活动所需的甲状腺激素是相对稳定的,合成这些激素所需的碘量为50～75μg。我国推荐的每日膳食中碘的参考摄入量:1～11岁为90μg,11～14岁为110μg,14岁以上和成年人为120μg,孕妇和乳母应分别增加到230μg和240μg。

人类所需的碘主要来自食物,占人体重量的80%～90%,其次为饮水与食盐。在碘缺乏地区采用碘强化措施是防止碘缺乏的重要途径,如在食盐、食用油及自来水中加碘等。食用碘盐是最方便、有效的防御缺碘的方法。

(三)锌

1.生理功能

(1)是人体内许多金属酶的组成成分或酶的激活剂。锌是人体内200多种酶的组成成分。

(2)促进机体的生长发育和组织再生。锌是调节基因表达即DNA复制、转译和转录的

DNA聚合酶的必需组成成分。因此，缺锌动物的突出症状是生长、蛋白质合成、DNA和RNA代谢等发生障碍。缺锌儿童的生长发育会受到严重影响而出现缺锌性侏儒症。

(3)提高机体免疫功能。由于锌在DNA合成中的作用，使得它在参加包括免疫反应细胞在内的细胞复制中起着重要作用。机体缺锌时可削弱免疫机制，降低抵抗力，使机体易受细菌感染。

(4)维持细胞膜的完整性。锌可与细胞膜上的各种基团、受体等作用，增强膜的稳定性和抗氧自由基的能力，防止脂质过氧化，从而保护细胞膜的完整性。

另外，锌还能与唾液蛋白结合成味觉素，对味觉及食欲起促进作用。锌对皮肤的健康有着重要作用，缺锌可引起上皮的角质化和食道的角质化，出现皮肤粗糙、干燥等现象。

2.吸收与代谢

人体平均每天从膳食中摄入10～15mg锌。锌主要在小肠内吸收，其吸收率为20%～30%，仅有小部分在胃和大肠中吸收。

植物性食物中含有的植酸、鞣酸和纤维素等均不利于锌的吸收。植物性食物中锌的吸收率低于动物性食物，这与其含有纤维素、植酸和鞣酸有关。牛乳中锌的吸收率较低。我国居民的膳食以植物性食物为主，含植酸和纤维素较多，锌的生物利用率一般为15%～20%。另外，铁也可抑制锌的吸收。铁对锌的吸收有相互竞争的作用，铁锌比为1∶1时影响不大，在铁锌比太高时则会影响锌的吸收。维生素D能促进锌的吸收。锌的营养状况在一定程度上决定锌的吸收率，一般体内缺乏锌时，吸收率增高。

吸收的锌，经代谢后主要通过胰脏的分泌而由肠道以粪便的形式排出，约占排出锌的90%，其余部分由尿液、汗液、头发中排出或丢失。

研究表明，锌与铁相反，体内储备不易动员。因此，特别需要有规律的外源锌补充，尤其是在生长期。

3.缺乏与过量

儿童长期缺锌可导致侏儒症，主要表现为生长停滞。青少年除生长停滞外，还会出现性成熟推迟、性器官发育不全、第二性征发育不全等。不论儿童或成人缺锌，均可引起味觉减退及食欲不振，出现异食癖，还会出现皮肤干燥、免疫功能降低等症状。严重缺锌时，即使肝脏中有一定量维生素A储备，也会出现暗适应能力降低症状。

一般来说，人体不易发生锌中毒，但若盲目过量补锌或使用因镀锌罐头污染的食物和饮料等，均有可能引起锌过量或锌中毒。成人摄入2g以上的锌即可发生锌中毒，引起急性腹痛、腹泻、恶心、呕吐等症状。通常在停止锌的接触或摄入后，锌中毒症状短期内即可消失。

4.供给量及食物来源

我国推荐的每日膳食中锌的参考摄入量为：成年男性12.5mg，成年女性7.5mg。儿童、孕妇、乳母根据需要量的增加而增加。

锌的来源广泛，普遍存在于各种食物中。动物性食物含锌丰富且吸收率高，植物性食物一般含锌较低。

(四)硒

1.生理功能

(1)抗氧化作用。硒作为谷胱甘肽过氧化酶的成分之一，在人体内起抗氧化作用，能防止过多的过氧化物损害机体代谢和危害机体的生存，从而延缓衰老乃至预防某些慢性病的发生。

(2)保护心血管和心肌的健康。硒对于保护心血管和心肌的健康有着重要的作用。在我国，与缺硒有密切关系的克山病是以心肌损害为特征的。

(3)能解除体内重金属的毒性作用。硒和金属有很强的亲和力，是一种天然的重金属解毒剂，在体内与金属结合，形成金属-硒-蛋白质复合物而起到解毒作用。

(4)保护视觉器官的健全功能和视力。含有硒的谷胱甘肽过氧化酶和维生素 E 可使视网膜上的氧化损伤降低。

另外，硒还具有促进生长、调节甲状腺激素、维持正常免疫功能、抗肿瘤及抗艾滋病的作用。

2. 吸收与代谢

硒主要是在小肠中被吸收，人体对食物中硒的吸收率一般为 60%～80%。硒在人体内主要以两种形式存在：一种是硒蛋氨酸，它在体内不能合成，直接由食物供给，作为机体内硒的储存形式存在，当膳食中缺少硒时，硒蛋氨酸可向机体提供人体所需的硒；另一种是硒半胱氨酸，是具有生物活性的化合物。

经肠道吸收进入人体内的硒，代谢后大部分经尿液排出，粪便中的硒主要是食物中未吸收的硒。此外，硒还可通过皮肤和毛发排出。

3. 缺乏与过量

硒在食物中的存在形式不同，其生物利用率也不同。维生素 A、维生素 C、维生素 E 可促进人体对硒的吸收和利用，重金属和铁、铜、锌等都会对硒的吸收产生抑制作用。

我国科学家首先证实缺硒是发生克山病的主要病因。缺硒也是发生大骨节病的重要原因。另外，缺硒还可影响机体的抗氧化能力和免疫功能。

人类因食用含硒较高的食物和水，或从事某些常接触到硒的工作时，可引起硒中毒。

4. 供给量及食物来源

我国推荐的每日膳食中硒的参考摄入量为：成人 60μg，孕妇和乳母应分别增加到 65μg 和 78μg，一般每日摄入量不宜超过 400μg。

食物中的硒含量受产地土壤中硒含量的影响而有很大的地区差异，同一种食物会由于产地的不同而导致硒含量不同。一般来说，海产品、肝、肾、肉类、大豆和整粒的谷类是硒的良好来源。目前我国食物中的硒供给量一般存在不足。

第六节 维 生 素

一、概述

(一)维生素的共同特点

(1)维生素是人体代谢不可缺少的成分，均为有机化合物，都是以本体（维生素本身）的形式或可被机体利用的前体（维生素原）的形式存在于天然食物中。

(2)维生素在人体内不能合成或合成量不足，也不能大量储存于机体的组织中，虽然需要量很小，但必须由食物供给。

(3)维生素在人体内不能提供热量，也不能构成身体的组织，但担负着特殊的代谢功能。

(4)人体一般仅需少量的维生素就能满足正常的生理需要。若供给不足就会影响相应的生理功能,严重时会产生维生素缺乏病。

由此可见,维生素与其他营养素的区别在于它既不供给机体热能,也不参与机体组成,只需少量即可满足机体需要,但绝对不可缺少。如果缺乏任何一种维生素,都会引起疾病。

(二)维生素的命名及分类

维生素的种类很多,根据其溶解性可分为两大类,即脂溶性维生素和水溶性维生素。脂溶性维生素包括维生素A、维生素D、维生素E、维生素K;水溶性维生素包括维生素B_1、维生素B_2、烟酸、维生素B_6、维生素B_{12}、叶酸、泛酸、胆碱、生物素及维生素C等。

脂溶性维生素溶于脂肪及脂溶剂中,在食物中与脂类共同存在,在肠道吸收时也与脂类吸收有密切关系。而水溶性维生素不溶于脂肪及脂溶剂,易溶于水,容易在烹调加工中损失。

脂溶性维生素只能溶解储存在脂肪组织中,故排泄率不高,可在体内长期大量地储存,长期摄入过多可在体内蓄积以至引起中毒。水溶性维生素可以轻易地溶于体内水溶液中,产生毒害作用的可能性很小,摄入过量一般不会引起中毒,但常会干扰其他营养素的代谢。体内缺乏水溶性维生素的可能性较大。补充维生素必须遵循合理的原则,不宜盲目加大剂量。

(三)维生素的缺乏

维生素的缺乏按其缺乏原因可分为原发性维生素缺乏和继发性维生素缺乏。原发性维生素缺乏是指由于膳食中维生素供给不足或其生物利用率过低而引起的维生素缺乏;继发性维生素缺乏是指由于生理或病理原因妨碍了维生素的消化、吸收、利用,或因需要量增加、排泄或破坏增多而引起的条件性维生素缺乏。

维生素的缺乏按缺乏的程度又可分为临床维生素缺乏和亚临床维生素缺乏。当维生素缺乏出现临床症状时称为临床维生素缺乏。维生素的轻度缺乏常不出现临床症状,但一般可使劳动效率降低和对疾病抵抗力的降低,称为亚临床维生素缺乏。常见维生素缺乏的原因主要有以下几点:

(1)食物中维生素供给不足。

(2)吸收受到阻碍。

(3)人体需要量增加,但食物中的供给量未增加。

(4)长期用营养素补充剂者对维生素的需要量增加,一旦摄入量减少,也很容易出现维生素缺乏的症状。

各种维生素一览表见表2-7。

表2-7 各种维生素一览表

名称	日需要量	食物来源	生理功能	缺乏症
维生素A	80μg	动物的肝、肾、蛋及乳;绿色蔬菜及红黄色蔬菜与水果中含有类胡萝卜素	构成视紫红质、维持上皮组织完整与分化、促进生长发育	夜盲症、干眼病、皮肤干燥、毛囊丘疹

续表 2-7

名称	日需要量	食物来源	生理功能	缺乏症
维生素 D	5～10μg	海水鱼（如鲱鱼、鲑鱼和沙丁鱼）、动物的肝脏、蛋黄、牛肉、黄油等动物性食品及鱼肝油制剂；植物性食物如蘑菇、蕈类中也含有一定量	调节钙磷代谢、促进钙磷吸收，促进骨盐代谢与骨的生成	佝偻病（儿童）、软骨病（成人）
维生素 E	8～10mg	只在植物中合成	抗氧化、保护生物膜、维持生殖机能、促进血红素合成	尚未发现
维生素 K	60～80mg	肠道细菌合成；广泛分布于植物性食物和动物性食物中	促进肝合成凝血因子	皮下出血、肌肉及胃肠道出血
维生素 B_1	1.2～1.5mg	广泛存在于天然食物中，主要是谷物种子的外皮及胚芽	构成 α-酮酸氧化酶、转酮醇酶的辅酶，抑制胆碱酯酶活性	脚气病、末梢神经炎
维生素 B_2	1.2～1.5mg	广泛存在于动植物食物中	构成黄素酶的辅酶，生物氧化过程的递氢体	口角炎、舌炎、唇炎、阴囊炎
烟酸	15～20mg	广泛存在于食物中，主要为动物性食物	构成多种脱氢酶的辅酶，生物氧化过程的递氢体	癞皮病
维生素 B_6	1.2mg	动物性来源的食物中维生素 B_6 的生物利用率要优于植物性来源的食物	构成氨基酸转氨酶和脱羧酶、ALA 合成酶的辅酶	脂溢性皮炎
泛酸	5mg	广泛存在动物性食物和植物性食物中	构成酰基转移酶的辅酶	尚未发现
生物素	5mg～30μg	广泛存在于各种动植物性食物中，人体的肠道细菌也能合成	构成多种羧化酶的辅酶，参与 CO_2 的固定	尚未发现
叶酸	200～400μg	广泛存在于动物性食物和植物性食物中	以 FHFA 的形式参与一碳单位的转移	巨幼红细胞贫血
维生素 B_{12}	2～3μg	主要来源于动物性食物，主要食物来源为肉类、动物内脏、鱼、禽、贝壳类及蛋类，尤其是肝脏	促进甲基转移、促进 DNA 合成、促进红细胞成熟	巨幼红细胞贫血
维生素 C	100mg	新鲜植物中维生素 C 的含量较多	参与体内羟化反应、参与氧化还原反应、促进铁吸收	坏血病

二、水溶性维生素及其功能

(一)维生素 B_1

维生素 B_1 因其分子中含有硫和胺，又称硫胺素，还因发现其与预防和治疗脚气病有关，而称为抗脚气病因子、抗神经炎因子，是维生素中最早发现的一种。

1.理化性质

维生素 B_1 常以其磷酸盐的形式出现，硫胺素磷酸盐为白色结晶，极易溶于水，微溶于乙醇，不溶于其他有机溶剂。气味似酵母，不易被氧化，比较耐热。在酸性环境中比较稳定，加热不易溶解，在 $pH<5$ 时，加热至 120℃ 仍可保持其生物活性；在 $pH=3$ 时，即使高压蒸煮至 140℃ 达 1h，也不易被破坏。但在中性或碱性环境中很容易被破坏。加工过程的高压灭菌、紫外线照射、亚硫酸盐的存在可破坏食物中的硫胺素。如亚硫酸盐在中性或碱性媒质中能加速硫胺素的分解破坏，所以在保存硫胺素含量较高的食物时，不宜用亚硫酸盐作为防腐剂或以二氧化硫作为熏蒸剂。另外，软体动物、鱼类的肝脏中含硫胺素酶，它能分解破坏硫胺素，可通过加热使之破坏。含有多羟基酚(如单宁、咖啡酸、绿原酸)的食物可使硫胺素失活。但在一般的烹调过程中硫胺素的损失不多。

2.生理功能

(1)参加细胞中的糖代谢。维生素 B_1 是糖代谢中辅酶的重要成分。焦磷酸硫胺素(TPP)是维生素 B_1 的活性形式，是糖类代谢中氧化脱羧酶的辅酶，参与糖代谢中 α-酮酸的氧化脱羧作用。缺乏维生素 B_1 时，糖代谢至丙酮酸阶段就不能进一步氧化，造成丙酮酸在体内堆积，降低能量供应，影响人体正常的生理功能，并对机体造成损伤。因此，硫胺素是体内物质代谢和热能代谢的关键物质。

(2)对于神经细胞膜对兴奋的传导起着重要作用。维生素 B_1 对神经生理活动有调节作用。神经组织能量不足时，出现相应的神经肌肉症状，如多发性神经炎、肌肉萎缩及水肿，甚至会影响心肌和脑组织功能。

此外，维生素 B_1 还与心脏活动、维持食欲、胃肠道的正常蠕动及消化液的分泌有关。

3.吸收与代谢

食物中的维生素 B_1 有三种形式：游离形式、硫胺素焦磷酸酯和蛋白磷酸复合物(后两种统称结合形式)。结合形式的维生素 B_1 需在消化道裂解后才被吸收，浓度高时为扩散，浓度低时为主动吸收，且需要钠离子及焦磷酸硫胺素(TPP)，缺乏钠离子及 ATP 酶可抑制其吸收。叶酸缺乏可影响维生素 B_1 的吸收，长期饮酒可干扰小肠对维生素 B_1 的吸收。

正常成年人体内维生素 B_1 的含量为 25～30mg，其中约 50%在肌肉中。心脏、肾脏、肝脏和脑组织中的含量也比较高。体内的维生素 B_1 中 80%以焦磷酸硫胺素(TPP)的形式储存，10%为三磷酸盐硫胺素(TTP)，其他为单磷酸硫胺素(TMP)。在所有维生素中，维生素 B_1 的储存量是最少的。体内维生素 B_1 的每日转换量为 1mg，膳食中若缺乏维生素 B_1，1～2周后人体组织中正常的维生素 B_1 含量就会降低。所以，人体需定期摄取维生素 B_1，以保证维持组织中的正常含量。人体内的肠道菌群能合成维生素 B_1，但不能被人体利用。

维生素 B_1 由肾脏经尿液排出体外，排出的为游离形式的维生素 B_1，是每日从膳食中吸收而又为机体所不需要的过量维生素 B_1。

4.维生素 B_1 的缺乏

人体中维生素 B_1 缺乏的主要原因是摄入不足、需要量增加或机体的吸收利用发生障碍。如长期大量食用精白米面，同时膳食中又缺乏其他的维生素 B_1 含量高的食物，就容易造成维生素 B_1 的缺乏；在煮粥、煮豆、蒸馒头时若加入过量的碱也会大量破坏维生素 B_1；如果高能量膳食中的绝大部分能量来自糖类，也易造成维生素 B_1 的缺乏；在高温环境下、神经高度紧张时、怀孕及哺乳期，维生素 B_1 的需要量也会相应增加，易引起缺乏；肝损害、饮酒会影响体内维生素 B_1 的合成等。

维生素 B_1 缺乏引起的病称为脚气病，长期透析的肾病患者、完全胃肠外营养的病人以及长期慢性发热病人都可发生。初期症状为疲乏、淡漠、食欲差、恶心、忧郁、急躁、沮丧、腿麻木和心电图异常。脚气病一般分成以下几类：①干性脚气病：以多发性神经炎症状为主，出现上行性周围神经炎，表现为指趾麻木、肌肉酸痛、压痛，尤以腓肠肌为甚。②湿性脚气病：以水肿和心脏症状为主。③婴儿脚气病：多发生于2～5个月的婴儿，且多是维生素 B_1 缺乏的母乳所喂养的婴儿，其发病突然、病情急。初期表现为食欲不振、呕吐、兴奋、心跳快、呼吸急促和困难。④急性暴发性脚气病：以心力衰竭为主，伴有膈神经和喉神经瘫痪症状。

5. 供给量及食物来源

维生素 B_1 是人体能量代谢，特别是糖代谢所必需的，故人体对其需要量通常与摄取的热量有关。膳食中维生素 B_1 的供给量与机体能量总摄入量成正比。当人体的能量主要来源于糖类时，维生素 B_1 的需要量最大。一般供给量标准按 0.5mg/4184kJ(1000kcal)计。

我国推荐的每日膳食中维生素 B_1 的参考摄入量为：成年男性 1.4mg，成年女性 1.3mg，孕妇 1.2～1.5mg，乳母 1.5mg。

维生素 B_1 广泛存在于天然食物中，但其含量随食物的种类及储存、加工、烹调等条件的影响而有很大的差异。谷物是维生素 B_1 的主要来源，多存在于种子的外皮及胚芽中。此外，黄豆、干酵母、花生、动物内脏、蛋类、瘦猪肉、新鲜蔬菜等中也含有较多的维生素 B_1。粮谷的精加工使维生素 B_1 有不同程度的损失。有些食物如淡水鱼、贝类中含有硫胺素酶，能分解破坏硫胺素，不宜生吃，应使之破坏后再食用。

（二）维生素 B_2

维生素 B_2 又称核黄素，在自然界中主要以磷酸酯的形式存在于黄素单核苷酸(FMN)和黄素腺嘌呤二核苷酸(FAD)两种辅酶中。

1. 理化性质

纯净的核黄素为橘黄色晶体，味苦，微溶于水，可溶于氯化钠溶液，易溶于稀的氢氧化钠溶液。核黄素水溶性较低，但在碱性溶液中易溶解，在强酸性溶液中稳定，光照及紫外线照射引起不可逆的分解。食物中的核黄素一般为与磷酸和蛋白质结合的复合化合物，对光比较稳定。

2. 生理功能

维生素 B_2 在体内是以磷酸酯的形式存在于 FMN 和 FAD 中，参与氧化还原反应，同时也参与维生素 B_6 和烟酸的代谢。

(1)参与体内生物氧化与能量代谢。维生素 B_2 以 FMN 和 FAD 两种形式与特定的蛋白质结合生成黄素酶。黄素酶在物质代谢中起传递氢的作用，参与组织的呼吸过程。

(2)参与维生素 B_6 和烟酸的代谢。FMN 和 FAD 分别作为辅酶参与维生素 B_6 转变为磷酸吡哆醛、色氨酸转变为烟酸的过程。

(3)参与体内的抗氧化防御系统。由维生素 B_2 形成的 FAD 作为谷胱甘肽还原酶的辅酶,被谷胱甘肽还原酶及其辅酶利用,参与体内的抗氧化防御系统。

(4)与体内铁的吸收、储存和动员有关。维生素 B_2 缺乏时铁的吸收、储存和动员常会受到干扰,严重时可导致缺铁性贫血。

3.吸收与代谢

食物中大部分维生素 B_2 是以 FMN 和 FAD 辅酶形式与蛋白质结合形成复合物,即以黄素蛋白的形式存在。摄入后经过消化道内蛋白酶、焦磷酸酶或磷酸酶水解为游离的维生素 B_2,在小肠近端吸收。其吸收量与肠内胃酸的浓度成正比。大肠也可吸收维生素 B_2,小剂量时为主动吸收,大剂量时为扩散吸收。

储存于体内的维生素 B_2 大部分与专一蛋白结合,作为辅酶发挥它的生物催化作用。从血液到组织细胞中,也只有游离的维生素 B_2 才能通过细胞膜到细胞内。人体在长期摄入大量维生素 B_2 时,体内肝脏、肾脏中的含量会明显增加,其排出量也增加。机体储存维生素 B_2 的能力有限。

机体内的维生素 B_2 主要是经由尿液排出体外,排出量与摄入量成正比。另外,蛋白质的摄入量减少时,尿液中维生素 B_2 的排出量会增加。维生素 B_2 还可通过乳汁、汗液和粪便等少量排出。

4.维生素 B_2 的缺乏

维生素 B_2 是维持人体正常生长所必需的元素。人体缺乏维生素 B_2 的主要原因为膳食供应不足、食物的供应限制、储存和加工不当而导致的维生素 B_2 的破坏和损失。酗酒、胃肠道功能紊乱,如腹泻、感染性肠炎、过敏性肠综合征等也可引起人体中维生素 B_2 的缺乏。

维生素 B_2 缺乏主要表现在眼、口腔、皮肤的非特异性炎症反应,如角膜血管增生,眼对光敏感并易于疲劳,视物模糊,夜间视力降低,眼睑炎,眼部发红、发痒和流泪;口角干裂、口角糜烂、舌炎、舌肿胀并呈青紫色;脂溢性皮炎、轻度红斑、鼻周皮炎、男性阴囊炎等。长期缺乏维生素 B_2 还可导致儿童生长迟缓,轻中度缺乏性贫血;妊娠期缺乏维生素 B_2 可导致胎儿骨骼畸形。

5.供给量及食物来源

因为维生素 B_2 参与体内的能量代谢,因此其需要量与热能的需要量、蛋白质的需要量以及机体代谢状况有关。生长迅速、创伤恢复、怀孕与哺乳期,蛋白质的需要量增加,则维生素 B_2 的需要量也应随之增加。

膳食模式对维生素 B_2 的需要量有一定影响,低脂肪、高糖类膳食可使机体对维生素 B_2 的需要量减少,高蛋白、低糖类膳食或高蛋白、高脂肪、低糖类膳食可使机体对维生素 B_2 的需要量增加。

我国推荐的每日膳食中维生素 B_2 的参考摄入量:1～14 岁为 0.6～1.5mg,成年男性为 1.4mg,成年女性为 1.2mg,孕妇为 1.2～1.5mg,乳母为 1.5mg。

肠中细菌可以合成一定量的维生素 B_2,但数量不多,主要还是依赖于食物中的供给。维生素 B_2 广泛存在于动植物性食物中,但由于来源和收获、加工储存方法的不同,不同食物中维生素 B_2 的含量差异较大。乳类、蛋类、各种肉类、动物内脏中维生素 B_2 的含量丰富,主要以 FMN 和 FAD 的形式与食物中的蛋白质结合。绿色蔬菜、豆类中也有维生素 B_2。粮谷类的维生素 B_2 主要分布在谷皮和胚芽中,碾磨加工可丢失一部分维生素 B_2,植物性食物中

维生素 B_2 的含量都不高。我国以植物性食物为主，维生素 B_2 的摄入量尚不能满足人体的需要，较易发生维生素 B_2 的缺乏症。

（三）烟酸

烟酸又名尼克酸、维生素 B_5、维生素 PP、抗癞皮病因子，是具有烟酸生物活性的吡啶-3-羧酸衍生物的总称，主要包括烟酸和烟酰胺（也叫尼克酰胺），它们具有同样的生物活性。

1. 理化性质

烟酸为无色针状晶体，味苦，溶解于水及酒精，不溶于乙醚。烟酰胺晶体呈白色粉末状，其溶解性要明显强于烟酸。烟酸在酸、碱、光、氧或加热条件下都较稳定，在高压下 120℃ 加热 20min 也不被破坏，是维生素中最稳定的一种。所以，在一般加工烹调时烟酸的损失极小，但会随水流失。

2. 生理功能

（1）构成脱氢酶辅酶Ⅰ及辅酶Ⅱ的组成成分，参与生物氧化还原反应。烟酸的主要生理功能是作为脱氢酶辅酶Ⅰ及辅酶Ⅱ的组成成分，在生物氧化还原反应中作为氢的受体和电子的供体。辅酶Ⅰ为烟酰胺腺嘌呤二核苷酸（NAD 或 DPN），辅酶Ⅱ为烟酰胺腺嘌呤二核苷酸磷酸（NADP 或 TPN），它们都是脱氢酶的辅酶。需要辅酶Ⅰ、Ⅱ的脱氢酶有数百种，它们在糖类、脂肪及蛋白质的能量释放上起重要作用。

以 NAD 为辅酶的脱氢酶主要参与呼吸作用，即参与从底物到氧的电子传递作用的中间环节。而以 NADP 为辅酶的脱氢酶则主要将分解代谢中间物上的电子转移到生物合成反应中所需要电子的中间物上。

NAD 参与蛋白质核糖基化过程，与 DNA 复制、修复和细胞分化有关。NADP 在维生素 B_6、泛酸和生物素的存在下参与脂肪酸、胆固醇以及类固醇激素等的生物化合。

（2）是葡萄糖耐量因子（GTF）的重要组分，具有增强胰岛素效能的作用。GTF 是由三价铬、烟酸、谷胱甘肽组成的一种复合体，具有增强胰岛素效能的作用，可能是胰岛素的辅助因子，有增加葡萄糖的利用及促使葡萄糖转化为脂肪的作用。游离的烟酸无此作用。

（3）保护心血管。大剂量的烟酸还能降低血液中甘油三酯、总胆固醇、β-脂蛋白的浓度，以及扩张血管，有利于改善心血管功能。大剂量的烟酸对复发性非致命的心肌梗死有一定程度的保护作用，但是烟酰胺无此作用，其原因不明。

3. 吸收与代谢

烟酸主要以辅酶Ⅰ（NAD）及辅酶Ⅱ（NADP）的形式存在于食物中，它们在胃肠道经甘油水解酶水解成游离的烟酰胺。烟酸和烟酰胺均可在胃中被吸收，但在小肠的吸收速度较快，低浓度时为主动方式吸收，高浓度时则通过被动扩散方式吸收。吸收后以烟酸的形式经门静脉入血。通过 ATP 作用形成辅酶Ⅰ及辅酶Ⅱ，在肝内未经代谢转化的烟酸或烟酰胺随血液流入其他组织，再形成含烟酸的辅酶。

入血的烟酸主要以烟酰胺的形式存在，机体组织细胞通过简单扩散的方式摄取烟酰胺或烟酸，然后以辅酶（NAD 或 NADP）的形式存在于所有的组织中，以肝脏浓度最高。从食物中摄入的烟酸量与组织中 NAD 浓度、肌肉与肝脏存留的 NAD 水平呈相关关系。

机体组织细胞可利用色氨酸自身合成烟酸，平均 60mg 色氨酸可转化为 1mg 烟酸，其转化过程受维生素 B_2、维生素 B_6、铁等营养状况的影响。亮氨酸过量也会影响色氨酸转化为烟酸的过程。

烟酸可随乳汁分泌，也可以随汗液排出，但主要是通过尿液排出体外。

4. 烟酸的缺乏

烟酸缺乏可引起癞皮病。癞皮病最早报道于18世纪的西班牙，主要发生在与玉米或高粱为主食的人群中，主要损害皮肤，口、舌、胃肠道黏膜以及神经系统。癞皮病起病缓慢，常有前期症状，如体重减轻、疲劳乏力、记忆力差、失眠等。如不及时治疗，则可出现皮肤、消化系统、神经系统症状，表现为皮炎、腹泻和痴呆。由于此三系统症状英文名词的开头字母均为“D”，故又称癞皮病为“3D”症状。其中以皮肤症状最具特征性，主要表现为裸露皮肤及易摩擦部位对称性出现似暴晒过度引起的灼伤、红肿、水泡及溃疡等，皮炎处皮肤会变厚、脱屑，并发生色素沉着，也有因感染而糜烂。口、舌部症状表现为杨梅舌及口腔黏膜溃疡，常伴有疼痛和灼烧感。胃肠道症状有食欲不振、恶心、呕吐、腹痛、腹泻等。神经系统症状可表现为失眠、神经衰弱、乏力、抑郁、淡漠、记忆力丧失，严重时甚至可出现幻觉、神志不清或痴呆症。烟酸缺乏常与维生素 B_1、维生素 B_2 的缺乏同时存在。

5. 供给量及食物来源

烟酸或烟酰胺的来源除食物外，尚可在体内由色氨酸转变为烟酸。一般说来，60mg 色氨酸相当于 1mg 烟酸。食物中烟酸的当量为烟酸及色氨酸转换而得的烟酸之和。但转换能力因人而异，晚期孕妇的转换能力是正常妇女的 3 倍。雌激素可刺激色氨酸氧化酶，它是色氨酸转变为烟酸过程中的速率限制酶，故孕妇及口服药者的转换能力较强。蛋白质摄入增加时烟酸的摄入可相应减少。另外，由于烟酸与能量的代谢有着密切的关系，能量增加时烟酸的需要量也增加，因此，在估计人体对烟酸的需要量时应考虑能量的消耗情况及蛋白质的摄入情况。

膳食中烟酸供给量采用烟酸当量(NE)表示：

$$\text{烟酸当量(mgNE)}=\text{烟酸(mg)}+1/60\ \text{色氨酸(mg)} \qquad (2\text{-}12)$$

我国推荐的每日膳食中烟酸的参考摄入量为：成年男性 14mgNE，成年女性 13mgNE，孕妇 15mgNE。

烟酸及烟酰胺广泛存在于食物中。植物性食物中存在的主要是烟酸，动物性食物中以酰胺酸为主。其良好的食物来源主要为动物性食物，在肝、肾、瘦畜肉、鱼以及坚果类食物中含量丰富。乳、蛋中的含量虽然不高，但其所含色氨酸较多，在体内可转化为烟酸。谷类中 80%～90%的烟酸存在于它们的种子皮中，故加工精度的影响较大。

玉米中的烟酸含量并不低，甚至高于小麦粉，但玉米中的烟酸主要为结合型，不能被人体吸收利用，所以以玉米为主食的人群容易发生癞皮病。这种结合型烟酸在碱性环境中能发生降解而将游离烟酸释放出来，如果用碱处理玉米，可将结合型的烟酸水解成为游离型的烟酸，易被机体利用。有些地区的居民长期大量食用玉米，用碳酸氢钠(小苏打)处理玉米以预防癞皮病，取得了良好的预防效果。

(四)维生素 B_6

维生素 B_6 又称吡哆醇，是一组含氮的化合物，属于水溶性维生素，实际包括吡哆醇(PN)、吡哆醛(PL)、吡哆胺(PM)三种衍生物，均具有维生素 B_6 的生物活性，这三种形式通过酶可相互转换。它们以磷酸盐的形式广泛分布于动植物体内。

1. 理化性质

维生素 B_6 为白色结晶物质，易溶于水及乙醇，在空气和酸性介质中稳定，但在碱性介质中对热不稳定，易被碱破坏。在溶液中，各种形式的维生素 B_6 对光均较敏感，但是降解程度不同，主要与 pH 值有关，在中性、碱性环境中易被光破坏。

2. 生理功能

(1)维生素 B_6 作为许多酶的辅酶参与物质代谢。维生素 B_6 是参与体内代谢最多的一种维生素。现已知有上百种酶需要维生素 B_6 作为辅酶而参与物质代谢，与蛋白质、脂肪、糖类的代谢有密切关系。维生素 B_6 作为磷脂化酶的一个基本成分，参与肌糖原和肝糖原的磷酸化反应。维生素 B_6 还参与由亚油酸合成花生四烯酸和胆固醇的过程。神经鞘磷脂、神经递质、肾上腺素、胃促分泌素以及血红素卟啉前体的合成都需要维生素 B_6 的参与。维生素 B_6 除参与神经递质、糖原、神经鞘磷脂、血红素、类固醇和核酸的代谢外，还参与所有氨基酸代谢，为氨基酸代谢中需要的 100 多种酶的辅酶。维生素 B_6 对许多种氨基酸的转氨酶、脱羧酶、脱水酶、消旋酶和异构酶是必需的。

在机体组织细胞利用色氨酸自身合成烟酸的过程中，其转化过程受维生素 B_6 的影响。肝脏中维生素 B_6 的水平降低时会影响烟酸的合成。

(2)提高机体免疫功能。维生素 B_6 参与了抗体的形成，另外，细胞的增长、DNA 的分裂、RNA 遗传物质的形成都需要维生素 B_6 的参与，它可以帮助大脑及免疫系统发挥正常的作用。这个过程对维持适宜的免疫功能也是非常重要的。

3. 吸收与代谢

不同形式的维生素 B_6 大部分都能通过被动扩散形式在空肠和回肠被吸收。食物中的维生素 B_6 以磷酸盐形式存在，吸收速率较慢，须在非特异性磷酸酶的作用下分解后才能被吸收。吸收后在维生素 B_6 体内与血浆白蛋白结合而转运，蓄积和储存在组织中。维生素 B_6 存在于体内大多数组织中，其中以肝脏中浓度最高，肌肉中数量最大，肌肉组织中的量占总储存量的 75%～80%。

体内的维生素 B_6 主要经肝脏的分解代谢而从尿液中排出体外；也可经粪便排出，但排泄量有限；还可经乳汁分泌。

4. 维生素 B_6 的缺乏

维生素 B_6 在动植物性食物中分布较广泛，人体肠道中也可合成一部分，在一般情况下人体不易缺乏。而且单纯的维生素 B_6 缺乏较少见，一般还同时伴有其他 B 族维生素的缺乏。维生素 B_6 缺乏的典型临床症状是脂溢性皮炎，可导致眼、鼻与口腔周围皮肤的脂溢性皮炎，并可扩展至面部、前额、耳后、阴囊及会阴处。临床可见有口炎、舌炎、唇干裂，个别出现神经精神症状，易急躁、抑郁及人格改变。此外，维生素 B_6 的缺乏还可以导致生长不良、肌肉萎缩、脂肪肝、惊厥、贫血、生殖系统功能破坏、水肿及肾上腺增大。受维生素 B_6 缺乏影响的孕妇，还会影响胎儿脑细胞的发育。

儿童缺乏维生素 B_6 的影响较成人大，可出现烦躁、抽搐、癫痫样惊厥以及脑电图异常等临床症状。肌肉注射补充后症状可消失，但其体内色氨酸转化为烟酸的能力恢复很慢。

5. 供给量及食物来源

人体对维生素 B_6 的需要量主要受膳食中的蛋白质含量、肠道细菌合成维生素 B_6 的量、机体生理状况及药物使用状况等因素的影响。我国推荐的每日膳食中维生素 B_6 的参考摄入量为：1～14 岁 0.6～1.4mg，成人 1.4mg，50 岁以后增加到 1.6mg，孕妇 2.2mg，乳母 1.7mg。

维生素 B_6 的食物来源很广泛，动植物性食物中均含有，其中含量最高的食物为白色肉类，如鸡肉和鱼肉，另外在肝脏、谷类、豆类和坚果类中的含量也很高，水果和蔬菜中的含量较高，尤其是香蕉中的含量非常丰富。大多数维生素 B_6 的生物利用率相对较低，动物性来源的食物中维生素 B_6 的生物利用率要优于植物性来源的食物，且较易吸收。

(五)叶酸

叶酸也称蝶酰谷氨酸，是含有蝶酰谷氨酸结构的一类化合物的统称，因最初是从菠菜叶中分离提取，故称为叶酸。

1. 理化性质

叶酸为淡黄色结晶粉末，微溶于水，不溶于乙醇、乙醚及其他有机溶剂。叶酸的钠盐易溶于水。叶酸对热、光线、酸性介质均不稳定，在水溶液中易被光解破坏，在酸性溶液中对热不稳定，在 $pH<4$ 时分解为其组成物：蝶啶、氨基苯甲酸及谷氨酸，而在中性和碱性溶液中却十分稳定。食物中的叶酸经烹调加工后其损失率可达 50%～90%。

2. 生理功能

叶酸是人体重要的辅酶，在体内的活性形式为四氢叶酸(THFA)。四氢叶酸是体内一碳单位转运酶系的辅酶，起着一碳单位传递体的作用。一碳单位，是指在代谢过程中某些化合物分解代谢生成的含一个碳原子的基团，如甲基($—CH_3$)、亚甲基($—CH_2—$)、次甲基或称甲烯基($=CH_2$)、甲酰基($—CHO$)、亚胺甲基($—CH=NH$)等。四氢叶酸携带这些一碳单位，与血浆蛋白相结合，主要转运到肝脏储存。

叶酸携带一碳单位的代谢与许多重要的生化过程密切相关。它参与核酸等重要化合物的合成及氨基酸的代谢，而核酸及蛋白质的合成正是细胞增殖、组织生长和机体发育的物质基础，因此，叶酸对于细胞分裂和组织生长具有极其重要的作用。叶酸不仅可以影响 DNA 和 RNA 的合成，而且可以通过蛋氨酸代谢影响磷脂、肌酸、神经介质以及血红蛋白的合成，在脂代谢过程中也有一定的作用。

3. 吸收与代谢

混合膳食中的叶酸大约有 3/4 是以蝶酰多谷氨酸的形式存在的。这种多谷氨酸叶酸不易被小肠吸收，在吸收之前必须经小肠胃膜细胞分泌的 γ-谷氨酸酰基水解酶(结合酶)分解为单谷氨酸叶酸后才能被吸收。叶酸主要在小肠上部吸收，肠道上皮细胞立即将其还原为四氢叶酸。单谷氨酸叶酸可直接被肠黏膜吸收，而叶酸结构中含谷氨酸分子越多，则吸收率越低。另外，酒精、抗癫痫药物等可抑制结合酶的活性而抑制叶酸的吸收，若缺乏可导致叶酸结合酶的活性降低。叶酸的吸收率在不同的食物中差异很大，如在酵母中的吸收率约为 10%，在橘子汁中约为 31%，在蛋和肝中约为 80%，在香蕉中可达 82%，在一般膳食中叶酸的吸收率约为 50%。

人体的叶酸总量为 5～6mg，主要储存在肝脏内，约占 50%。叶酸在体内的代谢产物主要是通过胆汁和尿液排出体外。

4. 叶酸的缺乏

在正常情况下，人体所需叶酸除从食物摄取外，人体中的肠道细菌也能合成部分叶酸，一般不会产生叶酸的缺乏。但在一些情况下，如膳食供应不足、吸收障碍、生理需要量增加、酗酒等也会造成体内叶酸的缺乏。

叶酸缺乏首先影响细胞增殖速度较快的组织，尤其是更新速度较快的造血系统。叶酸缺乏时红细胞中的核酸合成发生障碍，从而影响红细胞的发育和成熟，表现为红细胞成熟延缓、细胞体积增大、不成熟的红细胞增多，同时引起血红蛋白的合成减少，脆性增加，称为巨幼红细胞贫血。另外，还可出现皮炎、腹泻、精神衰弱、萎靡不振等症状，诱发动脉粥样硬化及心血管疾病。儿童缺乏叶酸可导致生长发育不良。叶酸缺乏还可使同型半胱氨酸向蛋氨酸转化出现障碍，进而导致同型半胱氨酸血症。

孕妇在怀孕早期缺乏叶酸是引起胎儿神经管畸形的主要原因。神经管闭合发生在胚胎发育的第3～4周，叶酸的缺乏可引起神经管未能闭合而导致以脊柱裂和无脑畸形为主的神经管畸形。所以孕妇应在孕前1个月至孕后3个月内注意补充叶酸摄入，可通过叶酸补充剂进行补充。但也不宜大剂量服用，因为叶酸过量会影响锌的吸收而导致锌的缺乏，使胎儿发育迟缓、低出生体重儿增加，还可诱发惊厥。

5.供给量及食物来源

我国推荐的每日膳食中叶酸的参考摄入量为：成人400μg，孕妇600μg，乳母500μg。一般不超过1mg。

叶酸盐在自然界中广泛存在于动物性食物和植物性食物中，如肝、肾、绿叶蔬菜、土豆、麦麸等叶酸盐的含量丰富，但多以谷氨结合型存在。叶酸在烹调中暴露于空气及光中易被破坏，在长时间烹调或加工过程中可破坏50%～95%。植物的绿叶能合成叶酸，但易被光和热分解，食物经烹调、腌制及热处理后都能使叶酸破坏损失。

(六)维生素B_{12}

维生素B_{12}又称钴胺素、抗恶性贫血维生素，为钴胺素类化合物。

1.理化性质

维生素B_{12}为红色针状结晶，可溶于水和乙醇，不溶于有机溶剂，在pH值为4.5～5.0的弱酸性条件下最稳定，在强酸(pH<2)或碱性溶液中或有氧化剂、还原剂、二价铁离子存在时则易被分解破坏。遇热可有一定程度的破坏，但快速高温消毒损失较小。遇强光或紫外线易被破坏。

2.生理功能

(1)作为蛋氨酸合成酶的辅酶参与蛋氨酸的合成。维生素B_{12}在体内以两种辅酶形式即辅酶B_{12}(5′-脱氧腺苷钴胺素)及甲基B_{12}(甲基钴胺素)发挥生理作用，参与体内生化反应。辅酶B_{12}及甲基B_{12}为人体组织中最主要的辅酶形式。前者在线粒体内，后者在胞浆内，为合成蛋氨酸所必需。它们对光不稳定，光解后形成水钴胺素。在氰存在的条件下变成氰钴胺素。

(2)促进叶酸变为有活性的四氢叶酸。维生素B_{12}能促进叶酸变为有活性的四氢叶酸，并进入细胞以促进核酸和蛋白质的合成，有利于红细胞的发育、成熟。所以机体内若缺乏维生素B_{12}，同样可引起巨幼红细胞贫血。

(3)对维持神经系统的功能有重要作用。辅酶B_{12}参与神经组织中髓鞘脂的合成，同时它又能保持还原型谷胱甘肽的浓度而有利于糖代谢。缺乏维生素B_{12}可引起神经障碍，幼儿可出现智力减退。

3.吸收与代谢

食物中的维生素B_{12}常与蛋白质相结合形成复合物，进入人体消化道后，在胃酸、胃蛋白酶及胰蛋白酶的作用下，维生素B_{12}被游离出来，与胃黏膜细胞分泌的一种糖蛋白“内因子”

结合后才能被吸收，且其吸收速率相对于其他水溶性维生素较缓慢。游离的钙离子以及碳酸氢盐可促进维生素 B_{12} 的吸收。

体内维生素 B_{12} 的储存量很少，总量为 2～4mg，主要储存于肝脏中，占 50%～90%，其次分布于肌肉、皮肤和骨组织中，辅酶 B_{12} 为主要储存形式，甲基 B_{12} 为运输形式。每日丢失量大约为储存量的 0.1%，主要经尿液排出体外，部分从胆汁排出。在正常情况下约有一半可被重吸收。因此，体内储存的维生素 B_{12} 可维持不摄取维生素 B_{12} 者的健康达 3～6 年之久而不出现维生素 B_{12} 的缺乏症状。人体的肠道细菌能合成极少量的维生素 B_{12}，但营养意义不大。

4. 维生素 B_{12} 的缺乏

膳食维生素 B_{12} 的缺乏较少见，维生素 B_{12} 缺乏的主要原因为膳食中缺乏、"内因子"缺乏以及其他慢性腹泻引起的吸收障碍。素食者由于长期不吃肉食而较常发生维生素 B_{12} 的缺乏。老年人和胃切除患者由于胃酸过少，不能分解食物中蛋白-维生素 B_{12} 复合体，也可引起维生素 B_{12} 的吸收不良。

维生素 B_{12} 的缺乏可影响到体内所有细胞，尤其对细胞分裂快的组织影响最为严重。主要表现为巨幼红细胞贫血及神经系统的疾患。巨幼红细胞贫血主要表现为血液中出现巨大的有核红细胞，红细胞成熟延缓，细胞体积增大，不成熟的红细胞增多，凝血时间延长。神经系统的症状，起初为隐性的，先由周围神经开始，手指有刺痛感，后发展至脊柱后侧及大脑，记忆力减退，易激动，嗅、味觉不正常，运动也不正常等。维生素 B_{12} 的缺乏严重时可导致死亡。

5. 供给量及食物来源

维生素 B_{12} 的最低需要量即维持机体正常功能的必需摄入量为每日 0.1μg。我国推荐的每日膳食中维生素 B_{12} 的参考摄入量为：成人 2.4μg，孕妇 2.9μg，乳母 3.2μg。

维生素 B_{12} 只能依靠微生物合成，膳食中的维生素 B_{12} 主要来源于动物性食物，主要食物来源为肉类、动物内脏、鱼、禽、贝壳类及蛋类，尤其是肝脏，含量可达 10μg/100g。乳及乳制品中含量较少。植物性食物基本不含维生素 B_{12}。

（七）维生素 C

维生素 C 又名抗坏血酸、抗坏血病维生素，为水溶性维生素，是一种含有 6 个碳原子的酸性多羟基化合物。维生素 C 的结构中虽然不含有羧基，但仍具有有机酸的性质。天然存在的维生素 C 有 L 与 D 两种异构体，自然界存在的具有生物活性的是 L 型，D 型维生素无生物活性。

1. 理化性质

维生素 C 为无色或白色结晶，无臭，有酸味，极易溶于水，微溶于丙酮和低级醇类，不溶于乙醇，不溶于脂肪和其他脂溶剂。维生素 C 溶液的性质极不稳定，很容易以各种形式进行分解，是最不稳定的一种维生素。维生素 C 极易氧化，特别是有铜离子存在时可加速维生素 C 的氧化，为强抗氧化剂。加热、暴露于空气中，碱性溶液及金属离子 Cu^{2+}、Fe^{3+} 等都能加速其氧化。在酸性或冷藏条件下稳定。

维生素 C 在组织中有两种存在形式，即还原型抗坏血酸与脱氢型（氧化型）抗坏血酸。这两种形式都具有生物活性，并可以通过氧化-还原反应相互转变，维生素 C 可脱氢转化为脱氢型抗坏血酸（DHVC），这一反应为可逆的，因此在体内形成氧化还原系统。人体血浆中的抗坏血酸中，还原型∶氧化型约为15∶1，因此测定还原型抗坏血酸的含量即可了解体内维生素C的水平。

2.生理功能

(1)参加体内的多种氧化-还原反应，促进生物氧化过程。维生素C可以氧化型或还原型存在于体内，所以既可作为供氢体，又可作为受氢体，能可逆地参与体内的氧化-还原反应。体内具有氧化型谷胱甘肽，可使还原型抗坏血酸氧化成脱氢型抗坏血酸，而脱氢型抗坏血酸又可被还原型谷胱甘肽还原成还原型抗坏血酸，以使维生素C在体内氧化-还原反应过程中发挥重要作用。

维生素C是机体内一种很强的抗氧化剂，可使细胞色素C、细胞色素氧化酶及分子氧还原，并与一些金属离子螯合，虽然不是辅酶，但是可以增加某些金属酶的活性。维生素C可以直接与氧化剂作用，以保护其他物质免受氧化破坏。它也可还原超氧化物、羟基、次氯酸以及其他活性氧化剂，这类氧化剂可能影响到DNA的转录或损伤DNA、蛋白质或膜的结构。维生素C在体内是一个重要的自由基清除剂，能分解皮肤中的色素，防止产生黄褐斑等，发挥抗衰老作用，并能阻止某些致癌物的形成。有些化学物质对机体的损害，都涉及自由基的作用，如氧、臭氧、二氧化氮、酒精、四氯化碳及抗癌药中的阿拉霉素对心脏的损伤。维生素C作为体内水溶性的抗氧化剂，与脂溶性抗氧化剂有协同作用，在防止过氧化作用中起一定的作用。人眼中的晶体在光的作用下也可产生氧的自由基，为白内障产生的原因之一。这些自由基在正常情况下被体内维生素C等抗氧化剂清除，所以大量的维生素C可以阻止这种过氧化作用的破坏。

(2)促进组织中胶原的形成，保持细胞间质的完整。胶原主要存在于骨骼、牙齿、血管、皮肤等中，使这些组织保持完整性，并促进创伤与骨折愈合。胶原还能使人体组织富有弹性，同时又可对细胞形成保护，避免病毒侵入。在胶原的生物合成过程中，α-肽链上的脯氨酸和赖氨酸要经过羟化形成羟脯氨酸和羟赖氨酸羟基后才能进一步形成胶原的正常结构。维生素C能活化脯氨酸羟化酶和赖氨酸羟化酶，促进脯氨酸和赖氨酸向羟脯氨酸和羟赖氨酸转化。毛细血管壁膜及连接细胞的纤维组织也是由胶原构成的，也需要有维生素C的促进作用。因此，维生素C对促进创伤的愈合、促进骨质钙化、保护细胞的活性并阻止有毒物质对细胞的伤害、保持细胞间质的完整、增加微血管的致密性及降低血管的脆性等有着重要的作用。

(3)提高机体的抵抗力，并具有解毒作用。维生素C作为抗氧化剂可促进机体各种抗体的形成，提高白细胞的吞噬功能，增强机体对疾病的抵抗力。维生素C还与肝内外的毒物及药物的代谢有关。维生素C使氧化型谷胱甘肽还原为还原型谷胱甘肽，还原型谷胱甘肽可解除重金属或有毒药物的毒性，并促使其排出体外。

(4)与贫血有关。维生素C能利用其还原作用促进肠道中的三价铁还原为二价铁，有利于非血红素铁的吸收，因而对缺铁性贫血有一定作用。若缺乏维生素C则引起贫血，严重时会引起造血机能障碍。

另外，叶酸在体内必须转变成有生物活性的四氢叶酸才能发挥其生理作用。维生素C能促进叶酸形成四氢叶酸，有效降低婴儿患巨幼红细胞贫血的可能性。

(5)防止动脉粥样硬化。维生素C可促进胆固醇的排泄，防止胆固醇在动脉内沉积，并可溶解已有的沉积，有效防治动脉粥样硬化。

(6)防癌。维生素C可阻断致癌物亚硝胺在体内的合成,可维持细胞间质的正常结构,防止恶性肿瘤的生长蔓延。

3.吸收与代谢

进入人体中的维生素C在消化道主要以主动转运的形式被吸收,小部分以被动扩散的形式被吸收。绝大部分的维生素C是在小肠上段被迅速吸收,并通过血液循环输送至全身各组织器官中。在口腔和胃中有少量的维生素C被吸收。维生素C的吸收率与其摄入量有关,摄入量为30~60mg时,吸收率可达100%;摄入量为90mg时,吸收率降为80%左右;摄入量为1500mg、3000mg和12000mg时,吸收率分别下降至49%、36%和16%。未被吸收的维生素C在小肠下段降解,剂量太大时,可引起渗透性腹泻。

维生素C被吸收后分布于体内所有的水溶性结构中,其中肾上腺和视网膜中的含量最多,肝、肾、脾、胰等中也含有一定数量的维生素C。吸收后的维生素C可转运至细胞内并储存,不同细胞的维生素C的浓度相差很大。

维生素C主要经尿液排出体外,肾小管可调节其排泄量,并和维生素C在血液中的饱和程度有关。维生素C摄入量小于100mg时,尿中无维生素C排出;摄入量大于100mg时,约摄入量的25%被排出;摄入量达200mg时,摄入量的50%被排出;高剂量摄入时,如大于500mg时,则几乎所有被吸收的维生素C都被排出。

4.维生素C的缺乏

当膳食摄入量减少或机体需要量增加又得不到及时补充时,可使体内维生素C储存减少,出现缺乏症状。维生素C缺乏时,主要是引起坏血病。

坏血病起病较为缓慢,一般历时4~7个月。其早期症状是体重减轻、四肢无力、衰弱、急躁、肌肉和关节疼痛等,继而出现牙龈红肿、疼痛出血,皮下渗血,易骨折等。典型症状可表现为齿龈红肿,受压迫时出血,严重时萎缩,牙齿松动,骨骼变脆,骨质疏松,毛细血管脆性增强,皮下、黏膜、肌肉、关节均可出血,如有创伤则伤口愈合缓慢。若婴儿患坏血病,则常有激动、软弱、倦怠、食欲减退、四肢疼痛、肋软骨接头处扩大、四肢掌骨端肿胀以及有出血倾向等症状,全身任何部位可出现大小不等和程度不同的出血、血肿或瘀斑。

维生素C虽然较易缺乏,但也不能过量补充。过量的维生素C对人体有副作用,如恶心、腹部不适、腹泻、破坏红细胞。维生素C在体内分解代谢的最终产物是草酸,长期服用过量维生素C可出现草酸尿以至造成尿的pH值下降,导致尿路结石。

5.供给量及食物来源

人体维生素C的供给量受多种因素的影响,如年龄、环境、体力消耗情况、疾病以及加工方法等。我国推荐的每日膳食中维生素C的参考摄入量为:1~11岁40~90mg,青少年及成人100mg,孕妇100~115mg,乳母150mg。

人体内不能合成维生素C,所需要的维生素C必须由食物提供。维生素C的主要食物来源是新鲜蔬菜与水果。如青菜、菠菜、豌豆苗、韭菜、辣椒、油菜薹、苋菜、花菜、苦瓜等深色蔬菜中含有丰富的维生素C;枣(特别是酸枣)、柚、橙、龙眼、无花果、山楂、草莓、柑橘、柠檬等中的含量较多,而苹果、梨中的含量较少。在动物性食物中,仅肝、肾含有少量的维生素C。

新鲜植物中维生素C的含量较多,是由于植物中的有机酸及其他抗氧化剂可以保护维生素C免于破坏;在猕猴桃、刺梨、酸枣等水果中不仅维生素C的含量丰富,而且还含有保护维生素C的生物类黄酮，是一类值得开发的天然维生素C补充剂。但维生素C在烹调与储存过程中容易损失，菠菜储存2d后损失可达2/3。按中国的烹饪方法加工后的食物，维生素C的保存率为50%～70%。

(八)泛酸、胆碱、生物素

1.泛酸

泛酸也称遍多酸，人体内的泛酸在半胱氨酸和ATP的参与下转变成辅酶A。泛酸是体内辅酶A的组成部分，参与机体中蛋白质、脂类和糖类的代谢。它可促进细胞的代谢功能，参与类固醇激素、脂肪及氨基酸的合成，制造及更新身体组织，帮助伤口愈合，防止疲劳，帮助抗压，舒缓恶心症状。泛酸还具有制造抗体的功能，能增强人体的抵抗力，缓和多种抗生素的副作用及毒性，并有助于减轻过敏症状，它在保护头发、皮肤及血液健康方面也扮演着重要角色。

泛酸广泛分布于自然界中，在全部已知的食物中都有足够量的泛酸，人体肠道内的细菌也可合成泛酸，所以很少发现人类出现泛酸缺乏症。缺乏泛酸也会引起生长不良、血液及皮肤异常，发生皮炎、肾脏损伤、低血糖、贫血等症状。

泛酸在中性溶液中耐热，对氧化剂和还原剂都很稳定，但对酸和碱很敏感。机体内的泛酸分布于全身组织中，约有70%经尿液排出体外，30%由粪便排出。

我国推荐的每日膳食中泛酸的参考摄入量为：成人5mg，孕妇6mg，乳母7mg。动物性食物中以肝脏、肾脏、肉类、鱼、龙虾、蛋中尤为丰富，植物性食物中的绿色蔬菜、小麦、胚芽米、糙米、面皮、米糠、玉米、豌豆、全麦食物、花生、核果类、啤酒酵母、酵母菌、坚果类含量较高。

2.胆碱

胆碱是一种含氮的有机碱性化合物，为强有机碱，在1849年首次从猪胆汁中分离出来，故命名为“胆碱”。胆碱是卵磷脂的组成成分，也存在于神经鞘磷脂之中，两者是构成细胞膜的必要物质，同时又是细胞间多种信号的前体物质。胆碱是机体可变甲基(活性甲基)的重要组成部分，参与蛋氨酸和肌氨酸的合成。同时它又是乙酰胆碱的前体，加速合成及释放乙酰胆碱这一重要的神经传导递质，能促进脑发育和记忆能力，并能调节肌肉组织的运动等。胆碱还能促进脂肪的代谢，并降低血清胆固醇。

胆碱从食物中吸收入血，随血液循环被大脑吸收利用，是大脑发育的必需物质，具有重要的营养意义。

胆碱广泛存在于动植物体内，特别是在肝脏、花生、莴苣、花菜等中含量较高，人体也能合成胆碱。另外，胆碱耐热，在加工烹调过程中的损失很少，在干燥环境下，即使长时间储存，食物中胆碱的含量也几乎没有变化，所以不易造成胆碱的缺乏病。若长期摄入缺乏胆碱的膳食，可发生缺乏病症，主要表现为肝、肾、胰腺的病变，记忆紊乱和生长障碍等症状。不育症、生长迟缓、骨质异常、造血障碍和高血压也与胆碱的缺乏有关。

我国推荐的每日膳食中胆碱的参考摄入量为：成年男性500mg，成年女性400mg，孕妇420mg，乳母520mg。

3.生物素

生物素又称维生素H、辅酶R。已知的8种生物素异构体中只有α-生物素才具有生物活性。生物素溶于热水，不溶于乙醇、乙醚及氯仿。一般情况下，生物素是相当稳定的，只有经强酸、强碱、甲醛及紫外线处理后才会被破坏。

生物素的主要生理功能是作为机体羧化、脱羧和脱氢反应酶系的辅助因子，参与机体三大营养物质的代谢，在糖类、脂类、蛋白质和核酸的代谢过程中发挥着重要作用，是机体不可缺少的重要营养物质。

天然的生物素以游离态或结合蛋白的形式存在，结合态的生物素需经肠道中的生物素降解酶分解为游离态才能被机体利用。生物素主要在小肠上段被吸收，结肠也可吸收一部分。肠道中生物素浓度低时，被载体转运主动吸收；浓度高时，则以简单扩散形式吸收。生物素吸收后分布于全身组织细胞，其中肝脏和肾脏的含量最高。生物素主要经尿液排出体外，乳汁中也有生物素排出，但量很少。

生物素广泛存在于各种动植物食物中，人体的肠道细菌也能合成生物素。生物素对光、热、空气及中等程度的酸碱都较为稳定，在一般的烹调和加工过程中损失很少，所以很少会发生生物素的缺乏。生物素的缺乏常见于长期生食鸡蛋者。在生蛋清中存在一种糖蛋白——"抗生物素蛋白"，可与生物素结合而使其失活，抑制生物素在肠道中的吸收，但经加热处理可破坏抗生物素蛋白，重新利用生物素。生物素的缺乏主要表现为以皮肤为主的症状，可见毛发变细、失去光泽、皮肤干燥、鳞片状皮炎、红色皮疹，严重者的皮疹可延伸到眼睛、鼻子和嘴周围。此外，伴有食欲减退、恶心、呕吐、舌乳头萎缩、黏膜变灰、麻木、精神沮丧、疲乏、肌痛、高胆固醇血症及脑电图异常等症状。这些症状多发生在生物素缺乏 10 周后。6 个月以下的婴儿可出现脂溢性皮炎。

我国推荐的每日膳食中生物素的参考摄入量为：成人及孕妇 40μg，乳母 50μg。

生物素广泛存在于天然食物中，干酪、肝脏、大豆粉中含量最为丰富，其次为蛋类，在精加工的谷类、多数水果中含量较少。

三、脂溶性维生素及其功能

（一）维生素 A

维生素 A 又叫视黄醇，是人类最早发现的维生素，是指含有视黄醇结构，并具有其生物活性的一大类物质，包括视黄醇、视黄醛、视黄基酯复合物。维生素 A 包括维生素 A_1 和维生素 A_2 两种，它们纯属于动物代谢的产物。维生素 A_1 为视黄醇，主要存在于哺乳动物和海洋鱼类的肝脏中；维生素 A_2 为脱氢视黄醇，主要存在于淡水鱼中。维生素 A_2 的生物活性约为维生素 A_1 的 40%。在植物中不含已形成的维生素 A，植物来源的类胡萝卜素是人类维生素 A 的重要来源。某些有色植物含有类胡萝卜素，其中一小部分可在小肠和肝细胞内转变成视黄醇和视黄醛，这些类胡萝卜素统称为维生素 A 原，包括 α-胡萝卜素、β-胡萝卜素、β-隐黄素、γ-胡萝卜素等。植物体中所含的红黄色素中很多属于类胡萝卜素，类胡萝卜素为维生素 A 的前体。在动物体内，类胡萝卜素可以转化为维生素 A，并具有维生素 A 的生物活性，所以被称为维生素 A 原。类胡萝卜素中最具有维生素 A 生物活性的是 β-胡萝卜素，在人类肠道中的吸收利用率大约为维生素 A 的 1/6，其他类胡萝卜素的吸收率相对更低。

1. 理化性质

维生素 A 与类胡萝卜素在高温和碱性的环境中比较稳定，在一般的烹调和加工过程中不易被破坏。维生素 A 对酸不稳定，且容易被空气中的氧所氧化破坏，尤其是在高温条件下，紫外线对维生素A的氧化有促进作用。因此，维生素A或富含维生素A的食物应在避光及低温环境下保存。当脂肪酸败时，其中所含的维生素A和类胡萝卜素将受到严重破坏。食物中所含有的磷脂、维生素E和维生素C或其他抗氧化物质，均有利于维生素A与类胡萝卜素的稳定。

维生素A末端的—CH_2OH在人体内氧化后成为—CHO，称为视黄醛，或者再进一步氧化成—COOH，即视黄酸。视黄酸是维生素A在体内吸收代谢后最具有生物活性的产物，维生素A的许多生理功能实际上是通过视黄酸的形式发生作用的。

2. 生理功能

(1)维生素A与视网膜上的感光物质视紫红质的合成和再生有关。视网膜上有两种高度特异的感光视细胞，即视锥细胞与视杆细胞。视锥细胞与明视觉及色觉有关，视杆细胞与暗视觉有关，两者的感光物质不同，视锥细胞为视紫蓝质，视杆细胞为视紫红质。在人体中前者数量多，后者数量少。视紫红质由维生素A醛与视蛋白结合而成，为暗视觉的必需物质，在黑暗中非常稳定。当视网膜接受光线时，视紫红质发生一系列变化，经过各种中间构型的改变（表现为由红变橙，变黄，最后变为无色）而引发神经冲动，传入大脑形成视觉，称为光适应。由于在光亮处对光敏感的视紫红质被大量消耗，一旦由亮处到暗处，便不能看到暗处物质，但若视网膜处有充足的视黄酸，即可被存在于细胞中的视黄醛异构酶异构化，并与视蛋白结合再次形成视紫红质，从而恢复对光的敏感性，以致能在微弱照度下的暗处看见物质，这一过程称为暗适应。显然，暗适应的速度与体内维生素A的营养水平有密切关系。由于在此过程中，有部分视黄醛变成视黄醇被排泄，因此必须不断地补充维生素A，才能维持视紫红质的合成和整个暗光视觉过程。

(2)维护上皮细胞的完整和健全，增强抵抗力。维生素A对上皮细胞起稳定作用，参与维持上皮细胞的形态完整和健全，增强抵抗力。维生素A含量正常时，人体上皮组织黏膜细胞中的糖蛋白的生物合成正常，分泌黏液正常，而缺乏时上皮细胞不分泌糖蛋白，导致上皮组织萎缩，皮肤干燥、粗糙，毛囊角质化，汗腺和皮脂腺萎缩。

(3)促进生长发育和维护生殖功能，并维持和促进免疫功能。维生素A参与细胞的RNA、DNA合成，对细胞的分化、组织更新有一定的影响。维生素A参与调节机体多种组织细胞的生长和分化，包括神经系统、心血管系统、眼睛、四肢和上皮组织等。维生素A通过调节细胞免疫和体液免疫来提高免疫功能，这也与增强巨噬细胞和自然杀伤细胞的活力以及改变淋巴细胞的生长和分化有关。维生素A还参与软骨内成骨，缺乏时长骨的形成和牙齿的发育均会受到影响。维生素A缺乏时还会导致男性睾丸萎缩，精子数量减少、活力下降，也可影响胎盘发育。缺乏维生素A的儿童生长停滞、发育迟缓、骨骼发育不良，缺乏维生素A的孕妇所生的新生儿体重减轻。

此外，类胡萝卜素也是人体内不可缺少的营养物质。β-胡萝卜素是食物中维生素A的良好来源，研究发现，它在防癌和预防心血管疾病方面也有明显作用。β-胡萝卜素是极好的抗氧化剂，在人体内能捕捉自由基，提高机体抗氧化防御能力，有助于提高正常机体的免疫功能。

3. 吸收与代谢

维生素A与类胡萝卜素的吸收过程是不同的。植物组织中的各种类胡萝卜素在小肠中以扩散方式吸收，吸收量与摄入量的多少相关，吸收时必须有胆盐协助。与油脂共存时吸收最好，磷脂有助于形成微胶粒溶液而利于其吸收。类胡萝卜素在肠黏膜上皮细胞中为肠黏膜上皮细胞内的胡萝卜素双氧化酶作用裂解为视黄醛，进而转化成维生素 A。食物中的维生素 A 主要以酯的形式存在，在消化吸收过程中，先为肠道中的视黄酯水解酶水解，游离出的维生素 A 很快被肠黏膜吸收。维生素 A 的吸收为主动吸收，需要能量，也需要胆盐，摄入维生素 A 3～5h 后，吸收达到高峰，其吸收速率比类胡萝卜素快 7～30 倍。维生素 A 的吸收率也明显高于类胡萝卜素，膳食中 β-胡萝卜素只有 1/6 左右变为维生素 A。

维生素 A 在体内主要储存于肝脏中，占总量的 90%～95%，少量储存于脂肪组织中。当组织需要维生素 A 时，肝内储存的维生素 A 酯可经酯酶水解为醇式，与肝脏合成的视黄醇结合蛋白结合而释放入血，再与血液中的蛋白结合而被运至组织以供利用。

高蛋白膳食可增加维生素 A 的利用，加速维生素 A 储存的消耗。蛋白质营养不良会影响维生素 A 的吸收及类胡萝卜素转变为维生素 A 的能力，并降低肝脏中维生素 A 的储存量。此外，足够量的脂肪、抗氧化剂和卵磷脂都有利于维生素 A 的吸收；而服用矿物油、肠道有寄生虫等情况，均会妨碍维生素 A 的吸收。

4. 缺乏与过量

维生素 A 缺乏的最早症状是暗适应能力下降，严重时可导致夜盲症。缺乏维生素 A 可使细胞过度角质化，对所有器官均有影响，使其机能发生障碍。最早受影响的是眼睛的结膜和角膜，表现为结膜或角膜干燥、软化甚至穿孔，以及泪腺分泌减少。消化道表现为舌味蕾上皮角化，肠道黏膜分泌减少，食欲减退等。呼吸道表现为黏膜上皮萎缩、干燥，纤毛减少，抗病能力减退。消化道和呼吸道感染疾病的危险性提高，而且感染后不易痊愈，特别是儿童、老人容易引起呼吸道炎症，严重时可引起死亡。泌尿和生殖系统的上皮细胞同样也会发生改变，从而影响其功能。

婴幼儿和儿童维生素 A 缺乏的发生率远高于成人，这是由于孕妇血中的维生素 A 不易通过胎盘屏障进入胎儿体内，故初生儿体内维生素 A 储存量低。儿童维生素 A 缺乏最主要的症状是眼结膜毕脱氏斑，其为脱落细胞的白色泡沫状聚积物，是正常结膜上皮细胞和杯状细胞被角化细胞取代的结果。另外，维生素 A 缺乏时，会造成血红蛋白合成代谢障碍，免疫功能低下，儿童生长发育迟缓。

由于维生素 A 为脂溶性维生素，其在体内的排泄率不高，食入过量可在体内蓄积而导致中毒。主要表现为厌食、恶心、呕吐、肝脾肿大、长骨变粗及骨关节疼痛、过度兴奋、肌肉僵硬、皮肤干燥、瘙痒、鳞皮、脱发等。成人每天摄入 22500～150000μgRE，3～6 个月后可出现上述症状，但大多数是由于摄入维生素 A 纯制剂或吃了某些野生动物肝、鱼肝而引起的，一般食物中摄入的维生素 A 不会引起中毒。通过食物摄入大量类胡萝卜素，除在皮肤脂肪积累使其呈黄色外，尚未发现有其他的毒性。

5. 供给量及食物来源

在计算膳食中维生素 A 的供给量时，除了应考虑维生素 A 本身外，还应考虑其前体物质——类胡萝卜素（以 β-胡萝卜素为主）。膳食或食物中全部具有视黄醇活性的物质常用视黄醇当量（RE）来表示，包括已形成的维生素 A 和维生素 A 原的总量。它们常用的换算关系是：

$$1\mu g\text{RE}=1\mu g\ \text{视黄醇}=6\mu g\ \beta\text{-胡萝卜素}=12\mu g\ \text{其他类胡萝卜素} \tag{2-13}$$

膳食中总视黄醇当量 RE(μg)＝视黄醇(μg)＋β-胡萝卜素(μg)×0.167

$$+其他类胡萝卜素(\mu g)\times 0.084 \quad (2\text{-}14)$$

我国推荐的每日膳食中维生素A的参考摄入量为：成年男性800μgRE，成年女性700μgRE，孕妇与乳母700～1300μgRE。

维生素A在动物性食物如动物的肝、肾、蛋及乳中含量丰富，尤其以肝脏中最为丰富，在绿色蔬菜及红黄色蔬菜与水果中含有类胡萝卜素，如西兰花、胡萝卜、豌豆苗、红心甜薯、菠菜、苋菜、油菜、橘子、枇杷等中含量比较丰富。满足人体维生素A需要量的主要食物来源是这些有色蔬菜，动物性食物膳食结构中所占的比例较少，单纯只靠动物性食物并不能完全满足人体对维生素A的需要，而人体每天都要摄入大量的有色蔬菜，其中的类胡萝卜素可在体内转化形成维生素A，以供人体的需要。一般认为，人体每日所需维生素A的1/3由视黄醇提供，2/3由类胡萝卜素提供较好。

（二）维生素D

维生素D为一组存在于动植物组织中的类固醇的衍生物，因其有抗佝偻病作用，也称之为抗佝偻病维生素。目前已知的维生素D至少有10种，但最重要的是维生素D_2（麦角钙化醇）和维生素D_3（胆钙化醇）。麦角固醇和7-脱氢胆固醇分别是维生素D_2和维生素D_3的前体。麦角固醇主要存在于植物油、酵母菌和麦角中，在人体中不存在，在消化道中也不能被吸收，但经紫外光照射后可转变为维生素D_2，并且能为人体吸收。麦角固醇在自然界中的存量很少。7-脱氢胆固醇存在于人体的皮肤和皮下脂肪中，经紫外线照射可转变为维生素D_3。维生素D_2和维生素D_3的生理功能和作用机制是完全相同的，二者都具有维生素D的生物活性，常被统称为维生素D。$1,25\text{-}(OH)_2\text{-}D_3$是维生素D的活性形式，具有类固醇激素的作用。

1.理化性质

维生素D为白色晶体，溶于脂肪及脂溶剂，对热、碱较稳定。在130℃加热90min，其活性仍能保存，故通常的烹调加工不会造成维生素D的损失。维生素D油溶液中加入抗氧化剂后更稳定。维生素D在酸性环境中易分解，故脂肪酸败可引起其中维生素D的破坏。过量辐射线照射可形成少量具有毒性的化合物。

2.生理功能

维生素D的最主要的生理功能就是它能促进钙、磷在人体肠道中的吸收，维持血清中钙、磷浓度的稳定，促进骨骼和牙齿的钙化，保证正常的生长发育。

$1,25\text{-}(OH)_2\text{-}D_3$作用于小肠、骨骼、肾脏等器官中，在甲状旁腺素的共同作用下维持血钙水平。血钙浓度低时，可促进肠道主动吸收钙、肾脏对钙的重吸收以及从骨骼中动员钙；而当血钙浓度过高时，促使甲状旁腺产生降钙素，阻止钙从骨骼中动员出来，增强骨骼钙化，并增加钙、磷从尿液中的排出量。维生素D也能激发肠道对磷的转运过程，且这种转运是独立的，与钙的转运相互并不影响。

3.吸收与代谢

人体中的维生素D_2是由从食物中摄取的维生素D和由皮肤与皮下脂肪中的7-脱氢胆固醇经日照转化成的维生素D_3而来。

从食物中摄取的维生素D进入小肠后，在胆汁的作用下与其他脂溶性物质一起形成胶团被动吸收进入小肠黏膜细胞中。食物中有50％～80％的维生素D是在小肠吸收。吸收后的维生素D经淋巴进入血液，部分与血液中的维生素D结合蛋白结合并由其携带输送至全身各组织器官中发挥生理作用。脂肪吸收受干扰时，如慢性胰腺炎、脂肪痢及胆道阻塞都会影响维生素 D 的吸收。

在皮肤中产生的维生素 D 会缓慢扩散进入血液，由维生素 D 结合蛋白携带运输。在血浆中约有 60%的维生素 D 与维生素 D 结合蛋白结合运输。

维生素 D 主要储存在脂肪组织与骨骼肌中，其次是肝脏，在大脑、脾、皮肤、肺中也存有少量。维生素 D 的分解代谢主要在肝脏，在其转化为极性较强的代谢产物后，随胆汁进入肠中由粪便排出，仅有少量从尿液中排出。

4. 缺乏与过量

膳食供应不足或人体日照不足是维生素 D 缺乏的主要原因。若日照充足、户外活动正常，一般情况下不易发生维生素 D 的缺乏。

婴幼儿缺乏维生素 D 可引起佝偻病，以钙、磷代谢障碍为特征，严重者出现骨骼畸形，如方头、鸡胸、漏斗胸、肋骨串珠、"O"形腿和"X"形腿等。成人缺乏维生素 D 会使已成熟的骨骼脱钙，表现为骨质软化症，特别是孕妇和乳母及老年人容易发生，常见的症状是骨痛，肌无力、易变形，严重时骨骼脱钙而引起骨质疏松症和骨质软化症，发生自发性或多发性骨折。

通过膳食来源的维生素 D 一般认为不会引起中毒，但摄入过量的维生素 D 补充剂或强化维生素 D 的乳制品，有发生维生素 D 过量和中毒的可能。目前认为维生素 D 的每日摄入量不宜超过 25μg。

维生素 D 中毒的表现主要有厌食，恶心，多尿，烦躁，皮肤瘙痒，血钙、血磷增高，尿中钙、磷也增高，钙可大量沉积在一些软组织，如心、肾、肝、血管中，引起功能障碍，甚至引起肾、心脏及大动脉钙化。严重的维生素 D 中毒可导致死亡。

5. 供给量及食物来源

由于维生素 D 既可由膳食提供，又可经暴露在日光之下的皮肤自身合成，并且维生素 D 的供给量与食物中钙、磷的供给量相联系，皮肤中合成量的多少又受到地理位置、暴露面积、阳光照射时间、紫外线强度、皮肤颜色等方面的影响，因此维生素 D 的需要量很难确切估计。我国推荐的每日膳食中维生素 D 的参考摄入量：在钙、磷供给量充足的条件下，儿童、青少年、成人、孕妇及乳母维生素 D 的适宜摄入量为 10μg，65 岁以上老人为 15μg。

经常晒太阳是人体廉价获得充足、有效的维生素 D 的最好来源，在阳光不足或空气污染严重的地区，也可采用紫外线灯作预防性照射。成年人只要经常接触阳光，一般不会发生维生素 D 缺乏症。婴儿若仅暴露面部和前手臂，每天户外活动 2h 即可预防维生素 D 缺乏病的发生。儿童和年轻人应每周保证 2～3 次的短时间户外活动以满足对维生素 D 的需要。老年人皮肤产生维生素 D 的能力较低，衣服往往又穿得较多，接触阳光照射较少，使维生素 D 的产生较少，加上老年人易有乳糖不耐受症，乳制品摄入少，维生素 D 的来源往往较少。因此，应鼓励老年人在春、夏、秋季的早晨或下午多接触阳光，使维生素 D 满足身体的需要。

维生素 D 在天然食物中的存在并不广泛，主要存在于海水鱼(如鲱鱼、鲑鱼和沙丁鱼)，动物的肝脏、蛋黄，牛肉，黄油等动物性食物及鱼肝油制剂中，以鱼肝和鱼油中的含量最为丰富。植物性食物如蘑菇、蕈类中含有一定的维生素 D。人乳和牛乳中的维生素 D 含量较低，蔬菜、谷类及其制品和水果只含有少量的维生素 D 或几乎不含维生素 D。

由于食物中的维生素 D 来源不足，许多国家均在常用的食物中进行维生素 D 强化，如焙烤食品、乳及乳制品和婴儿食品等，以预防维生素D的缺乏症。我国不少地区使用维生素A、维生素D对牛乳进行强化，使维生素D缺乏症得到了有效的控制。

(三)维生素E

维生素E又名生育酚，是所有具有生育酚生物活性化合物的总称。它包括4种生育酚和4种生育三烯酚，共8种化合物，即α、β、γ、δ生育酚和α、β、γ、δ生育三烯酚。虽然维生素E的这8种化合物的化学结构极为相似，但其生物学活性却相差甚远。其中α-生育酚的生物活性最高，是自然界中分布最广泛、含量最丰富、活性最高的维生素E的形式，所以通常以α-生育酚作为维生素E的代表。

1.理化性质

维生素E为黄色油状液体，溶于酒精与脂溶剂，不溶于水；极易被氧化，光照、热、碱及铁或铜等微量元素可加速其氧化过程，所以是极为有效的抗氧化剂。维生素E在酸性环境中比在碱性环境中稳定，在无氧条件下比较稳定。酯化维生素E要比游离维生素E稳定。脂肪酸败可加速维生素E的破坏。食物中的维生素E在一般烹调过程中损失不大，但油炸时可使其活性明显降低。

2.生理功能

(1)抗氧化作用。维生素E是极为重要的抗氧化剂，它与其他抗氧化物质以及抗氧化酶(包括超氧化物歧化酶、谷胱甘肽过氧化物酶等)一起构成了体内抗氧化系统，能清除体内的自由基并阻断其引发的链反应，可防止生物膜(包括细胞膜、细胞器膜)和脂蛋白中多不饱和脂肪酸、细胞骨架及其他蛋白质的巯基受自由基和氧化剂的攻击。维生素E还可与过氧化物反应，预防过氧化脂质的产生，从而维持了细胞膜的完整性和机体的正常功能。

(2)保持红细胞的完整性。膳食中维生素E长期摄入不足，可导致人体中红细胞数量的减少，并使其脆性增加，寿命缩短。维生素E还可抑制血小板凝聚，降低心肌梗死和脑卒中的危险性。

(3)预防衰老。血及组织中脂类过氧化物(脂褐质)的水平随着人年龄的增长而不断增加。脂褐质俗称老年斑，是细胞内某些成分被氧化分解后的沉积物，补充维生素E可减少细胞中脂褐质的形成。维生素E还可改善皮肤的弹性，延迟性腺萎缩，提高免疫力，在预防和延缓衰老方面具有一定的作用。

(4)与生殖机能有关。维生素E缺乏时可使雄性动物精子的形成受到严重抑制，雌性动物孕育异常。在临床上常用维生素E治疗先兆性流产和习惯性流产。

此外，维生素E还可抑制体内胆固醇合成限速酶，从而降低血浆中胆固醇的水平，抑制肿瘤细胞的生长和繁殖，维持正常的免疫功能，并对神经系统和骨骼具有保护作用等。

3.吸收与代谢

生育酚在食物中可以游离的形式存在，而生育三烯酚则是以酯化的形式存在，它必须经水解后才能被吸收。维生素E及其酯的吸收量仅占摄入量的20%～50%，取决于摄入的水平。当大量摄入时，其吸收率反而降低。维生素E于吸收之前在肠道中需先被水解，再在胆汁及胰液的作用下被动扩散吸收。它与脂类的消化吸收有着密切关系，故影响脂肪吸收的因素也影响维生素E的消化吸收。

维生素E主要储存在脂肪细胞中，少量储存在肝、肺、心脏、血液、肾上腺和大脑中。脂肪组织中维生素E的储存量随维生素E摄入量的增加而增加，而其他组织中的维生素E基本不变或很少增加。当膳食中缺乏维生素E时，机体先从血浆及肝脏获得维生素E，其次为骨骼肌及心脏，脂肪组织中的消耗最慢，细胞膜上的维生素E则不易变动。

4.缺乏与过量

维生素E缺乏在人类中较为少见，但可出现在低体重的早产儿、β-脂蛋白缺乏症和脂肪吸收障碍的患者中。缺乏维生素E时可出现视网膜退变、蜡样质色素积聚、溶血性贫血、肌无力、神经退行性病变、小脑共济失调和振动感觉丧失等。

在脂溶性维生素中，维生素E的毒性相对较小，人体使用大剂量维生素E也尚未发现有明显的中毒症状，有可能会出现肌无力、视觉模糊、复视、恶心、腹泻以及维生素K的吸收和利用障碍等现象。人体每天摄入量以不超过400mg为宜。

5.供给量及食物来源

维生素E的需要量因人而异，不同生理时期对维生素E的需要量不同。婴幼儿、孕妇、乳母、老年人对维生素E的需要量较大。一般来说，我国成人维生素E的每日摄入量为14mg，儿童依年龄而有所不同。

维生素E只能在植物中合成。植物的叶子和其他绿色部分均含有维生素E，绿色植物中的维生素E含量要高于黄色植物。维生素E存在于各种油料种子及植物油中，麦胚油、棉籽油、玉米油、花生油及芝麻油是维生素E的良好来源，莴苣叶及柑橘皮中的含量也较多，在坚果类及绿叶蔬菜中也含有一定的数量。维生素E还存在于肉、禽蛋、乳及鱼肝油中。维生素E性质不稳定，容易被氧化，在储存与烹调过程中都有损失，加热时损失更大。

(四)维生素K

维生素K也称凝血维生素，是肝脏中凝血酶原和其他因子合成必不可少的。

1.理化性质

天然存在的维生素K是黄色油状物，人工合成的则是黄色结晶粉末。维生素K抗热、抗水，但易受酸、碱、氧化剂和光(特别是紫外线)的破坏。由于天然食物中维生素K对热稳定，并且不是水溶性的，因此在正常的烹调过程中只损失很少部分。

2.生理功能

维生素K控制血液凝结，是四种凝血蛋白(凝血酶原、转变加速因子、抗血友病因子和司徒因子)在肝内合成必不可少的物质。

3.缺乏与过量

缺乏维生素K会延迟血液凝固。天然形式的维生素K不会产生毒性，甚至大量服用也无毒。

4.供给量及食物来源

我国推荐的每日膳食中维生素K的参考摄入量为：青少年2mg/kg体重，成年人120mg。

人体中维生素K的来源有两个方面：一方面由肠道细菌合成，占50%～60%；另一方面来自于食物，占40%～50%。维生素K广泛分布于植物性食物和动物性食物中，绿叶蔬菜中的含量最高，其次是乳及肉类，水果及谷类含量低。因为人体对维生素K的需求量低，大多数食物基本可以满足机体的需要，一般不会缺乏维生素K。但母乳例外，其中维生素K的含量低，甚至不能满足6个月以内婴儿的需要，应注意补充。

第七节　食物纤维及其作用

一、概述

（一）食物纤维的定义

食物纤维又称膳食纤维，是指能抗人体小肠消化及吸收，而在人体大肠中能部分或全部发酵的可食用的植物性成分、碳水化合物及其相类似物质的总和，包括多糖、寡糖、木质素以及相关的植物物质。食物纤维没有营养功能，但却是人体健康所必需的物质，是平衡膳食结构的一种特殊的营养素。

虽然食物纤维在人体口腔、胃、小肠内不被消化及吸收，但人体大肠内的某些微生物能降解它的部分组成成分，且降解后的某些成分被认为是其生理功效的一个起因。

（二）食物纤维的分类

1. 按照营养成分的不同分类

按照营养成分，中国营养学会将膳食纤维划分为4类。

（1）总膳食纤维（TDF）。包括所有的组分在内，如非淀粉多糖、木质素、抗性淀粉（包括回生淀粉和改性淀粉）以及美拉德反应产物等。

（2）可溶性膳食纤维（SDF）。可溶性膳食纤维是指不被人体消化酶消化，但溶于温水或热水且其水溶性又能被乙醇再沉淀的那部分膳食纤维。主要包括存在于苹果、柑橘类中的果胶，植物种子中的胶，海藻中的海藻酸、卡拉胶、琼脂和微生物发酵产物黄原胶，以及人工合成的羧甲基纤维素钠盐等。

（3）不溶性膳食纤维（IDF）。不溶性膳食纤维是指不被人体消化道酶消化且不溶于热水的那部分膳食纤维，是构成细胞壁的主要成分，包括纤维素、半纤维素、木质素、原果胶及动物性的甲壳素和壳聚糖。不溶性膳食纤维中的木质素不属于多糖类，是使细胞壁保持一定韧性的芳香族碳氢化合物。

（4）非淀粉多糖。食物样品中除去淀粉后，残渣用酸水解成中性糖，然后用气相色谱（GLC）或高效液相色谱（HPLC）定量检测其总和，即为非淀粉多糖，或用酶解方法检测，包括纤维素、半纤维素、果胶及可溶性非纤维素的多糖。

2. 按照化学成分的不同分类

膳食纤维主要存在于水果和蔬菜中，其他植物性食物如谷类、豆类中也有，但水果和蔬菜类含的膳食纤维种类最齐全、最丰富。膳食纤维具有吸水的特性，其中水溶性膳食纤维的吸水性比非水溶性膳食纤维要强得多。按照化学组成的不同，可分为以下5种。

（1）纤维素。纤维素是自然界最大量存在的多糖，它是细胞壁的主要结构物质，通常和各种半纤维素及木质素结合在一起。纤维素的化学结构与直链淀粉相似，由数千个葡萄糖组成。人体内的淀粉酶只能水解α-1，4糖苷键而不能水解β-1，4糖苷键，因此纤维素不能被人体胃肠道的酶所消化。纤维素具有亲水性，在消化道内可以大量吸收水分。

（2）半纤维素。半纤维素比纤维素易于被细菌分解，它有结合离子的作用。半纤维素的种类很多，绝大部分不溶于水，它也起到一定的生理作用。半纤维素中的某些成分是可溶的，在谷类中可溶的半纤维素被称为戊聚糖，它们可形成黏稠的水溶液并具有降低血清胆固醇的作用。半纤维素大部分为不可溶性。

(3)果胶及果胶类物质。天然果胶一般有两类:其中一类分子中超过一半的羧基是甲酯化的,称为高甲氧基果胶(HM),余下的羧基是以游离酸及盐的形式存在;另一类分子中低于一半的羧基是甲酯化的,称为低甲氧基果胶(LM)。果胶类物质主要有阿拉伯聚糖、半乳聚糖和阿拉伯半聚糖等。果胶或果胶类物质可在热溶液中溶解,在酸性溶液中遇热形成胶态。果胶也具有与离子结合的能力,对维持食物纤维的结构有重要作用。

(4)木质素。木质素不是多糖物质,而是苯基类丙烷的聚合物,具有复杂的三维结构。天然存在的木质素大多与碳水化合物紧密结合在一起,很难将之分离开来,故在膳食纤维的组成成分中包括了木质素。人和动物均不能消化木质素。

(5)抗性淀粉(RS)。抗性淀粉包括改性淀粉和经过冷却加热处理的淀粉。抗性淀粉在生理功能上与膳食纤维极为相似,故归入膳食纤维。它属于不溶性膳食纤维,但通常兼具可溶性膳食纤维的特点,可用作葡萄糖的缓释剂,用于降低餐后血糖。动物研究表明,在体内和体外试验中抗性淀粉都可促进益生菌的生长,增加大肠双歧杆菌的数目。

二、食物纤维的功能

(一)食物纤维的物理化学特性与生理功能

1.具有高持水力和膨胀功能

食物纤维的化学结构中含有很多亲水基团,具有很强的持水力,对调节肠道功能有重要影响。食物纤维可吸收相当于自身数倍重的水,在肠胃中吸水膨胀并形成高黏度的溶胶或凝胶,使人产生饱腹感并抑制进食,对肥胖人群有较好的调节减肥功能。同时增加大便水分、体积,刺激肠道蠕动,加速排便频率,使粪便中的有害物质特别是致癌物质及时排出体外,大大减少肠道癌和痔疮等的发病率。

2.具有吸附有机物的功能

食物纤维表面带有很多活性基团,能吸附胆汁酸、胆固醇变异原等有机分子,抑制总胆固醇(TC)浓度的升高,降低胆汁酸及其盐类的合成与吸收,降低人体血浆和肝脏胆固醇水平,防治冠状动脉硬化、胆石症和预防心脑血管疾病。食物纤维还能吸附葡萄糖使吸收减慢,另外还具有一种抑制增血糖素分泌的作用,这样就可充分发挥胰岛素的作用——防治糖尿病。此外,食物纤维还具有吸附人体肠道内有毒物质(内源性毒素)、有毒化学品(外源性毒素)等的作用。

3.阳离子结合和交换功能

食物纤维分子结构中的羧基、羟基和氨基等侧链基团,可产生类似弱酸性阳离子交换树脂的作用,可与阳离子尤其是有机阳离子进行可逆的交换,从而影响消化道的 pH 值、渗透压等,形成一个更缓冲的环境,有利于消化及吸收。

此外,食物纤维可与铜、铅等重金属离子进行交换,缓解重金属中毒。更重要的是,食物纤维能与肠道中的钾离子、钠离子进行交换,促使尿液和粪便中大量排出钠、钾,从而降低血液中的钠离子与钾离子浓度,产生降低血压的作用。

4.发酵作用

食物纤维虽不能被人体消化道内的酶所降解,但可被大肠有益菌部分发酵或全部发酵,产生大量短链脂肪酸,如乙酸、乳酸等,可调节肠道,改善有益菌的繁殖环境,使双歧杆菌、乳酸菌等有益菌增殖，从而使得双歧杆菌等有益菌群能迅速扩大。食物纤维还能诱导产生大量的好氧有益菌，抑制厌氧腐败菌，防止肠道黏膜萎缩和支持肠黏膜屏障功能，维持维生素供应，保护肝脏等。

(二)食物纤维的营养功能

过去，人们认为食物纤维不能被人体消化、利用，因此无营养价值，无关紧要，甚至予以排斥。其实，食物纤维对预防许多疾病都具有显著的效果，它在营养方面已不再是惰性物质，而是人体膳食中不可缺少的部分。食物纤维的营养功能主要有以下几个方面：

1.低能量，可预防肥胖症

纤维素属于多糖类，有饱腹感，因而可减少体内产能营养素的摄入。同时，食物纤维的高持水性和缚水后体积的膨胀性，对肠道产生作用，可减慢胃排空，更快产生饱腹感且不易产生饥饿感，对预防肥胖症有益处。食物纤维对妇女乳腺癌也有一定的预防作用。

2.控制血糖，可预防糖尿病

糖尿病是近年来的一种高发病，有人认为糖尿病发病率高与食物纤维摄入量有很大的关系。含有大量食物纤维的食品，食物纤维中的果胶可延长食物在肠道内的停留时间，降低葡萄糖的吸收速度，使进餐后血糖不会急剧上升，有利于糖尿病病情的改善。同时，高纤维食品可以改善末梢组织对胰岛素的感受性，降低生理范围内的胰岛素的分泌，调节糖尿病患者的血糖水平，对糖尿病有预防和治疗作用。

3.降低血脂，可防止冠心病

血清胆固醇水平高是心血管疾病的诱发因子之一。由于可溶性膳食纤维可降低血糖水平，因此也可减少体内胰岛素的释放，而胰岛素可刺激肝脏合成胆固醇，所以胰岛素的减少可以使血浆胆固醇水平受到影响。另外，食物纤维还可以螯合胆固醇，吸附胆汁酸，降低胆固醇和甘油酯溶解，阻止其消化吸收，从而起到防治动脉粥样硬化及冠心病的作用。

4.吸水通便，可防治结肠癌

食物中的某些刺激物或有毒物质长时间停留在结肠部位，对结肠具有毒害作用，甚至有毒物质被结肠壁细胞吸收，刺激结肠细胞发生变异，诱发结肠癌。食物纤维对防治结肠癌有明显效果，这有两方面原因：一方面，食物纤维虽然在体内不被消化吸收，但能刺激消化液分泌和促进肠道蠕动，缩短食物通过肠道的时间，加快粪便的排泄速度，减少了粪便中有毒物质与结肠壁接触的机会；另一方面，食物纤维可以吸收大量的水分，增大粪便的体积，相对降低了有毒物质的浓度，从而有利于防治结肠癌。

5.调节肠道菌群，可提高人体免疫力

脂肪和过精膳食可以使肠内厌氧细菌大量繁殖，这些细菌能使肠道中的胆碱、胆固醇及其代谢产物进一步分解产生致癌物质。在有充分纤维素存在的情况下，好氧细菌易于生长，厌氧细菌受到抑制，由于食物纤维被结肠内的某些细菌酵解，产生短链脂肪酸，使结肠内的pH值下降，影响结肠内微生物的生长和增殖，促进肠道有益菌的生长和繁殖，抑制了肠道内有害腐败菌的生长，从而提高人体免疫力，增强抵抗疾病的能力。同时，食物纤维还可使肠道内容物通过肠道的时间变短，减少致癌物质与肠黏膜的接触时间，防止发生癌变。因此，有人称其为“清道夫”。

但是，食物纤维摄入过量也有不利的一面：①会影响其他营养物质的消化和吸收；②会增加肠道蠕动和产气量，导致腹胀不适；③增加粪便中排出甲烷的量，并将有益的金属离子同时排出体外;④可降低血清中铁和叶酸的含量,导致贫血。

三、食物纤维的来源

食物纤维的资源非常丰富,现已开发的食物纤维共六大类三十多种。这六大类包括谷物纤维、豆类种子和种皮纤维、水果和蔬菜纤维、微生物纤维、其他天然纤维以及合成和半合成纤维。目前在生产中应用的食物纤维有以下几种:小麦纤维、大豆纤维、甜菜纤维、玉米纤维、壳聚糖、橘粉。其中壳聚糖是以甲壳类物质为原料提取的,壳聚糖特殊的化学结构使它具有较好的成膜性、保湿性、吸附性和抑菌防霉作用,对人体安全无毒,成为一种备受人们青睐的食物纤维。

第八节　水

一、水在体内的分布

水是机体中含量最多的成分,占人体组成的50%～80%。肌肉组织丰富的人体内水分含量比肌肉组织较少的人多,因为肌肉组织中水分的含量是脂肪组织的3倍左右。男性体内的水分较女性多。各组织器官的含水量相差很大,在代谢活跃的肌肉和内脏细胞中,水的含量很高,而在不很活跃的组织或稳定的支持组织中则含量较低。

水在人体内主要分布于细胞内液和细胞外液,以及身体的固态支持组织中。细胞内液约为总体水的2/3,约占成人体重的45%,细胞外液约为总体水的1/3。

水在人体中以自由水与结合水两种状态存在。

二、水的生理功能

(一)机体的重要成分

水是人体含量最大和最重要的部分,成年人体内水分含量约占体重的2/3。水广泛分布在组织细胞内外,构成人体的内环境。

(二)促进体内物质代谢

人体内的所有物质代谢过程都有水的参与。水的溶解力很强,有较大的电解力,可使水溶物质以溶解状态和电解质离子状态存在,并具有较大的流动性。水可作为营养素的溶剂,有利于将其吸收和在体内运送;还可作为代谢产物的溶剂,有利于将其及时排出体外;难溶或不溶于水的物质,如脂类及某些蛋白质等分散于水中成为胶体溶液,水作为人体内胶态系统的主要成分,有利于它的形成和稳定。所以,水在消化、吸收、循环、排泄过程中,能促进营养物质的运送和废物的排泄,使人体内新陈代谢和生理化学反应得以顺利进行。此外,水还直接参与人体内的水解、氧化剂还原的过程。

(三)调节和维持体温

水对体温的调节和维持与它的理化性质密切相关。水的比热容高(1g水升高1℃需要约4.2J的热量)、流动性大,体液和血液中水的含量也大。大量的水能吸收人体内物质代谢过程中产生的热量,而使人体内温度变化不大,并通过体液交换和血液循环,将人体内代谢产生的热量运送到体表并散发到环境中,使机体能维持均匀而恒定的温度。水的蒸发热也高（在 37℃时蒸发 1g 水可带走 2.4kJ 的热量），所以，体热可随着水分经皮肤的蒸发和排汗而散热，这对在高温环境中的机体具有重要的生理意义。

（四）润滑作用

在关节、胸腔、腹腔和胃肠道等部位都存在一定量的水分，对器官、关节、肌肉、组织等起到缓冲、润滑和保护的作用。如关节腔内的滑液能减少活动时的摩擦，口腔中的唾液可使食物容易吞咽，泪液防止眼球干燥。

（五）食品的重要成分

水是动植物食品的重要成分，它对食品的营养品质及加工性能有重要作用。水分对食品的鲜度、硬度、流动性、呈味性、保藏和加工性等具有重要影响。在食品加工过程中，水起着膨润、浸透呈味物质的作用。水的沸点、凝固点及水分活度等理化性质对食品加工有重要意义。

三、水在人体内的平衡

（一）水的平衡

1. 人体水的摄入

人体水的摄入或获取有两条途径，即饮食水及代谢水。饮食水又有饮水、食物水两个方面。饮水包括水、奶、汤和各种饮料，是人体水的主要来源，饮水量因气温、生活习惯、工作性质和活动量而异；食物水是指各种食物中所含的水，因膳食组成的差异也不尽相同。

代谢水也被称为氧化水，主要来源于蛋白质、脂肪和碳水化合物代谢时产生的水。每克蛋白质产生的代谢水约为 0.41g，每克脂肪产生的代谢水为 1.07g，每克碳水化合物产生的代谢水为 0.60g，其变化范围很小。

通常每人每日饮水约 1200mL，食物中含水约 1000mL，代谢水约 300mL。

2. 人体水的排出

人体每日以各种方式排出机体的水分总量合计为 2000～2500mL，其中包括从皮肤、肺部、消化道、肾脏等器官排出的水分。

通过蒸发和汗腺分泌，每日由皮肤排出的水分大约为 550mL。一般状态时，由于呼吸，人体肺部每天可以失去大约 300mL 的水。在空气比较干燥的时候，由此失去的水分还会增加。消化道分泌的消化液，含水量每天大约可高达 8L。在正常情况下，消化液将会随时在小肠部位被吸收，所以每日仅有 150mL 的水随粪便排出。但是，在腹泻、呕吐等病态时，由于大量消化液不可能再发生正常吸收，因此将会丢失大量的水分，从而造成机体脱水。

从肾脏排出的水占人体每日失水的大部分，约占 60%。肾脏的排水量不定，一般随体内水的多少而增减，从而保持机体内水的平衡。正常时，每日可经肾小球滤出的原尿有 150～200L，但实际每日排出的终尿只有 1000～1500mL。这是因为肾小管将大部分滤出的水分又重新吸收了。

（二）水的缺乏或过量

在正常情况下，人体排出的水和摄入的水是平衡的，水的摄入量和排出量维持在每天 2000～2500mL。体内不贮存多余的水，但也不能缺少水分。

1. 水缺乏

水摄入不足或丢失过多可引起机体失水。一般情况下，失水达体重的 2%，可感到口渴、食欲降低，消化功能减弱、出现少尿；失水达体重10%以上，可出现烦躁、眼球内陷、皮肤失去弹性、全身无力、体温和脉搏数增加、血压下降；失水超过20%以上时，可引起死亡。

2. 水过量

水摄入量超过肾脏排出的能力，可引起体内水过量或水中毒。这种情况多见于疾病，如肾脏疾病、肝脏疾病、充血性心力衰竭等。正常人极少出现水中毒，但严重脱水且补水方法不当时可发生。

水的需要量受年龄、体重、气候、劳动条件、疾病和损伤等方面的影响。年龄越大，每千克体重需要的水相对越小。正常人每日每千克体重需水量约为40mL，即60kg体重的成年人每天需水2500mL。婴儿的需水量为成年人的3～4倍。

同时，人体每日水的需要量也可按能量摄取的情况估计。一般来说，成年人每日摄取4.184kJ(1kcal)的能量约需水1mL。

四、科学饮水

水分对于人体的健康至关重要，但是饮水的方法和方式也要得当，应该提倡科学饮水。

第一，饮用健康水，包括没有受到污染的自然水（又称天然水）和含适量微量元素与矿物质的自然水。

第二，每日适量喝水，不暴饮。一个人每天的饮水量，应视气候、温度、身体状况和工作条件而定。暴饮会加重心、肺、胃肠的负担，引发消化不良、胃下垂，甚至心、肺衰竭。

第三，饮水要定时，切勿只在口渴时饮水。口渴是大脑中枢发出要求补水的信号，说明体内水分已经失衡，到这时再补水，往往事倍功半。

第四，要喝开水，不喝生水。煮开并沸腾3min的开水，既无菌又能保持水中对人体必需的营养物质。据调查，经常饮用生水的人患膀胱癌、直肠癌的可能性会增加。

第五，要喝新鲜开水，不要喝老化水、蒸锅水、重新煮开的水。

老化水俗称“死水”，也就是长时间贮存不动的水。常饮用这种水，对未成年人来说，会使细胞新陈代谢明显减慢，影响身体生长发育；中老年人则会加速衰老，并导致食道癌、胃癌。

蒸锅水就是蒸馒头等的剩锅水，特别是经过多次反复使用的蒸锅水，亚硝酸盐浓度很高。常饮用这种水，会引起亚硝酸盐中毒；水垢经常随水进入人体，还会引起消化、神经、泌尿和造血系统病变，甚至引起早衰。

有人习惯把热水瓶中的剩余温开水重新烧开再饮，目的是节水、节煤（气）、节时。但这种“节约”不可取。因为水反复烧开，使水分再次蒸发，亚硝酸盐会升高，常喝这种水，亚硝酸盐会在体内积聚，引起中毒。

饮水的选择与人们的生活水平和生活习惯密切相关，事实上最卫生、方便、经济、实惠的饮水就是白开水。对儿童来说，大量饮用碳酸饮料或果汁饮料，将影响其健康成长。

本章小结

蛋白质、碳水化合物、脂类、矿物质和微量元素、维生素、食物纤维和水都是营养素。糖类、脂肪和蛋白质这三种营养素被称为“产能营养素”。本章主要介绍了蛋白质、脂肪的营养评价方法，各种维生素在膳食中的应用，必需氨基酸、氨基酸模式、必需脂肪酸的概念及对机体的意义。在膳食中，各种营养素都各有一定的需要量，并且它们之间必须保持一定的比例。

思考题

一、名词解释

氮平衡　必需氨基酸　氨基酸模式　完全蛋白质　蛋白质功效比值(PER)
BV　氨基酸评分　必需脂肪酸　膳食纤维　蛋白质净利用率(NPU)
必要的氮损失　混溶钙池　非必需氨基酸　蛋白质互补作用　生物转化
基础代谢

二、判断题

1. 三大产能营养素为食物中的蛋白质、脂类和维生素。（　）
2. 赖氨酸是谷类蛋白质的第一限制氨基酸。（　）
3. 大豆加工成豆腐或豆浆后，因为蛋白质含量没有变化，其营养价值也没有增加。（　）
4. “第七大营养素”指的是膳食纤维。（　）
5. 粮谷类的维生素 B_2 主要分布在谷皮和胚芽中，碾磨加工可丢失一部分。所以精加工的米面不含维生素。（　）
6. 饮水是人体水的主要来源。（　）
7. 食物纤维会影响其他营养物质的消化和吸收。（　）
8. 抗性淀粉属于膳食纤维。（　）
9. 天然形式的维生素 K 不会产生毒性，甚至大量服用也无毒。（　）
10. 生物价越高，说明蛋白质被机体利用的效率越高，即蛋白质的营养价值越高。生物价的最高值为 100。（　）

三、填空题

1. 面粉蛋白质中第一限制氨基酸为________。
2. 最理想的膳食构成中饱和脂肪酸、单不饱和脂肪酸和多不饱和脂肪酸三者之间的比例为________。必需脂肪酸最好的食物来源是________。
3. 膳食纤维也称________，是植物性食物中含有的不能被人体消化与吸收的________。
4. 人体热能需要量的多少，主要取决于________、________以及________三个方面。
5. 谷类是膳食中________族维生素的重要来源。
6. 食物纤维的营养功能表现在________、________、________、降低血脂和防治冠心病及调节肠道菌群、提高人体免疫力方面。
7. 脂类是________、________的总称。
8. 婴幼儿缺乏________可引起佝偻病。

9. 类脂主要包括________、________、脂蛋白、糖脂这四类。
10. 食物中的糖醇主要有________、________、木糖醇这三类。

四、选择题

1. 膳食蛋白质中非必需氨基酸( )具有节约蛋白质的作用。
A. 半胱氨酸 B. 酪氨酸 C. 精氨酸 D. 丝氨酸
2. 婴幼儿和青少年的蛋白质代谢状况应维持( )。
A. 氮平衡 B. 负氮平衡 C. 排出足够的尿素氮 D. 正氮平衡
3. 维生素 B_2 缺乏的体征之一是( )。
A. 脂溢性皮炎 B. 周围神经炎 C. 牙龈疼痛出血 D. "3D"症状
4. 能被人体消化及吸收的糖类是( )。
A. 棉籽糖 B. 果胶 C. 纤维素 D. 淀粉
5. 中国营养学会推荐我国成人脂肪摄入量应控制在总能量的( )。
A. 45% B. 25%～30% C. 20%以下 D. 20%～30%

五、简述题

1. 蛋白质的营养评价有哪些方式？为什么常用表观消化率评价食物蛋白质营养价值？
2. 影响铁吸收的主要因素有哪些？
3. 促进钙吸收的因素有哪些？影响钙吸收的因素有哪些？
4. 试简述矿物质的共同特点。
5. 脂类有哪几种类型？必需脂肪酸的生理功能有哪些？
6. 摄入水过少或过多对人有哪些影响？
7. 膳食纤维的组成有哪些？试简述膳食纤维的营养功能。
8. 矿物质的生理功能有哪些？
9. 营养素是如何被吸收的？
10. 维生素有哪些种类？各有何生理功能？

六、技能题

试举例说明如何评价食物蛋白质的营养价值。

第三章 食品营养价值评价

知识目标

1. 熟悉粮谷类、果蔬类、肉蛋乳类食品的营养特点。
2. 掌握能量密度、营养素生物利用的概念；掌握储藏、加工、烹调对营养供应的影响；掌握食物营养价值的相对性。

技能目标

1. 能够进行食品营养价值分析，能够进行食品能量密度和营养质量指数评价。
2. 学会计算膳食中各类食物的摄入量。

第一节 食物营养价值的评价指标

一、食物营养价值的相对性

食物的营养价值是指食物中所含的热能和营养素能满足人体需要的程度，包括营养素的种类、数量和比例，被人体消化、吸收和利用的效率，所含营养素之间的相互作用等几个方面。高营养价值的食品应该具备的条件为：所含营养素种类齐全，数量及相互比例适宜，易被人体消化、吸收和利用等。

食物的营养价值并非绝对的，而是相对的。在评价食物的营养价值时必须注意以下几个问题：

第一，几乎所有的天然食物中都含有人体所需要的一种以上的营养素。除去某些特别设计的食品(如病人用无渣膳、婴儿奶粉和宇航食品等)以及 4 个月内婴儿喂养的母乳之外，没有一种食品的营养价值全面到足以满足人体的全部营养需要。例如，牛奶虽然是一种营养价值相当高的食物，但是其中铁的含量和利用率都较低；胡萝卜也是一种被公认为具有较高营养价值的蔬菜，但其蛋白质含量很低。通常被称为“营养价值高”的食物往往是指多数人容易缺乏的那些营养素含量较高或多种营养素都比较丰富的食物。

第二，不同的食物中热能和营养素的含量不同，但同一种食物的不同品种、不同部位、不同产地、不同成熟程度之间也有相当大的差别。例如，同样是番茄，大棚生产与露天生产的果实维生素 C 含量不同。因此，食物成分表中的营养素含量只是这种食物的一个代表值。

第三，食物的营养价值也受储存、加工和烹调的影响。有些食物经过精制后会损失原有的营养成分；有些食物经过加工烹调提高了营养素的吸收利用率，如大豆制品、发酵制品等。例如，蔬菜经不同的烹调加工处理后，其中保留的维生素 C 含量不同。

第四，有些食物中存在一些天然抗营养因素或有毒物质。如菠菜中的草酸会影响钙的吸收,生大豆中的抗胰蛋白酶会影响蛋白质的吸收,生蛋清中的生物素结合蛋白影响生物素的利用,生扁豆中的有毒物质会引起中毒等。这些物质会对食物的营养价值和人体健康产生不良的影响,应当通过适当的加工烹调使之失活。

第五,食品的安全性是首要的问题。如果食品受到来自微生物或化学有毒物质的污染,就无法考虑其营养价值。

食品除了满足人的营养需要之外,尚有社会经济和文化习俗等意义。食物的购买和选择取决于价格、口味嗜好、传统观念和心理需要等多种因素。因此,食物的营养价值常常与其价格相去甚远。

评价营养价值的指标包括:营养素密度、能量密度、营养质量指数。

二、营养素密度与能量密度

(一)营养素密度

营养素密度(nutrient density)指食物中某营养素能满足人体需要的程度。其计算公式为:

$$\text{某营养素密度} = \text{食物中某营养素含量}/\text{该营养素参考摄入量} \tag{3-1}$$

食物的营养价值不能以一种或两种营养素的含量来决定,而必须看它在膳食整体中对营养平衡的贡献。较重要的营养素主要指维生素、矿物质和蛋白质三类。要注意的问题是,营养素的含量与其营养素密度并非等同。例如,以维生素 B_2 含量而论,炒葵花子的含量为 0.26mg/100g,而全脂牛奶的含量为 0.16mg/100g,前者比较高。然而若以维生素 B_2 的营养素密度而论,炒葵花子为 0.43,而全脂牛奶为 2.96,显然后者更高。这就意味着,安排平衡膳食的时候,如果不希望增加更多能量而希望供应较多的维生素 B_2,选择牛奶更为适当。

(二)能量密度

能量密度指食物能满足人体能量需要的程度。其与食品中的水分和脂肪含量有关,高水分食品的能量密度低,高脂肪食品的能量密度高。

$$\text{能量密度} = \frac{\text{食物产生的能量}}{\text{能量参考摄入量}} \tag{3-2}$$

富含脂肪的食物,如肥肉,往往能量密度高;蔬菜和水果的能量密度较低,并且富含人体必需的维生素和矿物质。

人体对膳食中能量的需要是有限的。现代人的体力活动不断减少,高能量膳食却十分丰富,膳食能量超过身体需求导致的肥胖症已经成为社会问题。因此,获得充足的营养素而不会造成能量过剩是合理膳食的重要要求之一。从这个角度来说,在用食物补充某些维生素或矿物质时,能量密度是比营养素密度更为重要的参考数据。如果对食物进行脱脂、低脂、低糖、无糖等处理,就可以有效地提高膳食中食品的能量密度,如半脱脂牛奶、无糖酸奶、低脂肪奶酪、低脂肪花生酱等。对于食量有限的幼儿、老人、减肥者,以及营养素需求极其旺盛的孕妇、乳母来说,都要特别注意膳食中食物的能量密度。

三、营养质量指数

营养质量指数(index of nutrition quality,*INQ*)是由 Hansen R G 推荐作为评价食品营养价值的指标,反映了食物中单位能量所对应的某营养素的含量高低。

$$INQ=\text{营养素密度}/\text{能量密度} \tag{3-3}$$

标准 $INQ=1$，表示此食物中该营养素的供给量与热能的供给量达到平衡；$INQ>1$，表示此食物中该营养素的供给量高于热能的供给量，故 $INQ\geqslant 1$，为营养价值高；$INQ<1$，说明此食物中该营养素的供给量少于热能的供给量，长期食用此种食物，可能发生该营养的不足或热能过剩，为营养价值低。INQ 是评价食物营养价值的一个简明指标。

举例如下：

某营养麦片的食品标签标注有以下内容：

该麦片每 100g 营养成分：能量 1554kJ，脂肪 5.6g，蛋白质 6.7g，碳水化合物 72.5g，膳食纤维≥3.0g，低聚糖≥3.0g，9 种维生素，6 种矿物质。

配料：全小麦粉、大米、大麦麦芽精、白砂糖、玉米粉、食盐、植脂末、稳定剂、低聚糖、矿物质、各种维生素、香兰素。

请计算该麦片中蛋白质的营养质量指数（假设为 40 岁以下，轻体力男性食用），并对蛋白质、碳水化合物进行营养价值评价。

$$\text{蛋白质 } INQ=\frac{\text{麦片营养素密度}}{\text{麦片能量密度}}=\frac{6.7\div 75}{1554\div 10040}=0.577<1$$

以上数据表明：18～50 岁中国居民，轻体力劳动者能量参考摄入量为 2400kcal，即 10040kJ。

对麦片蛋白质进行营养评价：麦片中蛋白质的含量仅为 6.7g/100g，且为植物蛋白质，赖氨酸含量较低，生物利用率较低，并通过计算得 $INQ<1$，故蛋白质的营养价值较低。

对碳水化合物进行营养评价：麦片中碳水化合物的含量为 72.5g/100g，主要为淀粉，在人体内消化率高，营养价值较好，并含有较多的膳食纤维，有益肠道系统健康，能防止便秘。

四、营养素的生物利用率

营养素的生物利用率指它们实际被机体吸收利用的情况。机体对营养素的吸收利用，依赖于食品提供的营养素总量及可吸收程度，并与机体的机能状态有关。影响营养素生物利用率的因素主要包括以下几个方面：

（一）食物的消化率

不同来源的脂肪、糖类和蛋白质的消化率是不同的。例如，虾皮中富含钙、铁、锌等元素，然而由于很难将其彻底嚼碎，故其消化率较低，因此其营养素的生物利用率受到影响。

（二）食物中营养素的存在形式

在植物性食物中，铁主要以不溶性的三价铁复合物存在，其生物利用率较低；而动物性食品中的铁为血红素铁，其生物利用率较高。

（三）食品组成

食物中的营养素与其他食物成分共存可能影响生物利用率。如不同食品组分对铁的吸收利用有促进或抑制的作用：维生素 C 促进铁的吸收；而磷酸盐、草酸盐、植酸盐等可与铁结合，降低其溶解度，使铁的吸收率降低；蛋黄铁由于存在较高的卵黄高磷蛋白而明显抑制铁的吸收，使铁的生物有效性降低。菠菜含草酸，影响钙的利用。

（四）食品加工方式

如在食品加工中除去植酸盐或添加维生素 C，均对铁的生物有效性有利；颗粒小或溶解度高的铁盐，其生物有效性更好；面粉发酵加工后可提高矿物质的有效性。

(五)人体的需要状况与营养素的供应充足程度

人体机能状态对营养素的吸收利用影响很大。在人体需求急迫或是食物供应不足时，许多营养素的生物利用率提高；反之，在供应过量时便降低。如缺铁性贫血患者或缺铁的受试者对食品中铁的吸收率增加(正常成人膳食铁的吸收率为1%～12%，缺铁受试者的吸收率达45%～64%)；女性的铁吸收率高于男性；小孩随年龄增加，铁的吸收率下降。

因此，评定食品营养价值的意义，一是全面了解各种食物的天然组成成分，包括营养素、非营养素类物质、抗营养因素等；提出现有主要食品的营养缺陷，并指出改造或创制新食品的方向，解决抗营养因素问题，充分利用食物资源。二是了解在加工烹调过程中食品营养素的变化和损失，采取相应的有效措施，最大限度地保存食品中的营养素含量，提高食品营养价值。三是指导人们科学地选购食品和合理配制营养平衡膳食，以达到增进健康、增强体质及预防疾病的目的。

第二节　粮谷类食品的营养价值

一、谷类的营养特点及价值

谷类主要指禾本科植物的种子，也包括少数虽然不属于禾本科(如大米、小麦、玉米、高粱、荞麦等)，但是习惯于作为主食的植物种子。谷类在我国人民的膳食中占有重要的地位，被称为主食。谷类是供给能量最主要的来源，它们为我国居民提供了膳食中50%～70%的能量、40%～60%的蛋白质和60%以上的维生素B_1。

(一)谷类的营养价值

1.能量

谷类是我国膳食中能量的主要来源，也是能量的最经济来源，它含碳水化合物75%～80%，主要是淀粉。50g谷类约可供能量0.73MJ(175kcal)。

2.碳水化合物

谷类的碳水化合物中约90%为淀粉，主要在胚乳内；禾谷类淀粉包括直链淀粉和支链淀粉，直链淀粉占20%～25%；除90%的碳水化合物为淀粉外，其余约10%为糊精、葡萄糖、果糖和膳食纤维等。

3.蛋白质

谷类并非是富含蛋白质的食物(每100g谷类含蛋白质7～10g)，分为谷蛋白、醇溶蛋白、白蛋白、球蛋白。禾谷类种子中的蛋白质主要为醇溶蛋白和谷蛋白，其中谷氨酸含量丰富，但缺乏赖氨酸，所以赖氨酸是谷类第一限制氨基酸。胚芽中有较多的赖氨酸，但易在加工过程中被损失掉。动物蛋白质、大豆蛋白质可以补充谷类蛋白质的不足。

4.脂肪

谷类中的脂类以甘油三酯(脂肪)为主，还含有少量的植物固醇和卵磷脂；小麦和玉米胚芽中的甘油三酯以不饱和脂肪酸为主，达80%以上，其中亚油酸占60%，具有较高的营养价值。谷类含脂肪量很低，主要存在于胚芽及糊粉层中，加工后所剩无几。

5.矿物质

谷类的矿物质大部分集中在谷皮、糊粉层和胚芽层，有磷和一些微量元素，如铁、铜、钴、锌、硒、锰、铂、镍、铬等，经过精制以后含量都很少。

6.维生素

人体B族维生素主要来源于粮谷类，谷类中维生素 B_1、维生素 B_2、烟酸、泛酸等含量高于其他烹饪原料，主要集中在糊粉层和胚芽部分，加工方法与加工精度影响维生素的含量，加工精度越高，维生素损失越大。

（二）谷物加工对营养价值的影响

糙米和全麦要经过加工，即经过适当的碾磨，去掉部分谷皮，产品比较洁白，并增进消化。谷粒所含的矿物质、维生素、蛋白质、脂肪多在谷粒的周围和胚芽中，向内逐渐减少，因此加工的精度越高，谷粒的周围部分和大部分胚芽去掉得越多，营养素也就损失得越多。出粉率为90%时，B族维生素的含量便大大下降；出粉率为70%时，B族维生素的保存率一般仅为总量的35%以下。

粮谷类的碳水化合物含量高，加工越精细，其血糖生成指数越高，碳水化合物消化、吸收越快，血糖上升峰值越高；粗加工谷类食物正好相反。粗粮对人体健康有利，应适当食用。但由于加工过于粗糙，口感差，其膳食纤维和植酸含量过高，会影响其他一些营养素的吸收，特别不适合老年人和消化功能弱的儿童食用。

（三）谷类的合理使用

1.粮食混食

由于各种粮食的营养成分不完全相同，几种粮食混合食用可以提高营养价值。膳食中采用一部分粗粮或杂粮如小米、玉米、甘薯之类，不仅可以增加维生素和矿物质的摄入量，还可以利用它们之间蛋白质的互补作用。因此，提倡多食标准米面，少食精白米面。

2.注意合理烹调

复合维生素B及矿物质均易溶于水，因此淘米时除非谷粒被污染，应避免过分的揉搓，用盆或碗蒸饭以及焖饭比捞饭法（即先煮米，去掉米汤，然后再蒸）的营养损失少。米汤及煮面条的汤应设法利用，食用原汤面条较好。

3.采用强化粮食的方法

在食品中加入某些营养素，以弥补原来所缺少的营养素，称为强化食品。国外用强化粮食的办法改进谷类的营养价值。例如：

（1）在面粉或米粉中加入赖氨酸以提高蛋白质的营养价值。

（2）在精白面粉中加入硫胺素、核黄素、尼克酸、钙、铁等。

（3）在大米中加硫胺素、核黄素、尼克酸和铁，食用时按一定比例与精白米混合。

二、薯类的营养特点及价值

薯类属于原料杂粮类，主要有马铃薯、甘薯、木薯、芋头等，是我国居民既作主食又当蔬菜的传统食物。薯类的营养成分非常丰厚，不仅富含卵白质，而且质量好，靠近动物性卵白。它含有特殊的黏卵白，不但有润肠效用，还有脂类代谢效用，能帮助胆固醇代谢。

（一）薯类的营养价值

1.碳水化合物

淀粉是碳水化合物的重要来源，它所提供的能量占人体总能量的60%～70%。每100g

干薯类食物中含有76～81g碳水化合物，高于谷类食物。薯类食物中含有优质淀粉，尤其是由干薯生产的淀粉极易消化，适宜于婴儿及病弱者食用。

2.膳食纤维

每100g干薯中含有1.5～2.0g膳食纤维，是谷类稻米的1～2倍。薯类食物中所含有的纤维素、半纤维素、果胶等膳食纤维，有利于肠道蠕动、食物消化。

3.维生素

每100g干红薯中胡萝卜素和维生素C的含量分别为750μg和25mg，在土豆粉中分别为120μg和27mg，而在谷类食物中基本上不含有这类维生素。

4.矿物质

在薯类食物中钙、铁的含量较高，每100g薯类食物中含钙量为100～200mg，含铁量为10mg，分别为谷类食物的5～10倍。

5.特殊的营养保健成分

如在薯类食物中所含有的黏体蛋白(即一种多糖蛋白的混合物)，可以预防心血管系统的脂肪沉积，保持动脉血管的弹性，防止动脉粥样硬化过早发生；同时，对于减少眼干燥症的发生和预防某些癌症有着重要作用。

(二)薯类的合理加工

薯类的加工分为淀粉加工和食品加工两类。一般食用的品种不要求淀粉含量高，而要求薯肉致密；做菜用时，要求薯肉熟了而不变成糊状，或煎、炒时不易粉碎成糊状。对于制作淀粉用的品种则要求淀粉含量越高越好。目前我国在生产上用于淀粉和全粉加工的品种，以一季作区种植的高淀粉品种为主。二季作区种植的品种因春季生长期短，一般都为早熟品种，淀粉含量低，不适合淀粉加工，而适合做菜用。

薯类的制作方法同样重要，煮食或做汤，营养吸收好。由于烹调方法选择不当，维生素会大量损失，尤其油炸的加工方法，会增加脂肪，成倍提高能量。因此，要避免吃油炸薯条和烤地瓜。

薯类中含有易使薯类褐变的多酚氧化酶、酪氨酸酶，因此去皮或切断食用时，暴露于空气的切面易发生褐变。储藏不当时马铃薯的芽眼或绿色皮部会含有有毒的龙葵素，加工时需除去。

三、豆类的营养特点及价值

豆类包括各种豆科栽培植物的可食种子，其中以大豆最为重要，也包括红豆、绿豆、豌豆、蚕豆等各种杂豆。豆类提供的能量与粮谷类相似，但其提供的蛋白质和脂类要比粮谷类高得多，B族维生素的含量也多于粮谷类。豆类与粮谷类种子的结构不同，其营养成分主要在子粒内部的子叶中，因此在加工中除去种皮不影响营养价值。

(一)大豆的营养价值

大豆主要指黄豆、青豆、黑豆等。

1.蛋白质

大豆蛋白质的含量平均为30%～50%，是一般粮谷类的3～5倍，8种必需氨基酸模式符合人体需要，除蛋氨酸略低外，其余与动物蛋白质相似，且赖氨酸含量比较丰富，是与粮谷类蛋白质互补的理想食物。

2. 脂类

大豆脂类平均含量约18%，其中约85%为不饱和脂肪酸，饱和脂肪酸占15%左右。脂肪酸中亚油酸占55%；此外约有21%为油酸，9%为棕榈酸；6%为硬脂酸及少量的其他脂肪酸；磷脂约为1.5%，其中主要为大豆磷脂，其含量高于鸡蛋。

3. 碳水化合物

大豆中的碳水化合物含量不高，约为25%，其中一半为淀粉、半乳聚糖、蔗糖等；另一半则为棉子糖、水苏糖等，存在于大豆细胞壁，不能被人体消化、吸收，在肠道中经细菌作用可发酵产生二氧化碳和氨，引起腹部胀气，所以大豆应加工后食用，少吃纯大豆。在计算大豆碳水化合物含量时也应折半计算。

4. 无机盐与维生素

大豆中含丰富的铁、磷、钙，但由于膳食纤维的存在，引起钙、铁的消化率不高；另外，维生素B_1、维生素B_2、烟酸等B族维生素含量也比粮谷类多数倍，还含有一定量的胡萝卜素及维生素E。

(二)其他豆类的营养价值

豌豆、蚕豆、绿豆、赤小豆、芸豆、刀豆等豆类统称为杂豆，其营养素的组成和含量与大豆有很大的区别，碳水化合物含量比较高，为55%～60%；蛋白质的含量低于大豆，但高于粮谷类，含蛋白质20%～25%；脂类的含量比较低，为0.5%～2%，只有大豆脂肪的十几分之一。此外，杂豆还含有矿物质钙、磷、铁和复合维生素B；缺乏胡萝卜素，不含维生素C。

(三)豆制品的营养价值

大豆经过浸泡、磨细、过滤、加热等处理过程，减少了膳食纤维，提高了蛋白质的消化率。

1. 豆腐

豆腐根据其加工方法的不同可分为南豆腐与北豆腐两种，南豆腐含水量约90%，质地细嫩，蛋白质在4.7%～7%之间，脂肪在1%左右，另外还含有一些碳水化合物。北豆腐一般采用提取脂肪后的大豆制取，含水量在85%左右，脂肪含量不到1%，蛋白质含量有所增加，为7%～10%，质地比南豆腐硬。豆腐在加工过程中去除了大量的膳食纤维，各种营养素的利用率有所提高，蛋白质消化率达92%～96%。

2. 豆浆

豆浆中蛋白质的含量一般为2.5%～5%，主要与原料用水量和加水量有关；脂肪含量低，适合老年人及高血脂患者饮用，能避免牛奶中高含量的饱和脂肪酸对老年人及心血管系统疾病患者的不利影响。

3. 豆腐干

与豆腐相比，豆腐干的含水量明显下降，其各种营养素含量有所增加。

4. 发酵豆制品

发酵豆制品包括豆豉、豆瓣酱、豆腐乳、臭豆腐等。大豆经过发酵工艺后，蛋白质部分发生分解，较容易消化、吸收；发酵使谷氨酸游离出来，豆制品味道较鲜美，而且维生素B_{12}和核黄素的含量有所增加。

5. 豆芽

大豆与绿豆都可以制作豆芽，除含有豆类本身的营养素外，在发芽过程中还产生了维生素C。

(四)豆类中的抗营养因素

各种豆类中都含有一些抗营养物质,它们不利于豆类中营养素的吸收利用,甚至对人体的健康有害。

多种豆类中都含有蛋白酶抑制剂,它们能够抑制人体内胰蛋白酶、胃蛋白酶、糜蛋白酶等蛋白酶的活性。由于存在这类物质,生大豆的蛋白质消化吸收率很低。红细胞凝集素也存在于多种豆类中,它是一类糖蛋白,能够特异性地与人体的红细胞结合,使红细胞发生凝聚作用,对人体有一定毒性。适当的湿热处理可使这种蛋白质失活,用蛋白酶处理也可使之分解。

豆类中所含的大量植酸会妨碍钙和铁的吸收;大豆中还含有丰富的脂氧合酶,它不仅是豆腥味的起因之一,而且在储藏中容易造成不饱和脂肪酸的氧化酸败和胡萝卜素的损失。

(五)豆类的合理使用

1.要注意制备方法

影响豆类蛋白质消化率的因素有两个:一是生豆中含有抗胰蛋白酶因子,它抑制胰蛋白酶的作用,影响豆类蛋白质的消化率。豆经加热煮熟后,抗胰蛋白酶即被破坏,不影响消化。二是豆类细胞壁含有粗纤维,使大豆蛋白质难以与消化酶接触。如将大豆浸泡,使细胞壁软化,并磨细制成豆浆、豆腐等,比整粒煮熟大豆的消化率要高。

2.利用豆类改进谷类蛋白质的质量

各种豆类的蛋白质一般都富含赖氨酸,而谷类蛋白质的赖氨酸一般均偏低。所以将豆类和谷类混合食用,豆类蛋白质可以补充谷类蛋白质的不足,提高膳食蛋白质的营养价值。

第三节 肉蛋乳及水产类食品的营养价值

一、畜禽肉的营养特点及价值

(一)畜肉类的营养价值

畜肉包括牛、猪、羊等大牲畜肉及内脏,其中蛋白质、维生素和矿物质的含量随动物的种类、年龄、肥育度和部位的不同而有很大差异。畜肉是膳食中蛋白质、脂肪和B族维生素的重要来源。

1.蛋白质

畜肉含蛋白质10%~20%,含量与动物种类、年龄及肥瘦有关。肥肉多脂肪,瘦肉多蛋白质。一般情况下的蛋白质含量:牛肉(20%)>羊肉(11%)>猪肉(9.5%)。肉类生理价值高,含各种必需氨基酸,消化吸收率高。

2.脂肪

畜肉中脂肪的含量与畜种、部位、年龄、肥育度等关系密切。畜肉中的肥肉含有90%左右的脂肪,蛋白质含量仅2%~3%;瘦肉中含有10%~20%的蛋白质和0.4%~25%的脂肪。一般情况下的脂肪含量:猪肉(59%)>羊肉(28%)>牛肉(10%)。

畜肉脂肪中饱和脂肪酸较多,肥畜肉含胆固醇100~200mg/100g,瘦猪肉含胆固醇77mg/100g,而猪肝中胆固醇的含量为368mg/100g。

3.维生素

瘦肉含一定的B族维生素（维生素B_1含量较高），基本不含维生素A、维生素C。肝是各种维生素在动物体内的储藏场所，是维生素A、维生素D、维生素B_2的极好来源，还含有少量维生素C和维生素E。

4. 矿物质

畜肉是铁、锌等矿物质的重要来源。肉类中的铁以血红素铁的形式存在，生物利用率高，吸收率不受食物中各种干扰物质的影响。肝脏是铁的储藏器官，含铁量为各部位之首。血液和脾脏也是膳食铁的优质来源。畜肉中钙含量很低，而磷含量较高。此外，畜肉中锌、铜、硒等微量元素较丰富，且其吸收利用率比植物性食品高。肉类含硫、磷、氯较多，使其呈酸性。

5. 含氮浸出物

肉味鲜美是由于畜肉在水中煮时溶于水中的含氮物，即含氮浸出物。溶于水的含氮物，如肌溶蛋白、肌肽、肌酸、肌酐、嘌呤碱和少量氨基酸，能促进胃液分泌。

（二）禽肉类的营养价值

鸡、鸭、鹅、鹌鹑、火鸡、鸵鸟等统称禽类，以鸡为代表。它们被称为“白肉”，与被称为“红肉”的畜肉相比，在脂肪含量和质量方面具有优势。

1. 蛋白质

禽肉中含蛋白质10%～20%。去皮鸡肉的蛋白质含量比畜肉稍高，为20%左右。鸭肉、鹅肉的蛋白质含量分别为16%和18%。禽肉的蛋白质也是优质蛋白质，生物价与猪肉和牛肉相当。

2. 脂肪

在各种肉用禽类中，火鸡和鹌鹑的脂肪含量较低，在3%以下；鸡和鸽的脂肪含量类似，为14%～17%；鸭和鹅的脂肪含量达20%左右。因肥育度的不同，脂肪含量可以有很大的差异。肥育禽类（如肥育肉鸡、填鸭等）的脂肪含量可达30%～40%。禽类脂肪中不饱和脂肪酸的含量高于畜肉，其中油酸约占30%，亚油酸占20%左右，在室温下呈半固态，因而营养价值高于畜类脂肪。其胆固醇含量与畜肉相当。

3. 维生素

禽肉中B族维生素含量丰富，特别是富含尼克酸。肝脏中各种维生素的含量均很高，维生素A、维生素D、维生素B_2含量丰富。

4. 矿物质

禽肉中铁、锌、硒等矿物质含量很高，但钙的含量不高。禽类肝脏和血液中的铁含量可达10～30mg/100g，可称为铁的最佳膳食来源。

5. 含氮浸出物

含氮浸出物与禽类年龄有关，同一品种幼禽肉汤中含氮浸出物低于老禽。肉或鸡经煮沸后蛋白质遇热凝固，仅有很小一部分水解为氨基酸而溶于汤中，大部分蛋白质仍在肉中。

（三）加工和储藏对畜禽肉营养价值的影响

畜肉、禽肉等食物在加工中主要损失维生素B_1、维生素B_2和尼克酸等水溶性维生素。除煎炸和烧烤处理之外，蛋白质的生物价值基本不受影响。

动物性食品均需经过加热方可食用。加热灭菌对蛋白质的影响不大，但是在烧烤和煎炸时，温度高于200℃可能引起氨基酸的交联、脱硫、脱氨基等变化，使生物学价值降低。温度过高时蛋白质焦煳，产生有毒物质，并失去营养价值。

传统的干燥方法使肉类表层的必需脂肪酸受到氧化，并可能受到微生物的作用而使蛋白质分解，但这也是肉干产生特殊风味的原因之一。冷冻干燥对营养素的影响较小。

肉类食品的储藏温度应在－18℃以下。时间过长或温度不够低会导致蛋白质分解、脂肪氧化、B族维生素损失等问题。罐藏肉制品在常温（20℃）下储藏2年后，其蛋白质损失不大，但B族维生素损失约为50%。但是如果在0℃存放，B族维生素的损失率在10%以下。因此，罐头食品也应尽可能放在冰箱中储藏。

二、蛋类的营养特点及价值

蛋类主要指家禽的蛋，包括鸡蛋、鸭蛋、鹅蛋；其他一些禽类的蛋（如鹌鹑蛋、鸽子蛋等）也可食用。

（一）蛋类的营养价值

1. 蛋白质

蛋类的蛋白质含量较高，平均为13%～15%，而且质量高，生物学价值可达95%以上，几乎能被人体完全吸收，是天然食物中最理想的蛋白质。

2. 脂肪

蛋的脂类主要集中在蛋黄中，脂肪呈乳化状态，易被人体消化吸收，并含有一定比例的卵磷脂；蛋黄的胆固醇含量高，以游离胆固醇为主，一个中等大小的鸡蛋，含胆固醇200mg左右，易被人体消化吸收。

3. 矿物质

蛋类的无机盐含量丰富，含有磷、镁、钙、硫、铁、铜、锌、氟等，蛋壳中钙含量尤其丰富；蛋黄和蛋清中铁的含量也较高，但因卵黄高磷蛋白的干扰，降低了铁的消化吸收率。

4. 维生素

蛋黄中含丰富的维生素A、维生素D、维生素B_1、维生素B_2等，但缺乏维生素C；蛋清里含有维生素B_2；生蛋中含有抗生物素和抗胰蛋白酶因子，影响生物素的消化吸收和抑制胰蛋白酶的活性，但高温加热可破坏这两种抗营养因子。

（二）储藏和加工对蛋类营养价值的影响

松花蛋的加工中需要加入氢氧化钠等碱性物质，使维生素B_1受到一定程度的破坏，而且传统的松花蛋腌制中加入黄丹粉，即氧化铅，使产品的铅含量提高。目前已有多种“无铅皮蛋”问世，用铜或锌盐代替氧化铅，使得这些微量元素含量相应上升。

0℃冰箱中保存鸡蛋对维生素A、维生素D、维生素B_1无明显影响，但维生素B_2、尼克酸和叶酸分别有14%、17%和16%的损失。

生蛋清的消化吸收率仅为50%左右，而且含有抗营养因素，如抗胰蛋白酶因子和生物素结合蛋白等。此外，生鸡蛋中可能有沙门菌。因此，鸡蛋不宜生食，应加热到蛋清完全凝固为宜。蛋黄加热前后的消化率差异不大。

鸡蛋经蒸、煮、炒之后，其蛋白质的消化吸收率均在95%以上。煎蛋和烤蛋中维生素B_1、维生素B_2的损失率分别为15%和20%，而叶酸损失最大，达65%。煎得过焦的鸡蛋蛋白质消化率略微降低，维生素损失较大。煮鸡蛋几乎不造成维生素B_2的损失。

三、乳及乳制品类的营养特点及价值

乳类所含的营养素比较完全，营养价值很高且易于消化吸收，最适合于病人、幼儿、老人食用。乳类和乳制品的食用有利于改善钙的营养状况，其中最常食用的是牛乳。牛乳也是老年人、体弱者及病人比较理想的食物。

(一)乳类的营养价值

1.蛋白质

乳类蛋白质丰富，以牛乳为例：蛋白质平均含量为3.5%，约比人乳高3倍，且消化率为87%～89%，生物学价值可达到85%～90%，比人乳(92%)稍低。其必需氨基酸含量及构成比例与鸡蛋相近，利用率高，是一种优质蛋白质。

2.脂类

牛乳中脂类含量约为35%，其中95%～96%为甘油三酯。

3.碳水化合物

乳类碳水化合物全部为乳糖，牛乳中乳糖约为4.5%。乳糖的甜度仅为蔗糖的1/6～1/5。乳糖有调节胃酸、促进胃肠蠕动、利于钙的消化吸收等作用，同时改变胃肠道菌群，利于肠道健康。

乳糖被乳糖酶分解为葡萄糖和半乳糖后被人体吸收；而乳糖酶却随着人年龄的增长而减少，部分成人不吃或少吃乳类，造成乳糖酶很少或缺乏，这部分人偶尔食用乳类时，由于乳糖不能被分解，而产生腹痛、腹泻等症状，称为乳糖不耐症。对牛乳进行适当处理，预先将乳糖分解，即可预防乳糖不耐症，并提高乳糖消化率，如“酸奶”。

4.无机盐

乳类几乎含有婴儿所需的全部无机盐，钙、磷尤其丰富；牛乳中的钙以酪蛋白钙形式存在，易被人体消化吸收，同时牛乳中也存在一些利于钙消化吸收的营养素，因此，乳类是供给人体钙的最好食物来源。牛乳中铁含量不高，且消化吸收率低。

5.维生素

乳类中维生素的含量受很多因素影响，饲料和种类、饲养的方法、日照时间、乳类加工储存方法等都会影响乳类维生素的含量。乳类主要含维生素A、维生素D，也含有部分维生素B_1、维生素B_2、维生素C等。

(二)乳制品的营养价值

常见的乳制品主要包括奶粉、调制奶粉、酸奶、炼乳、干酪、黄油等。

1.奶粉

鲜奶经过消毒、脱水并干燥成粉状，再根据一些特殊要求，制成不同品种的奶粉。干燥方法通常用喷雾干燥法，其脱水速度快、时间短，奶粉冲调后感官性状、营养素保存等指标比较好。市售的奶粉可分为全脂奶粉、脱脂奶粉、低糖奶粉、加糖奶粉等几个品种。

2.调制奶粉

调制奶粉是参照母乳的营养素组成与模式，对牛乳的营养素加以调整与改进，以配制成适合不同年龄婴儿生长发育所需要的乳制品。调制奶粉配方根据婴儿生长的营养需要，分为初级配方(1～6个月)、后继配方(6个月后)等。

3.酸奶

酸奶是将鲜奶加热消毒后接种嗜酸乳杆菌，经发酵而成。发酵后，牛乳内含的乳糖有20%～30%分解成葡萄糖和半乳糖，并可进一步转化为乳酸或其他有机酸，可增加人体对钙、磷、铁的消化吸收。乳酸杆菌还可产生维生素B_1、维生素B_2、叶酸、烟酸等。

4. 炼乳

炼乳分淡炼乳和甜炼乳，淡炼乳属于浓缩型，是鲜奶除去 2/3 的水分，再经过消毒加工而成。加工中赖氨酸与维生素 B_1 略有损失。甜炼乳是鲜奶加 15%的蔗糖后再去除 2/3 的水分，消毒加工而成。

5. 干酪

干酪是以牛乳、稀释奶油、部分脱脂乳、酪乳或这些产品的混合物为原料，经凝乳并分离乳清而制得的乳制品。干酪在制作过程中对原料乳进行了 10 倍以上浓缩，其营养价值很高，是人类食物中蛋白质、脂肪、钙、磷的良好来源，同时含丰富的维生素，其蛋白质消化率高达 96%以上。

6. 黄油

黄油由牛乳中的乳脂肪分离制成，脂肪含量在 80%以上。牛乳中的维生素 A、维生素 D 等脂溶性营养成分基本上保留在黄油中，但是水溶性营养成分含量较低。黄油中以饱和脂肪为主，并含有一定量的胆固醇。

(三)储藏与加工对乳和乳制品营养价值的影响

乳制品的加工中最普遍的工艺是均质和杀菌。牛乳的杀菌可以采取 60～70℃的传统巴氏杀菌、80～90℃的高温短时杀菌、90～120℃的超高温瞬时杀菌等。由于微生物菌体蛋白失活反应的温度系数大于维生素破坏反应的温度系数，高温瞬时杀菌对保存营养素最为有利。高压灭菌的加热时间长，温度高，维生素损失较大。

长时间的加热或高温储藏导致羰氨反应，引起赖氨酸的损失。牛乳富含赖氨酸，消毒加工中赖氨酸的损失为 1%～10%；奶粉约损失 20%的赖氨酸。

鲜牛乳中含有溶菌酶等抑菌物质，在 24h 左右的时间内能够防止微生物的大量繁殖。但由于牛乳营养丰富，在抑菌物质消耗完后，微生物的繁殖很快。因此，鲜牛乳必须储藏在 4℃下，并应尽快消费。

牛乳是维生素 B_2 的良好来源，但见光后容易损失。透明玻璃瓶装牛乳在日光下暴晒 3h，其中的维生素 B_2 损失可达 90%以上。维生素 C 在日光下暴露 12h 后，含量可从 12mg/L 降低到 6mg/L。因此，牛乳应用不透明的容器盛装，并存放在避光处。

四、水产品的营养特点及价值

水产类包括鱼、虾、蟹、贝及部分软体动物，根据其来源又可分为淡水类和海水类水产品。

(一)水产品的营养价值

1. 蛋白质

鱼类的蛋白质含量为 15%～20%。与肉类相比，鱼类的肌肉纤维细嫩柔软，更易消化吸收，同时营养价值更高。鱼肉蛋白质属完全蛋白质，利用率可达 85%～95%，但结缔组织蛋白质营养价值并不高，主要是必需氨基酸的组成和比例不符合人体需要。

2. 脂肪

水产类脂肪含量一般为 3%～5%，主要存在于皮下和脏器周围肌肉，肌肉组织中含量少。虾类的脂肪含量很低，蟹类的脂肪主要存在于蟹黄中。水产品中还含有氨基乙磺酸，即牛磺酸，能够促进胎儿和婴儿大脑发育、防止动脉硬化、维持血压、保护视力。

3. 无机盐

水产品中的各种矿物质含量丰富，钙、硒等元素的含量明显高于畜肉，微量元素的生物利用率也较高。甲壳类食品是锌、铜等微量元素的最佳来源。贝类、虾和鱼罐头是钙的良好来源。海鱼和海生虾贝类还是碘、铜、锰、锌等元素的优质来源。

4. 维生素

水产品中的维生素 A、维生素 D、维生素 E 含量均高于畜肉。鱼类是维生素 B_2 与尼克酸的良好来源，特别是鳝鱼中维生素 B_2 的含量很高；维生素 E 在淡菜等贝类的含量比较高；鱼类，特别是海产鱼的肝脏中维生素 A 和维生素 D 的含量特别高，常作为生产药用鱼肝油的来源。

5. 含氮浸出物

鱼类的含氮浸出物比较多，占鱼体质量的 2%～3%，主要有三甲胺、次黄嘌呤核苷酸、游离氨基酸和尿素等，三甲胺体现鱼腥味，氧化三甲胺则体现鲜味。

（二）水产品的合理使用

1. 防止腐败变质

鱼类因水分和蛋白质含量高，结缔组织少，较畜、禽肉更易腐败变质，特别是青皮红肉鱼，如鲐鱼、金枪鱼，组氨酸含量高，所含的不饱和双键极易被氧化破坏，能产生脂质过氧化物，对人体有害。因此打捞的鱼类需及时保存或加工处理，防止腐败变质。一般采用低温或食盐来抑制组织蛋白酶的作用和微生物的生长繁殖。

2. 防止食物中毒

有些鱼含有极强的毒素，如河豚，虽肉质细嫩、味道鲜美，但其卵、卵巢、肝脏和血液中含有极毒的河豚毒素，若加工处理不当，人食用时可引起急性中毒而死亡。

第四节　果蔬类食品的营养价值

一、蔬菜的营养特点及价值

（一）蔬菜的分类

蔬菜的种类很多，按植物的结构部位可分为：

（1）叶菜类，如大白菜、小白菜、油菜、菠菜及其他各种绿叶蔬菜等。

（2）根茎类，如萝卜、土豆、芋头、洋葱、蒜等。

（3）豆荚类，如扁豆、红豆、其他鲜豆类等。

（4）瓜果类，如冬瓜、黄瓜、苦瓜、西葫芦、茄子、青椒、西红柿等。

（5）花芽类，如菜花、黄花菜、各种豆芽等。

这些新鲜蔬菜的特点是都含有大量水分，大部分鲜菜的含水量在 90%以上，碳水化合物的含量不高，蛋白质含量少，脂肪含量更低，因此不能作为能量和蛋白质的来源。但是它们在膳食中却非常重要，因为它们是矿物质、维生素和膳食纤维的重要来源。

（二）蔬菜的营养价值

蔬菜的含水量一般在 90%以上，这使得其中营养素的含量看起来较低，但营养素密度不低。

1. 能量

由于大部分蔬菜的含水量高，因此供应能量不多，平均每 100g 鲜菜供应能量 10～40kcal。只有含淀粉较多的根茎类（如土豆、芋头、山药等）供应能量较多（每 100g 可供应能量 80kcal 左右）。

2. 蛋白质

新鲜蔬菜的蛋白质含量通常在 3%以下。在各种蔬菜中，以鲜豆类、菌类和深绿色叶菜的蛋白质含量较高，如鲜豇豆的蛋白质含量为 2.9%，金针菇为 2.4%，苋菜为 2.8%。蔬菜蛋白质质量较佳，如菠菜、豌豆苗、豇豆、韭菜等的限制性氨基酸均为含硫氨基酸，赖氨酸也比较丰富，可和谷类形成蛋白质营养互补。如每日摄入绿叶蔬菜 400g，按照 2%的蛋白质含量计算，可从蔬菜中获得 8g 蛋白质，达每日需要量的 13%。由此可见，绿叶蔬菜也是不可忽视的蛋白质营养来源。

3. 矿物质

蔬菜中富含矿物质，对调节人体膳食酸碱平衡十分重要。蔬菜为高钾低钠食品，也是钙和铁的重要膳食来源。在各种蔬菜中，以叶菜含矿物质为多，尤以绿叶蔬菜更为丰富。蔬菜中含有的草酸和膳食纤维，影响了无机盐特别是一些微量元素的吸收。草酸含量高的有菠菜、牛皮菜、蕹菜、鲜竹笋、洋葱等。

4. 维生素

蔬菜中含有除维生素 D 和维生素 B_{12} 之外的各种维生素。胡萝卜素的含量与蔬菜的颜色有关，深绿色叶菜和橙黄色蔬菜的含量最高；各种新鲜蔬菜都含有维生素 C，绿叶蔬菜是维生素 C 的良好来源。

由于我国居民消费奶类和柑橘类水果及果汁较少，因此蔬菜是膳食中维生素 A、维生素 C、维生素 B_2 的重要来源。如每天摄入 400g 绿叶蔬菜，约可获得 0.4g 核黄素，相当于每日膳食推荐供给量的 1/3 左右。

5. 碳水化合物

蔬菜中的碳水化合物包括可溶性糖、淀粉和膳食纤维。大部分蔬菜的碳水化合物含量较低，仅为 2%～6%，几乎不含淀粉。然而，根茎和地下茎之类储藏器官的碳水化合物含量比较高，如马铃薯为 16.5%，藕为 15.2%，其中大部分是淀粉。蔬菜中纤维素、半纤维素等膳食纤维含量较高，鲜豆类在 1.5%～4.0%之间，叶菜类通常达 1.0%～2.2%，瓜类较低，为 0.2%～1.0%。

6. 芳香物质、色素及酶类

蔬菜中含有芳香物质、色素及酶类，赋予食物香味、色泽，刺激食欲，增加感官性能及一些特殊功效。如萝卜含淀粉酶，生食利于消化；大蒜含植物杀菌素和含硫香精油，生食可预防肠道传染病，并刺激食欲；大蒜、洋葱可降低胆固醇；苦瓜可降低血糖等。

（三）蔬菜加工对营养价值的影响

脱水蔬菜的水分含量通常为 7%～10%，其中的矿物质、碳水化合物、膳食纤维等成分得到浓缩。在脱水过程中，维生素 C 有部分损失，损失程度因干制方法的不同而异。一般来说，真空冷冻干燥法的营养素损失最小，而且由于浓缩效应，干制后的营养素含量升高。长时间的暴晒或烘烤则带来较大的损失，维生素 C 的损失率最高可达 100%，胡萝卜素氧化造成褪色。

速冻蔬菜经过清洗—热烫—包冰衣—装袋—深冻处理后，水溶性维生素有一定损失，但胡萝卜素损失不大。

罐藏蔬菜经过热烫、热排气、灭菌等工艺后，水溶性维生素和矿物质可能受热降解并随水流失。蔬菜的 pH 值比水果高，酸性较低，维生素 C 的加工稳定性较差。

蔬菜汁是混浊汁，通常由多种蔬菜调配而成，包含了蔬菜中的主要营养成分，营养价值较高。但是它除去了蔬菜中的大部分膳食纤维。

(四)蔬菜的合理烹调

为了防止蔬菜中矿物质和维生素的损失，烹调中要注意以下几点：

(1)尽量减少用水浸泡和弃掉汤汁及挤去菜汁的做法。

(2)烹调加热时间不宜过长，叶菜快火急炒保留的维生素最多。做汤时宜先煮汤而后加叶菜。集体食堂以分批炒叶菜较为合理。

(3)新鲜蔬菜不宜久存，勿在日光下暴晒。烹制后的蔬菜不宜放置时间过长。

(4)加醋烹调可减少维生素 B 和维生素 C 的损失；加淀粉调芡汁也可减少维生素 C 的破坏和损失。

(5)不用铜器制备蔬菜，铜锅损失维生素 C 最多，铁锅次之。

二、水果的营养特点及价值

水果类的营养价值近似新鲜蔬菜。各种水果都含有大量的水分，蛋白质和脂肪的含量很低，能量低，但水果所含的矿物质和维生素不及蔬菜多。

(一)水果的营养价值

1. 碳水化合物

水果中的碳水化合物以糖、淀粉为主，纤维素和果胶的含量也很高。苹果、梨等仁果类以单糖为主，口感比较甜，葡萄糖和蔗糖含量相对比较少；葡萄、草莓、猕猴桃等浆果类以葡萄糖和果糖为主；桃、杏等核果类以及柑橘类水果的蔗糖含量比较高。水果中单糖和双糖的含量和比例直接影响到水果的甜度以及风味，使水果各具特色。

水果含有纤维素、半纤维素和果胶，有促进肠道蠕动的作用，是自然的缓泻剂。果胶还是制果浆不可缺少的胶冻，在山楂、苹果、海棠中含量较多。

2. 维生素

水果中含丰富的维生素，特别是维生素 C，鲜枣、酸枣、山楂、柑橘等含量较高。水果特别是枣类含有比较多的生物类黄酮，对维生素 C 具有保护作用。黄色水果中胡萝卜素含量很高，如芒果、杏、枇杷等。

3. 色素与有机酸

富含色素是水果的一大特色，它赋予水果不同的颜色。如花青素使水果呈紫色，能溶于水，在果皮中含量最高，对光、热敏感，加热可被破坏，在酸性环境中稳定，遇碱呈紫色，遇铁、铝呈灰紫色；胡萝卜素使水果呈黄色。

水果中的有机酸主要有苹果酸、柠檬酸、酒石酸，以及微量的琥珀酸、苯甲醋酸等。水果具有酸涩味，与富含有机酸有关。浆果类柠檬酸含量最多，常与苹果酸共存；仁果类苹果酸最多；葡萄中含有酒石酸；琥珀酸、延胡索酸有明显的涩味，主要存在于未成熟的水果中。

4. 矿物质

水果中含有丰富的无机盐，特别是钙、钾、钠、镁、铜等，属于理想的碱性食物。

(二)水果加工对营养价值的影响

水果罐头、果酱、果脯、果汁、果糕等的维生素C保存率与原料特点、加工工艺水平和储藏条件有很大关系。在适当的加工条件下，柑橘汁等酸性果汁中的维生素C可以得到较好的保存。

纯果汁分为两类：一类是带果肉的混浊汁，其中含有除部分纤维素之外的水果中的全部养分，如柑橘汁等；另一类是澄清汁，经过过滤或超滤，除去了水果中的膳食纤维、各种大分子物质和脂类物质，只留下糖分、矿物质和部分水溶性维生素，如苹果汁。市售“果汁饮料”中原果汁的含量在10%以下，有的在2.5%以下，只能提供水分和部分热能。

加工果酱和果脯时需要加入大量蔗糖长时间熬煮或浸渍，一般含糖量可达50%～70%，因此大量消费这类产品可能带来精制糖摄入过量的问题。水果干制可导致10%～50%的维生素C损失，在酸性条件下损失少，其中的矿物质得到浓缩。

水果可以加工成多种果酒。与蒸馏酒相比，果酒中的酒精度低，并含有较丰富的糖类、氨基酸、矿物质和维生素，含有水果中有益健康的一些有机酸类、多酚类物质和风味物质等。有研究认为，少量饮用果酒具有降低心脏病发病率的作用。近年来发现葡萄酒中有微量防癌物质白藜芦醇。由于果酒的生产可以有效利用水果加工中的皮、渣、核等副产品，因而对农产品综合利用具有重要的意义。

第五节　酒类和饮料的营养价值

一、酒类的营养特点及价值

酒是一种含有乙醇的饮料。酒的种类很多，根据工艺过程的不同，可分为发酵酒、蒸馏酒和露酒。发酵酒，以啤酒为代表，还有黄酒、葡萄酒、江米酒等，除含有乙醇外，还有丰富的果糖、葡萄糖、麦芽糖、糊精及多种维生素和矿物质；还含有具特殊风味的脂肪酸、氨基酸、醛酮、醇等物质。蒸馏酒的品种也很多，以白酒为代表，其成分以乙醇为主，含量为20%～60%。露酒主要有苹果酒、马提尼酒、威士忌酒等。

现介绍四种常见酒的营养价值。

(一)黄酒的营养价值

黄酒的营养成分很齐全，含有糖分、糊精、有机酸、氨基酸、酯类、甘油、高级醇、维生素、矿物质。其总固形物为20～40g/L，含氨基酸态氮大于0.2g/L，糖分为10～200g/L(以葡萄糖计)。

1.能量

黄酒的能量为1200kcal/L，相当于每日人体需要热能的1/2左右，是啤酒的3～6倍；同葡萄酒相比，则是普通红葡萄酒的1.84倍。饮600mL黄酒可供给720kcal热量，相当于吃二两米饭或面粉的热量。

2.蛋白质

蛋白质含量：绍兴加饭酒为1.6g/100mL，绍兴善酿酒为2g/100mL，上海黄酒为1g/100mL，北京黄酒为1.2g/100mL。

黄酒中含有全部的必需氨基酸，以亮氨酸、缬氨酸、苯丙氨酸、赖氨酸含量最丰富。半必需氨基酸如精氨酸、甘氨酸、丝氨酸的含量也很丰富。非必需氨基酸如谷氨酸、门冬氨酸、脯氨酸的含量很高。

3. 碳水化合物

黄酒的碳水化合物含量为28～200g/L，主要为葡萄糖、糊精、纤维素和淀粉。

4. 维生素

黄酒的原料（糯米或黄米、玉米）含有大量B族维生素。在黄酒的酿制过程中，蒸煮时间短、温度低，维生素B_1、尼克酸的保存率比日常蒸饭高。

5. 矿物质

黄酒中含有钙、镁、磷、锰等常量元素和铁、铜、锌、硒等微量元素。

（二）啤酒的营养价值

啤酒被称为清凉饮料，酒体中含水92%～96%，并含二氧化碳。啤酒经常在4～8℃库内保存，具有的清凉性和发泡性形成了清爽性能，对防暑降温甚为有益。此外，啤酒花的苦味能刺激味觉分泌唾液，也可减轻口渴。

1. 能量

啤酒和汽水、脱脂奶一样都属于“糖性饮料”。每升啤酒的热量为400kcal，相当于200g面包，或500g土豆，或45g植物油，或60g奶油。因此，历史上埃及人称啤酒为“液体面包”。

2. 碳水化合物

啤酒的含糖量为34g/L，其中含糊精27g/L，含果糖、蔗糖、戊糖、戊聚糖约8g/L。

3. 蛋白质

每升啤酒内约含蛋白质4.1g。啤酒中含有17种氨基酸，氨基酸总量为1.77g/L。

4. 维生素

啤酒内含有丰富的维生素B_1、维生素B_2、维生素B_6、维生素B_{12}、泛酸、叶酸、生物素及维生素C等。

5. 矿物质

啤酒内含有钙、磷、钾、钠、镁等常量元素和硒、锌、铬等微量元素。

（三）葡萄酒的营养价值

1. 葡萄酒的营养成分

葡萄酒一般含酒精10%～16%，所含乙醇来自果汁发酵。其化学成分来自葡萄汁，现已分析出的成分有250种以上。

（1）碳水化合物。葡萄酒中含的葡萄糖、果糖、戊糖、树胶质、黏液质，皆为人体必需的糖类物质。

（2）有机酸。葡萄酒含酒石酸、苹果酸、琥珀酸、柠檬酸等，皆为维持体内酸碱平衡的物质，能帮助消化。

（3）矿物质。葡萄酒内含氧化钾、氧化镁，酒中比例恰相当于人体肌肉中钾镁元素的比例。酒中磷含量很高，钙低，氮化钠及氧化铝低，含硫、氯、铁、二氧化硅、锌、铜、硒等。

（4）含氮物质。葡萄酒内平均含氮量为0.05%～0.27%，含蛋白质1g/L，并含18种氨基酸。

（5）维生素。葡萄酒内含有维生素B_1、维生素B_2、维生素B_6、维生素B_{12}、尼克酸、泛酸、叶酸、生物素、维生素C等，类维生素物质如肌醇、对氨基苯甲酸和胆碱等，以及生物类黄酮等。

(6)醇类。葡萄酒的酒精含量为70～180mL/L,有少量杂醇油、苯乙醇等。二醇类、多元醇、酯类、缩醛等物质是葡萄酒的呈香、呈味物质。

(7)单宁和色素。红葡萄酒内的单宁比白葡萄酒多,略有苦涩味。红葡萄酒含色素0.04～0.11g/L。长时间贮存后,葡萄酒色泽变深,这主要是因为色素变成胶体,沉淀、氧化后变色。

2.葡萄酒的保健作用

葡萄酒是一种很容易消化的低度发酵酒,因为它的酸度接近于人体胃酸(pH=2～2.5)的浓度,并含有维生素 B_6,能帮助消化吸收鱼、肉、禽等蛋白质食物。尤其是吃海鲜时,饮用白葡萄酒最佳;吃鸡肉、鸭肉时,饮用红葡萄酒更易消化。中医对葡萄酒也有许多保健和治疗经验,如明朝李时珍在《本草纲目》上记载:葡萄酒暖腰肾,驻颜色。《饮膳服食谱》上记载:葡萄酒运气行滞,使百脉流畅。《古今图书集成》内记载:葡萄酒主治"胃阴不足、纳食不佳、肌肤粗糙、容颜无华"。这都说明了葡萄酒有消除疲劳、促进血液循环、增进食欲、帮助消化和美容等作用。纽约康奈尔大学克里博士经研究发现,葡萄酒中含有一种非酒精成分"白黎芦醇",具有降低胆固醇和甘油三酯的作用。美国心脏病学家证明:每天饮200mL红葡萄酒能降低血小板聚集和血浆黏度,不易形成血栓,因而可预防冠心病的发生。葡萄酒内含有类黄酮的多酚类物质,可改善血液循环。美国哈佛大学医学院研究证明,常喝葡萄酒能减少70%的心脏病死亡率。

(四)白酒的营养价值

白酒又叫烧酒、白干儿、火酒,有些地方直呼其为烈性酒或高度酒。白酒是用高粱、玉米、红薯、稗子、米糠等粮食或其他果品发酵、蒸馏而成,因没有颜色,所以叫白酒。白酒的种类繁多,可以按酒精含量分为高度酒(含酒精量在40%以上)、中度酒(含酒精量在20%～40%之间);按香型分为清香型(也叫汾型)、浓香型(也叫泸型)和酱香型(也叫茅型);按酒精来源分为原汁酒和勾兑酒。清香型白酒以山西汾酒为代表,清香爽口,柔和纯净;浓香型白酒以四川泸州大曲为代表,浓香馥郁,落口绵甜;酱香型白酒以贵州茅台酒为代表,酒度较低,香气宜人。

白酒不同于黄酒、啤酒和果酒,除了含有极少量的钠(平均约为0.7mg/100g)、铜(平均约为0.03mg/100g)、锌(平均约为0.13mg/100g)外,几乎不含维生素和钙、磷、铁等,所含有的仅是水和乙醇。酒中的酒精被人体吸收后,虽然也可以氧化供热,但是饮白酒后所感到的浑身发热,并非酒精供热的结果,而是在酒精的刺激下,由人体的微血管扩张,体表大量散热所致,实际上消耗的还是体内的葡萄糖。据测定,每饮烈酒500g,会使体内在一天内所摄取热量的1/3～1/2被白白消耗掉。

适量饮用的白酒能使循环系统发生兴奋效能。有失眠症者在睡眠前饮用少量白酒,可以起到催眠作用。白酒能刺激胃液与唾液分泌,因而起到健脾作用。《本草纲目》上说白酒有通风、散寒、舒筋、止泄、止疼痛、利小便及驱虫的作用。中医用白酒治病或作为强肾补剂,已知的有人参酒、红花酒、黄芪酒、杜仲酒、龟肉酒、龟蛇酒、蛇血酒、五加皮酒、鹿茸酒、虎骨酒、蛇胆酒、薏苡仁酒、菊花酒、通草酒等。民间用橘子酒、桃仁酒治疗肾虚腰痛;用红花酒治疗血淤性痛经症;茴香酒除补肾外,对治疗心绞痛也有好处;龟肉酒能治多年咳嗽;蛇血酒补养气血,适于畏冷虚弱之人饮用;蛇胆酒起养血、清热、明目作用;龟蛇酒适合于消瘦、疲倦、乏力之人饮用。

(五)酒类的嫌忌成分和毒副作用

1.甲醇

蒸馏酒的甲醇主要来自酿酒原料的果胶物质。果胶物质受糖化和发酵微生物的作用发生分解，最终产生甲醇，并可以完全被蒸馏到成品酒中。甲醇在人体的氧化分解很慢，在人体内经呼吸道、胃肠道吸收后，可迅速分布在机体组织内，尤在脑脊液、血液、胆汁和尿中含量最高。甲醇具有明显的麻醉作用，故甲醇在体内蓄积呈现出来的中毒症状比乙醇明显得多。严重中毒时，颅内血管扩张或痉挛，甚至引起脑出血使组织功能紊乱，以致局部瘫痪、深度麻痹、体温下降、衰竭死亡。

由于眼房和玻璃体内的含水量达99%以上，甲醇中毒后，其中的甲醇含量很高，并作用于视网膜上的糖原酵解酶，抑制视网膜的氧化磷酸化过程，引起视网膜及视神经病变，最后导致视神经萎缩。

2.甲醛

酒中也可能含有甲醛。若酒中含有甲醛，则对人体是有害的。甲醛轻度中毒有烧灼感、头晕、意识丧失等症状。

3.杂醇油

杂醇油是一类较高级的醇类化合物，包括异戊醇、正丁醇、异丁醇、丙醇、异丙醇等。因其在液体里以油状出现，故称杂醇油。在酒精发酵过程中，除能产生糖类外，在氨基酸的分解过程中也能产生杂醇油。

杂醇油的毒性比乙醇大。其中，丙醇的毒性相当于乙醇的8.5倍；异丁醇的毒性为乙醇的8倍。由于杂醇油能抑制神经中枢，故饮入过多者有头痛、头晕等症状，对人是有害的。按国家规定，蒸馏酒及配制酒中的杂醇油含量(以异丁醇和异戊醇计)应不大于0.2g/100mL。在各类酒中，蒸馏酒的杂醇油含量最高，如中国白酒、白兰地、威士忌等。

二、饮料的营养特点及价值

饮料是指以水为基本原料，由不同的配方和制造工艺生产出来，供人们直接饮用的液体食品。饮料除提供水分外，由于在不同品种的饮料中含有不等量的糖、酸、乳、钠、脂肪、能量以及各种氨基酸、维生素、无机盐等营养成分，因此有一定的营养。

饮料一般可分为含酒精饮料和无酒精饮料，无酒精饮料又称软饮料，指酒精含量小于0.5%(V/V)，以补充人体水分为主要目的的流质食品，包括固体饮料。大致有以下几类：

(1)碳酸类饮料：是将二氧化碳气体和各种不同的香料、水分、糖浆、色素等混合在一起而形成的气泡式饮料，如可乐、汽水等。主要成分包括：碳酸水、柠檬酸等酸性物质，白糖、香料，有些含有咖啡因。

(2)果蔬汁饮料：各种果汁、鲜榨汁、蔬菜汁、果蔬混合汁等。

(3)功能饮料：含各种营养要素的饮品，满足人体特殊需求。

(4)茶类饮料：各种绿茶、红茶、花茶、乌龙茶、大麦茶、凉茶以及冰茶等饮品。有些含有柠檬酸成分。

(5)乳饮料：牛奶、酸奶、奶茶等以鲜乳或乳制品为原料的饮品。

(6)咖啡饮料：含有咖啡成分的饮品。

第六节 食用油脂和调味品的营养价值

一、食用油脂的营养特点及价值

食用油脂按其来源可分为植物油和动物脂肪两类。植物油来自植物的种子，因而种类较多，有豆油、花生油、菜籽油、麻油、棉籽油、核桃油、玉米油、米糠油等；动物脂肪主要来自动物的体脂、乳脂及鱼类脂肪。

市场上出售的食用油脂的营养素土要为脂类，包括甘油三酯、磷脂、胆固醇等，其中甘油三酯（中性脂肪）占很大的比例。

（一）甘油三酯

甘油三酯为油脂中最主要的营养素，其含量最高可达98%以上，因其来源不同，其组成的脂肪酸在碳链长短、脂肪酸饱和程度及必需脂肪酸含量等方面有所区别。

动物脂肪酸的饱和程度比较高，特别是含16～22碳的饱和脂肪酸，其中以棕榈酸（软脂酸）和硬脂酸的含量较多；但鱼油例外，其不饱和脂肪酸含量高。植物油中脂肪酸以不饱和脂肪酸含量为最多，如麻油中不饱和脂肪酸含量达78%，豆油达86%，向日葵油达87%，而黄油、牛油、猪油等动物性脂肪中不饱和脂肪酸含量一般在30%～35%之间。

脂肪酸的不饱和程度和含量直接影响到油脂的熔点，不饱和脂肪酸含量高，其熔点低，熔点低于体温的，其消化吸收率可达97%～98%；饱和脂肪酸含量越高，熔点越高，熔点高于体温的，其消化吸收率约为90%。

必需脂肪酸是人体必需的，但不能自身合成，必须通过食物供给。在人体中，必需脂肪酸为亚油酸（十八碳二烯酸）和α-亚麻酸（十八碳三烯酸）。必需脂肪酸含量以植物油中最高，远远高于动物脂肪中的含量，棉籽油、豆油、玉米胚芽油中的含量又高于其他植物油；动物中禽类脂肪中的必需脂肪酸含量高于畜类，畜类脂肪中猪油中的必需脂肪酸含量又高于牛油和羊油。

（二）磷脂

许多植物油中含有一定的磷脂，以大豆油的含量最高（1.1%～3.2%），玉米胚芽油（1.2%～2.0%）、小麦胚芽油（0.8%～2.0%）、米糠油（0.5%）中含量也比较高。但植物油经过精制后，磷脂的含量会明显下降。

（三）固醇

油脂中含有一定量的固醇，动物油脂以胆固醇为主，以可食部100g计，牛油胆固醇为135mg，鸭油为83mg，羊油为107mg，猪油为93mg；而植物油中则以植物固醇为主，植物油的精制程度会影响到植物固醇的含量。

（四）维生素

一般情况下，动物脂肪中几乎不含脂溶性维生素，维生素A、维生素D只存在于动物肝脏和奶油中；植物油中含有丰富的维生素E。

二、常见调味品的营养特点及价值

(一)食盐

食盐的主要成分是氯化钠，没有精制的粗盐还含有少量碘、镁、钙、钾等，海盐含碘较多，精盐则是比较纯的氯化钠。

(二)食糖

日常用的食糖多为蔗糖，由甘蔗或甜萝卜制成。食糖是纯碳水化合物，如白砂糖含碳水化合物达 99%，只供能量，缺乏其他营养素。红糖没有经过精炼，含碳水化合物约 94%，含有铁、铬及少量其他矿物质。麦芽糖水分含量较高，相对营养素密度小于白糖、红糖。

(三)酱油

酱油是以小麦、大豆及其制品为主要原料，接种曲霉菌种，经发酵酿制而成。酱油味道鲜美，具有香味，在烹调中可增加食物香味，有利于促进食欲，是我国膳食烹调中很重要的调味品。为了防止酱油腐坏，其中的含盐量约为 18%，故酱油也是人体钠的一个来源。酱油含少量的蛋白质、碳水化合物及其他矿物质和维生素 B_1。

(四)食醋

食醋是由粮食(淀粉)或酒糟经醋酸酵母菌发酵制成，含有醋酸 3%～4%，有调味、促进食欲的作用。食醋用于烹调排骨、小鱼，有助于骨中的钙、磷溶解，增加其吸收利用率。另外，食醋有去鱼虾腥味的作用，使鱼虾呈腥臭味的胺化物是弱碱性的，醋酸能中和它，使腥臭味减少。

(五)味精

味精是谷氨酸钠盐。我国生产的味精以淀粉为原料，经微生物发酵合成谷氨酸。味精味道鲜美，在烹调中可增加菜肴的美味，因而有促进食欲的作用。炒菜及做汤均宜在起锅前加入味精，加热时间太久、温度过高，易使味精变质。

第七节　其他食品的营养价值

一、食用菌的营养特点及价值

食用菌是指可供人们食用的真菌。我国的食用菌资源有 625 种，一般分为野生菌和人工栽培菌两大类。到目前为止，经栽培利用的大约有 30 种。常食用的食用菌主要有蘑菇、香菇、草菇、银耳、木耳、猴头菇及金针菇等。营养成分如下：

(一)蛋白质

食用菌蛋白质含量达 37%左右，高出蔬菜类好几倍，甚至超过肉类和乳制品。如双孢蘑菇，其蛋白质含量高达 40%，是猪肉的 2 倍多。食用菌的蛋白质是优质蛋白质，含有人体不能合成的 8 种必需氨基酸，其中赖氨酸和亮氨酸含量较多，消化吸收率达 80%以上。

(二)脂肪

食用菌的脂肪含量较低，在 2%左右，而且多为不饱和脂肪酸，因此是肥胖症、高血脂、高血压、动脉硬化、脑血管病患者较为理想的食品。

(三)维生素

食用菌含有多种维生素。如蘑菇中维生素 B_2、维生素 B_1 的含量比肉类的高，维生素 B_{12} 的含量比奶酪和鱼类的高，若每天吃 25g 鲜蘑菇即可满足一天维生素的需要。木耳含有较多的维生素 B_1；香菇中维生素 B_2 较多；草菇中维生素 C 的含量高于西红柿中维生素 C 的含量。

黑木耳含有丰富的铁，为补血佳品。多种食用菌含有多糖体，这是一种能抑制肿瘤生长的物质，可作为保健滋补品。

二、茶叶的营养特点及价值

茶是世界三大饮料之一。绿茶类属于不发酵茶，乌龙茶类属于半发酵茶，红茶类、黑茶类属于发酵茶。黄茶类按鲜叶老嫩分为黄芽茶、黄小茶和黄大茶，是经绿茶发展而来的。再加工茶包括花茶类、茶饮料和药用保健茶等。

(一)茶叶的营养价值

1. 蛋白质

茶叶的蛋白质含量一般为 20%～30%，但能溶于水而被利用的只有 1%～2%；所含的多种游离氨基酸为 2%～4%，因易溶于水而被吸收利用。

2. 脂肪

茶叶的脂肪含量为 2%～3%，包括磷脂、硫脂、糖脂和各种脂肪酸，其中亚油酸和亚麻酸含量较多，部分可为人体所利用。

3. 碳水化合物

茶叶的碳水化合物含量为 20%～25%，多数是不溶于水的多糖，能溶于水、可为机体所利用的糖类仅占 4%～5%。

4. 矿物质

茶叶的矿物质有 30 多种，含量为 4%～6%，包括钙、镁、铁、钠、锌、铜、磷、硒等。

(二)茶的合理饮用

因茶叶含有咖啡因，故容易失眠的人睡前不宜饮浓茶。咖啡因能促进胃酸分泌，增加胃酸浓度，故患溃疡病的人饮茶会使病情加重。营养不良的人也不宜多饮茶，因茶叶中含茶碱和鞣酸，可影响人体对铁和蛋白质等的吸收，对缺铁性贫血患者尤其不宜。茶叶苦寒，宜喝热茶，喝冷茶会伤脾胃。体形肥胖者宜多饮绿茶，体质瘦弱者宜多饮红茶和花茶。夏季饮绿茶，可清热、去火、降暑；秋冬季节最好饮红茶，以免引起胃寒腹胀。青壮年时期，应该饮绿茶为佳；进入老年，因脾肾功能趋于衰退，故以饮红茶和花茶为宜。

正确的泡茶方法是将沸水稍凉后(约 90℃)冲入壶或杯中，经泡后 5min 即可饮用，但不可一次饮干，而应保留 1/3 的茶液作底，以便续水之后能保持一定浓度。

三、花卉的营养特点及价值

在市场上比较常见的食用花卉有 50 种左右，统计如下：

木本植物：菊花、桂花、月季、桃花、茉莉、槐花、杏花、玫瑰、木槿、映山红、厚朴花、玉兰花、梅花、梨花、牡丹、木芙蓉、腊梅、代代花、海棠花、栀子花、山茶花、珠兰、丁香、迷迭香等。

多年生草本植物：荷花、旱金、凤仙花、金银花、芦荟、薄荷、兰花、墨兰、罗汉果。

一二年生草花：鸡冠花、金花、金盏菊、月见草、万寿菊、野菊、千日红、红花、勿忘我等。

球根类：百合、郁金香、美人蕉、晚香玉花等。

有些花卉是有毒禁食的，如五色梅、曼陀罗、一品红、蝴蝶花、水仙花、凌霄花、铃兰、燕草属的花卉植物、毛地黄、深山百合等，都有不同程度的毒性。

可食性花卉植物的花朵中花蜜和花粉含有可供人体吸收的96种物质，其中氨基酸22种、维生素14种，及丰富的糖、蛋白质、脂类等，还有多种活性蛋白酶、核酸、黄酮类化合物等活性物质。有的还含有较高的铁、锌、钙、镁、铜、锰等人体必需的矿物质元素。玫瑰花的花托中含有非常丰富的维生素C；蒲公英的花蕾中则不仅含有丰富的维生素A和维生素C，矿物质磷的含量也很高；大白花杜鹃中含有维生素B_6，而且含量高于目前所知的其他所有植物的含量；黄花菜中含维生素E 4.92mg/100g，居野菜之冠，食用它可获得营养平衡的健脑效果。

四、蜂蜜的营养特点及价值

《神农本草经》中说蜂蜜“安五脏，益气补中，止痛解毒，除百病，和百药，久服轻身延年”。《本草纲目》中说蜂蜜“和营卫，润脏腑，通三焦，调脾胃”。蜂蜜对神经衰弱、高血压、冠心病、动脉硬化、糖尿病、肝病、便秘等有很好的疗效。蜂蜜的营养成分有：

（一）碳水化合物

成熟蜂蜜总含糖量达75%以上，占干物质的95%～99%。蜂蜜中的糖分主要是葡萄糖和果糖，一般葡萄糖占总糖分的40%以上，果糖占47%以上，蔗糖占4%左右。此外，还含有麦芽糖、曲二糖、海藻糖、松三糖等。

（二）蛋白质

蜂蜜中蛋白质的平均含量为0.3%。蛋白质是人体组织、酶类、免疫体和其他特异性物质的组成成分，在消化过程、机体代谢反应和保护反应中起重要作用。蜂蜜中氨基酸的种类较多，已知含有18种氨基酸，包括8种必需氨基酸。

（三）维生素

蜂蜜中含有多种维生素，尤其是含B族维生素最多，每100g蜂蜜中含B族维生素300～840μg。目前已知蜂蜜中含有的维生素有硫胺素、核黄素、维生素C、泛酸、生物素、叶酸、烟酸和凝血维生素等。

（四）酶类

蜂蜜中所含酶量的多少，即酶值的高低，是检验蜂蜜质量优劣的一个重要质量指标，表明蜂蜜的成熟度和营养价值的高低。蜂蜜中的酶是蜜蜂在酿蜜过程中添加进去的，来源于蜜蜂唾液，主要是蔗糖酶，这种酶能把花蜜中的蔗糖转化为葡萄糖和果糖；另外还有淀粉酶、葡萄糖氧化酶、过氧化氢酶、还原酶、转化酶、类蛋白酶等。

（五）酸类

蜂蜜中含有的有机酸主要有葡萄糖酸、柠檬酸、乳酸、醋酸、丁酸、甲酸和苹果酸等；无机酸主要有磷酸、盐酸等。

（六）矿物质

蜂蜜中所含矿物质种类很多，主要有铁、铜、钾、钠、镁、锰、磷、硅、铝、铬、镍、硒、钙、锌、铅、钴、硼、锑等18种，其含量占蜂蜜质量的0.03%～0.9%。虽然矿物质含量不高，但其含有量和所含种类之比与人体血液中的成分接近。

(七)其他物质

每100g蜂蜜中含有1200～15000μg乙酰胆碱，食用蜂蜜后能消除疲劳，振奋精神。蜂蜜中还含有0.1%～0.4%的抑菌素，从而使蜂蜜具有较强的抑菌作用。

本章小结

食物的营养价值是相对的。本章主要介绍了食物营养价值的评价方法和指标，包括营养素密度、营养素生物利用率，并分类介绍了谷类、薯类、豆类、肉蛋乳及水产类、果蔬类、食用油脂和调味品等各类食品的营养特点及价值，包括储藏、加工、烹调对营养供应的影响。

思考题

一、名词解释

食物的营养价值　　营养素密度　　能量密度　　营养质量指数
营养素的生物利用率

二、判断题

1. 食物的营养价值是绝对的。（　）
2. 食物的营养价值常常与其价格成正比。（　）
3. 缺铁性贫血患者或缺铁的受试者对食品中铁的吸收增加。（　）
4. 粮谷类含碳水化合物高，加工越精细，其血糖生成指数越高。（　）
5. 大豆经过浸泡、磨细、过滤、加热等处理过程，提高了蛋白质的消化率。（　）
6. 松花蛋的加工中，维生素B_1受到一定程度的破坏，而且铅含量提高。（　）
7. 市售“果汁饮料”中原果汁的含量在10%以下，有的在2.5%以下，只能提供水分和部分热能。（　）

三、填空题

1. 高营养价值的食品应该具备的条件有：所含营养素种类齐全、数量及相互比例适宜、________等。

2. 菠菜中的草酸会影响________的吸收，生大豆中的抗胰蛋白酶影响________的吸收，生蛋清中的生物素结合蛋白影响________的利用，生扁豆中的毒物会引起中毒等。

3. 谷类是我国膳食中________的主要来源，也是能量的最经济来源，它含碳水化合物约________，主要是淀粉。

4. 薯类含有特殊的________，不但有润肠效用，而且有脂类代谢效用，能帮助________代谢。

5. 蛋类蛋白质含量较高，平均为13%～15%，而且质量高，生物学价值可达________以上，几乎能被人体完全吸收，是天然食物中最理想的________。

6. 奶类是供给人体________的最好食物来源。但牛奶中________含量不高，且消化吸收率低。

7. 水产品中还含有氨基乙磺酸，即________，能够促进胎儿和婴儿大脑发育、防止动脉硬化、维持血压、保护视力。

8. 与蒸馏酒相比，________中的酒精度低，并含有较丰富的糖类、氨基酸、矿物质和维生素，含有水果中有益健康的一些有机酸类、多酚类物质和风味物质等。

9. 由于我国居民消费奶类和柑橘类水果、果汁较少，因此蔬菜是膳食中________、________、________的重要来源。

四、选择题

1. 蔬菜不能作为能量和蛋白质的来源，但它们在膳食中却非常重要，因为它们是矿物质、维生素和(　　)的重要来源。

A. 糖类　　B. 脂肪　　C. 胆固醇　　D. 膳食纤维

2. 煎蛋和烤蛋中维生素 B_1、维生素 B_2 的损失分别为15%和20%，而(　　)损失最大，达65%。

A. 氨基酸　　B. 叶酸　　C. 无机盐　　D. 蛋白质

3. 水果特别是枣类含有比较多的(　　)，对维生素C具有保护作用。

A. 生物类黄酮　　B. 大豆异黄酮　　C. 雌激素　　D. 类雌激素

4. 蒲公英的花蕾中不仅含有丰富的维生素A和维生素C，矿物质(　　)的含量也很高。

A. 钙　　B. 磷　　C. 钾　　D. 铜

5. 蜂蜜中含有0.1%～0.4%的(　　)，从而使蜂蜜具有较强的抑菌作用。

A. 抗生素　　B. 抑菌素　　C. 多菌灵　　D. 生物素

五、简述题

1. 如何理解食物营养的相对性？
2. 什么是营养素密度？营养素生物利用率的概念有什么意义？
3. 为什么提倡多吃薯类作为主食的补充？
4. 试简述生大豆和豆制品在营养价值上的区别。
5. 试简述畜禽肉的营养特点。
6. 试简述蛋类、乳类的营养特点。
7. 蔬菜、水果的营养价值有哪些异同？
8. 食用花卉应注意什么？
9. 为什么不能仅吃精制主食，还要多吃粗粮？

六、技能题

任选一菜肴，计算其营养摄入量。

实训一　常见食物重量的估计

一、实训目的

了解常见食物器皿的容量；能较准确地目测估计常用餐具的容量和常规份食物的重量。

二、实训原理

食物重量及食物的份是进行膳食评价和营养配餐时重要的内容，最常用的称量重量的器具有碗、盘、勺和杯具等。食物的份是指单位食物或常用单位量具中食物的数量和份额。这个份额常根据大多数个体的食物量或自然分量而确定。

三、实训操作

1. 实训准备：食物称量器具、食物、记录笔和表。
2. 收集各类食物：主食类、副食类、饮料类、瓜果类、调料类。
3. 准备记录表：包括容器尺寸、食品种类、估计重量。
4. 测量和记录尺寸，并记录结果。

四、结果分析

根据记录结果，包括食物的种类、不同食物称量器具的容量及份数来估计出食物的重量，并与其实际重量比较，计算误差。

五、注意事项

1. 食物重量的估计：填写时以克为单位，可估计到整数或小数点后一位。
2. 计算误差：平均误差不超过±20%。

实训二　食物营养价值的评价

一、实训目的

掌握氨基酸评分(AAS)方法；掌握食物蛋白质互补作用和应用；掌握食物血糖生成指数的应用和评价方法；掌握食物脂肪的评价方法。

二、实训原理

(一)食物蛋白质质量评价

1. 蛋白质含量

蛋白质含量是评价食物蛋白质营养价值的基础。

方法一：通过凯氏定氮法测定氮含量，并乘以蛋白质折算系数(6.25)。

方法二：查食物成分表，得到每100g食物中蛋白质的含量。

2. 氨基酸模式

蛋白质中含必需氨基酸的种类和数量；以色氨酸为参照，其他氨基酸与色氨酸的比值。

3. 食物氨基酸直接比较法

将食物蛋白质的必需氨基酸含量及比值与人体必需氨基酸模式进行直接比较，判断食物中氨基酸的含量和比值是否接近人体氨基酸模式。

4. 氨基酸评分（*AAS*）法

氨基酸评分法也称蛋白质化学评分法，用被测食物蛋白质的必需氨基酸模式与推荐的理想模式或参考蛋白质的氨基酸模式进行比较，计算出比值，比值最低者为第一限制氨基酸。

5. 蛋白质消化率经消化率校正后的氨基酸评分（*PDCAAS*）法

$$\text{蛋白质真消化率}(\%)=\text{氮吸收量}/\text{食入氮}\times 100\%$$

$$=[\text{食入氮}-(\text{粪氮}-\text{粪代谢氮})]/\text{食入氮}\times 100\%$$

$$PDCAAS=\text{氨基酸评分}(AAS)\times\text{蛋白质真消化率}(TD)$$

6. 蛋白质利用率

蛋白质功效比值指在一定条件下，动物平均每摄取 1g 蛋白质时所增加的体重克数。

$$\text{蛋白质功效比值}(PER)=\text{增加体重}/\text{蛋白质摄入量}$$

$$\text{蛋白质生物价}(BV)=\text{氮储留量}/\text{氮吸收量}\times 100$$

$$\text{蛋白质净利用率}(NPU)=\text{生物价}\times\text{消化率}=\text{氮储留量}/\text{食入氮}\times 100\%$$

（二）食物碳水化合物评价

1. 食物血糖生成指数（*GI*）

$$GI=\frac{\text{含 50g 碳水化合物试验食物餐后 2h 血糖应答曲线下面积}}{\text{等量碳水化合物标准参考物餐后 2h 血糖应答曲线下面积}}\times 100$$

通常标准参考物选择葡萄糖或白面包。不同来源的碳水化合物由于消化吸收速度不同而有不同的 *GI* 值。

$GI>70$ 的为高 *GI* 食物；*GI* 在 55～70 之间的为中 *GI* 食物；$GI<55$ 的为低 *GI* 食物。

2. 食物血糖负荷（*GL*）

$$GL=GI\times\text{摄入该食物的实际可利用碳水化合物的含量(g)}$$

$GL>20$ 的为高 *GL* 食物；*GL* 在 11～20 之间的为中 *GL* 食物；$GL<11$ 的为低 *GL* 食物。

（三）食物脂肪评价

1. 熔点及消化率

一般而言，熔点低于体温的脂肪的消化率可达 97%～98%，熔点高于体温的脂肪的消化率在 90%左右，动物脂肪多属后者。此外，不饱和脂肪和短链脂肪含量高的脂肪熔点低，容易消化。

2. 总脂肪含量及必需脂肪酸

一般合理膳食中脂肪的供能比为 20%～30%，必需脂肪酸应占一定比例。

3. 脂肪酸的适宜比例

脂肪酸的比例包括两个方面：

(1)饱和脂肪酸(S)：单不饱和脂肪酸(M)：多不饱和脂肪酸(P)

对一般成年人，$S:M:P=1:1:1$；对60岁以上老年人，$S:M:P=(3\sim4):5:(4\sim5)$。

(2)n-6：n-3多不饱和脂肪酸之间的比例

2岁以下及60岁以上人群：n-6：n-3=4：1；其他年龄组：n-6：n-3=(4～6)：1。

4.脂肪中含有的其他天然成分

其他天然成分主要指胆固醇、植物固醇、反式脂肪酸、维生素E等的含量。

三、实训操作

(一)蛋白质营养价值评价

以鸡蛋、大豆为例，比较和评价两种食品的蛋白质营养价值。

1.查食物成分表，确定被评价的食物蛋白质含量。

2.确定必需氨基酸的含量值

氨基酸含量(mg/g 蛋白质)=氨基酸质量含量(mg/100g)/蛋白质含量(g/100g)

3.计算氨基酸评分(AAS)

$$AAS=\frac{\text{被测食物每克蛋白质中氨基酸含量(mg)}}{\text{理想模式中每克蛋白质中氨基酸含量(mg)}}$$

4.找出第一限制氨基酸

评分值最低的必需氨基酸为第一限制氨基酸，此氨基酸的评分值即为该食物蛋白质的氨基酸评分。

5.计算经消化率校正后的氨基酸评分($PDCAAS$)

(1)查找蛋白质的真消化率(TD)。

(2)计算 $PDCAAS$

$$PDCAAS=AAS\times TD$$

评分最低的为该食物最终的 $PDCAAS$ 评分，将结果列入表3-1。

表3-1　食品氨基酸评分表

必需氨基酸	人体氨基酸模式(mg/g 蛋白质)	鸡蛋		大豆	
		氨基酸含量(mg/g 蛋白质)	AAS	氨基酸含量(mg/g 蛋白质)	AAS
异亮氨酸	40				
亮氨酸	70				
赖氨酸	55				
蛋氨酸＋胱氨酸	35				
苯丙氨酸＋酪氨酸	60				
苏氨酸	40				
色氨酸	10				
缬氨酸	50				
总计	360				

(二)碳水化合物营养价值评价

某份膳食由馒头 50g、牛奶 200mL 和面条 150g 组成，请评价该膳食的血糖生成指数和血糖负荷。

1. 查食物成分表，得到膳食中每种食物的碳水化合物含量和膳食纤维含量

将碳水化合物含量减去膳食纤维含量，获得可利用碳水化合物含量(A)。

2. 根据混合膳食中每种配料的质量求食物的质量(B)，计算每种配料提供的碳水化合物量(C)

$$C=\text{可利用碳水化合物含量}\times\text{食物的质量}/100=A\times B/100$$

求混合膳食中的碳水化合物总量

$$\sum C=\text{各配料提供碳水化合物量求和}$$

3. 计算各配料提供的碳水化合物质量百分比(D)

$$D=\text{各配料提供的碳水化合物质量}/\text{碳水化合物总量}\times 100\%=C/\sum C\times 100\%$$

4. 混合膳食 GI 的计算

(1)查资料得混合膳食中每种食物的 GI 值。

(2)计算总 GI：

$$GI=\text{每种食物的 }GI\times\text{占一餐中碳水化合物的质量比}(D)$$

5. 计算食物血糖负荷(GL)

$$GL=GI\times\text{摄入该食物的实际可利用碳水化合物的含量(g)}$$

将计算结果填入表 3-2。

表 3-2　混合膳食碳水化合物营养质量评价

	馒头	牛奶	面条	混合膳食
可利用碳水化合物含量 A(g/100g)				
质量 B				
提供的碳水化合物量 C(g)($A\times B/100$)				
占一餐碳水化合物质量比 D(%)($C/\sum C$) $\times 100\%$				
各食物原料 GI				
对一餐总 GI 的贡献($D\times GI$)				
GL($\sum GI\times\sum C$)				

(三)脂肪营养价值评价

对玉米油、猪肉、混合膳食的脂肪进行分析评价。

1. 分析和比较总脂肪含量

查食物成分表得各种食物的脂肪含量。

2. 分析必需脂肪酸含量

(1)查食物脂肪酸含量表，得到食物中含量较高或较低的脂肪酸含量，分析脂肪的脂肪酸组成；

(2)分析和计算必需脂肪酸含量(亚油酸 C18∶2、亚麻酸 C18∶3)，以每 100g 食物中脂肪酸的克数表示。

3. 计算脂肪酸比例

查找或计算食物中饱和脂肪酸(S)、单不饱和脂肪酸(M)、多不饱和脂肪酸(P)占总脂肪酸的比例,以饱和脂肪酸为1,计算 $S:M:P$ 比值。

将计算结果填入表3-3。

表3-3 食品脂肪营养价值计算表

	猪肉	玉米油	混合膳食
脂肪含量 A			
质量 B			
提供脂肪质量 $C(C=A\times B/100)$			
脂肪质量比 $D(D=C/\sum C\times 100\%)$			
脂肪酸含量 E(g/100g 脂肪)			
饱和脂肪酸含量 S			
单不饱和脂肪酸含量 M			
多不饱和脂肪酸含量 P			
亚油酸含量			
亚麻酸含量			
$S:M:P$			
n-6 : n-3			

四、结果分析

根据以上计算结果,评价食物中蛋白质、碳水化合物、脂肪的营养价值,并给出可能的建议。

实训三　食品的能量密度和营养质量指数及其评价

一、实训目的

能利用食品标签数据计算食品的能量密度;掌握能量密度和营养质量指数概念,能用于食物营养咨询和指导。

二、实训原理

(一)食物中能量密度的计算

能量密度=一定量食物提供的能量值/能量推荐摄入量

对营养需求不同的人群,同一种食物可有不同的能量(或营养素)密度值,即对不同的人,食物的营养价值是不一样的。

(二)营养质量指数的计算方法

INQ 即营养素密度(该食物所含某营养素占供给量的比)与能量密度(该食物所含热能占供给量的比)之比。

INQ=1，该食物提供营养素的能力与提供能量的能力相当，为“营养质量合格食物”。

INQ<1，该食物提供营养素的能力小于提供能量的能力，为“营养质量不合格食物（营养价值低的食物）”。长期食用此食物会发生该营养素不足或供能过剩的危险。

INQ>1，该食物提供营养素的能力大于提供能量的能力，为“营养质量合格食物”，特别适合超重和肥胖者。

三、实训操作

100g某曲奇饼干的能量为260kcal（1088kJ），蛋白质含量为6.6g，碳水化合物含量为50.1g，脂肪含量为3.7g，维生素 B_1 含量为0.05mg，维生素 B_2 含量为0.06mg，钙含量为42mg，铁含量为1.2mg。假设消费对象为学龄前儿童（6岁女童），请计算该饼干的能量密度、营养素密度及营养质量指数，根据 *INQ* 对该饼干的营养价值进行评价。

1.查找对应的 *RNI* 或 *AI* 数值

根据确定的食用对象查找 *RNI* 和 *AI*。

2.计算每100g该食物所含能量及各营养素含量

查食物成分表即得每100g该食物所含能量及各营养素含量。

3.计算能量密度、营养素密度、营养质量指数

根据公式计算能量密度、营养素密度和营养质量指数。

4.根据 *INQ* 评价食物营养价值

将计算结果填入表3-4，并进行营养评价。

表3-4　食品营养质量指数计算表

能量/营养素	*RNI* 或 *AI*	含量（每100g）	能量/营养素密度	*INQ*
能量（kcal）				
蛋白质（g）				
脂肪（g）				
碳水化合物（g）				
维生素 B_1（mg）				
维生素 B_2（mg）				
钙（mg）				
铁（mg）				

四、结果分析

对结果进行分析，并给出建议。

实训四　膳食中各类食物摄入量的计算

一、实训目的

了解食物的分类，计算膳食能量及各种营养素的含量。

二、实训原理

营养素含量的计算方法：

食物中某种营养素的含量＝$\sum$(食物量×可食部分比例×食物中某营养素的含量/100g)

三、实训操作

进行一份菜肴营养素摄入量的计算。

1.记录菜肴的原料，包括用料和质量。

2.在食物成分表中查询相关数据。

3.计算原料的营养素含量。

4.计算各营养素的总量。

四、结果分析

将计算结果列表，并分析菜肴中各营养素的含量。

五、注意事项

1.注意记录的原料是生重还是熟重，尽量采用熟食编码。

2.明确调查的是净重还是毛重。

3.学会灵活运用近似食物的营养成分代替计算，掌握代替原则。

4.不同的烹饪方法可以做出不同质量的菜肴，这里表示的是生菜质量。

5.烹调过程对原料中的营养素种类和数量有一定的影响。

6.在对消耗食物进行食物归类时，注意有些食物要进行折算才能相加。

第四章　合理营养与膳食指南

知识目标

1. 了解当今国内外膳食结构的模式及特点。
2. 熟悉平衡膳食、合理营养及食谱的基本概念。
3. 掌握平衡膳食、合理配餐及食谱编制的主要内容。
4. 掌握膳食的营养调查方法及营养健康教育的内容和方法。

技能目标

1. 能根据调查对象和调查目的选择合适的调查方法并完成调查。
2. 能采用合适的方法对教育对象进行营养健康教育。
3. 能提出改善个人和环境的卫生建议。
4. 能针对一些疾病提出营养改善方案。

第一节　合理营养

一、合理营养的含义

合理营养就是按照平衡膳食的原则，将食物进行合理的主副搭配、荤素搭配、粗细搭配以及多样搭配，以优化食物组合，并通过合理的烹调，满足机体对食物消化、吸收和利用过程的要求。合理营养可维持人体的正常生理功能，促进健康和生长发育，提高机体的劳动能力、抵抗力和免疫力，有利于某些疾病的预防和治疗。缺乏合理营养将产生障碍以至发生营养缺乏病或营养过剩性疾病。

合理营养的基本要求应包括以下 5 点：

(1)膳食中所含的各种营养素能提供适量的能量、细胞更新的材料以及维持正常的生理机能，满足人们生活、学习、劳动和生长发育以及智力发展的特殊需要。

(2)多种食物的搭配合理，以防偏求全、趋利避害、取长补短，使营养供给更为全面，有利于各种营养素的消化、吸收与利用。

(3)讲究食物的加工方法和烹调技术，制作的食物成品应色、香、味、形、质俱全，既有利于消化、吸收，又能引起人的食欲。

(4)进餐要有规律，饥饱适中，质量平衡，适时适量。餐次和食物的质量分配，必须与生活、学习、劳动需要以及特殊需求相适应。

(5)讲究饮食卫生，把住“病从口入”关，防止一些病原微生物、有毒农药、化学物质污染食物，做好“洁食”的自我防卫工作，以防止不应有的食物中毒发生。

二、不合理饮食行为对健康的影响

(一)导致营养失调

营养失调可产生营养不良(malnutrition)。营养不良是指由于一种或一种以上营养素的缺乏或过剩所造成的机体健康异常或疾病状态。营养不良包括两种表现,即营养缺乏(nutrition deficiency)和营养过剩(nutrition excess)。营养缺乏与营养过剩均对人体健康产生不良影响,直接造成人口素质下降,甚至危及生命。近几年来,我国居民的膳食、营养状况有了明显改善,营养缺乏患病率继续下降,但一些与营养过剩有关的疾病,如高血脂症、糖尿病、肥胖症等的患病率在不断增加。因此,目前我国居民正面临着营养缺乏与营养过剩的双重挑战。

1. 营养缺乏

营养缺乏病是由于营养素摄入不足所导致的疾病。目前世界上流行的四大营养缺乏病是:蛋白质-能量营养不良、缺铁性贫血、碘缺乏病、维生素 A 缺乏病。其他常见的营养缺乏病还有钙、维生素 D 缺乏引起的佝偻病,维生素 B_1 缺乏引起的脚气病,维生素 C 缺乏引起的坏血病,锌缺乏引起的厌食症等。各种营养素的缺乏都可产生相应的缺乏病。

近年来,由于我国居民膳食状况改善,典型的营养缺乏病已不多见,各种亚临床的营养缺乏或营养素不足受到重视,因此营养缺乏病也包括亚临床营养缺乏状态。

由于经济原因和饮食结构出现偏差等导致体内某种营养素含量不足,但尚未达到缺乏的程度,毫无症状或仅有轻微症状,处于亚临床表现状态。在当前及今后相当长的时期内,营养素的亚临床缺乏状态是营养缺乏的主要问题之一,亚临床营养缺乏者体内由于维生素营养水平及其生理功能处于低下状态,会降低机体对疾病的抵抗力,会降低工作效率和生活质量,有时也可出现某些症状,如食欲差、视力降低、容易疲乏等。但因这些症状不明显、不特异,常被人们忽略,对此应有高度的警惕性。

2. 营养过剩

营养过剩最主要、最直接的原因是饱食。长期饱食还会使人体弱多病。吃得过多还会使大脑早衰,引起头脑迟钝。当摄入的营养素超过机体的需要时,除增加机体代谢负担外,多余的营养素将贮存在体内,导致营养过多症,有的还可以引起中毒。

营养过剩性疾病是由于营养素摄入过多所产生的疾病,如高热量、高脂肪、高蛋白。特别是动物脂肪摄入过多,可以引起营养过剩性疾病,如肥胖症、高血脂症、冠心病、糖尿病等。一些营养素摄入不合理还与一些肿瘤的发病有关,如脂肪摄入过多与乳腺癌、结肠癌、前列腺癌的发病有关。此外,维生素 A、D 摄入过多,可造成维生素 A、D 中毒。

(二)引起疾病

随着生活水平的提高,人们饮食结构和营养水平的不断提升,患“富裕性疾病”的现象也越来越多。富裕性疾病是指高血压症、冠心病、高血脂症、糖尿病和肥胖症五种疾病。据悉,这类疾病极易导致急性脑血管意外、心肌梗死、心衰等。在某些已经改善了营养、增进了居民健康和寿命的发达国家里,因为营养过剩和营养不平衡,出现了一系列的富裕性疾病,这些疾病威胁着人们的健康和生命。

三、良好饮食习惯的培养

研究证实,不健康的饮食习惯与营养缺乏症、骨质疏松症、结肠癌等有关。如今,频繁在外就餐、不吃早餐等已成为不健康的饮食行为。在儿童、青少年时期进行健康饮食习惯的培养，对人一生的健康具有重要意义。

第二节 膳食指南

膳食指南是以良好的科学证据为基础，为促进人类健康所提供的食物选择和身体活动的指导；是从科学研究到生活实践的科学共识。在各国，膳食指南都是营养专家根据营养学原则，结合国情，教育居民采用平衡膳食，以达到合理营养，促进健康目的的指导性意见和公共政策基础。膳食指南的作用一方面在于引导居民合理消费食物，保护身体的健康；另一方面，这些原则可以成为政府发展食物生产及规划、满足居民合理的食物消费的根据。

在世界范围内，膳食指南作为公共卫生政策的组成部分已有百年以上历史。它是由早期食物指南，历经膳食供给量和膳食目标等阶段演变而来。它是在工业化后群众体力活动减少、脂肪摄入增多及其他营养素摄入量的改变导致心血管等慢性疾病增加而对膳食模式提出的建议。

一、世界各国膳食结构

膳食结构是指膳食中各类食物的数量及其在膳食中所占的比重，以及各类食物所能提供的能量及各种营养素的数量和比例。膳食结构的形成与社会经济文化、宗教信仰、营养知识水平等因素有关，既反映了人们的饮食习惯、生活水平高低，也反映出一个国家的经济发展水平和农业发展状况，是社会经济发展的重要特征。

膳食结构类型的划分有许多方法，但最重要的依据仍是动物性和植物性食物在膳食构成中的比例。根据膳食中植物性食物所占的比重，以及能量、蛋白质、脂肪和碳水化合物的供给量作为划分膳食结构的标准，可将世界不同地区的膳食结构分为以下四种类型：

（一）动植物性食物平衡的膳食结构（日本模式）

该类型以日本人的膳食结构为代表，膳食中动植物性食物的比例比较适当。其特点为谷类的消费量年人均约 94kg，动物性食物的消费量年人均约 63kg，其中海产品所占比例达到 50%，动物性蛋白质占总蛋白质的 42.8%；能量和脂肪的摄入量低于以动物性食物为主的欧美发达国家，每天能量摄入保持在 2000kcal 左右。三大产能营养素供能比例为：碳水化合物57.7%，脂肪 26.3%，蛋白质 16.0%。该类型的膳食能量能够满足人体需要，又不致过剩。蛋白质、脂肪和碳水化合物的供能比例合理。来自于植物性食物的膳食纤维和来自于动物性食物的营养素如铁、钙等均比较充足，同时动物脂肪又不多，有利于避免营养缺乏病和营养过剩性疾病，有益于健康。此类膳食结构已经成为世界各国调整膳食结构的参考。

（二）以植物性食物为主的膳食结构（发展中国家模式）

大多数发展中国家如印度、巴基斯坦、孟加拉和非洲一些国家等属于此类型。其特点是以植物性食物为主，动物性食物为辅，谷物食品消费量大，年人均 200kg；动物性食物消费量小，年人均仅 10～20kg，动物性蛋白质一般占蛋白质总量的 10%～20%，低者不足 10%；植物性食物提供的能量占总能量的近 90%。该类型的膳食能量基本可满足人体需要，但蛋白质、脂肪摄入量均低，来自于动物性食物的营养素如铁、钙、维生素 A 摄入不足。营养缺乏病是这些国家人群的主要营养问题，人的体质较弱、健康状况不良、劳动生产率较低。但从另一方面看,以植物性食物为主的膳食结构,膳食纤维充足,动物性脂肪较低,有利于冠心病和高血脂症的预防。

(三)以动物性食物为主的膳食结构(欧美发达国家模式)

以动物性食物为主是多数欧美发达国家如美国,西欧、北欧诸国的典型膳食结构,属于营养过剩型的膳食。其膳食结构以提供高能量、高脂肪、高蛋白质、低纤维为主要特点,人均每日摄入蛋白质100g以上,脂肪130～150g,能量高达3300～3500kcal。食物摄入特点是:粮谷类食物消费量小,人均每年60～75kg;动物性食物及食糖的消费量大,年人均消费肉类100kg左右,奶和奶制品100～150kg,蛋类15kg,食糖40～60kg。

营养过剩是此类膳食结构人群所面临的主要健康问题。心脏病、脑血管病和恶性肿瘤已成为西方人的三大死亡原因,其中心脏病的死亡率明显高于发展中国家。为此美国提出调整膳食构成,主要包括:增加谷类食物的摄入量,使糖的供能比例由原来占总能量的42%提高到55%～60%,其中食糖供能比例不超过10%;减少脂肪的摄入,使其供能比由原来的45%减少到30%,特别是减少饱和脂肪酸的摄入,使其供能比不超过10%,增加不饱和脂肪酸的摄入。

(四)地中海膳食结构

该膳食结构的特点是居住在地中海地区的居民所特有的,意大利、希腊可作为该种膳食结构的代表。膳食结构的主要特点包括:

(1)膳食富含植物性食物,包括水果、蔬菜、薯类、谷类、豆类、果仁等。

(2)食物的加工程度低,新鲜度较高。该地区居民以食用当季、当地产的食物为主。

(3)橄榄油是主要的食用油,所占比例较高;脂肪提供能量占总能量的25%～35%,饱和脂肪所占比例较低,为7%～8%。

(4)每天食用少量、适量奶酪和酸奶。

(5)每周食用少量、适量鱼、禽、蛋。

(6)以新鲜水果作为典型的每日餐后食品,每周只食用几次甜食。

(7)每月食用几次红肉(猪肉、牛肉和羊肉及其产品)。

(8)大部分成年人有饮用葡萄酒的习惯。

此膳食结构的突出特点是饱和脂肪酸摄入量低,膳食含大量复合碳水化合物,蔬菜、水果摄入量较高。地中海地区居民心脑血管疾病的发生率很低,已引起了西方国家的注意,并纷纷参照这种膳食模式改进自己国家的膳食结构。

二、中国居民膳食指南发展

(一)历史背景

从20世纪70年代末至80年代,许多国家第一次制定了国家膳食指南——加拿大(1976年),法国、瑞典、挪威(1981年),新西兰(1982年),丹麦、英国(1983年),日本(1984年),德国(1985年),韩国、芬兰(1987年),匈牙利、印度(1988年),新加坡(1989年)。许多国家还设计了类似的金字塔或其他群众喜爱的表达方式,如加拿大的“食物彩虹图”、澳大利亚的“圆盘图”等。

大多数国家的膳食指南只对健康成人和2岁以上儿童适用。对特殊人群应该制定特殊人群的膳食指南。1989年,美国Gerber Products Company专门提出了婴儿的膳食指南;

1990年，日本对不同生活方式的人群提出几种不同的膳食指南，包括预防成人疾病、老年、婴儿、婴孩期、学龄期、青年期和妇女的膳食指南；澳大利亚制定了儿童和青少年的膳食指南。

目前大多数国家采用的是定性的指南，但日本和新加坡采用的是定性和定量相结合的指南。定量的指南是基于营养需要和供给量，而定性的指南只推荐食物种类和选择食物的模式。定量的指南在制定政策时对制定人群的需要更有用，而定性的指南在促进健康人群选择食物时是教育工具。

在制定膳食指南时，发达国家和发展中国家遵循的原则有所区别。在发展中国家，营养不良与营养过剩并存，制定膳食指南时既要告诫慢性病的预防，也要提出食物强化、微量营养素应充足、母乳喂养、食品安全和卫生等问题。如印度尼西亚于1995年制定的膳食指南很有代表性。在发达国家，主要是预防与营养相关的慢性病的问题，因此由有关机构发布心脏病、糖尿病、肾脏病病人的膳食指南，如美国国家研究委员会于1982年曾提出预防癌症的膳食指南。

FAO/WHO于1992年在罗马召开的国际营养大会把推广以食物为基础的膳食指南列为重点工作之一。会议强调推行合理膳食及健康生活方式是消除或明显减少慢性营养不良、微量营养素缺乏及膳食有关疾病的一项适宜的策略。1996年，WHO/FAO联合专家会议发表了《编制与应用以食物为基础的膳食指南》，作为各国制定及应用膳食指南的依据和参考。

为实现我国政府在世界营养大会上的承诺，原卫生部会同原国家计划委员会、原国家教育委员会、原农业部等14个有关部委制定了《中国营养改善行动计划(1996—2000年)》。其总目标指出：通过保障食物供给，落实适宜的干预措施，减少饥饿和食物不足，降低蛋白质-能量营养不良的发生，预防、控制和消除微量营养素缺乏症；通过正确引导食物消费，优化膳食模式，促进健康的生活方式，全面改善居民的健康状况，预防与营养有关的慢性病。膳食指南的制定和贯彻是落实营养改善行动计划的具体措施。

《中国居民膳食指南》是贯彻营养改善行动计划的主要宣传教育大纲。其核心是倡导平衡膳食和合理营养以达到促进健康的目的。

(二)中国的膳食结构

我国传统的膳食结构以植物性食物为主，谷类、薯类和蔬菜摄入量较高，肉类摄入量较低，奶类食物消费较少。其特点为高碳水化合物、高膳食纤维、低脂肪，属于东方膳食模式，有利于血脂异常和冠心病等慢性病的预防，但容易出现营养不良。近20多年来，随着经济的发展和居民生活水平的提高，我国的膳食结构发生了较大的变化，特别是城市和经济发达地区居民的膳食结构不尽合理，主要存在的问题如下：

(1)谷类食物消费偏低。20多年来谷类食物摄入量持续下降，我国城市居民谷类供能比仅达48.5%，大城市更低，仅为41.4%，明显低于平衡膳食要求的55%～65%。

(2)蔬菜、水果摄入明显不足。平均每日蔬菜摄入量为275g、水果为45g，低于平衡膳食中建议的每日摄入蔬菜300～500g和水果200～400g的要求。

(3)动物性食物及油脂消费大幅增长。20多年来全国动物性食物摄入量增长较快，居民平均每日畜禽肉类食物的摄入量为78.6g，动物脂肪和烹调油摄入量明显增加，膳食脂肪供能比达35%，大城市高达38.4%，超过WHO推荐的25%～30%。

(4)奶类及豆类食物摄入不足。居民平均每日奶类制品的摄入量仅为 26g,豆类食物为 16g,低于平衡膳食中建议的每日摄入 300g 奶类或奶制品,以及相当于干豆 30～50g 的大豆或豆制品。

(5)盐和酱油摄入量偏高。食盐摄入量平均为 12g,酱油摄入量平均为 9g,显著高于平衡膳食中建议的食盐摄入量不超过 6g 的要求。

由于我国膳食结构的变迁趋于高能量、高脂肪、低碳水化合物,加之体力活动日益减少,致使相关的一些慢性病如肥胖症、高血压症、糖尿病、心血管疾病、恶性肿瘤的患病率迅速上升。

(三)中国居民膳食指南的沿革

《中国居民膳食指南》是根据平衡膳食理论制订的饮食指导原则,是合理选择与搭配食物的指导性文件,目的在于优化饮食结构,减少与膳食失衡有关的疾病发生,提高全民健康素质。我国于 1989 年首次发布了《中国居民膳食指南》,在 1997 年、2007 年和 2016 年进行了修订,在指导、教育人民群众采用平衡膳食、增强健康素质方面发挥了积极的作用。

1.第一版:《中国居民膳食指南》(1989 年)

1989 年 10 月,中国营养学会常务理事会制定并发布了《中国居民膳食指南》。此膳食指南共八条,即:食物要多样,饥饱要适当,油脂要适量,粗细要搭配,食盐要限量,甜食要少吃,饮酒要节制,三餐要合理。

《中国居民膳食指南》的发布,在指导、教育人民群众采用平衡膳食、增强健康素质方面发挥了积极的作用。但随着我国改革开放和经济的发展,我国居民的膳食结构出现了新的问题。根据 20 世纪 90 年代以来全国营养调查资料和相关研究报告,全国多数地区已达到温饱水平,每日能量和蛋白质摄入水平已达推荐标准,且有的大城市和省份已进入小康水平。但食物消费情况、营养素摄入情况和食品卫生方面都存在不容忽视的问题以及有待改善的重要方面。因此修订原有的膳食指南刻不容缓。

2.第二版:《中国居民膳食指南》(1997 年)

受原卫生部委托,中国营养学会与中国预防医学科学院营养与食品卫生研究所于 1997 年组成了《中国居民膳食指南》专家委员会。专家委员会依据最新的科学研究成果,针对我国居民的营养需要及膳食中存在的主要缺陷,借鉴国外先进经验,对第一版的膳食指南进行了修改,制定了《中国居民膳食指南》(1997 年)及其说明。该指南于 1997 年 4 月由中国营养学会常务理事会通过,并正式发布。

1997 年的《中国居民膳食指南》共有八条推荐条目,即:食物多样、谷类为主;多吃蔬菜、水果和薯类;常吃奶类、豆类或其制品;经常吃适量鱼、禽、蛋、瘦肉,少吃肥肉和荤油;食量与体力活动要平衡,以保持适宜体重;吃清淡少盐的膳食;如饮酒应限量;吃清洁卫生、不变质的食物,通用于健康成人和 2 岁以上儿童。鉴于特定人群对膳食营养的特殊需要,专家委员会又提出了《特定人群膳食指南》,作为《中国居民膳食指南》的补充。

为了帮助消费者在日常生活中实践《中国居民膳食指南》,专家委员会进一步提出了食物定量指导方案,并以宝塔图形表示。它直观地告诉居民食物分类的概念及每天各类食物的合理摄入范围,告诉居民每日应吃食物的种类及相应的数量,对合理调配平衡膳食进行具体指导,故称之为“中国居民平衡膳食宝塔”(简称“膳食宝塔”)。

与第一版膳食指南相比,新指南强调“常吃奶类、豆类或其制品”,以弥补我国居民膳食钙摄入严重不足的缺陷；提倡居民重视食品卫生，增强自我保护意识，并根据特定人群的特殊需要，制定出不同人群的膳食指南要点。

3.第三版：《中国居民膳食指南》(2007 年)

我国 2002 年全国居民营养与健康状况调查结果显示，我国城乡居民的膳食状况明显改善，但部分人群膳食结构不合理及身体活动减少，引起肥胖症、高血压症、糖尿病、高血脂症等慢性疾病的患病率增加，在一些贫困农村地区还存在营养缺乏的问题。

受原卫生部委托，2006 年中国营养学会组织了《中国居民膳食指南》修订专家委员会，依据中国居民膳食消费和营养摄入的实际情况，以及存在的突出问题，结合营养素需要量和食物成分的新知识，对第二版膳食指南进行全面修订，在广泛征求相关领域专家、机构和企业的意见后形成了《中国居民膳食指南》(2007 年)。

4.第四版：《中国居民膳食指南》(2016 年)

为使我国居民膳食指南更加切合当前我国居民营养状况和健康需求，2014 年起，原国家卫生和计划生育委员会疾病控制局委托中国营养学会再次启动指南修订工作。修订过程中，根据《中国居民营养与慢性病状况报告(2015 年)》中指出的我国居民面临营养缺乏和营养过剩双重挑战的情况，结合中华民族饮食习惯以及不同地区食物可及性等多方面因素，参考其他国家膳食指南制定的科学依据和研究成果，对部分食物日摄入量进行调整，提出符合我国居民营养健康状况和基本需求的膳食指导建议，形成了《中国居民膳食指南》(2016 年)系列指导性文件和修订版。《中国居民膳食指南》(2016 年)于 2016 年 5 月 13 日由原国家卫生和计划生育委员会疾病控制局发布，自 2016 年 5 月 13 日起实施。

三、《中国居民膳食指南》(2016 年)

在健康成为国策的今天，第四版《中国居民膳食指南》(2016 年)根据营养科学原则和百姓健康需要，结合当地食物生产供应情况及人群生活实践，给出食物选择和身体活动的指导意见。它是健康教育的公共政策和基础性文件，是国家实施和推动食物合理消费及改善人群营养健康行动的一个重要组成部分。

《中国居民膳食指南》(2016 年)由一般人群膳食指南、特定人群膳食指南和平衡膳食模式及实践组成。

(一)一般人群膳食指南

一般人群膳食指南适用于 2 岁以上的健康人群，共有 6 条核心推荐条目，在每个核心条目下设有提要、关键推荐、实践应用、科学依据、知识链接 5 个部分。提要是对条目中心内容、关键推荐和关键事实进行总结；关键推荐是对实现核心条目建议的具体化操作要点；科学依据总结和分析了 1997—2014 年对同一问题的科学研究的系统综述和荟萃分析，集中了科学界的主流观点和共识，关键事实是对科学依据内容的提炼和总结；知识链接介绍与本条目有关的一些信息资料。指南特别结合我国居民的营养现状问题，推荐了解决方案和建议。6 条核心推荐条目内容如下：

推荐一：食物多样，谷类为主。

平衡膳食模式是最大程度上保障人体营养需要和健康的基础，食物多样是平衡膳食模式的基本原则。每天的膳食应包括谷薯类、蔬菜水果类、畜禽鱼蛋奶类、大豆坚果类等食物。建议平均每天摄入 12 种以上食物，每周 25 种以上。谷类为主是平衡膳食模式的重要特征，每天摄入谷薯类食物 250～400g，其中全谷物和杂豆类 50～150g，薯类 50～100g。膳食中碳水化合物提供的能量应占总能量的 50%以上。

推荐二：吃动平衡，健康体重。

食物摄入量和身体活动量是保持能量平衡、维持健康体重的两个主要因素。体重是客观评价人体营养和健康状况的重要指标，2 岁以上各年龄段人群都应天天运动、保持健康体重。食不过量，控制总能量摄入，保持能量平衡。坚持日常身体活动，建议每周至少进行 5 天中等强度身体活动，累计 150min 以上；平均每天主动身体活动 6000 步；尽量减少久坐时间，每小时起来动一动。

推荐三：多吃蔬果、奶类、大豆。

蔬菜水果是平衡膳食的重要组成部分，奶类富含钙，大豆富含优质蛋白质，基于其营养价值和健康意义，建议增加蔬菜水果、奶和大豆及其制品的摄入。餐餐有蔬菜，保证每天摄入 300～500g 蔬菜，深色蔬菜应占 1/2。天天吃水果，保证每天摄入 200～350g 新鲜水果，果汁不能代替鲜果。吃各种各样的奶制品，每天摄入量相当于液态奶 300g。平均每天摄入大豆和坚果 25～35g，把牛奶、大豆当做膳食重要组成部分。

推荐四：适量吃鱼、禽、蛋、瘦肉。

鱼、禽、蛋和瘦肉均属于动物性食物，富含优质蛋白质、脂类、脂溶性维生素、B 族维生素和矿物质等，是平衡膳食的重要组成部分。建议每周吃鱼 280～525g，畜禽肉 280～525g，蛋类 280～350g，平均每天摄入总量 120～200g。优先选择鱼和禽，吃鸡蛋不弃蛋黄，少吃肥肉、烟熏和腌制肉食品。

推荐五：少盐少油，控糖限酒。

培养清淡饮食习惯，少吃高盐和油炸食品。成人每天摄 入食盐不超过 6g，每天烹调用油 25～30g。控制添加糖的摄入量，每天摄入不超过 50g，最好控制在 25g 以下。每日反式脂肪酸摄入量不超过 2g。足量饮水，成年人每天 7～8 杯(1500～1700mL)，提倡饮用白开水和茶水；不喝或少喝含糖饮料。儿童少年、孕妇、乳母不应饮酒。成人如饮酒，男性一天饮用酒的酒精量不超过 25g，女性不超过 15g。

推荐六：杜绝浪费，兴新食尚。

食物是人类获取营养、赖以生存和发展的物质基础。优良的饮食文化是实施平衡膳食的保障。勤俭节约是中华民族的传统美德，食物资源宝贵，来之不易，应珍惜食物，家庭按需选购食物，按需备餐，提倡分餐不浪费。选择新鲜、卫生的食物和适宜的烹调方式。食物制备生熟分开，熟食二次加热要热透。学会阅读食品标签，合理选择食品。食物不仅承载了营养，也反映了文化传承和生活状态，多回家吃饭，享受食物和亲情。

(二)特定人群膳食指南

特定人群包括孕妇、乳母、婴幼儿、儿童青少年以及老年人，根据这些人群的生理特点和营养需要，制定了相应的膳食指南，以期更好地指导孕妇、乳母的营养，婴幼儿科学喂养和辅食添加，儿童青少年生长发育快速增长时期的合理饮食，以及适应老年人生理和身体变化的膳食安排。合理营养、平衡膳食是提高健康水平和生命质量的保障。

四、中国居民平衡膳食模式和图示

平衡膳食模式是经过科学设计的理想膳食模式。平衡膳食模式(理想膳食模式)所推荐的食物种类和比例能最大限度地满足不同年龄阶段、不同能量需要水平的健康人群的营养与健康需要。平衡膳食模式是中国居民膳食指南的核心。

(一)中国居民平衡膳食宝塔

中国居民平衡膳食宝塔是根据《中国居民膳食指南》(2016 年)的核心内容和推荐，结合中国居民膳食的实际情况，把 2 岁以上健康人群的平衡膳食的原则转化为各类食物的数量和比例的图形化表示，如图 4-1 所示。

图 4-1 中国居民平衡膳食宝塔(2016 年)

中国居民平衡膳食宝塔形象化的组合，遵循了平衡膳食的原则，体现了一个在营养上比较理想的基本构成。平衡膳食宝塔共分 5 层，各层面积大小不同，体现了 5 类食物和食物量的多少；5 类食物包括谷薯类、蔬菜水果类、畜禽鱼蛋类、奶类、大豆和坚果类，烹饪用油盐，其食物数量是根据不同能量需要而设计，宝塔旁边的文字注释，标明了在能量 1600～2400kcal 之间，一段时间内成人每人每天各类食物摄入量的平均范围。

1. 第一层是谷薯类食物

谷薯类是膳食能量的主要来源(碳水化合物提供总能量的 50％～60％)，也是多种微量营养素和膳食纤维的良好来源。

谷类包括小麦、稻米、玉米、高粱等及其制品，如米饭、馒头、烙饼、面包、饼干、麦片等。薯类包括马铃薯、红薯等，可替代部分主食。杂豆包括大豆以外的其他干豆类，如红小豆、绿豆、芸豆等。全谷物保留了天然谷物的全部成分，是理想膳食模式的重要选择，也是膳食纤维和其他营养素的来源。我国传统膳食中常见的整粒食物有小米、玉米、绿豆、红豆、荞麦等，现代加工产品有燕麦片等，因此把杂豆与全谷物归为一类。

2 岁以上所有年龄的人都应该保持全谷物的摄入量，以此获得更多营养素、膳食纤维和健康益处。膳食指南中推荐 2 岁以上健康人群的膳食应食物多样、谷类为主。一段时间内，成人每人每天应该摄入谷、薯、杂豆类 250～400g，其中全谷物 50～150g(包括杂豆类)，新鲜薯类 50～100g。

2. 第二层是蔬菜水果类

蔬菜、水果是膳食指南中鼓励多摄入的两类食物。蔬菜、水果是膳食纤维、微量营养素和植物化学物的良好来源。

蔬菜包括嫩茎、叶、花菜类，根菜类，鲜豆类，茄果瓜菜类，葱蒜类和菌藻类，水生蔬菜类等。深色蔬菜是指深绿色、深黄色、紫色、红色等有色的蔬菜，每类蔬菜提供的营养素略有不同，深色蔬菜一般富含维生素、植物化学物和膳食纤维，推荐每天占总体蔬菜摄入量的 1/2 以上。

水果包括仁果、浆果、核果、瓜果、橘果等种类。建议吃新鲜水果，在鲜果供应不足时选择一些含糖量低的干果制品和纯果汁。新鲜水果提供多种微量营养素和膳食纤维。

蔬菜和水果各有优势，虽在一层，但不能互相替代。很多人不习惯摄入水果，或者摄入量很低，应努力把水果作为平衡膳食的重要部分。多吃蔬菜、水果也是降低膳食能量摄入的不错选择。在 1600～2400kcal 能量需要水平下，推荐每人每天摄入蔬菜 300～500g、水果 200～350g。

3. 第三层是鱼、禽、肉、蛋等动物性食物

鱼、禽、肉、蛋等动物性食物是膳食指南推荐适量食用的一类食物。在 1600～2400kcal 能量需要水平下，推荐每天鱼、禽、肉、蛋摄入量共计 120～200g。新鲜的动物性食物是优质蛋白质、脂肪和脂溶性维生素的良好来源，建议每天畜禽肉的摄入量为 40g～75g，少吃加工类肉制品。目前我国汉族居民的肉类摄入以猪肉为主，且增长趋势明显。猪肉含脂肪较高，应尽量选择瘦肉或禽肉。常见的水产品是鱼、虾、蟹、贝类，此类食物富含优质蛋白质、脂类、维生素和矿物质，推荐每天摄入量为 40～75g，有条件可以多吃一些以替代畜肉类。

蛋类包括鸡蛋、鸭蛋、鹅蛋、鹌鹑蛋、鸽蛋及其加工制品。蛋类的营养价值较高，推荐每天吃 1 个鸡蛋(相当于 50g 左右)。吃鸡蛋不能弃蛋黄，蛋黄有丰富的营养成分，如胆碱、卵磷脂、胆固醇、维生素 A、叶黄素、锌、B 族维生素，对健康有益处。

4. 第四层是奶类、大豆和坚果类

奶类、豆类是鼓励多摄入的。奶类、大豆和坚果类是蛋白质和钙的良好来源，营养素密度高。在 1600～2400kcal 能量需要水平下，推荐每天应摄入相当于鲜奶 300g 的奶类及奶制品；在全球奶制品消费中，我国摄入量一直很低，多吃多种多样的奶制品，有利于提高奶类摄入量。大豆包括黄豆、黑豆、青豆，其常见的制品包括豆腐、豆浆、豆腐干及千张等。推荐大豆及其制品每天摄入量为 25～35g。

坚果包括花生、葵花籽、核桃、杏仁、榛子等，部分坚果的蛋白质与大豆相似，富含必需脂肪酸和必需氨基酸，作为菜肴、零食等都是食物多样化的良好选择，建议每周摄入 70g 左右(每天 10g 左右)。10g 坚果仁相当于 2～3 个核桃、4～5 个板栗、一把松子仁(相当于一把带皮松子 30～35g)。

5. 第五层是烹调油和盐

油、盐作为烹饪调料，是建议尽量少用的食物。推荐成人每天烹调油摄入量为 25～30g，食盐摄入量不超过 6g。按照 *DRI* 中脂肪在总膳食中的能量供应，1～3 岁人群脂肪摄入量占膳食总能量的 30%，4 岁以上人群占 20%～30%。在 1600～2400kcal 膳食总能量需求下，脂肪摄入量为 36～80g。脂肪提供高能量，很多食物含有脂肪，所以烹饪用油需要限量，按照 25～30g 计算，烹饪油提供膳食总能量的 10%左右。烹饪油包括各种动植物油，植物油包括花生油、豆油、菜籽油、芝麻油、调和油等，动物油包括猪油、牛油、黄油等。烹调油也要多样化，经常更换种类，食用多种植物油可满足人体各种脂肪酸的需要。

我国居民食盐用量普遍较高，盐与高血压关系密切，限制盐的摄入是我国的长期目标。

除了少用食盐外，也需要控制隐形高盐食品的摄入量。

酒和添加糖不是膳食组成的基本食物。

6. 运动和饮水

水是膳食的重要组成部分，是一切生命必需的物质，其需要量主要受年龄、身体活动、环境温度等因素影响。轻体力活动的成年人每天饮水 1500～1700mL（7～8 杯），在高温和强体力活动的条件下，应适当增加。饮水不足或过多都会对人体健康带来危害。膳食中水分大约占 1/3，推荐一天饮水和整体膳食（包括食物中的水，如汤、粥、奶等）中水摄入量共计 2700～3000mL。

运动或身体活动是能量平衡和保持身体健康的重要手段。运动或身体活动能有效地消耗能量，保持精神和机体代谢的活跃性。鼓励养成天天运动的习惯，坚持每天多做一些消耗体力的运动。推荐成人每天进行相当于快走 6000 步以上的身体活动，每周最好进行 150min 中等强度的运动，如骑车、跑步、庭院或农田劳动等。一般而言，轻体力活动的能量消耗通常占总能量消耗的 1/3 左右，而重体力活动则可高达 1/2。加强和保持能量平衡，需要通过不断摸索，关注体重变化，找到食物摄入量和运动消耗量之间的平衡点。

值得指出的是，平衡膳食模式中提及的所有食物推荐量都是以原料的生重可食部分计算的，每类食物又覆盖了多种多样的不同食物，熟悉食物营养特点，是保障膳食平衡和合理营养的基础。

（二）中国居民平衡膳食餐盘

中国居民平衡膳食餐盘（图 4-2）是按照平衡膳食原则，在不考虑烹饪用油盐的前提下，描述一个人一餐中膳食的食物组成和大致比例。餐盘更加直观，一餐膳食的食物组合搭配轮廓清晰明了。

餐盘分成四个部分，分别是谷薯类、鱼肉蛋豆类、蔬菜类和水果类。蔬菜类和谷薯类所占的面积较大，鱼肉蛋豆类所占面积最小，餐盘旁的牛奶杯提示了奶制品的重要性。餐盘适用于 2 岁以上的健康人群。

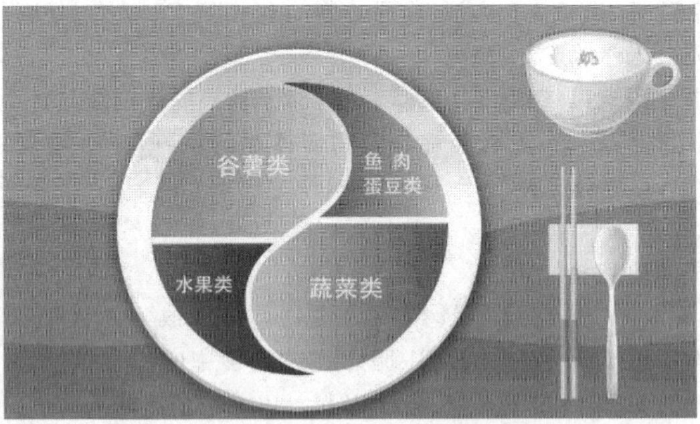

图 4-2　中国居民平衡膳食餐盘（2016 年）

与平衡膳食宝塔相比，平衡膳食餐盘更加简明，给大家一个框架性认识，容易记忆和操作。对 2 岁以上人群都可参照此结构计划膳食，即便是对素食者而言，也很容易替换肉类为豆类，以获得充足的蛋白质。

(三)中国儿童平衡膳食算盘

中国儿童平衡膳食算盘,是以中国儿童膳食指南为基础,在考虑实践中的可行性和可操作性的前提下,根据平衡膳食原则转化为各类食物数量的图形化表示,并采用直观的算盘形式表现,以便于传播正确的营养知识和指导儿童达到平衡膳食,如图 4-3 所示。

图 4-3　中国儿童平衡膳食算盘(2016 年)

1. 适用人群

此算盘份量适用于 8～11 岁中等体力活动水平的儿童。

2. 算盘构成

在食物方面,中国儿童平衡膳食算盘将食物分为六行,并采用不同颜色的彩珠。从下至上食物类别及代表颜色分别是:谷薯类(黄色)、蔬菜类(绿色)、水果类(蓝色)、畜禽肉蛋水产品类(紫色)、大豆坚果奶类(香槟色)、油盐类(红色)。此外,算盘中跑步的儿童身挎水壶,表明鼓励喝白开水,每天户外运动 1h,积极地生活和学习的思想。与传统中国居民平衡膳食宝塔相比,中国儿童膳食算盘在膳食宝塔基础上将蔬菜和水果分为两类,便于与儿童及其膳食制作者更好地沟通,并易于记忆一日三餐食物的基本构成。

3. 食物比例

(1)第一行:谷薯类

谷薯类食物是膳食能量的主要来源(碳水化合物提供总能量的 50%～65%),也是多种微量营养素和膳食纤维的良好来源。算盘推荐儿童每日应摄入谷薯类 5～6 份,并粗细搭配,摄入适量全谷物和薯类。谷薯类是碳水化合物的主要来源,谷类包括小麦、稻米、玉米、高粱等及其制品,如米饭、馒头、烙饼、面包、饼干等;薯类包括马铃薯、红薯等,可替代部分主食。全谷物保留了天然谷物的全部成分,是理想膳食模式的重要选择之一,也是膳食纤维和其他营养素的重要来源。我国传统膳食中常见的全谷物包括小米、玉米、荞麦等。

(2)第二行:蔬菜类

蔬菜是膳食纤维、微量营养素和植物化学物的良好来源。算盘推荐儿童每日应摄入蔬菜类4～5份,且深色蔬菜不低于每日总体蔬菜摄入量的1/3。蔬菜包括根菜类,嫩茎、叶、花菜类,鲜豆类,茄果类,葱蒜类,薯芋类,水生蔬菜类和野生蔬菜类。深色蔬菜是指深绿色、深黄色、紫色、红色等有色蔬菜,每类蔬菜提供的营养素略有区别,深色蔬菜一般富含维生素、植物化学物和膳食纤维。

(3)第三行:水果类

水果也是膳食纤维、微量营养素和植物化学物的良好来源。算盘推荐儿童每日应摄入水果类3～4份。水果包括仁果、浆果、核果、柑橘类、瓜果和热带水果。建议吃新鲜水果,在鲜果供应不足时可选择一些含糖量低的干果制品和纯果汁。

(4)第四行:畜禽肉蛋水产品类

新鲜的动物性食物是优质蛋白质、脂肪和脂溶性维生素的良好来源。算盘推荐儿童每日应摄入畜禽肉蛋水产品类2～3份。畜禽肉蛋水产品类包括禽畜肉、蛋类、水产类。由于各类食物营养素含量不同,如畜肉脂肪含量较高但血红素铁含量丰富,水产类富含优质蛋白、维生素和矿物质等,因此在日常摄入中,应保持各类食物的均衡并适当限制加工肉类制品的摄入。

(5)第五行:大豆坚果奶类

大豆坚果奶类是蛋白质和钙的良好来源。算盘推荐儿童每日应摄入大豆坚果奶类食物2～3份。大豆包括黄豆、黑豆和青豆,其常见制品包括豆腐、豆浆、豆腐干、腐竹和腐皮等。坚果包括花生、葵花籽、核桃、杏仁和榛子等,可作为菜肴配料或零食等,是食物多样化的良好选择。奶类包括鲜奶、酸奶、奶粉和奶酪等,是钙的重要来源,为满足骨骼发育的需要,学龄儿童应保证每天喝奶300mL或摄入相当量的奶制品。

(6)第六行:油盐类

油、盐作为烹饪调料,是建议尽量少吃的食物,油也是膳食脂肪摄入的重要来源。算盘推荐儿童每日摄入油盐类适量。由于脂肪提供能量较高,在多数动物性食物中均含有脂肪,因此烹饪用油应适量。烹调油包括各种动植物油,动物油包括猪油、牛油、黄油等,植物油包括花生油、豆油、菜籽油、芝麻油、调和油等。动物油富含饱和脂肪酸,而植物油富含不饱和脂肪酸,因此烹调用油也应尽量做到多样化。

第三节　社区营养状况评定

一、膳食营养素参考摄入量

膳食营养素参考摄入量(Dietary Reference Intakes,*DRIs*)是为了保证人体合理摄入营养素,避免缺乏和过量,在推荐膳食营养素供给量(*RDA*)的基础上发展起来的每日平均膳食营养素摄入量的一组参考值。随着营养学研究的深入发展,*DRIs*的内容由初期的平均需要量、推荐摄入量、适宜摄入量、可耐受最高摄入量四个指标,修订增加了与慢性非传染性疾病有关的三个指标:宏量营养素可接受范围、预防非传染性慢性病的建议摄入量和特定建议量。

(一)平均需要量(Estimated Average Requirement, EAR)

EAR 是指某一特定性别、年龄及生理状况群体中个体对某营养素需要量的平均值。按照 *EAR* 水平摄入营养素，可以满足某一特定性别、年龄及生理状况群体中 50%个体的需要量，但不能满足另外 50%个体对该营养素的需要。*EAR* 是制订 *RNI* 的基础。由于某些营养素的研究尚缺乏足够的人体需要量资料，因此并非所有营养素都能制定出其 *EAR*。

(二)推荐摄入量(Recommended Nutrient Intake, RNI)

RNI 是指可以满足某一特定性别、年龄及生理状况群体中绝大多数个体(97%～98%)需要的某种营养素摄入水平。长期摄入 *RNI* 水平可以满足机体对该营养素的需要，维持组织中有适当的储备以保障机体健康。*RNI* 相当于传统意义上的 *RDA*。*RNI* 的主要用途是作为个体每日摄入该营养素的目标值。

RNI 是根据某一特定人群中体重在正常范围内的个体需要量而设定的。对个别身高、体重超过此参考范围较多的个体，可能需要按每千克体重的需要量调整其 *RNI*。

能量需要量(Estimated Energy Requirement, *EER*)是指能长期保持良好的健康状态，维持良好的体型、机体构成以及理想活动水平的个体或群体，达到能量平衡时所需要的膳食能量摄入量(WHO,1985)。

群体的能量推荐摄入量直接等同于该群体的能量 *EAR*，而不是像蛋白质等其他营养素那样等于 *EAR* 加上两倍标准差。所以能量的推荐摄入量不用 *RNI* 表示，而直接使用 *EER* 来描述。

EER 的制定须考虑性别、年龄、体重、身高和体力活动的不同。成人 *EER* 的定义为：一定年龄、性别、体重、身高和身体活动水平的健康群体中，维持能量平衡所需要摄入的膳食能量。儿童 *EER* 的定义为：一定年龄(3 岁以上儿童)、体重、身高、性别的个体，维持能量平衡和正常生长发育所需要的膳食能量摄入量。孕妇的 *EER* 包括胎儿组织沉积所需要的能量；对于乳母，*EER* 还需要加上泌乳所需的能量需要量。

提出 *EAR* 和 *RNI* 的营养素有蛋白质，总碳水化合物，维生素 A、D、B_1、B_2、B_6、B_{12}、C，烟酸，叶酸，钙、磷、镁、铁、锌、碘、硒、铜、钼，水，膳食纤维。

(三)适宜摄入量(Adequate Intake, AI)

当某种营养素的个体需要量研究资料不足而不能计算出 *EAR*，从而无法推算 *RNI* 时，可通过设定 *AI* 来提出这种营养素的摄入量目标。*AI* 是通过观察或实验获得的健康群体某种营养素的摄入量。例如纯母乳喂养的足月产健康婴儿，从出生到 4—6 月，他们的营养素全部来自母乳，故摄入母乳中的营养素数量就是婴儿所需各种营养素的 *AI*。提出 *AI* 的营养素有亚油酸、亚麻酸、EPA+DHA、维生素 E、泛酸、生物素、钾、钠、氯、氟、锰、铬。

(四)可耐受最高摄入量(Tolerable Upper Intake Level, UL)

UL 是营养素或食物成分的每日摄入量的安全上限，是一个健康人群中几乎所有个体都不会产生毒副作用的最高摄入水平。对一般群体来说，摄入量达到 *UL* 水平对几乎所有个体均不致损害健康，但并不表示达到此摄入水平对健康有益。对大多数营养素而言，健康个体的摄入量超过 *RNI* 或 *AI* 水平并不会产生益处。因此，*UL* 并不是一个建议的摄入水平。目前有些营养素还没有足够的资料来制定 *UL*，所以没有提出 *UL* 的营养素并不意味着过多摄入这些营养素没有潜在的危险。提出 *UL* 的营养素及膳食成分有维生素 A、D、E、B_6、C，叶酸，烟酸，胆碱，钙、磷、铁、锌、硒、氟、锰、钼，叶黄素，大豆异黄酮，番茄红素，原花青

素，植物甾醇，L-肉碱，姜黄素。

(五)宏量营养素可接受范围(Acceptable Macronutrient Distribution Ranges, AMDR)

*AMDR*是指蛋白质、脂肪和碳水化合物理想的摄入量范围，该范围可以提供这些必需营养素的需要，并且有利于降低发生NCD(慢性非传染性疾病)的危险，常用占能量摄入量的百分比表示。

蛋白质、脂肪和碳水化合物都属于在体内代谢过程中能够产生能量的营养素，因此被称为产能营养素。它们属于人体的必需营养素，而且三者的摄入比例还影响微量营养素的摄入状况。另外，当产能营养素摄入过量时又可能导致机体能量储存过多，增加NCD的发生风险。因此有必要提出*AMDR*，以预防营养素缺乏，同时减少摄入过量而导致NCD的风险。传统上*AMDR*常以某种营养素摄入量占摄入总能量的比例来表示，其显著的特点之一是具有上限和下限。如果个体的摄入量高于或低于推荐范围，可能引起必需营养素缺乏或罹患NCD的风险增加。

(六)预防非传染性慢性病的建议摄入量(Proposed Intakes for Preventing Non-Communicable Chronic Diseases, PI-NCD，简称建议摄入量，*PI*)

膳食营养素摄入量过高导致的NCD一般涉及肥胖、高血压、血脂异常、中风、心肌梗死以及某些癌症。*PI*是以NCD的一级预防为目标而提出的必需营养素的每日摄入量。当NCD易感人群某些营养素的摄入量达到*PI*时，可以降低发生NCD的风险。提出*PI*的有维生素C、钾、钠。

(七)特定建议值(Specif ic Proposed Levels, *SPL*)

近几十年的研究证明传统营养素以外的某些膳食成分，具有改善人体生理功能、预防NCD的生物学作用，其中多数属于植物化合物，*SPL*是指膳食中这些成分的摄入量达到这个建议水平时，有利于维护人体健康。提出*SPL*的有大豆异黄酮、叶黄素、番茄红素、植物甾醇、氨基葡萄糖、花色苷、原花青素。

个体对某种营养素的需要量随年龄、性别、生理特点、劳动状况等多种因素的变化而不同。即使在个体特征一致的群体内，由于个体生理机能的差异，需要量也各不相同。制定膳食营养素参考摄入量的根本目的是改善本国居民的膳食营养状况。

*DRIs*是长期以来营养配餐过程中设置营养目标数值的重要理论基础，它作为一个尺度来衡量取得实际营养素摄入量与这一目标的距离。*DRIs*同时也是配餐调整或评价的根据，不管是为个体还是群体计划膳食，目的都是安排一种营养适宜的优质膳食，或者说把膳食导致营养不足或营养过剩的可能性降到最低。

二、营养调查与评价

营养调查(nutritional survey)是运用科学手段来了解某一人群或个体的膳食和营养水平，以此判断其膳食结构是否合理和营养状况是否良好的重要手段。我国曾于1959年、1982年和1992年分别进行了三次全国性的营养调查。2002年开展的“中国居民营养与健康状况调查”，将第四次全国营养调查与肥胖症、高血压症、糖尿病等慢性病调查一起进行。这些营养调查是对不同经济发展时期人们的膳食组成变化、营养状况进行的全面了解，为研究各时期人群膳食结构和营养状况的变化提供了基础资料，也为食物生产、加工及政策干预和对群众的消费引导提供了依据。

(一)营养调查与评价的目的

(1)了解不同地区、不同年龄组人群的膳食结构和营养状况。

(2)了解与食物不足和过度消费有关的营养问题。

(3)发现与膳食营养素有关的营养问题,为进一步监测或进行原因探讨提供依据。

(4)评价居民膳食结构和营养状况的发展,并预测今后的发展趋势。

(5)为某些与营养有关的综合性或专题性研究课题提供基础资料。

(6)为国家制定政策和社会发展规划提供科学依据。

(二)营养调查与评价的内容

全面的营养调查工作一般由四部分内容组成,即膳食调查、体格测量、营养状况的实验室检测、营养缺乏病的临床检查。这四部分调查检测工作是互相联系和互相验证的,一般同时进行。营养评价(nutritional assessment)则是全面评价这四部分内容,客观地对其所发现人群中的营养问题提出解决措施。

(三)膳食调查

1.膳食调查的目的

膳食调查的目的是通过各种不同的方法对膳食摄入量进行评估,从而了解在一定时期内人群膳食的摄入状况以及人们的膳食结构、饮食习惯,借此来评定营养需要得到满足的程度。

膳食调查是营养调查中的一个基本组成部分,它本身又是相对独立的内容。随着营养学研究的深入进展,膳食对人体健康的重要影响越来越受到人们的关注。膳食调查所得到的摄入量数据用途很广,它是国家政府机构制定政策的依据,是学术界从事科研工作的依据,也是企业研发新产品的数据基础;营养教育部门针对居民的膳食问题进行正确的膳食指导也都需要膳食评价方面的数据。为了了解不同地区、不同生活条件下人群的膳食习惯、食物品种及每日从食物中所能摄取各种营养素的量,营养工作者经常选择适当的膳食调查方法对有关人群进行膳食评价。

2.膳食调查的方法

膳食调查是调查被调查对象在一定时间内通过膳食所摄取的能量及各种营养素的数量和质量,以此来评定该调查对象正常营养需要能得到满足的程度。膳食调查通常采用的方法有称重法、记账法、化学分析法和食物频数法等。这些方法可单独进行,也可联合进行。进行膳食调查时,可根据调查研究的目的、研究人群、对方法精确性的要求、所用经费以及研究时间的长短来确定适当的调查方法。膳食调查的方法有多种,不同研究者对膳食调查方法的定义和解释不尽相同。

各种方法及其特点和用途具体见表4-1。

(四)体格测量

身体形态和人体测量资料可以较好地反映营养状况,体格的大小和生长速度是营养状况的灵敏指标。体格测量的数据越来越被认为是评价群体或个体营养状况的有用指标,特别是学龄前儿童的体格测量结果,常被用来评价一个地区人群的营养状况。这是因为儿童在整个人群中最敏感,具有代表性。其测定方法比较规范,对人群营养状况的反映比较灵敏,而且所需费用相对较低。常用的体格测量项目有身高(身长)、体重、头围、皮褶厚度、胸围、腰围、臀围等。

表 4-1　膳食调查的方法及其特点、用途

膳食调查方法	内容	特点	用途
记账法	是最早、最常用的方法，是其他膳食调查方法的发展基础。由调查对象或研究者称重记录一定时期内的食物消耗总量，研究者通过查这些记录并根据同一时期进餐人数，计算每人每日各种食物的平均摄入量。调查时间为 1 个月或更长	优点：可以调查较长时期的膳食，适合全年不同季节的调查。操作简单、费用低、人力少，可适用于大样本。 缺点：记录时间较长，每餐食物消耗和人数不准确，调查结果只能得到全家或集体中人均的摄入量，难以分析个体膳食摄入状况	适用于家庭、学校、部队、大企业、幼儿园等集体大样本量的调查，常和称重法一起应用
称重法	对某一伙食单位（集体食堂或家庭）或个人一日三餐中每餐各种食物量进行称重，计算出每人每日各种营养的平均摄入量。调查时间为 3～7d	优点：相对准确、细致，能实际称量食物份额的大小或质量，准确反映被调查群体和个体的膳食摄取情况。 缺点：费人力及时间，不易进行大规模的营养调查	适用于团体、家庭和个人一日三餐的调查，多与记账法并用
24h 回顾法	是通过访谈的形式收集膳食信息的一种回顾性膳食调查方法。通过询问被调查对象过去 24h 实际的膳食情况，对其食物摄入量进行计算和评价。是目前获得个人膳食资料最常用的一种调查方法。调查时间为 1～3d	优点：简便、所用时间短、应答者不需要较高文化，较为准确地反映个人短期的膳食摄取情况，便于与其他相关因素进行分析比较。 缺点：结果误差大，应答者的回顾依赖于短期记忆，对调查者要严格培训，调查者之间难以标准化	适用于家庭中个体和不同人群（包括一些散居的特殊人群）个体的食物摄取调查。但不适用于 7 岁以下和 75 岁以上或记忆力较弱的人群
膳食史法	调查被调查者在过去一段时间（近三个月、半年左右）的习惯性膳食模式和摄入量。常与 24h 回顾法结合使用，能较全面地反映人群膳食调查的结果，并发挥 24h 回顾法的优势	优点：可以进行具有代表性膳食模式的调查，并且样本量大、费用低、使用人力少，一般不影响被调查者的膳食习惯和进餐方式。 缺点：较为抽象，进行调查需要营养专家的指导，对被调查者也有更高的要求	广泛应用于流行病学调查研究，适用于许多慢性疾病（如心血管疾病、糖尿病、肿瘤等）过去膳食状况的研究。但不适用于每天饮食差异较大的个体

续表 4-1

膳食调查方法	内容	特点	用途
食物频数法	是一种用于测定长期膳食摄入量的新方法，根本原则是测量长期膳食的平均水平，比如以往数周、数月或数年内的平均摄入量等，从“暴露”的概念上讲，比测量某几天的摄入量具有更为重要的意义	优点：能够得到通常的膳食摄入量，不需要训练有素的调查者，调查方法简单、费用少。 缺点：当前的饮食模式可能影响对过去膳食的回顾而产生偏倚	适用于测量长期膳食的平均水平，如数周、数月甚至数年的膳食平均摄入量
化学分析法	是将调查对象一日摄取的全部熟食收集齐全，在实验室中进行化学分析，测定其热能和营养素含量的方法	优点：精确，适合于研究特定的人群。 缺点：工作量大、费用高，不适合于大规模的调查	适用于研究一个国家或地区一般人群或特定人群营养素的总摄入量，但在需要进行精确测定时才采用

1. 几种常用的人体测量指标

(1)身高(身长)。身高是指从足底到颅顶的高度。对儿童来说身高是生长发育最有代表性的一项指标，受遗传、种族和环境的影响较为明显，但是短期膳食对儿童身高的影响不如对体重的影响明显，所以身高指标不适合用于对新近营养状况的评价，而只能反映儿童较长时间的营养状况。

对于成人来讲，身高发育已经完成，单纯的身高测量不能反映营养状况，必须和体重指标结合起来才能评价营养状况。成人身高测量的意义在于计算标准体重，或用于计算体质指数，进而反映能量和蛋白质的营养状况。

(2)体重。体重是指人体各部分的质量之和。在生长发育阶段，体重是反映蛋白质和能量营养状况的重要指标，被认为是反映儿童生长发育最重要的也是最灵敏的指标。准确地测量儿童的体重可及时发现儿童生长发育速度改变的有关问题，如是否出现肥胖趋势等。对于成人来说，体重的变化主要反映了能量的营养状况，长期能量过剩会引起体重增加，而长期能量不足会导致体重降低。

(3)头围。对 3 岁以下儿童测量头围。头围是指经眉弓上方突出部，绕经枕后结节一周的长度。头围主要反映颅脑的发育情况。如果儿童的头围值明显超出正常范围，则可能患脑积水、巨脑症及佝偻病等疾病；如果头围值过小，则可能是脑发育不全、头小畸形等。测量儿童头围对营养状况评价有一定意义，是学龄前儿童(婴幼儿)生长发育的重要指标。

(4)皮褶厚度。皮褶厚度是衡量个体营养状况和肥胖程度较好的指标。测定部位有上臂肱三头肌部、肩胛下角部、腹部、髂嵴上部等，其中前 3 个部位最重要，可分别代表个体肢体、躯干、腰腹等部分的皮下脂肪堆积情况，对判断肥胖和营养不良有重要价值。

(5)胸围。胸围是指从两乳头线到后面两肩胛骨下角下缘绕胸一周的长度，是胸腔容积、胸肌、背肌的发育和皮下脂肪蓄积状况的重要指标之一，借此还可了解儿童呼吸器官的发育程度。

(6)腰围。腰围测量对于成人超重和肥胖的判断尤为重要，特别是腹型肥胖。因为腰围可以很好地预测腹部脂肪是否堆积过多，所以是预测代谢综合征的有力指标。即使是对于体重正常者，腰围增加也同样是患病风险升高的一个标志。

(7)臀围。臀围反映髋部骨骼和肌肉的发育情况，与腰围一起可以很好地评价和判断腹型肥胖。因为脂肪无论堆积在腰腹或内脏，都难以直接测量，所以腰臀围比值是间接反映腹型肥胖的最好指标。腰臀围比值越大，腹型肥胖程度越高。

实际工作中常以人的体重、身高和皮褶厚度作为评价营养状况的综合指标。这三项指标被世界卫生组织列为营养调查的必测项目，不同年龄组所用的指标不同。

2. 体格测量的评价

身高、体重的测量是体格测量的主要内容，其表示方法有按年龄的身高、按年龄的体重及按身高的体重。按年龄的身高偏低，表示较长期的慢性营养不良；而按身高的体重偏低，表示较急性的营养不良。不同年龄和性别的人群的评价方法不同，特别是儿童的评价方法较多，各国的评价标准也不一致。由世界卫生组织推荐，美国国家卫生统计中心(NCHS)提出的身高和体重数值，已被大多数国家采用，我国目前以此作为评价儿童生长发育状况的参考标准。

(五)营养状况的实验室检测

营养缺乏病在出现症状前即亚临床状态时，往往先有生理和生化改变。正确选择相应的实验室检测方法，可以尽早发现人体营养储备低下的状况。营养状况的实验室检测指的是借助生化、生理实验手段，发现人体临床营养不足症、营养储备水平低下或营养过多，以便较早掌握营养失调征兆和变化动态，及时采取必要的常用的预防措施。有时为研究某些有关因素对人体营养状态的影响，也对营养水平进行研究测定。

营养状况的实验室检测与膳食调查、临床检查资料结合进行综合分析，对于进行营养评价以及营养素缺乏病的正确诊断和制定防治措施等均有重要意义。评价营养状况的实验室测定方法基本上可分为：①测定血液中的营养成分或其标志物水平；②测定尿中的营养成分排出或其代谢产物；③测定与营养素有关的血液成分或酶活性的改变；④测定血、尿中因营养素不足而出现的异常代谢产物；⑤进行负荷、饱和及同位素实验。目前营养状况的实验室检测中常用的样品为血液、尿样等。营养评价中常用的实验室检测指标很多，下面以表格的形式列举了一些人体营养水平鉴定生化检验的参考指标及临界值，具体参见表4-2。

表4-2　人体营养水平鉴定生化检验的参考指标及临界值

蛋白质	1. 血清总蛋白＞60g/L
	2. 血清白蛋白＞36g/L
	3. 血清球蛋白＞13g/L
	4. 白/球(A/G)(1.5～2.5)∶1
	5. 空腹血中氨基酸总量/必需氨基酸量＞2
	6. 液比重＞1.015
	7. 尿羟脯氨基酸(mmol/尿肌酐系数)＞2.0～2.5
	8. 游离氨基酸 40～60mg/L(血浆)，65～90mg/L(RBC)
	9. 每天必然损失氮(ONL)：男 58mg/kg，女 58mg/kg

续表 4-2

血脂	1. 总脂 4500～7000mg/L
	2. 甘油三酯 200～1100mg/L
	3. α-脂蛋白 30%～40%
	4. β-脂蛋白 60%～70%
	5. 胆固醇 1100～2000mg/L(其中胆固醇酯 70%～75%)
	6. 游离脂肪酸 0.2～0.6mmol/L
	7. 血酮＜20mg/L
钙、磷、维生素 D	1. 血清钙 90～110mg/L(其中游离钙 45～55mg/L)
	2. 血清无机磷:儿童 40～60mg/L,成人 30～50mg/L
	3. 血清 Ca×P＞30～40
	4. 血清碱性磷酸酶活性:成人 1.5～4.0,儿童 5～15(哈氏单位)
	5. 血浆 25OHD 30～310μg/L;$1,25(OH)_2D$ 60～330mg/L
铁	1. 全血血红蛋白浓度(g/L):成人男＞130,成人女＞120,儿童＞120,6 岁以下小儿及孕妇＞110
	2. 血清运铁蛋白饱和度:成人＞16%,儿童＞7%～10%
	3. 血清铁蛋白＞10～12mg/L
	4. 血液红细胞压积(HCT 或 PCV):男 40%～50%,女 37%～48%
	5. 红细胞游离原卟啉＜70mg/LRBC
	6. 血清铁 500～1840μg/L
	7. 平均红细胞体积(MCV)80～90μm^3
	8. 平均红细胞血红蛋白量(MCH)26～32μg
	9. 平均红细胞血红蛋白浓度(MCHC)(34±2)%
锌	1. 发锌 125～250μg/g(各地暂用:临界缺乏＜110μg/g,绝对缺乏＜70μg/g)
	2. 血浆锌 800～1100μg/L
	3. 红细胞锌 12～14mg/L
	4. 血清碱性磷酸酶活性:成人 1.5～4.0,儿童 5～15(哈氏单位)
维生素 A	1. 血清视黄醇:儿童＞300μg/L,成人＞400μg/L
	2. 血清胡萝卜素＞800μg/L

	24h 尿	4h 负荷尿(5mg 负荷)	任意一次尿/g 肌酐	血
维生素 B_1	＞100μg	＞80μg	＞66μg	RBC 转羟乙醛活力 TPP 效应＜16%
维生素 B_2	＞120μg	＞800μg	＞80μg	＞140μg/L RBC

续表 4-2

烟酸(N,-Me)	>1.5mg	>2.5mg	>1.6mg	>3mg/L 血浆
维生素 C	>10mg	>3mg(500mg 口服)	>10mg	>3μg/L 血浆
叶酸				>0.16μg/mL RBC
其他	尿糖(一)；尿蛋白(一)；尿肌酐(0.7～1.5)g/24h 尿； 尿肌酐系数：男 23mg/kg 体重，女 17mg/kg 体重； 全血丙酮酸 4～12.3mg/L			

(六)营养缺乏病的临床检查

营养缺乏病是指由于机体内长期缺乏某一种或数种营养素而引起的一系列临床症状。发病原因大致可分为营养素摄入不足，消化道对某些营养素吸收障碍，机体代谢障碍，机体需要量增加，某些疾病对物质代谢的影响。

营养缺乏病的发病过程经历储存不足、生理生化改变、功能异常和组织形态改变四个阶段。在功能异常阶段以前，患者主诉或体检不易发现明显的异常，属于亚临床缺乏。营养缺乏病的临床表现与人体对营养素需要量的适应性有关。长期处于低营养供给水平，人体对营养素的需要可产生适应性，即可以降低其最低需要量和延迟缺乏症状的出现。反之，如长期处于高营养供给水平，则一旦降低，虽未达到最低需要量之下，亦易出现缺乏。

借助于感官或有关的检查器具来了解机体营养以及健康状况的一组最基本的检查方法，其目的是观察被检查者是否有与营养状况有关的症状、体征等，从而做出营养正常或失调的临床诊断。在体检中发现的许多症状和体征的病因并不是专一的。同时，营养素缺乏往往为多发性的，发现一种营养素缺乏的表现时，常提示亦伴有其他营养素不足的可能。

三、营养教育

营养教育是指通过营养信息交流，帮助个体和群体获得食物与营养知识，培养健康生活方式的教育活动和过程，也是健康教育的一个分支和重要组成部分。按照世界卫生组织的定义，营养教育是“通过改变人们饮食行为而达到改善营养状况目的的一种有计划的活动”。

(一)营养教育概述

营养教育的目的在于提高各类人群对营养与健康的认识，消除或减少不利于健康的膳食营养因素，改善营养状况，预防营养性疾病的发生，提高人们的健康水平和生活质量。2002 年，中国居民营养与健康现状调查结果表明，我国城乡居民的膳食营养状况有了明显改变，营养不良和营养缺乏患病率继续下降，同时我国正面临营养不良和营养过剩的双重挑战。一方面，微量营养素缺乏仍是城乡普遍存在的问题，其中钙、铁、维生素 A 的缺乏最为突出。另一方面，不合理的饮食(如高能量、高糖、高脂肪、高盐等)引起的高血压症、糖尿病、癌症等慢性疾病越来越影响着国民的健康和生命。

1. 营养教育的对象

营养教育的对象广泛，主要有：

(1)个体。主要是公共营养和临床营养工作的对象。

(2)各类组织机构。包括学校、部队、企业或各类社会团体组织等。

(3)社区。包括街道、居委会、餐馆、社区保健等各种社会职能机构。

(4)政府部门。包括从中央到地方的各级政府部门和机关单位以及有关领导干部和工作人员。

2.营养教育工作者的能力要求

营养教育是有计划、有组织、有系统和有评价的干预活动，提供人们必需的营养知识和技能。营养教育工作者需要具备的能力有：

(1)掌握营养与食品卫生学、食品学、预防医学、卫生经济学等方面的专业理论知识。

(2)了解社会、经济、有关政策以及文化因素对膳食营养状况的影响。

(3)具有社会心理学、教育学以及行为学的基础。

(4)具有传播营养知识的能力。

(5)有一定的现场组织协调和研究能力。

3.营养教育的主要内容

(1)有计划地对餐饮业、农业、商业、轻工、医疗卫生、疾病控制、计划等部门的有关人员进行营养知识培训。

(2)将营养知识纳入中小学的教育内容和教学计划，要安排一定课时的营养知识教育，使学生懂得平衡膳食的原则，培养良好的饮食习惯，提高自我保健能力。

(3)将营养工作内容纳入初级卫生保健服务体系，提高初级卫生保健人员和居民的营养知识水平，合理利用当地的食物资源改善营养状况。

(4)利用各种宣传媒介，广泛开展群众性营养宣传活动，倡导合理的膳食模式和健康的生活方式，纠正不良的饮食习惯等。

4.营养教育的发展现状

发达国家及一些发展中国家非常重视国民营养教育和食物营养知识的普及以及营养师的培养，并积累了许多经验，值得我们借鉴。欧美、日本等发达国家在半个多世纪以前就意识到“科学的营养搭配、均衡的膳食可以改变一个人、一个家庭乃至一个民族的前途”。时至今日，这些国家的营养教育、营养知识已相当普及，基本养成了良好的饮食习惯，各种营养指导员、营养咨询师及国民的素质均得到大幅度提升。如日本的一些大学食堂宣传和实施三色食品的营养管理，指导学生每天吃红色、绿色和黄色食品。

我国的营养教育在近二十余年中得到了快速发展，特别是对幼儿园儿童家长的教育方面取得了明显成效。1997年，我国政府制定了《中国营养改善行动计划》，2000年又颁布了《全国中小学营养工作研讨会纪要》。近年来，各地中小学校在当地政府的支持下对中小学生营养早餐进行补贴，这些健康教育的政策和行动有力地促进了学龄儿童的健康成长。目前，健康教育分为多个版块，如营养、心理、运动、康复、保健、减肥、养生和其他等。这是一个好现象，是市场发生在一定阶段下的必然产物，也是市场细分的一种体现，同时也标志着健康教育行业逐步走向成熟。

但同时也要清醒地意识到，我国当前的营养健康教育普及还是相对滞后的，仍有许多人在营养膳食方面存在很大的误区，而我国的营养师现状不容乐观。在整个教育行业的发展中，营养教育仅仅只占了市场总额的18%左右，且存在着怪异的现象：培训机构招不到生源，用人单位找不到合适的人才，广大的营养师找不到工作，而大众对营养健康的人才需求与日俱增。社会上主要存在三个问题和矛盾：一是大众对营养健康的需求很高；二是老百姓的健康素养很低；三是社会对大众提供健康教育和科普教育的平台太少。除此之外，还包括商业模式、营销模式、管理模式都存在很多问题；现在的产品太单一，应该紧紧抓住市场才能有进一步的发展；师资力量紧缺，专家不足，不能与广阔的市场配套。

这提示我们，营养健康教育的职业道德应该放在首位，以社会责任为己任，在全社会中大力宣扬科学饮食的重要性，普及营养健康知识，树立平衡膳食观念，全面提高全社会、全民族的膳食营养水平和身体素质。

(二)营养教育的实施步骤

营养教育是一个有计划、有组织的系统工程，一个完善的营养教育项目应当包括下述6个方面的工作。

1.了解教育对象

首先对教育的目标人群进行简略的调查和评估，发现和分析其主要的营养健康问题，及其对生活质量的影响，然后进一步从知识、态度、行为等方面分析问题的深层次原因，同时对与营养有关的人力、财力资源，以及政策和信息资源进行了解和分析，以便充分认识教育对象特别需要的营养健康信息，为制订计划提供可靠依据。

2.制订营养教育计划

有针对地设计营养教育计划是营养教育取得成功的基础。营养教育的设计应包括确定教育对象、教育的目、应宣传给教育对象的知识；制定目标；选择评价指标和评价方法；确定实施计划的日程、人员安排和经费预算等。

评价计划也应当预先制订，包括评价方法、评价指标、实施评价的机构和人员、实施评价的时间以及结果的使用等。

3.确定营养教育的途径和资料

在调查研究的基础上，要明确教育目标和教育对象，以便选择有针对性的教育材料。应尽量利用现存的营养宣教材料，选择营养宣教的最佳途径，以及宣教内容和宣传形式的最佳结合方式。为此需要考虑以下几个方面：

(1)确认是否有现成的、可选用的营养教育材料。对于能收集到的相关营养宣传材料，可直接选用；如果收集不到，可以自行设计制作，如小册子、挂图、传单等。

(2)确定对教育对象进行营养教育的最佳途径。宣传途径包括个体传播、面对面交流、讲课、大众传播等。

(3)确定营养教育最适合的宣传方式。宣传方式包括小册子、幻灯片、录像带、讲课等。

4.准备营养教育资料和进行预试验

根据要求编写相关的营养教育资料。进行预试验主要是为了得到教育对象的反馈意见。可采用专题讨论或者问卷调查了解有关情况，如教育对象对资料的反应，对宣传教育内容、形式、评价的建议；教育对象能否接受这些信息等。根据收集的意见对教育资料做出修改。

5.社区营养教育实施

完成好上述准备工作后，就可以按照计划实施社区营养教育。教育内容和形式可根据不同的项目来选择。例如，可以多举办营养培训班、散发营养教育资料及组织生动活泼的讨论会，使得社区人群了解“中国居民膳食指南”和“中国居民平衡膳食宝塔”；知道如何调节膳食结构，做到科学饮食、合理营养；认识某些疾病的营养防治措施以及如何纠正不良的饮食习惯等。

6.教育效果评价

对营养教育计划活动的每一个步骤进行分析，并进行综合评价。近期、中期和远期的效果评价说明营养教育的效果。近期效果即目标人群的知识、态度、信息、服务的变化。中期效果主要指行为和相关危险因素的变化。远期效果是人们营养健康状况和生活质量的变化。通过评价得出以下结论：

(1)计划目标是否达到。

(2)实施营养教育产生了什么效果。

(3)每一阶段活动的执行是否按计划进行(包括工作内容、要求，经费使用进度等)。

(4)营养计划有效果或无效果的原因是什么。

(5)根据执行中的问题决定是否需要对远期计划进行补充。

(6)取得了哪些成功的经验。

根据上述几个方面的内容，以目标人群营养知识、态度和行为的变化为重点，写出营养教育的评价报告。通过上述评价，将取得的经验进行总结归纳，以便进一步推广。

(三)营养教育的相关理论

1.健康传播理论

随着传播学在公共卫生与健康教育领域的引入，健康传播(health communication)于20世纪70年代中期诞生。进入21世纪，健康教育与健康促进已被确立为卫生事业发展的战略措施，在医疗预防保健中的作用日益加强。健康传播是健康教育与健康促进的基本策略和重要手段，是健康教育方法学研究的重要内容。

(1)传播及其基本特点。传播是人类通过符号和媒介交流信息，以发生相应变化的活动。这一定义强调了人类社会的信息传播所具有的基本特点：传播具有社会性、普遍性、互动性、共享性、符号性和目的性。

(2)传播要素与基本过程。人类社会的信息传播具有明显的过程性和系统性。描述传播过程的经典传播模式有拉斯韦尔五因素传播模式、施拉姆双向传播模式等。一个基本的传播过程主要由传播者、受传者、信息、传播媒介和反馈5个要素构成。

(3)传播对人类健康的影响。人的社会存在决定了对信息传播的必然需要。传播是个人实现社会化过程的必要条件，是人与人之间建立社会关系的纽带，是人类文明与社会发展的工具。传播对人的身心健康的影响主要表现在以下三个方面：①人际传播和群体传播是影响个人健康的社会心理因素；②媒介环境是作用于人类健康的重要社会环境因素；③信息对人的身心健康具有双面效应。

(4)健康传播。健康传播是指以“人人健康”为出发点，运用各种传播媒介、渠道和方法，为维护和促进人类健康的目的而获取、制作、传递、交流、分享健康信息的过程。健康传播是一般传播行为在卫生保健领域的具体和深化。健康传播具有一切传播行为共有的基本特性，同时又有其独自的特点和规律。它要求从业者不仅具备新闻与传播方面的素质，而且要掌握公共卫生、社会学、心理学、教育学、市场营销和公共政策等方面的知识。

营养信息传播是健康传播的一个组成部分，是通过各种渠道，运用各种传播媒介和方法，为维护、改善个人和群体的营养状况与促进健康而制作、传递、分散和分享营养信息的过程。

2.行为改变理论

健康教育的目的是帮助人们形成有益于健康的行为和生活方式，进而通过人们行为生活方式的改善来预防疾病、增进健康，提高生活质量。为此，需要研究人们的行为生活方式形成、发展、改变的规律，发现影响健康相关行为的因素，为采取有针对性的健康教育干预措施提供依据。目前，在国外健康教育与健康相关行为研究中运用较多也比较成熟的行为理论包括知-信-行理论模式（认知理论）、健康信念模式、计划行为理论等。

（1）知-信-行理论模式。知-信-行（知识、信念和行为的简称）理论，也称为 KAP（Knowledge，Attitude，Belief，and Practice，或 KABP）理论，是指卫生保健知识和信息是建立积极、正确的信念与态度，进而改变健康相关行为的基础，而信念和态度则是行为改变的动力。只有当人们了解了有关的健康知识，建立起积极、正确的信念与态度，才有可能主动地形成有益于健康的行为，改变危害健康的行为。

该理论模式认为行为的改变有三个关键步骤：接受知识、确立信念和改变行为。这种理论模式直观明了、应用广泛。知识、信念与态度、行为三者之间存在着因果关系，卫生保健知识和积极的态度是改变不利于健康行为的必不可少的要素，但有了前者并不一定导致后者的产生。因此，在健康教育实践中，只有全面掌握知-信-行转变的复杂过程，才能及时、有效地消除或减弱不利影响，促进形成有利环境，进而达到改变行为的目的。

（2）健康信念模式。健康信念模式（HBM）在 20 世纪 50 年代随着易感性、严重性、益处与障碍的提出而产生，用于解释人们的预防保健行为。该理论强调感知（perception）在行为决策中的重要性，是运用社会心理学方法解释健康相关行为的理论模式。在这种模式中，是否采纳有利于健康的行为与下列 5 个因素有关：感知疾病的威胁、感知健康行为的益处和障碍、自我效能（效能期待）、社会人口学因素和提示因素。这些因素均可作为预测健康行为发生与否的因素。健康信念模式已经得到大量试验结果的验证，对于解释和预测健康相关行为、帮助设计健康教育调查研究和问题分析、指导健康教育干预都有很高的价值，但因涉及因素较多，所以模式的效度和可信度检验较困难。为此，在实施健康教育中，应重视个体的主观心理过程，在行为预测的基础上制定有针对性的健康相关行为干预措施，以改变不利于健康的行为生活方式，增进健康。

（3）计划行为理论。计划行为理论的心理学领域及其相关领域，特别是健康领域引起研究人员的重视和关注。社会心理学家认为人的行为由意向所激发，而意向又受到信念和态度的调节。美国社会心理学家 Ajzen 在上述基本观点的基础上引入了感知行为控制因素，形成了计划行为理论，使该理论对行为意向及行为本身具有较强的预测能力。

尽管该理论已经在健康领域得到大量应用，并证实了该理论在健康领域的适用性，但由于健康相关行为特点各异，因此该理论对不同健康相关行为的预测能力也不尽相同。另外，在运用计划行为理论时，还需要与行为本身的特点结合，从而彻底理解与人们健康相关行为的发生和变化。

第四节　营养食谱的编制

一、营养膳食的组成及调配

（一）营养膳食的组成

1. 主食

（1）谷类及薯类。包括米、面、杂粮、薯类等，是人类能量的主要来源。

（2）豆类及豆制品。包括大豆、干豆类，以及各类豆制品。

2. 副食

（1）蔬菜类。蔬菜的种类很多，在膳食结构中占有重要的地位。食用菌也属于蔬菜类。

（2）肉类及肉产品。肉类可分成畜肉和禽肉两种。畜肉包括猪肉、牛肉、羊肉等，禽肉包括鸡肉、鸭肉、鹅肉等。肉制品有很多种，如香肠、火腿、腊肉、板鸭、扒鸡等。

（3）水产类。水产类包括各种鱼类和虾、蟹、贝类、海带、紫菜等。

（4）蛋及蛋制品类。常见的有鸡蛋、鸭蛋、鹅蛋、鸽蛋和鹌鹑蛋。蛋制品有皮蛋（松花蛋）和咸蛋等。

（5）乳及乳制品。主要指牛奶及其产品，包括纯牛奶、奶粉、酸牛奶和奶酪等。

（6）油脂类。植物油有豆油、菜籽油、花生油、芝麻油等，动物油脂有猪油、牛油、羊油等。

（7）果品类。包括水果及其制品和干果、坚果。水果的品种极为丰富，干果如葡萄干、红枣干、柿饼等。坚果包括花生、核桃、栗子和各种瓜子等。

（8）调味品。有盐、酱油、酱料、醋、糖、料酒、味精、姜、花椒、辣椒、胡椒等。

（二）营养膳食的调配

营养膳食不仅要有科学合理的食品加工和烹饪方法，还需要有科学合理的膳食调配。

1. 主食的调配

主食种类不同，有粗、细粮之分，它们的口感和所含营养素各有特点。一般来说，细粮是指大米和小麦粉，比较润口，多数人喜欢食用。粗粮如玉米、高粱、小米、燕麦（莜麦）、荞麦等，虽然吃起来口感不如细粮，但营养价值优于细粮，并且粗粮经过精细的加工还别有风味。

主食的调配包括米、面的调配和粗、细粮的调配，当然也包括品种和花样的调配。建议一天中最好米、面同时食用，一星期最好食用两顿以上以粗粮为主料加工而成的主食，有条件的居民可经常购买或自己在家里制作粗、细粮搭配的主食。这样做可以改进膳食中营养成分的比例，提高营养素的互补和利用程度，也可增进食欲。

2. 副食的调配

副食的种类很多，主要分为动物性与植物性食物两大类，即荤食和素食。荤食是指畜、禽、鱼、蛋、奶及其制品；素食主要指各种蔬菜、水果和豆类及其制品。合理地搭配各类副食，就能取长补短，使人体获得较为全面的营养，对增进健康大有益处。副食的科学搭配方法主要有以下两点：

（1）荤素搭配。荤素搭配是副食调配的重要原则。荤素搭配可以解决蛋白质互补的问题，如豆制品和肉类、蛋类、禽类等动物性食物搭配能大大提高蛋白质的营养价值。含蛋白质丰富的食物和蔬菜搭配，除了可充分发挥蛋白质互补的作用外，还可以得到丰富的维生素和矿物质。荤素搭配还能较好控制膳食的总能量。

(2)生熟搭配。生熟搭配这一点对蔬菜尤其重要，因为蔬菜经过烹调后，维生素总要损失一部分。因此，可生食的蔬菜应多生食，如新鲜的番茄、黄瓜、红心萝卜、生菜、小白菜等，适量多吃些凉拌菜，如凉拌黄瓜、麻酱拌水萝卜、小葱拌豆腐。当然，蔬菜生吃时一定要注意清洁卫生。

3.膳食的季节调配

我国地域广阔，环境和地势差异较大，因此四季的差异各地不同。应根据气候变化来进行膳食的调配，还应根据当地的食物和生活习惯进行一定的调整。

春季随着气温的升高，人体的新陈代谢有所加快，可多食含维生素多的蔬菜(如竹笋、芹菜、小白菜、萝卜、菠菜等)和肉类(如猪肉、鲫鱼之类)，主食可多食些小米、玉米、黄豆等杂粮。应少食辛辣，以清淡、酸甜、温和为适宜，过食辛温燥辣的食品(如羊肉、辣椒等)可使人生内热。

夏季天气炎热，新陈代谢旺盛，此时消化能力有一定程度减弱。膳食以清爽、冰凉、清脆为佳。多食一些凉拌类菜和鸡蛋、豆制品、绿豆、水果等，要注意调配食物的色、香、味、形，尽量选择易引起食欲的食品。夏季可适当吃些冷饮，但过多会冲淡胃液、抑制肠胃的蠕动，影响消化。

秋季云高气爽，温度渐凉，比较容易造成肠胃功能紊乱和腹泻，膳食应以新鲜、少辛辣和低脂肪为主。秋天的新鲜蔬菜和瓜果较多，可多食用，但要注意消化系统的适应性。

冬季气候干燥、寒冷，为抵御严寒，膳食以热、含能量相对较高的食物为主，如火锅、炖肉和鱼等。同时注意素食的搭配，如大白菜、土豆、萝卜、豆腐等。调味品上可适量用些辛辣食物，如辣椒、葱、姜、蒜等。

二、编制营养食谱的方法及步骤

目前编制食谱的基本方法有计算法、食物交换份法和计算机食谱编制法。

计算法是食谱编制最早采用的方法，也是其他两种食谱编制方法的基础。它主要是根据就餐者的营养素需要情况和膳食组成，计算蛋白质、脂肪和碳水化合物的推荐摄入量，参考每日维生素、矿物质 *RNI* 值，查阅食物营养成分表，选定食物种类和数量。

食物交换份法是根据不同能量需要，按蛋白质、脂肪和碳水化合物的比例，计算出各类食物的交换份数，并按每一份食物等值交换选择，再将这些食物分配到一日三餐中，即得到营养食谱。

计算机食谱编制法是采用一些营养软件，利用食物成分数据库进行膳食营养素含量的计算、膳食营养结构分析、食谱编制等，现在已经被越来越普遍地使用。

以下介绍计算法和食物交换份法的步骤。

(一)计算法

1.确定用餐对象的能量需要量

用餐对象一日三餐的能量摄入量可参照中国居民膳食营养素参考摄入量中能量 *RNI* 值，根据其年龄、性别、劳动强度、生理状况等确定。例如办公室男性职员按轻体力劳动计，其能量 *RNI* 值为 2400kcal。集体就餐对象的能量 *RNI* 值可以就餐人群的基本情况或平均数值为依据，包括人员的平均年龄、平均体重，及 80%以上就餐人员的活动强度。如就餐人员80%以上为中等体力活动的男性，则每日所需能量*RNI*值为2700kcal。

能量推荐摄入量标准只是提供了一个参考的目标，实际应用中还需参照用餐人员的具体情况加以调整，如根据用餐对象的身高、体重、体型情况制定不同的能量*RNI*值。因此，在编制食谱前应对用餐对象的基本情况有一个全面的了解，应当清楚就餐者的人数、性别、年龄、身体条件、工作性质以及饮食习惯等。

2.计算产能营养素的需要量

根据我国居民适宜的膳食能量构成，三种产能营养素占总能量的比例是：蛋白质10%～15%、脂肪20%～30%、碳水化合物55%～65%。再结合本地生活水平调整产能营养素占总能量的比例，由此可求得三种产能营养素的全日能量*RNI*值。

根据产能营养素的能量*RNI*值及其能量折算系数，可求出全日蛋白质、脂肪、碳水化合物的需要量。食品中产能营养素的能量折算系数分别是：碳水化合物4.0kcal/g(16.81kJ/g)、脂肪9.0kcal/g(37.56kJ/g)、蛋白质4.0kcal/g(16.74kJ/g)。

【例4-1】 已知某人每日能量需要量为2400kcal，若三种产能营养素占总能量的比例取中等值，分别为蛋白质15%、脂肪25%、碳水化合物60%，则三种产能营养素各应提供的能量如下：

蛋白质：2400kcal×15%＝360kcal

脂肪：2400kcal×25%＝600kcal

碳水化合物：2400kcal×60%＝1440kcal

三种产能营养素的需要量如下：

蛋白质：360kcal÷4.0kcal/g＝90g

脂肪：600kcal÷9.0kcal/g＝66.7g

碳水化合物：1440kcal÷4.0kcal/g＝360g

对于健康成人各种营养素的需要量，也可根据《中国居民膳食指南》中不同能量水平的食物建议量所提供的营养素水平，查表得到相关数据。

3.计算三种产能营养素每餐需要量

知道三种产能营养素全部需要量后，就可以根据三餐的产能分配比例计算出三大产能营养素的每餐需要量。如根据上一步的计算结果，按照三餐供能比例30%、40%、30%，其三餐各需要摄入的产能营养素数量如下：

早餐：蛋白质90g×30%＝27g，脂肪66.7g×30%＝20g，碳水化合物360g×30%＝108g；

午餐：蛋白质90g×40%＝36g，脂肪66.7g×40%＝26.7g，碳水化合物360g×40%＝144g；

晚餐：蛋白质90g×30%＝27g，脂肪66.7g×30%＝20g，碳水化合物360g×30%＝108g。

4.确定主、副食的品种和数量

已知产能营养素的需要量，根据食物成分表，就可以确定主、副食的品种和数量。

(1)主食品种、数量的确定。由于粮谷类是碳水化合物的主要来源，因此主食的品种、数量主要根据各类食物中碳水化合物的含量确定。主食的品种主要根据用餐者的饮食习惯来确定，北方习惯以面食为主，南方则以大米居多。

根据上一步的计算，早餐中应含有碳水化合物108g。若以小米粥和馒头为主食，并分别提供20%和80%的碳水化合物。查食物成分表得知，每100g小米粥含碳水化合物8.4g，每100g馒头含碳水化合物44.2g，则：

所需小米粥质量＝108g×20%÷(8.4/100)＝257g

所需馒头质量＝108g×80%÷(44.2/100)＝195g

(2)副食品种、数量的确定。根据三种产能营养素的需要量，首先确定了主食的品种和数量，接下来就需要考虑蛋白质的食物来源了。除了谷类食物能提供蛋白质外，各类动物性食物和豆制品都是优质蛋白质的主要来源。因此，副食的品种和数量应在已确定主食用量的基础上，依据副食应提供的蛋白质的质量确定。

计算步骤如下：①计算主食中含有的蛋白质质量。②以应摄入的蛋白质质量减去主食中蛋白质的质量，即为副食应提供的蛋白质的质量。③设定副食中蛋白质的2/3由动物性食物供给，1/3由豆制品供给，据此可求出各自的蛋白质供给量。④查表并计算各类动物性食物及豆制品的供给量。⑤设计蔬菜的品种和数量。

仍以上一步的计算结果为例，已知该用餐者午餐应含蛋白质36g、碳水化合物144g。假设以馒头(富强粉)、米饭(大米)为主食，并分别提供50%的碳水化合物，由食物成分表得知，每100g馒头和米饭含碳水化合物分别为44.2g和25.9g，可算得馒头和米饭所需质量分别为163g和278g。

由食物成分表得知，100g馒头(富强粉)含蛋白质6.2g，100g米饭含蛋白质2.6g，则：

主食中蛋白质含量＝163g×(6.2/100)＋278g×(2.6/100)＝17g

副食中蛋白质含量＝36－17＝19g

设定副食中蛋白质的2/3应由动物性食物供给，1/3应由豆制品供给，因此：

动物性食物应含蛋白质质量＝19g×66.7%＝13g

豆制品应含蛋白质质量＝19g×33.3%＝6g

若选择的动物性食物和豆制品分别为猪肉(脊背)和豆腐干(熏)，由食物成分表可知，每100g猪肉(脊背)的蛋白质含量为20.2g，每100g豆腐干(熏)的蛋白质含量为15.8g，则：

猪肉(脊背)质量＝13g÷(20.2/100)＝64g

豆腐干(熏)质量＝6g÷(15.8/100)＝38g

确定了动物性食物和豆制品的质量，就可以保证蛋白质的摄入。最后是选择蔬菜的品种和数量。蔬菜的品种和数量可根据不同季节市场的蔬菜供应情况，以及考虑与动物性食物和豆制品配菜的需要来确定。

(3)确定纯能量食物的量。油脂的摄入应以植物油为主，有一定量的动物脂肪摄入。因此以植物油作为纯能量食物的来源。由食物成分表可知每日摄入各类食物提供的脂肪含量，将需要的脂肪总含量减去食物提供的脂肪量，即为每日植物油供应量。

5.形成食谱

表4-3列举了某轻体力活动成年男子一天的食谱，可供参考。

6.营养餐的制作

有了营养食谱，还必须根据食谱原料，运用合理的烹饪方法进行营养餐的制作。在烹饪时，要了解食物中各种营养素容易发生的变化，合理选用科学的烹调方法，提高营养素在食物中的保存率和利用率，严格监控烹饪过程中食物的质量，保证食品安全。此外，营养餐的

制作还应保证食物的色、香、味俱全，这样才能保证食物的正常摄入，达到营养配餐预期的营

表 4-3　某轻体力活动成年男子一天的食谱

餐次	食物名称	食物种类和数量
早餐	大米稀饭	大米(标一)45g
	面包	面粉(特一)108g
	卤鸡蛋	鸡蛋 60g
	牛奶	牛奶 250mL
午餐	馒头	面粉(特一)150g
	西芹炒肉	西芹 150g，瘦猪肉 58g
	蒜茸油菜	油菜 150g，花生油 19mL
晚餐	大米稀饭	大米(标一)50g
	馒头	面粉(特一)100g
	白菜炖豆腐	大白菜 200g，豆腐 98g，植物油 15mL
	凉拌青椒	青椒 150g，香油 5mL

养素摄入量。

7. 食谱的总结、归档管理等

编制好食谱后，应该将食谱进行归档保存，并及时收集用餐者及厨师的反馈意见，总结食谱编制的经验，以便以后不断改进。

(二)食物交换份法

在营养配餐时，食物交换份法简单、实用、易于操作。该法是将常用食物按其所含营养素量的近似值归类，计算出每类食物每份所含的营养素值和食物质量，然后将每类食物的内容列出表格供交换使用，最后，根据不同能量需要，按蛋白质、脂肪和碳水化合物的合理分配比例，计算出各类食物的交换份数和实际质量，并按每份食物等值交换表选择食物。

1. 算出各类食物每单位交换份中所含营养价值

我国的膳食指南将常用食物划分为谷类及薯类、动物性食物、豆类和坚果、蔬菜水果类、纯能量食物等五大类食物。食品交换时按所含营养素的特点又可分为 4 大组共 8 大类，凡能产生 90kcal(376kJ)能量的食物称为一个交换份，在每一类食品中又用不同种类的食品依交换份互相交换。但是不同表中的食品，由于所含的营养素的种类和数量差别较大，不能相互交换。表 4-4 为常见食物互换表。

2. 确定各食品的每份等值交换关系

主要确定谷薯类、蔬菜类、水果类、豆和豆制品、肉蛋类、奶和奶制品、油脂类等食物的等值交换关系。

3. 按照中国居民平衡膳食宝塔上标出的数量安排每日膳食

膳食宝塔按照不同能量水平分别建议了常见食物的每人每日适宜摄入量，适用于一般健康成年人，应用时要根据自身的能量需要(如年龄、性别、身高、体重、劳动强度及季节等情况)适当调整后进行选择。

4. 把各类食物分配到三餐中

具体原则为：

(1)谷类、薯类、蔬菜类、肉类、鱼类、禽蛋类，均等地分配于三餐中。

(2)油类和调味品，配合菜肴分配于三餐中。

(3)水果、乳品尽量分配于上午、下午和晚间加餐中。

表 4-4　常见食物互换表

谷类、薯类食物互换表(能量相当于 50g 米、面的食物)			
食物名称	市品重量(g)*	食物名称	市品重量(g)*
稻米或面粉	50	烙饼	70
面条(挂面)	50	烧饼	60
面条(切面)	60	油条	45
米饭	籼米 150,粳米 110	面包	55
米粥	375	饼干	40
馒头	80	鲜玉米(市品)	350
花卷	80	红薯、白薯(生)	190
* 成品按照与原料的能量比折算			

蔬菜类食物互换表(市品相当于 100g 可食部重量)			
食物名称	市品重量(g)*	食物名称	市品重量(g)*
萝卜	105	菠菜、油菜、小白菜	120
樱桃西红柿	100	圆白菜	115
西红柿	100	大白菜	115
柿子椒	120	芹菜	150
黄瓜	110	蒜苗	120
茄子	110	菜花	120
冬瓜	125	莴笋	160
韭菜	110	藕	115
* 按照市品可食部百分比折算			

水果类食物互换表(市品相当于 100g 可食部重量)			
食物名称	市品重量(g)*	食物名称	市品重量(g)*
苹果	130	柑橘、橙	130
梨	120	香蕉	170
桃	120	芒果	150
鲜枣	115	火龙果	145
葡萄	115	菠萝	150
草莓	105	猕猴桃	120
柿子	115	西瓜	180
* 按照市品可食部百分比折算			

肉类食物互换表(市品相当于 50g 生鲜肉)			
食物名称	市品重量(g)*	食物名称	市品重量(g)*
瘦猪肉(生)	50	羊肉(生)	50
猪排骨(生)	85	整鸡、鸭、鹅(生)	75
猪肉松	30	烧鸡、烧鸭、烧鹅	60
广式香肠	55	鸡肉(生)	50
肉肠(火腿肠)	85	鸡腿(生)	90
酱肘子	35	鸡翅(生)	80
瘦牛肉(生)	50	炸鸡	70
酱牛肉	35	鸭肉(生)	50
牛肉干	30	烤鸭	55

续表 4-4

*以可食部百分比及同类畜、禽生肉的蛋白质折算，烤鸭、肉松、大排等食物能量密度较高，与瘦肉相比，提供等量蛋白质时，能量是其2～3倍，因此在选择这些食物时应注意总能量的控制			
鱼虾类食物互换表(市品相当于50g可食部重量)			
食物名称	市品重量(g)*	食物名称	市品重量(g)*
草鱼	85	大黄鱼	75
鲤鱼	90	带鱼	65
鲢鱼	80	鱿鱼	60
鲫鱼	95	墨鱼	70
鲈鱼	85	蛤蜊	130
鳊鱼(武昌鱼)	85	虾	80
鳙鱼(胖头鱼、花鲢鱼)	80	蟹	105
鲳鱼(平鱼)	70		
*按照市品可食部百分比折算			
大豆类食物互换表(相当于50g大豆的豆类食物)			
食物名称	市品重量(g)*	食物名称	市品重量(g)*
大豆(黄豆、青豆、黑豆)	50	豆腐丝	80
北豆腐	145	素鸡	105
南豆腐	280	腐竹	35
内酯豆腐	350	豆浆	730
豆腐干	110		
*豆制品按照与黄豆的蛋白质比折算			
乳类食物互换表(相当于100g鲜牛奶的乳类食物)			
食物名称	市品重量(g)*	食物名称	市品重量(g)*
鲜牛奶(羊奶)	100	奶粉	15
酸奶	100	奶酪	10
*奶制品按照与鲜奶的蛋白质比折算			

5. 根据需要进行食物种类交换

根据不同能量的各种食物需要量，参考食物交换代量表，确定不同能量推荐摄入量的食物交换份数。如对于在办公室工作的男性职员，根据中国成年人平均能量摄入水平，需要摄入谷类300g、蔬菜400g、水果300g、肉禽类75g、蛋类50g、鱼虾类75g、豆类及豆制品40g、奶类及奶制品300g、烹调油25g，这相当于12份谷薯类食物交换份、2份果蔬类交换份、4份肉蛋等动物性食物交换份、2份奶类食物交换份、1.5份豆类食物交换份、2.5份油脂类食物交换份。值得注意的是，食物交换代量表的交换单位不同，折合的食物交换份数也不同。

食物交换份法是一个比较粗略的方法，在实际应用中可将计算法与食物交换份法结合使用，首先用计算法确定食物的需要量，然后用食物交换份法确定食物的种类及数量。通过食物的同类互换，可以以一日食谱为模本，设计出一周、一月食谱。

(三)食谱营养评价和调整

营养食谱设计出来后还应进行评价，以确定编制的食谱是否科学合理。参照食物成分表初步核算该食谱提供的能量和各种营养素的含量，与*DRIs*进行比较，相差在10%以内，可认为合乎要求，否则要增减或更换食品的种类或数量。值得注意的是，制定食谱时，不必严格要求每份营养餐食谱的能量和各类营养素均与*DRIs*保持一致。一般情况下，每天的能量、蛋白质、脂肪和碳水化合物的量出入不应该很大，其他营养素以一周为单位进行计算、评价即可。

食谱的评价应该包括以下几个方面：①食谱中所含五大类食物是否齐全，是否做到了食物种类多样化；②各类食物的量是否充足；③全天能量和营养素摄入是否适宜；④三餐能量摄入分配是否合理，早餐是否保证了能量和蛋白质的供应；⑤优质蛋白质占总蛋白质的比例是否恰当；⑥蛋白质、脂肪、碳水化合物的供能比例是否适宜。结合实际提出改进方案进行调整。

随着计算机技术的发展，营养食谱的确定和评价也可以通过计算机实现。目前出现了许多膳食营养管理系统软件，使用者只要掌握基本的电脑技能，就可以方便、快捷地确定营养食谱，并且得出营养素的营养成分。

三、营养膳食的制作方法

（一）烹饪的三个阶段

1. 选料和初加工阶段

营养配餐的选料和初加工阶段，应注意食品原料的安全、卫生；注意保存食物的营养成分；保证菜肴的色、香、味不受影响，既要注意原料的形状完整、美观，也要符合节约的原则。

2. 切配阶段

切就是运用各种刀法把食物切成各种形状，处理后原料的大小、薄厚、长短、形状等符合菜肴的要求，保证定形、定质、定量进行烹饪。配菜就是把经过刀工处理的、两种及两种以上的主料和辅料进行合理搭配，确定菜肴的“质”（构成原料的配比）和“量”（各种原料的总数量），做到色、香、味、形和营养符合要求。

3. 烹调阶段

烹是原料的加热，调是食物调和滋味，烹调是烹饪的最后阶段。调味就是在加热原料时投入不同口味、不同气味的调味品，使调味品和菜肴原料产生复杂的化学和物理变化，起到除腥膻、解油腻、松软原料组织、增加美味、美化色彩等作用。

（二）烹饪方法的种类

中国菜的烹饪技法很多，根据操作过程和菜肴的制熟方式，可分为水熟法、气熟法、油熟法、火熟法、混合熟法、甜制法、冷菜制法等。

水熟法是以水作为传热媒介使食物成熟，一般要经过宽汤烧煮。具体方法有煮、熬、汆、烫、涮、烩、炖、煨等。

气熟法是利用蒸汽的对流作用把热量传递给菜肴原料，使其成熟。气熟法无需翻动原料，适于制作保持原有形态的菜。用气熟法制作的菜肴，能保持原有的营养素，口味鲜嫩、熟烂，形态完美。制作上分为蒸、甂。

油熟法是用油作为传热媒介使原料成熟。大多数都使用旺火热油，操作迅速，制出的菜肴外脆里嫩，润滑爽口。油熟法是烹饪技术较高的一种技法。制作上分为炒、炸、熘、爆、煎、贴、烹等。

火熟法是将生料或半熟的原料，经火烟的热辐射，或某些结晶粒状物体（盐或砂等）的传热作用，使菜肴成熟的烹制方法。此类菜肴皮脆肉嫩，色泽鲜亮，香味浓郁。制作上分为烤、泥烤、熏、盐焗等。

混合熟法是利用水、气、油等多种方法使菜肴成熟的烹调方法，如烧、焖、扒等。

甜制法有拔丝、蜜汁、糖水等方法，适用于各种甜菜，多为瓜果。

冷菜制法多是先烹调，后切配。具体有卤、酱、白煮、冻、卷、拌、腌、炝等。菜肴特点是干、香、嫩、脆、无汤、不腻。

（三）食物的合理加工与烹饪

1. 主食

面粉类常用的加工方法有蒸、煮、炸、烙、烤等，制作方法不同，营养素的损失程度也不同。一般蒸馒头、包子，烙饼时营养素损失较少；煮面条、饺子等随面汤丢弃使维生素 B_1 损失 49%，维生素 B_2 损失 57%，烟酸损失 22%。炸制的面食如油饼等可使一些维生素几乎全部被破坏。通过酵母发酵的面食，其营养价值相对较高。

米类加工前的淘洗可损失较多营养素，大米经一般淘洗后，维生素 B_1 的损失率可达 40%～60%，维生素 B_2 和烟酸可损失 23%～25%，洗的次数越多、水温越高、浸泡时间越长，营养素的损失就越多。因此淘米时要根据米的清洁程度适当清洗，不要用流水冲洗，不要用热水烫，不要用力搓。

2. 肉类

上浆挂糊是在原料表面上裹一层淀粉或面粉调制的糊，可使原料不与热油直接接触，从而使蛋白质和维生素的损失减少。旺火急炒，就是缩短加热时间，使肉类外部蛋白质迅速凝固，保护了内部营养素不会损失。因此，炒、爆、熘、蒸的方法优于炖、煮。

熏和烤可使维生素 A、B 族维生素、维生素 C 及脂肪破坏，若直接火烤，还会生成有致癌作用的 3,4-苯并芘。煎法温度较高，除损失部分维生素外，其他营养素一般不受影响。

3. 蔬菜

洗菜时要先洗后切，不要先切后洗；下锅前尽量少在水中浸泡，洗切与烹调的间隔时间要短。为了将附着在蔬菜表面上的农药和寄生虫卵洗净，可用流水冲洗，尽量不要使用洗洁精等清洗果蔬。

对某些涩味很重的蔬菜，可用水焯法去除涩味。焯菜时应用沸水短时间焯，不要用温水长时间焯。这样既可使维生素少受损失，又去掉了草酸的涩味。做汤菜时，要在水沸后，再加入青菜。

炒菜时要急火快炒，可以减少维生素 C 的损失。一般中餐菜肴，用淀粉勾芡或适量加点醋，不过早放盐，能对维生素起保护作用。凉拌是新鲜蔬菜最好的食用方法。

本章小结

合理营养就是按照平衡膳食的原则，将食物进行合理的主副搭配、荤素搭配、粗细搭配以及多样搭配。不合理的饮食行为必然对健康造成不良影响。本章从国内外膳食结构的模式及特点入手，主要介绍了中国居民膳食指南、中国居民平衡膳食宝塔、平衡膳食、合理配餐及食谱编制、营养调查方法及营养健康教育等内容。

思考题

一、判断题

1. 24h回顾法的优点是所用时间短，应答者和调查员不需要较高的文化程度和技巧。（　）

2. 以家庭为单位进行24h膳食调查时需要记录调查对象在外就餐的情况。（　）

3. 3d回顾法调查通常选择2个工作日和1个休息日进行。（　）

4. 膳食史的调查是利用频率法来询问和记录的。（　）

5. 在称重法中，剩余量包括所有用膳者进食后所剩余的食物。（　）

6. 记账法的操作简单，费用低，所需人力少，适用于大样本膳食调查。（　）

7. 记账法一般需考虑零食的摄入。（　）

8. 膳食调查称重法适用于大规模的膳食调查。（　）

9. 应加大中国居民膳食宝塔的宣传，提倡人们严格按宝塔所建议的食物摄入量摄取食物。（　）

10. 计算乳类摄入量时，不能将鲜奶和纯奶的消费量直接相加。（　）

11. 记账法常与称重法结合使用。（　）

12. 人群膳食调查报告的主体内容包括居民能量和主要营养素摄入状况。（　）

13. 常用的评价个体营养状况的方法是人体测量。（　）

14. 体重超过标准体重，并不一定都是肥胖。（　）

15. 身高测量不能反映营养状况，必须和体重指标结合起来才能评价营养状况。（　）

16. 测量人的胸围、腰围和臀围可以很好地反映人体局部生长发育的状况。（　）

17. 营养不良的小儿，胸围超过头围的时间往往提前。（　）

18. 维生素A缺乏病是世界卫生组织确认的世界四大营养缺乏病之一。（　）

19. 蛋白质-能量营养不良主要危害老人、孕妇。（　）

20. 成人标准体重指数在±20%以内属于正常。（　）

21. 孩子在出生时胸围一般小于头围。（　）

22. 体重不足和发育迟缓都是儿童长期营养不良的表现。（　）

23. 酗酒和吸烟是不良的生活习惯，因工作忙碌缺乏运动或运动不足则不属于不健康的生活方式。（　）

24. 上浆挂糊可以减少煎、炸食品营养素的损失。（　）

25. 米、面、蛋类以煮蒸的方法为最好。（　）

26.《中国居民平衡膳食宝塔》(2016年)建议每人每天行走8000步。（　）

27. 合理营养是通过合理搭配膳食和合理烹调来实现的。（　）

28. 在营养指导上可以将食物分为4大类。（　）

29. 食物在烹饪过程中的营养素损失是可以完全避免的。（　）

30. 适宜摄入量(*AI*)是指通过观察或实验获得的健康人群某种营养素的摄入量。（　）

31. 食谱的编制或设计方法有两种：一种是食物交换份法，另一种是营养计算法。（　）

32. 成人能量和营养需要的膳食目标，是根据中国居民每日膳食中营养素的参考摄入量制定的。（　）

33. 谷类加工越细，维生素和膳食纤维损失越多。（　）

34. 畜禽肉中的蛋白质为完全蛋白质，含有人体必需的各种氨基酸，其构成比例接近人体需要，易被人体充分利用，营养价值高，属于优质蛋白质。（　）

35. 一般来说，中国人膳食中 n-6 脂肪酸的含量高于 n-3 脂肪酸。（　）

36. 成人摄入蛋白质量占总能量的 20%～30%，最高不超过 30%。（　）

37. 评价膳食的美味可口，要从色、香、味、形上综合考虑。（　）

38. 一般来说，植物油比动物油饱和脂肪酸的含量低。（　）

二、选择题

1. 膳食调查的目的是（　）。

A. 了解有无营养素缺乏症　B. 了解膳食组成及营养素摄取情况

C. 了解机体生长发育情况　D. 了解机体营养状况

2. 下列有关膳食调查方法的表述中不正确的是（　）。

A. 回顾法是询问调查对象过去 24h 实际膳食情况

B. 膳食史法是询问过去一段时间一般的膳食模式

C. 记账法是通过称重记录一定时期内的食物消耗总量，并根据同时期的进餐人数，计算每人每天各种食物的平均摄入量

D. 对家庭的调查不适合采用记账法

3. 在进行膳食营养素评价时，（　）作为主要参考值用以分析判断。

A. *UL*　B. *RNI* 或 *AI*　C. *EAR*　D. 以上都可以

4. 关于 72h 回顾法的优点描述错误的是（　）。

A. 所用时间短，应答者不需要较高文化

B. 能得到人体的膳食营养素摄入状况，便于与其他相关因素进行分析比较

C. 调查员不需要严格培训

D. 其结果对人群营养状况分析非常有价值

5. 一个轻体力活动成年男人所食用的脂肪每日应在（　）g 左右。

A. 25　B. 35　C. 67　D. 77

6. 我国居民的膳食结构属于（　）。

A. 动植物性食物平衡的膳食结构　B. 以植物性食物为主的膳食结构

C. 以动物性食物为主的膳食结构　D. 地中海膳食结构

7. 膳食结构评价的依据是（　）。

A. 中国居民膳食营养素参考摄入量　B. 健康人群的膳食模式

C. 地中海膳食模式　D. 中国居民平衡膳食宝塔

8. 每 100g 某品牌豆奶粉的蛋白质含量为 27.4g，则 500g 该豆奶粉折合成大豆（大豆蛋白质含量为 35%）的量是（　）g。

A. 260　　B. 390　　C. 420　　D. 630

9. 刘某一天摄入的蛋白质为 50.6g，脂肪为 65.0g，碳水化合物为 220.3g，则刘某的全天能量摄入量为（　　）kcal。

A. 1560　　B. 1669　　C. 1788　　D. 1789

10. 刘某一天摄入的蛋白质为 50.6g，脂肪为 65.0g，碳水化合物为 220.3g，则刘某一天中蛋白质、脂肪、碳水化合物三种营养素的能量比分别是（　　）。

A. 12.1%、35.1%、52.8%　　B. 13.1%、42.1%、45.8%

C. 15.3%、35.1%、49.7%　　D. 12.1%、42.1%、45.8%

11. 记账法的优点是（　　）。

A. 操作比较简单　　B. 所需人力多

C. 费用高　　D. 不可分析个体膳食摄入情况

12. 某学生全天总蛋白质的摄入量为 80g，其中来源于粮谷类的为 42g，动物性食物为 30g，豆类食物为 6g，其他食物为 2g，则该学生膳食中优质蛋白质的比例是（　　）。

A. 47.5%　　B. 52.5%　　C. 45.0%　　D. 60.0%

13. 标准量床或量板用于年龄在（　　）的婴幼儿体格发育测量指标的测定。

A. 6 月以下　　B. 1 岁以下　　C. 2 岁以下　　D. 3 岁以下

14. 身高测量指标主要与（　　）的生长有关。

A. 骨骼　　B. 牙齿　　C. 头颅　　D. 心脏

15. 在贫困农村地区，可以充分利用（　　）来解决儿童的蛋白质营养问题。

A. 大豆　　B. 牛奶　　C. 小麦　　D. 酸奶

16. 体重是衡量（　　）状况的重要指标。

A. 维生素摄入　　B. 蛋白质和能量摄入　　C. 矿物质摄入　　D. 脂肪摄入

17. 儿童出现生长发育迟缓、消瘦、体重过轻、智力发育障碍，最可能的原因是（　　）。

A. 热能不足　　B. 蛋白质营养不良　　C. 脂肪摄入不足　　D. 锌缺乏

18.（　　）是衡量儿童体格发育的营养状况最重要、最敏感的指标。

A. 身高　　B. 头围　　C. 体质指数　　D. 体重

19.（　　）可在早期发现营养缺乏的种类和缺乏程度，为营养评价提供客观的依据。

A. 膳食调查　　B. 体格检查

C. 实验室检查或生化检查　　D. 问卷调查

20. 下列对测量婴幼儿头顶至臀长和身长的叙述正确的是（　　）。

A. 被测婴幼儿脱去鞋、帽、袜　　B. 保留小数点后两位

C. 婴幼儿需站立测量

D. 婴幼儿头顶至臀长和身长分别对应于儿童的身高和坐高

21. 以植物性食物为主的膳食结构存在的问题为（　　）。

A. 能量过剩　　B. 易发生营养缺乏病

C. 易发生慢性病　　D. 普通家庭一般不容易做到

22. 补钙的首选食物是（　　）。

A. 豆类　　B. 奶类　　C. 肉类　　D. 绿色蔬菜

23. 一般从事轻微体力活动或身体活动水平低的成年男子，其每日的能量需要量约为

(　　)kcal。

A. 1800　　B. 2100　　C. 2400　　D. 2800

24. 影响人体健康最重要的因素是(　　)。

A. 个人生活方式　　B. 遗传因素　　C. 社会条件　　D. 自然环境

25. 菜肴先洗后切，主要是为了减少(　　)的损失。

A. 蛋白质　　B. 脂肪　　C. 脂溶性维生素　　D. 水溶性维生素

26. 人类对营养的需要，首先是对(　　)的需要。

A. 能量　　B. 碳水化合物　　C. 脂肪　　D. 蛋白质

27. 一般来说，配餐中膳食能量供给达到推荐摄入量的(　　)为基本合格。

A. 95%　　B. 90%　　C. 85%　　D. 80%

28. 制定成人能量需要的膳食目标，下列说法正确的是(　　)。

A. 应根据"中国居民每日膳食中营养素参考摄入量"，不能根据体重和体力活动估算

B. 应根据体重和体力活动简单估算成人每日膳食能量供给量，不能根据"中国居民每日膳食中营养素参考摄入量"

C. 能根据"中国居民每日膳食中营养素参考摄入量"

D. 可根据年龄、性别和活动级别，查询"中国居民每日膳食中营养素参考摄入量"

29. 膳食中每天饱和脂肪酸摄入量不应超过总能量的(　　)。

A. 5%　　B. 10%　　C. 15%　　D. 30%

30. 根据食物选择原则，每天胆固醇摄入量不应超过(　　)mg。

A. 100　　B. 200　　C. 300　　D. 400

31. 与成年男性相比，在为成年女性配餐时，需要特别考虑的矿物质为(　　)。

A. 磷　　B. 硫　　C. 铁　　D. 硒

32. 根据膳食营养目标，配餐应考虑的基本原则是(　　)。

A. 食物多样化原则　　B. 膳食平衡原则

C. 食物互补原则　　D. 营养素水平适宜、齐全

33. 植物油属于纯能量食物，它还可提供(　　)。

A. 维生素 E　　B. 维生素 A　　C. 叶酸　　D. 维生素 B

34. 我国居民碳水化合物的主要来源是(　　)，是膳食能量最经济的来源。

A. 谷类和薯类　　B. 畜禽肉　　C. 乳类　　D. 蔬菜、水果

35. 食谱编制中，个人饭菜量的核定主要基于(　　)的多少。

A. 能量　　B. 碳水化合物　　C. 脂肪　　D. 蛋白质

三、简答题

1. 试简述用称重法进行膳食调查的优缺点。
2. 试简述用 24h 回顾法进行膳食调查的优缺点及应用范围。
3. 试简述用食物称重法进行膳食调查的具体步骤和注意事项。
4. 试简述设计家庭食物消费称重记录表的工作程序，并设计样表。
5. 试简述膳食构成的测定与评估的工作程序。

四、技能题

1. 王某，女，26 岁，中等体力劳动，推荐每日能量摄入量 2400kcal。最近体重下降，感觉疲惫乏力，希望营养师对其膳食进行指导。

(1)营养师采用 24h 回顾法调查王某的膳食情况，请简述 24h 膳食回顾调查程序。

(2)通过 24h 回顾法获得王某一日的膳食如表 4-5 所示，试计算一日各类食物摄入量，并参照中国居民膳食宝塔建议的每人每日各类食物适宜摄入量作出评价。

表 4-5　王某一日的膳食

进餐时间	食物名称	原料名称	原料重量(可食部)
早餐	鸡蛋灌饼 1 个 牛奶 1 包	小麦粉	75g
		鸡蛋	50g
		豆油	5g
		牛奶	250mL
午餐	米饭半碗 冬瓜炖排骨 1 份 苹果 1 个	稻米	70g
		猪小排	100g
		冬瓜	150g
		豆油	15g
		苹果	200g
晚餐	稀饭 1 碗 馒头 1 个 炒青菜 1 份	小麦粉	60g
		豆油	15g
		青菜	200g

2. 营养师记录王丽的某日摄入食物如下：粳米 150g，小麦粉 100g，鸡蛋 50g，牛肉 100g，北豆腐 100g，大白菜 150g，西红柿 200g，菜油 20g，盐 6g。试计算各种营养素和矿物质摄入量，填入表 4-6，并对比推荐摄入量进行评价。

表 4-6　膳食营养素和矿物质摄入量

营养素	能量(kcal)	蛋白质(g)	维生素 A(μgRE)	钙(mg)
推荐摄入量	2100	65	800	800
实际摄入量				
实际/推荐(%)				

试计算王丽一日各类食物摄入量，并参照中国居民平衡膳食宝塔建议每人每日各类食物摄入量作出评价。

3. 在膳食营养计算过程中，如记录的食物在食物成分表中没有录入，得到营养素含量的方法有哪些？

4. 李红某天的膳食记录为：粳米 150g，小麦粉 200g，虾仁 100g，鸡蛋 50g，豆腐 100g，冬瓜 150g，西红柿 200g，苹果 200g，菜油 20g，食盐 6g(均为可食部)。试计算其一日各类食物摄入量，并参照中国居民膳食宝塔建议每人每日各类食物适宜摄入量作出评价。

5. 某孕妇，年龄 28 岁，孕 20 周，体重增长正常，从事办公室工作。请为其制定一天的食谱。

6. 某大学四年级学生 40 人，晚餐吃水饺。用 5000g 面粉(标准粉)、10000g 白菜(可食部)、2500g 猪瘦肉、500g 鸡蛋(可食部)、500g 大豆油和 200g 食盐，做成 25000g 生水饺。

1000g 生水饺煮熟后重 1200g，吃完晚餐后剩余生水饺 2000g、熟水饺 3600g。按每人吃一样多计算，请回答以下问题：

(1)每人吃生水饺多少克?

(2)每人分别吃面粉、白菜、猪瘦肉、鸡蛋和食盐多少克?

(3)查询食物成分表，计算每人通过晚餐摄入的能量和主要营养素的量。

实训一 营养项目问卷设计

一、实训目标

通过对于不同人群的营养问卷设计，掌握根据所要了解的营养问题在设计问卷时应该注意的问题，使问卷调查内容全面、特点突出，抓住问题重点。

二、实训内容

调查问卷应该根据教材中食物与健康内容及目前我国存在的营养问题，由课题小组讨论自行设计，其内容可以包括：

1. 膳食指南、膳食宝塔及其他有关的营养知识共 10 题；
2. 薯类、肉类、鱼虾类、蛋类、奶类、豆类、蔬菜、水果 8 类食物前 1 周消费频率；
3. 早餐就餐情况，分为每天吃、有时吃、从来不吃；
4. 早餐营养质量：六大类营养素摄取情况(质和量)；
5. 不同人群的问卷调查，包括幼儿、学龄前儿童、青少年(男女)、中年人群(男女)、老年人群、慢性疾病群体等；
6. 不同人群对于零食的摄入情况(时间、类目、量)。

三、结果分析

根据问卷调查，写出相关的实训总结。

实训二 人体测量指标的评价

一、实训目标

1. 掌握营养调查中人体体格测量的项目、方法，能进行体重、身高、上臂围、皮褶厚度等指标的检查。
2. 熟练地应用工具测量成人皮褶厚度；掌握测量皮褶厚度的基本方法与步骤。
3. 了解并且掌握体脂含量的计算方法。
4. 了解上臂肌围、Vervaeck 指数的计算方法。
5. 了解并且掌握人体测量指标的评价方法。

二、实训原理

1. 体质指数

$$BMI = 体重(kg)/[身高(m)]^2$$

判断标准为：$BMI<18.5$，体重过低；$BMI=18.5 \sim 23.9$，体重正常；$BMI=24.0 \sim 28.0$，超重；$BMI>28.0$，肥胖。

2. 上臂肌围

上臂肌围(cm)＝上臂(松弛)围(cm)－0.314×三头肌部皮褶厚度(cm)

上臂肌围的正常参考值为：成年男性 24.8cm，成年女性 21.0cm。

实测值相当于正常值的 90%以上为正常；80%～90%为轻度营养不良；60%～80%为中度营养不良；小于 60%为重度营养不良。

3. 体脂百分含量(BF%)

$$男生\ BF\% = 6.931382 + 0.428359X$$

$$女生\ BF\% = 7.895667 + 0.428359X$$

其中，X 为皮褶总厚度，即侧肱三头肌皮褶厚度(mm)与左侧肩胛下角皮褶厚度(mm)之和。

轻度肥胖，男性：$20\% < BF\% < 25\%$；女性：$25\% < BF\% < 30\%$。

中度肥胖，男性：$25\% \leqslant BF\% < 30\%$；女性：$30\% \leqslant BF\% < 35\%$。

重度肥胖，男性：$BF\% \geqslant 30\%$；女性：$BF\% \geqslant 35\%$。

4. Vervaeck 指数

Vervaeck 指数＝{[体重(kg)＋胸围(cm)]/身长(cm)}×100

表 4-7 为 Vervaeck 指数营养评价标准。

表 4-7　Vervaeck 指数营养评价标准

营养状况	男性	17 岁	18 岁	19 岁	20 岁	21 岁及以上
	女性		17 岁	18 岁	19 岁	20 岁及以上
优＞		85.5	87.5	89	89.5	90.0
良＞		80.5	82.5	84.0	84.5	85.0
中＞		75.5	77.5	79.0	77.0	80.0
不良＞		70.5	72.5	74.0	74.0	75.0
极不良＜		70.5	72.5	74.0	74.0	75.0

三、实训操作

(一)方法

每两人一组，相互给对方进行体格测量并进行评价。

(二)工具

皮脂厚度计、软尺、体重计。

(三)体格测量项目

1. 身高

测量对象为 3 岁以上的儿童和成人。

(1)使用器材为身高坐高计，它为铁质的底座，镶嵌着一根铝锚的方柱和木制座板，主要为了搬运方便。方柱分为两段，有两个标尺，一个为身高尺，另一个为坐高尺。

①身高坐高计应选择平坦靠墙的地方放置(安全)，立柱的刻度尺应面向光源(便于读数)。

②测试人员在测试前应检查、校正身高坐高计，同时注意校对零点。方法是：以钢尺测量基准板平面刻度的刻度是否准确，一般为1.0cm，误差不得大于0.1cm。同时应检查立柱是否垂直，连接处是否紧密，有无晃动，零件有无松脱等情况并及时加以纠正。

(2)测试方法：

①被测人员应脱掉鞋帽和影响测量结果的发辫及头饰，上肢自然下垂，足跟并拢，足尖分开约60°，足跟、骶骨部及两肩胛间与立柱相接触，躯干自然挺直，头部正直，耳廓上缘与眼眶下缘呈水平位。

②测试人员站在受试者右侧，将水平压板轻轻沿立柱下滑，轻压于受试者头顶。测试人员读数时双眼应与压板平面等高，以"cm"为单位，精确到小数点后一位(0.1cm)。

(3)注意事项：

①严格掌握"三点靠立柱(脚跟、臀部、肩胛)"、"两点呈水平"的测量姿势要求，测试人员读数时两眼要与压板等高。

②水平压板与头部接触时，松紧要适度，头发蓬松者要压实，头顶的发辫、发结要放开，饰物要取下。

③读数完毕，立即将水平压板轻轻推向安全高度，以防伤人。

2.体重

(1)使用仪器为杠杆秤。注意在使用前需检验其准确度和灵敏度。准确度要求误差不超过0.1%。其检验方法是：以备用的10kg、20kg、30kg标准砝码(或用等重标定重物代替)分别进行称量，检查指示读数与标准砝码误差是否在允许范围内。灵敏度检验方法是：置100g砝码，观察刻度尺抬高了3mm或游标向远处移动0.1kg，而且刻度尺维持水平位时则达到要求。

(2)测试方法：

①测试时，杠杆秤应放在平坦地面上，调整零点至刻度尺呈水平位。

②受试者身着短裤、短袖衫，站立秤台中央。测试人员放置适当砝码并移动游码至刻度尺平衡。读数以kg为单位，精确到小数点后一位。记录员复诵后将读数填入方格内。测试误差不超过0.1kg。

(3)注意事项：

①每天使用时，要观察杠杆秤是否有螺丝松动，并及时拧紧。

②每天使用前均需校正杠杆秤。测试人员每次读数前都应校对砝码重量，避免差错。

③受试者站在秤台中央，上、下杠杆秤时动作要轻。

④测量体重前受试者不得进行体育活动和体力劳动。

3.上臂围

利用上臂紧张围与上臂松弛围二者之差表示肌肉的发育状况。一般此差值越大说明肌肉发育状况越好，反之说明脂肪发育状况不良。

使用仪器：无伸缩性材料制成的卷尺，刻度需读至0.1cm。

测量方法：用卷尺测量上臂中点周长。

4.胸围

(1)使用器材：无伸缩性材料制成的卷尺。使用前经钢卷尺校对，每米误差不超过0.2cm。

(2)测试方法：

①受试者自然站立，两脚分开与肩同宽，双肩放松，两上肢自然下垂，平静呼吸。

②两名测试人员分别立于受试者面前与背后共同进行胸围测量。从背后将带尺上缘平齐背部肩胛下角下缘向胸前围绕；男生及未发育女生，带尺下缘在胸前沿乳头上齐，已发育女生，带尺在乳头上缘与第四肋骨平齐。

③带尺围绕胸部的松紧度应适宜，以对皮肤不产生明显压迫为度。

④应在受试者吸气尚未开始时读取数值，带尺上与零点相交的数值即为胸围值。以厘米为单位，精确到小数点后一位。

(3)注意事项：

①两名测试人员应分工合作。站在受试者面前的测试人员甲进行测量，受试者背侧的测试人员乙协助找好背部测量标准点，并注意受试者姿势是否正确，有无低头、耸肩、挺胸、驼背等，及时予以纠正。

②测试人员应严格掌握带尺的松紧度，并保持检测全过程的一致性，以求减小误差。测量误差不超过 1cm。

③如摸不清肩胛下角，可令受试者挺胸，摸清后受试者应恢复正确的测量姿势。

5.皮褶厚度

使用器材：皮褶计。测量部位：肱三头肌部、肩胛下角部、髂嵴上部、腹部等，其中前 3 个部位最重要。

(1)肱三头肌部皮褶厚度

①测试方法：a.受试者自然站立，被测部位充分裸露。b.测试人员找到肩峰、尺骨鹰嘴(肘部骨性突出)部位，并用油笔标记出右臂后面从肩峰到尺骨鹰嘴连线中点处(确定左上臂背侧中点)。c.用左手拇指和食指、中指将被测部位(上臂背侧中点上 2cm)皮肤和皮下组织夹提起。d.在该皮褶提起点的下方(1cm)用皮褶计测量其厚度。用右拇指松开皮褶计卡钳钳柄，使钳尖部充分夹住皮褶；在皮褶计指针快速回落后立即读数。要连续测量 3 次，记录以“mm”为单位，精确到 0.1mm。

②注意事项：a.受试者自然站立，肌肉不要紧张，体重平均落在两腿上。b.把皮肤与皮下组织一起夹提起来，但不能把肌肉夹提住。c.测量者每天开始工作前，及时从仪器箱中取出皮褶计；每天工作完成后，装入皮褶计盒中，并放入仪器箱中保存。

(2)肩胛下角部皮褶厚度

①测试方法：a.受试者自然站立，被测部位充分裸露。b.测试人员用油笔标出右肩胛骨下角位置。c.在右肩胛骨下角下方 1cm 处，顺自然皮褶方向(即皮褶走向与脊柱呈 45°角)，用左手拇指和食指、中指将被测部位皮肤和皮下组织夹提起来。d.在该皮褶提起点的下方用皮褶计测量其厚度。用右拇指松开皮褶计卡钳钳柄，使钳尖部充分夹住皮褶；在皮褶计指针快速回落后立即读数。要连续测量 3 次，记录以“mm”为单位，精确到 0.1mm。

②注意事项：a.受试者自然站立，肌肉不要紧张，体重平均落在两腿上。b.把皮肤与皮下组织一起夹提起来，但不能把肌肉夹提住。c.测量者每天开始工作前，及时从仪器箱中取出皮褶计；每天工作完成后，装入皮褶计盒中，并放入仪器箱中保存。

(3)髂嵴上部皮褶厚度

①测试方法：a.受试者自然站立，被测部位充分裸露。b.在腋前线向下延伸与髂嵴上相

交点垂直捏起皮褶。c.在该皮褶提起点的下方用皮褶计测量其厚度。用右拇指松开皮褶计卡钳钳柄，使钳尖部充分夹住皮褶；在皮褶计指针快速回落后立即读数。要连续测量3次，记录以"mm"为单位，精确到0.1mm。

②注意事项：a.受试者自然站立，肌肉不要紧张，体重平均落在两腿上。b.把皮肤与皮下组织一起夹提起来，但不能把肌肉夹提住。c.测量者每天开始工作前，及时从仪器箱中取出皮褶计；每天工作完成后，装入皮褶计盒中，并放入仪器箱中保存。

四、结果分析

将测量结果记入表4-8，并进行评价。

表4-8　人体体格测量指标评价表

姓名：	性别：	年龄：	时间：
基本信息记录			
项目	测量值	项目	测量值
身高(cm)		肱三头肌部皮褶厚度(mm)	
体重(kg)		肩胛下角部皮褶厚度(mm)	
上臂围(cm)		髂嵴上部皮褶厚度(mm)	
胸围(cm)			
结果判断： 体质指数： 上臂肌围： 体脂百分含量： Vervaeck 指数：			

实训三　膳食调查及结果评价

一、实训目标

1. 了解膳食调查过程。
2. 掌握膳食调查的结果评价。

二、实训原理

通过询问调查对象过去24h、48h或几天实际的膳食摄入情况，对其食物摄入量进行计算和评价。

此法适合于个体调查及特殊人群调查，如散居的儿童、老年人和病人等。这些人在集体食堂或家庭中与其他人共同用餐时所摄入的食物量和种类与其他成员不同，因此不能用集体或全家的食物消耗来估计他们消耗的部分。对于了解家庭中的每一个成员的膳食摄入情况，24h回顾法均能得到相对准确的数据。

三、实训操作

1. 设计和熟悉24h回顾法膳食调查表格，做好访问前的准备。

2. 对被访问者进行动员，说明膳食调查的目的和24h回顾法简单的调查方法。

3. 面对面进行24h膳食回顾调查。

4. 核对膳食记录表，检查食物名称、重量的正确性和合理性，将结果记录填入表4-9。

表4-9　膳食调查及食物摄入记录表

姓名：　　性别：　　年龄：　　职业：　　劳动强度：

饮食习惯：

进餐时间：　早　中　晚　　嗜好：　酒　茶　咖啡　饮料

经常吃的食物：绿叶蔬菜、土豆、肉、鱼、蛋、牛奶、豆及豆制品、水果、油、糖、其他

食物摄入记录						
日期	餐别	饭菜名称	食物名称	原料使用量	废弃量	净摄入量

询问时有困难或有疑问时，应用称重法核实，以提高调查结果的准确性，弥补单纯询问的不足。询问观察不一定要连续进行3日，中间可间隔一两天。将调查期间所吃的同类食物相加，以调查天数相除，即得平均每日各类食物的进食量。

5. 将食物进行归类，计算实际摄入量。将结果与膳食平衡宝塔参考摄入量进行比较。

6. 按照食物名称查阅相关的食物成分表，计算能量和各种营养素的摄入量，将结果填入表4-10，并参考表4-11，将计算结果与 *EAR*、*RNI*(*AI*)、*UL* 做比较。

表4-10　食物营养成分计算表

餐次	食物名称	重量(g)	蛋白质(g)	脂肪(g)	碳水化合物(g)	能量(kcal)	维生素A(μgRE)	维生素C(mg)	钙(mg)	铁(mg)	锌(mg)
早餐											
小计											
午餐											
小计											
晚餐											
小计											
合计											

表 4-11　膳食主要营养素摄入量与 *DRIs* 比较

各类营养素和能量	膳食推荐量	实际摄入量	摄入量达标率(%)
能量(kcal)			
蛋白质(g)			
钙(mg)			
铁(mg)			
锌(mg)			
维生素 A(μgRE)			
维生素 B_1(mg)			
维生素 B_2(mg)			
维生素 C(mg)			

在进行食物归类时应注意有些食物要进行折算才能相加。如计算乳类摄入量时，不能将鲜奶与奶粉直接相加，应按蛋白质含量将奶粉算出一个系数，相乘折算成鲜奶量再相加。其他类食物（如各种豆制产品）也应同样进行折算后才能相加。

(1)人日数：人日数是代表被调查者用一日三餐为标准折合的用餐天数，一个人吃早、中、晚 3 餐为 1 个人日。

(2)标准人系数：体重 60kg 成年男子从事轻体力劳动者为标准人，以其能量供给量 2400kcal作为 1，其他各类人员按其能量推荐量与 2400kcal 之比得出各类人的折合系数。

$$标准人日数=标准人系数\times人日数$$

(3)混合系数：

$$混合系数=\frac{\frac{家庭成员1}{标准人系数}\times人日数+\frac{家庭成员2}{标准人系数}\times人日数+\cdots}{家庭总人日数}$$

(4)标准人的平均每日某营养素摄入量：

标准人的平均每日某营养素摄入量＝平均每人每日某种营养素的摄入量÷混合系数

7. 计算三大营养素供能比，将计算结果填入表 4-12。

表 4-12　能量来源分配

类别	重量(g)	能量(kcal)	占总能量(%)
蛋白质			
脂肪			
糖类			

8. 计算蛋白质、脂肪和铁的食物来源，将计算结果填入表 4-13。

表 4-13　蛋白质、脂肪和铁的食物来源分配

类别	蛋白质	脂肪	铁
动物性食物(%)			
豆类(%)			
植物(%)			

9. 计算三餐供能比，将计算结果填入表 4-14。

表 4-14　三餐供能比

	早餐	午餐	晚餐
能量(%)			

10. 对上述结果进行分析和评价。
11. 完成 24h 回顾法膳食调查总结。

四、结果分析

膳食调查结果报告的内容有：
1. 每人每日各种食物的平均摄入量与膳食结构评价；
2. 平均每人每日营养素摄入量与评价；
3. 能量来源与蛋白质、脂肪的食物评价；
4. 三餐提供能量的比例。

实训四　人体营养状况评价

一、实训目标

1. 了解营养评价的目的和意义。
2. 熟悉营养评价的内容。
3. 掌握 24h 回顾法的调查方法、结果计算、评价方法。
4. 能够结合膳食调查结果、人体体格测量结果对人体营养状况进行初步评价，并针对性地提出膳食改进建议。
5. 掌握食物频数法。

二、实训原理

营养评价是对膳食调查、体格测量、营养缺乏病的临床检查、营养状况实验室检测这四部分内容进行全面的评价，客观地对其所发现的营养问题提出解决措施。

三、实训操作

(一)方法

每两人一组，相互给对方进行膳食调查、体格测量并进行评价。

(二)工具

皮褶计、软尺、体重计、纸、笔。

(三)膳食调查——24h 回顾法

具体参考实训三。

(四)体格测量

具体参考实训二。

四、结果分析

将结果记录于表 4-15。

表 4-15　人体营养状况评价

姓名：	性别：	年龄：	时间：
个人 24h 膳食调查结果			
名称	摄入量	其他	
能量		产能营养素供能比	
蛋白质		优质蛋白质比	
脂肪		动植物性来源比	
碳水化合物			
钙			
铁			
锌			
维生素 A			
结果评价：			
基本信息记录			
项目	测量值	项目	测量值
身高(cm)		肱三头肌部皮褶厚度(mm)	
体重(kg)		肩胛下角部皮褶厚度(mm)	
上臂围(cm)		髂嵴上部皮褶厚度(mm)	
胸围(cm)			
结果判断： 体质指数： 上臂肌围： 体脂百分含量： Vervaeck 指数：			
综合评价及建议： 调查人员 日期			

五、注意事项

1. 营养缺乏病临床体征和症状的出现，表明体内营养素缺乏已达到较严重程度。实际上，机体在此之前，组织中营养素的浓度可能降低，血液、尿液、粪便、毛发等生物样品中营养素或代谢产物的含量也可能发生变化。用生化监测的手段测定被测者体液或排泄物中与营养有关的成分，可判断人体营养水平，对营养不良的早期发现、早期诊断与预防具有重要意义。

2. 营养缺乏或不足时，常会出现临床症状和体征，我们可以通过体格检查来发现营养缺乏病。但是营养缺乏病的症状和体征大多缺乏特异性，有些非营养性疾病也出现类似的症状和体征。因此，必须结合膳食调查和营养生化检验的结果，才能判断所发现的症状和体征是否是由于缺乏某种或某些营养素所致。

实训五　一份菜肴营养素摄入量的计算

一、实训目标

练习膳食营养素的计算步骤，掌握菜肴营养素的基本计算方法。

二、实训原理

不同的食物中蛋白质的含量不一样，动物性及豆类蛋白质属于优质蛋白质。

各类食物中主要营养素摄入量的计算步骤为：①从食物成分表中查询出每100g各种食物的能量和各种营养素的含量。②分别计算这一日中食用的不同食物所含营养素和能量的量。③把所有食物提供的能量和营养素的量累计相加，就得到膳食摄入的总能量和营养素。

三、实训操作

1. 工作准备

食物成分表、菜肴的原料及用量记录表、计算器等。

2. 工作程序

以番茄炖牛肉土豆丁为例，计算其主要营养素的含量。

(1)将该菜肴中的原料组成及重量列出(表4-16)。

表4-16　番茄炖牛肉土豆丁中的原料组成及重量

菜名	原料	可食部重量(g)
番茄炖牛肉土豆丁	番茄	50
	牛肉	50
	土豆丁	100
	花生油	12
	食盐	5

(2)根据食物成分表计算各原料的营养素含量。

某原料营养素的含量＝实际摄入量×可食部(%)×成分表含量/100

将结果填入表4-17。

表4-17　番茄炖牛肉土豆丁中各原料的营养素含量

原料名称	可食部重量(g)	蛋白质(g)	维生素A(μgRE)	维生素E(mg)	钙(mg)	铁(mg)
牛肉	50					
番茄	50					
土豆丁	100					
花生油	12					
食盐	5					

(3)计算该菜肴中各种营养素的总含量。

四、注意事项

1. 烹调加工方法对原料中的营养素种类和数量有一定的影响。

2. 我国目前的食物成分表是以食物原料为基础的，因此，在称重记录时部分食物要根据生、熟比值来转化成该对象实际摄入的原料量。

3. 对于食物成分表查不到的食物，尽量用近似的食物代替。

实训六　一日膳食中能量和主要营养素的计算

一、实训目标

掌握膳食能量和主要营养素的计算方法；能根据 *DRIs* 对膳食营养状况进行评价。

二、实训原理

1. 三大产能营养素的能量系数

蛋白质、脂肪、碳水化合物的能量系数分别为 4kcal/g、9kcal/g、4kcal/g。

2. 膳食总能量的计算方法

(1)直接查表法：通过查阅食物成分表计算各种食物提供的能量，然后把所有食物提供的能量相加，就得到膳食总能量。

(2)计算法：首先分别计算出膳食中蛋白质、脂肪、碳水化合物的摄入量，然后按公式计算总能量。

$$\text{膳食总能量}=\text{蛋白质摄入量}\times 4+\text{脂肪摄入量}\times 9+\text{碳水化合物摄入量}\times 4$$

3. 膳食营养素含量的计算

膳食中各类营养素的含量即为摄入的各种食物中营养素含量的总和。以蛋白质为例：

$$\begin{aligned}\text{膳食中总蛋白质的含量}&=\text{摄入的各种食物中蛋白质含量的总和}\\&=\sum[\text{食物量(g)}\times EP\times\text{食物蛋白质含量}/100\text{g}]\end{aligned}$$

式中：*EP*——食物成分表中可食部比例。

三、实训操作

1. 工作准备

相关表格、计算器、食物成分表等。

2. 工作程序

(1)调查膳食主要组成部分和数量，将摄入的食物和数量详细填入记录表内(参考表4-9)。

询问有困难或有疑问时，应用称重法核实，以提高调查结果的准确性，弥补单纯询问的不足。询问观察不一定要连续进行 3 日，中间可间隔一两天。将调查期间所吃的同类食物相加，以调查天数相除，即得平均每日各类食物的进食量。

(2)膳食调查结果计算与评价

①食物摄入种类及摄入量评价：具体参照膳食宝塔及 *DRIs*。

②膳食能量摄入评价:与推荐摄入量比较,相差在±10%以内为正常。

③三大产能营养素供能比评价。评价标准:碳水化合物供能比为55%~65%;蛋白质供能比为10%~15%(优质蛋白质的比例不少于30%),年龄越小,所占比重适当增加;脂肪供能比为20%~30%。

(4)优质蛋白质来源比例计算与评价。

(5)营养素摄入量评价。根据研究目的,将调查对象的日均膳食摄入量带入食物成分表,计算出目标营养素的累计实际摄入量,再与*DRIs*相比较(参考表4-11)。

四、结果分析

在前面评价表内容的基础上,根据膳食能量及营养素摄入量、膳食模式等的分析结果,发现问题,给出合理的膳食建议。

五、注意事项

1.烹调加工方法对原料中的营养素种类和数量有一定的影响。

2.我国目前的食物成分表是以食物原料为基础的,因此,在称重记录时部分食物要根据生、熟比值来转化成该对象实际摄入的原料量。

3.对于食物成分表查不到的食物,尽量用近似的食物代替。

实训七　一日营养餐的评价

一、实训目标

1.了解食物的分类方法;

2.通过查询食物成分表计算膳食能量及各种营养素的含量;

3.掌握膳食结构、膳食能量及各种营养素的计算和评价方法。

二、实训原理

某一个体或人群在一定时期内对膳食能量和各种营养素的要求是相对稳定的,通过对该个体或人群膳食调查所得到的每日各种食物实际消耗量和能量及各种营养素摄入量等调查数据进行整理和计算,将其分别与平衡膳食宝塔和中国居民膳食营养素参考摄入量(*DRIs*)进行比较,计算和评价膳食模式、能量和各种营养素摄入量是否合理,从而得知该个体或人群的膳食营养状况,并给予营养改善建议,以保证调查对象的营养平衡,促进健康。

三、实训操作

1.材料准备

一日营养餐记录表,能量及营养素参考摄入量相关表格,常用的食物分类表,中国食物成分表,中国居民平衡膳食宝塔,中国居民膳食营养素参考摄入量(*DRIs*)表,纸、笔、计算器等。

2.记录食物

记录摄取食物的餐别、种类、数量(可食部重量),查看是否有相同食物或同原料的食物可合并。

3. 合并同类项，根据食物成分表进行相关记录

一般可以归类记录，如早餐馒头和晚餐面条是一种原料，可以合并。查食物成分表，记录摄入各类食物的能量和营养素含量，将结果填入膳食调查及食物摄入记录表中(参考表 4-9)。

4. 累计能量和主要营养素总量

把各种食物中的能量、蛋白质、脂肪等营养素分别逐一相加，分别得到一日总能量及各种营养素摄入量，将结果记录在食物营养成分计算表和膳食主要营养素摄入量与 *DRIs* 比较表中(参考表 4-10 和表 4-11)。

5. 膳食结构评价

把以上食物归类，与中国居民平衡膳食宝塔的推荐食物种类及数量比较，检查食物是否多样化，种类是否齐全，数量是否合理。当某类食物实际摄入量占平衡宝塔的推荐摄入量 90%～110%时，评价其摄入是合理的，反之为不合理。

四、结果分析

在前面分析评价的基础上，根据膳食能量及营养素摄入量、膳食模式等分析结果发现问题，给出合理的膳食建议。

实训八 膳食模式与健康专题讨论

一、实训目标

通过各地不同的膳食模式，使学生进一步了解当前不同的饮食结构模式，确立健康的膳食模式。

二、实训原理

膳食模式也称膳食结构或食物结构，是指膳食中各类食物的数量及其在膳食中所占的比重，以及各类食物所能提供能量及各种营养素的数量和比例。膳食结构的形成与社会经济文化、宗教信仰、营养知识水平等因素有关，既反映了人们的饮食习惯、生活水平高低，也反映出一个国家的经济发展水平和农业发展状况，是社会经济发展的重要特征。

三、实训操作

可以根据以下题目进行讨论，或根据学生情况进行设计：

1. 东西方膳食模式的主要区别是什么？
2. 什么样的膳食模式是健康的？
3. 怎样区分地域性的膳食模式？
4. 介绍你家乡的主要的膳食模式，谈谈你认为健康的饮食习惯。

四、结果分析

根据讨论结果写出实训总结报告。

第五章 特殊人群的营养与膳食

知识目标

1. 了解孕妇、乳母、婴幼儿、青少年、中老年人等特殊人群的生理规律。
2. 熟悉上述人群及素食人群的膳食指南。
3. 了解高低温工作人群、职业性接触毒害物质人群与运动员的营养需求。

技能目标

能够结合不同特殊人群的生理特性，提出相应人群营养注意事项，参考膳食营养素参考摄入量给出特定人群的食物摄入构成与配比。

第一节 孕妇与乳母的营养与膳食

满足妊娠妇女的营养素需要已经成为全球公共卫生的优先课题。在发达国家，出现了越来越多的关于个体营养状况和营养、代谢及需要量的变异是怎样影响妊娠期体重的增长、早产的风险和出生缺陷的信息。在发展中国家，对于营养不良妇女，设计完善的营养与膳食研究在揭示母体营养改善对母婴健康产生有益影响方面是特别重要的。

一、孕妇与乳母营养的特殊性

(一)孕妇营养的特殊性

1. 激素变化

在胚胎植入后数日，黄体和胎盘分泌激素增加。这些激素保证妊娠的维持，为母体中胎儿的发育做准备。血清雌二醇的浓度在妊娠初期升高。雌二醇改变碳水化合物和脂类的代谢，增加母体骨骼的转化率，并刺激母体垂体中的生长激素细胞转化为分泌催乳素的催乳激素细胞。由这些细胞产生的催乳素在哺乳的启动和维持过程中发挥重要作用。孕酮最初来源于黄体，然后来源于胎盘。孕酮松弛胃肠道和子宫的平滑肌细胞，刺激母体呼吸，促进乳腺小叶的发育，并在妊娠期间阻止乳汁的分泌。

通常，妊娠是一个提高胰腺β细胞对胰岛素拮抗的时期。这种拮抗与孕酮、皮质醇及催乳素的高分泌同时发生，并且允许葡萄糖、极低密度脂蛋白和氨基酸流向胎儿，而不是沉积在母体组织。

2. 血液和其他体液的改变

到妊娠末期，血浆容量增加50%(1.5L)，红细胞总量仅增加15%～20%。妊娠的这种"血液稀释"意味着血红蛋白浓度和红细胞压积下降，尤其孕中期血浆容量增加最多。为纠正这一现象，代表贫血的血红蛋白截断点的推荐值：孕初期和孕后期下调至110g/L，孕中期为105g/L。在妊娠期间，由于血液稀释和更新的改变，白蛋白和多数营养素的血清浓度也降低。相反，多数的球蛋白、血脂类(尤其是甘油三酯)和维生素E的水平却升高。肾脏血浆流量增加75%，肾小球滤过率增加50%，伴有葡萄糖、氨基酸和水溶性维生素的尿排泄量增加。

3.体重增长

在妊娠期间，健康、护理良好的妇女平均增重12～15kg。表5-1中列出了推荐的体重增长值。为了生产正常出生体重儿，建议肥胖女性少增长体重，但至少也要增长6kg。

表5-1 妊娠期间体重增长推荐值

体质指数分级	推荐增长的体重(kg)
低(<19.8)	12.5～18
正常(19.8～26.0)	11.5～16
高(26.0～29.0)	7～11.5
肥胖(>29.0)	≥6

早产和低出生体重的危险性增高与低于推荐值的体重增长有关，巨大儿、剖宫产及产后过度体重保留的危险性增高与高于推荐范围的体重增长有关。

(二)乳母营养的特殊性

分娩后，主要激素的改变导致哺乳的启动。雌激素和黄体酮的分泌显著下降，而升高的催乳素浓度得以维持。催乳素促进乳腺分泌乳汁。在产后最初的2～7d，分泌含有大量免疫因子、蛋白质、矿物质和类胡萝卜素的黄色黏稠液态初乳。初乳能为新生儿提供大量的母体抗体。产后7～21d的乳汁称为过渡乳，21d后分泌的乳汁为成熟乳。

吸吮对持续合成催乳素及维持乳汁的产生是必需的。吸吮导致垂体后叶释放催乳素，催乳素引起排列于乳腺囊壁和导管的平滑肌细胞收缩，从而导致乳导管的收缩，使乳汁下移至乳头附近的窦道，甚至引起乳房的喷射。

情绪可影响催乳素的产生，例如当母亲听到其婴儿啼哭声时可发生溢乳。哺乳一旦建立，每日一次吸吮足以维持持续泌乳的信号。相反，吸吮停止后数日内乳汁合成即停止。持续的吸吮可抑制黄体生成激素和促性腺释放激素，因而排卵和月经的恢复被延迟。

泌乳量在产后的最初数日迅速增长，在第5天约为500mL/d，1个月时约为650mL/d，3个月时约为700mL/d。随后泌乳量相对稳定，但是在断乳期间的生长速度显著下降，这就降低了每单位体重的营养素需要量。因此，母乳量通常足以满足至少到6个月龄婴儿的能量和蛋白质的需要量。一般来讲，母亲能十分容易地产生其婴儿需要的乳汁量，并能够适宜哺育2个或更多的婴儿。建议纯母乳喂养婴儿至6个月，不需要给予婴儿其他液体或食物。

一般认为乳母的平均泌乳量在哺乳的前6个月为780mL/d，随后的6个月为600mL/d。母乳中的蛋白质含量为8～9g/L，含有的乳清蛋白量和酪蛋白量基本相等(约为25%)，还含有大量的乳铁蛋白和IgA(免疫球蛋白A)。随着哺乳的持续，蛋白质含量呈轻度下降趋势，但不受母体营养不良的影响。乳汁中约25%的总氮为非蛋白氮，主要为尿素。乳糖含量在整个哺乳期趋于增加，随着蛋白质和某些成分的轻度下降，维持渗透压的平衡。乳糖为中枢神经系统的发育提供能量、半乳糖，并促进婴儿肠道中乳酸菌的生长。母乳中的脂肪提供约一半的能量。平均脂肪含量约为3.8%，但在一次哺乳中的变异很大。末段乳比初段乳含有更多的脂肪，并且这种脂肪可作为婴儿停止哺乳的信号。一天结束时脂肪含量也较高。乳母膳食中的脂肪酸含量影响其乳汁中脂肪酸的量。

二、孕妇与乳母的营养需求

(一)孕妇的营养需求

妊娠引起血液稀释、营养素结合型与游离型比例的改变、营养素更新和体内平衡的变化等明显生理改变，这些变化均影响妊娠期间的营养状况和需要量。妊娠期推荐营养素摄入量见附表中的相关表格。

1. 能量

营养状况良好的正常体重妇女平均增长 3.7kg 脂肪和 927g 蛋白质。这个数量接近妊娠期 40000kcal/d 和 180kcal/d 的能量。

目前控制妊娠期能量摄入的最佳方法是密切监视体重增长，在需要时建议孕妇摄入适当的膳食能量。由于多数营养素需要量的增加基本上大于对能量需要量的增加，因此作出降低摄入量的建议必须慎重。通常建议改进膳食质量和进行足够的锻炼更为适宜。

2. 必需脂肪酸

必需多不饱和脂肪酸(PUFAs)不能在人体内合成，必须由膳食获取。胎儿的 PUFAs 供应依赖于母体 PUFAs 的状况，母体的状况随妊娠的进展而下降。有证据显示，某些孕妇的 PUFAs 营养状况不足以使新生儿维持在最佳状态，尤其对于多胎妊娠的妇女。新生儿的 DHA 状况与他们的头围、出生时的身长和体重相关，早产儿补充 DHA 可加速视觉信息的处理能力、注意力及影响视网膜功能。DHA 是在肉类和鱼类脂肪中发现的。

反式脂肪酸的大量摄入与母体和新生儿的 PUFAs 营养状况较差有关，因而，在妊娠期间少摄入这类脂肪酸是有益的。

3. 蛋白质

从妊娠的相当早期开始，母体在氮代谢方面的适应性增加，母体和胎儿的氮和蛋白质开始储存。这些适应性包括降低尿素的产生和排泄、降低血浆 α-氨基氮以及减缓支链氨基酸的转氨基酸作用率。妊娠期蛋白质的需要量比妊娠前每日多 25g。这个多出来的量可满足胎儿和母体组织蛋白质的储存。

4. 维生素

(1)维生素 A。在工业化国家，妊娠和哺乳期维生素 A 缺乏并不是一个主要的公共卫生问题。更有意义的是，无论是视黄醇还是用于治疗严重囊性痤疮的异维甲酸类似物，过量补充都存在危险。已知摄入大量的视黄醇与出生缺陷有关，这些缺陷包括中枢神经系统畸形、颅面和心血管缺陷以及胸腺畸形。由于这些畸形起源于颅神经嵴细胞，因此孕初期最为关键。动物试验结果表明单次大剂量视黄醇的致畸作用。安全上限设定为 8000～10000IU/d，但是对营养状况良好的人群，建议妊娠期间每日摄入总量不要超过 3000μg。摄入大剂量 β-胡萝卜素则无毒性作用。

(2)维生素 D。妊娠和非孕妇女，维生素 D 的主要循环形式是 25-OH-D，它的血清浓度是反映维生素 D 营养状况的良好指标。此形式的维生素 D 可跨胎盘转运，并由新生儿转化为活性形式的 1,25-$(OH)_2$-D。胎盘合成 1,25-$(OH)_2$-D，因而其母体血清水平在妊娠末期升高 1 倍多，且钙吸收率升高数倍。足月时，母体和胎儿的游离 1,25-二羟胆骨化醇浓度有密切的关联。维生素 D 的主要来源为通过紫外线的作用由皮肤合成或来源于强化的牛奶和早餐中的谷类。当牛奶未经强化或乳制品摄入低或强化谷类摄入较少时，血清 25-OH-D 的季节性波动更为明显。在更高纬度的北方，皮肤在冬季几乎不能合成维生素 D。我国春季出生的婴儿骨骼发育低于夏季以后出生的婴儿。

(3)维生素 B_6。孕期，吡哆醛和磷酸吡哆醛血浆浓度的下降超过血液稀释的范围，可能是由于激素改变所引起的，而不能归于该维生素的营养状况不良。吡哆醛通过主动扩散转运至胎盘，胎盘将其转化为磷酸吡哆醛。在美国，非孕妇女维生素 B_6 的摄入量平均为 1.5mg/d。然而，除了妇女服用大剂量避孕药影响维生素 B_6 营养状况的较早研究外，还没有证据表明维生素 B_6 缺乏可能成为妊娠妇女的主要问题。在日本，每日摄入 2mg 维生素 B_6 可改善维生素 B_6 的营养状况和新生儿的生长。

(4)维生素 B_{12}。血浆中维生素 B_{12} 的浓度低在很多国家都很常见。人们早已认识到完全的素食将会导致维生素 B_{12} 缺乏[因为维生素 B_{12} 仅存在于动物性食物(或强化食品)中]，且奶蛋素食者比不偏食者存在更高的维生素 B_{12} 缺乏的危险。建议所有的素食或奶蛋素食妇女在妊娠期间补充维生素 B_{12}。不良的母体状况会增加早期习惯性流产、神经管畸形儿和脊柱裂儿的危险。

(5)叶酸。妊娠期间叶酸的利用率显著提高，是由于需要一碳单位转移的反应加速、母体和胚胎组织迅速的细胞分裂率以及叶酸贮存在胎儿体内。

对孕妇的推荐量是在非孕妇女 400μg/d 膳食叶酸的基础上，增加摄入合成叶酸 200μg/d。由于食物叶酸的生物利用率仅是合成形式的一半，故 200μg 合成叶酸相当于 400μg 膳食叶酸。这一推荐量是基于维持妊娠期间正常叶酸营养状态的所需量，包括预防血浆同型半胱氨酸浓度的升高。有怀孕可能的妇女除了通过多种膳食获得食物叶酸外，还应当由补充剂或强化食品或两者摄入叶酸 400μg/d。橙汁、深绿色叶菜类及豆类平均含叶酸(每份)75～100μg，许多商业强化早餐谷物提供 100μg 叶酸。

5.矿物质

(1)钙。生理机制保障胎儿获得充足的钙。从妊娠早期开始，可通过钙吸收效率的明显增加来获得额外的钙。钙通过涉及钙结合蛋白和 1,25-$(OH)_2$-D 的主动转运机制穿过胎盘。由于妊娠期间对额外膳食钙的需要量极小，故推荐摄入量与非孕妇女的相同。

(2)铁。平均而言，妊娠期间需要吸收额外的铁 6mg/d，胎儿储留铁 300mg、胎盘储存铁 60mg 以及用于母体额外红细胞的合成铁 450mg。分娩中失血又需要 200mg 铁。分娩后母体贮存 200mg 铁在增加的红细胞中。如母亲缺乏铁，更多的铁将被转运至胎儿。在孕中期和孕末期，铁的吸收增加数倍。WHO 估计贫血影响工业化国家约 18%的妇女和发展中国家 35%～75%的孕妇。根据美国疾病预防控制中心的估计，在低收入的妇女中，贫血患病率：孕初期 10%、孕中期 14%、孕末期 33%。这一发病率在过去的 20 年没有本质上的改变。而且在妊娠末期处于铁耗竭状态的妇女所占的比例比贫血妇女还要高得多。由于血液稀释模式，明显贫血的血红蛋白截断点在孕初期和孕末期为 110g/L，在孕中期为 105g/L。

在许多国家，铁补充剂被推荐给所有的孕妇。现行的建议是，孕妇应从孕期大约第 12 周开始额外补充铁 30mg/d。因为人们认为这一数量的铁不容易通过食物获得，应当在两餐之间和没有抑制铁吸收的咖啡或茶的情况下服用铁补充剂。血浆铁蛋白低(<30μg/L)的贫血妇女，应服用铁补充剂 120mg/d 或 180mg/d，直至血红蛋白值恢复正常。每周服用

一次铁剂同样能改善血红蛋白浓度和铁营养状况。

孕期服用铁补充剂可以提高婴儿期约 6 个月的婴儿铁储备。严重的贫血可能增加母亲的死亡率。

(3)锌。妊娠期额外的锌需要量约为 100mg，相当于母体锌的 5%～7%。这些锌约半数储存在胎儿，1/4 在子宫。妊娠期推荐锌摄入量为 11mg/d。

母体的锌储留主要通过肠道吸收的增加而提高。锌在细胞分化、激素代谢、蛋白质和水化合物代谢及免疫活性中发挥重要作用。在动物中，孕期锌缺乏导致出生缺陷及宫内生长受限。

对处于锌缺乏的高度危险的妇女，保证其适宜的锌摄入量也是明智的。处于锌缺乏高度危险的妇女，指的是那些低膳食锌摄入量、高纤维膳食、大量摄入钙和铁补充剂以及患有降低锌吸收的胃肠道疾病的妇女。铁剂摄入量大于 30mg/d 可能对锌吸收有不利影响。母体的感染、吸烟及酗酒可能降低胎盘的锌转运。

(4)碘。妊娠期间碘缺乏导致克汀病和对婴儿的生长、发育与认知功能的不可逆性不良影响。在世界碘缺乏严重的地区，孕中期前给予碘油注射可显著降低克汀病，使新生儿死亡率降低 30%。在许多国家，碘盐为孕妇提供了足够的碘。

(二)乳母的营养需求

1. 维生素和矿物质

母乳中几种维生素和矿物质的浓度受乳母膳食和维生素营养状况的影响。表 5-2 总结了正常母乳中这些营养素的浓度以及母体缺乏和补充对乳汁含量和婴儿的影响。优先的营养素包括维生素 A、硫胺素、核黄素、维生素 B_6、维生素 B_{12}、碘和硒。由于母体摄入或储备不足，使乳汁中这些微量营养素的含量降低，这对婴儿会产生不利影响，因此这些营养素备受关注。通过给乳母补充，可使乳汁中这些营养素的浓度迅速恢复。由于婴儿对这些营养素的储备通常较低而且容易耗竭，故婴儿增加了从母乳或辅食中获得适宜供给的依赖性。较低优先的营养素包括维生素 D、叶酸、钙、铁、铜和锌。这些营养素的母体摄入量和储备量对于母乳中的浓度或婴儿营养状况的影响微乎其微，或者对婴儿需要来自辅食数量的影响也很小，因此，母体不大可能耗竭，母体补充似乎对母体比对婴儿更有益处。

表 5-2　母乳中部分营养素含量及母体缺乏和补充对乳汁含量和婴儿的影响

营养素	正常母乳浓度	母体缺乏对母乳含量的影响	母体缺乏对婴儿的影响	母体补充对母乳含量的影响	母体补充对婴儿的影响
维生素 A (μgRE/L)	485	无变化	降至 290	低血清视黄醇	大剂量补充后血清视黄醇上升，肝脏储备用于 2～3 个月
维生素 D (μg/L)	0.55	降至 0.25	佝偻病危险性增加，依赖于 UV 暴露	上升	如剂量大于 2000IU/d，血清 255(OH)D 上升
维生素 B_1 (mg/L)	0.21	降至 0.16	脚气病	上升至正常	婴儿脚气病患病率下降

续表 5-2

营养素	正常母乳浓度	母体缺乏对母乳含量的影响	母体缺乏对婴儿的影响	母体补充对母乳含量的影响	母体补充对婴儿的影响
维生素 B_2 (mg/L)	0.35	降至 0.2	红细胞谷胱甘肽还原酶活性系数升高	上升	母亲和婴儿的红细胞谷胱甘肽还原酶活性系数下降
维生素 B_6 (mg/L)	0.13	降至 0.9	神经异常	上升	神经异常恢复
叶酸 (μg/L)	85	无变化	未知	上升	无，但母体状态变好
维生素 B_{12} (μg/L)	0.42	降至 0.13～0.36	尿 MMA 上升，神经异常，发育迟缓	上升	尿 MMA 下降
维生素 C (mg/L)	40	降至 25	未知	上升（微）	—
钙(mg/L)	280	降至 215	骨矿物质减少，产后的影响尚不清楚	上升	无
铁(mg/L)	0.3	无变化	无	无	无
锌(mg/L)	1.2	无变化	无	无	无
铜(mg/L)	0.25	无变化	无	无	无
碘(μg/L)	146	降至 9～32	不确定；妊娠期缺乏更为重要	上升	未知
硒(μg/L)	18	降至 10 以下	血浆和红细胞含量下降	上升	未知

对于发展中国家的妇女，产后前 6 周妇女再次成为孕妇的可能性极小，可补充大剂量维生素 A(200000～300000IU)，以增加母乳中的视黄醇以及改善婴儿的维生素 A 营养状况。

为弥补乳汁中分泌的量，多数微量营养素的推荐摄入量也增加了。哺乳期间需要量较低的营养素仅有铁(除那些需要合成大量血液以补充分娩中大失血的妇女外)。哺乳期骨矿物质含量和尿钙均降低，以满足乳汁生产所需要的额外钙。矿物质的丢失是暂时性的，在断乳后约 3 个月内逐步恢复。

2. 哺乳期的母体能量需要量

为了估计哺乳期母体的能量需求，假定每克母乳中含有 0.67kcal 能量，那么在哺乳的前 6 个月里，每天分泌的乳汁中含有 500kcal 的能量；在哺乳的后 6 个月里，每天分泌的乳汁中含有 400kcal 的能量。然而，在哺乳的前 6 个月中，正常情况下每天约有 170kcal 能量是来自妊娠期母体积蓄的脂肪储备，因此，哺乳期 0～6 个月里额外的能量摄入应该为 330kcal/d，6～12 个月时应为 400kcal/d。推荐的蛋白质膳食供给量为 25g/d，是额外消耗的量，包括随乳汁分泌的蛋白质和膳食蛋白转化的乳蛋白。

三、孕妇与乳母膳食指南

女性是社会和家庭的重要组成部分。成熟女性承载着孕育新生命、哺育下一代的重要职责。女性身体的健康和营养状况与成功孕育新生命、获得良好妊娠结局及哺育下一代健康成长密切相关。因此，育龄女性应在计划怀孕时开始做好身体（健康状况）、营养（碘、铁、叶酸等）和心理准备，以获得孕育新生命的成功。

妊娠是个复杂的生理过程，是1000天机遇窗口期的第一个阶段，为了妊娠的成功，孕期妇女的生理状态及代谢发生了较大的适应性改变，以满足孕期母体生殖器官和胎儿的生长发育，并为产后泌乳进行营养储备。孕期营养状况的优劣对胎儿生长发育直至成年后的健康可产生至关重要的影响。分娩后的哺乳期妇女要分泌乳汁、哺育婴儿，还要逐步补偿妊娠、分娩时营养的消耗，恢复各器官、系统功能，对能量及营养素的需要甚至超过妊娠期。乳母的营养还直接关系到母乳喂养和婴儿的生长发育。无论是孕妇还是乳母的膳食，都应该是由多种多样食物组成的平衡膳食，只有多样化的平衡膳食才能提供足够而适量的营养。

（一）备孕妇女膳食指南

1. 提要

备孕是指育龄妇女有计划地怀孕并对优孕进行必要的前期准备，是优孕与优生优育的重要前提。备孕妇女的营养状况直接关系着孕育和哺育新生命的质量，并对妇女及其下一代的健康产生长期影响。为保证成功妊娠、提高生育质量、预防不良妊娠结局，夫妻双方都应做好充分的孕前准备。

健康的身体状况、合理膳食、均衡营养是孕育新生命必需的物质基础。准备怀孕的妇女应接受健康体检及膳食和生活方式指导，使健康与营养状况尽可能达到最佳后再怀孕。健康体检应特别关注感染性疾病（如牙周病）以及血红蛋白、血浆叶酸、尿碘等反映营养状况的检测，目的是避免相关炎症及营养素缺乏对受孕成功和妊娠结局的不良影响。

2. 关键推荐

备孕妇女膳食指南在一般人群膳食指南基础上特别补充以下3条关键推荐：

（1）调整孕前体重至适宜水平。

（2）常吃含铁丰富的食物，选用碘盐，孕前3个月开始补充叶酸。

（3）禁烟酒，保持健康生活方式。

孕前体重与新生儿出生体重、婴儿死亡率以及孕期并发症等不良妊娠结局有密切关系。肥胖或低体重的育龄妇女是发生不良妊娠结局的高危人群。备孕妇女宜通过平衡膳食和适量运动来调整体重，使体质指数（*BMI*）达到18.5～23.9kg/m^2范围。

育龄妇女是铁缺乏和缺铁性贫血患病率较高的人群，怀孕前如果缺铁，可导致早产、胎儿生长受限、新生儿低出生体重以及妊娠期缺铁性贫血。因此，备孕妇女应经常摄入含铁丰富、利用率高的动物性食物，铁缺乏或缺铁性贫血者应纠正贫血后再怀孕。碘是合成甲状腺激素不可缺少的微量元素，为避免孕期碘缺乏对胎儿智力和体格发育产生的不良影响，备孕妇女除选用碘盐外，还应每周摄入1次富含碘的海产品。叶酸缺乏可影响胚胎细胞增殖、分化，增加神经管畸形及流产的风险，备孕妇女应从怀孕前3个月开始每天补充400μg叶酸，并持续整个孕期。

良好的身体状况和营养是成功孕育新生命最重要的条件，而良好的身体状况和营养要通过健康生活方式来维持。均衡的营养、有规律的运动和锻炼、充足的睡眠、愉悦的心情等，均有利于健康的孕育。计划怀孕的妇女如果有健康和营养问题，应积极治疗相关疾病（如牙周病），纠正可能存在的营养缺乏，保持良好的卫生习惯。此外，吸烟、饮酒会影响精子和卵子质量及受精卵着床与胚胎发育，在怀孕前 6 个月夫妻双方均应停止吸烟、饮酒，并远离吸烟环境。

3. 实践应用

（1）调整体重到适宜水平

肥胖或低体重备孕妇女应调整体重，使 *BMI* 达到 18.5～23.9kg/m^2 范围，并维持适宜体重，以在最佳的生理状态下孕育新生命。

①低体重（*BMI*<18.5kg/m^2）的备孕妇女，可通过适当增加食物量和规律运动来增加体重，每天可有 1～2 次的加餐，如每天增加牛奶 200mL 或粮谷/畜肉类 50g 或适量蛋类/鱼类。

②肥胖（*BMI*≥28.0kg/m^2）的备孕妇女，应改变不良饮食习惯，减慢进食速度，避免过量进食，减少高能量、高脂肪、高糖食物的摄入，多选择低 GI、富含膳食纤维、营养素密度高的食物。同时，应增加运动，推荐每天 30～90min 中等强度的运动。

（2）多吃含铁、碘丰富的食物

备孕期保证平衡膳食是充足营养的基础，由于铁、碘的重要性，也应引起足够重视。

铁：动物血、肝脏及红肉中铁含量及铁的吸收率均较高，一日三餐中应该有瘦畜肉 50～100g，每周 1 次动物血或畜禽肝肾 25～50g。在摄入富含铁的畜肉或动物血和肝脏时，应同时摄入含维生素 C 较多的蔬菜和水果，以提高膳食铁的吸收与利用。一日三餐含铁丰富的食物安排举例见表 5-3。

表 5-3　达到铁推荐量的一日食谱

餐次	食物名称	原料及重量
早餐	肉沫花卷	面粉 50g，瘦猪肉 10g
	煮鸡蛋	鸡蛋 50g
	牛奶	鲜牛奶 200g
	水果	柚子 150g
午餐	米饭	大米 150g
	青椒炒肉	青椒 100g，瘦猪肉 50g
	蒜蓉油麦菜	油麦菜 150g
	鸭血粉丝汤	鸭血 50g，粉丝 10g
晚餐	馄饨	面粉 50g，猪肉 50g，马蹄 50g
	芹菜炒香干	芹菜 100g，香干 15g
	烤红薯	红薯 25g
	水果	葡萄 100g，苹果 50g
夜宵	酸奶	酸奶 100mL

注：表中的数据来源为《中国食物成分表》。

碘：依据我国现行食盐强化碘量25mg/kg、碘的烹调损失率20%、每日食盐摄入量6g计算，摄入碘约120μg/d，几乎达到成人推荐量。考虑到孕期对碘的需要增加、碘缺乏对胎儿的严重危害、孕早期妊娠反应影响碘摄入，以及碘盐在烹调等环节可能的碘损失，建议备孕妇女除规律食用碘盐外，每周再摄入1次富含碘的食物，如海带、紫菜、贻贝（淡菜），以增加一定量的碘储备。

(3)健康生活，做好孕育新生命的准备

夫妻双方应共同为受孕进行充分的营养、身体和心理准备：①怀孕前6个月夫妻双方戒烟、禁酒，并远离吸烟环境，避免烟草及酒精对胚胎的危害；②夫妻双方要遵循平衡膳食原则，摄入充足的营养素和能量，纠正可能的营养缺乏和不良饮食习惯；③保持良好的卫生习惯，避免感染和炎症；④有条件时进行全身健康体检，积极治疗相关炎症疾病（如牙周病），避免带病怀孕；⑤保证每天至少30min中等强度的运动；⑥规律生活，避免熬夜，保证充足睡眠，保持愉悦心情，准备孕育新生命。

(二)孕期妇女膳食指南

1.提要

孕育生命是一个奇妙的历程，要以积极的心态去适应孕期变化，愉快享受这一过程。母乳喂养对孩子和母亲都是最好的选择，孕期应了解相关的知识，为产后尽早开奶和成功母乳喂养做好各项准备。

2.关键推荐

孕期妇女膳食指南应在一般人群膳食指南的基础上补充5条关键推荐：

(1)补充叶酸，常吃含铁丰富的食物，选用碘盐。

(2)孕吐严重者，可少量多餐，保证摄入含必要量碳水化合物的食物。

(3)孕中晚期适量增加奶、鱼、禽、蛋、瘦肉的摄入。

(4)适量身体活动，维持孕期适宜增重。

(5)禁烟酒，愉快孕育新生命，积极准备母乳喂养。

孕早期应维持孕前平衡膳食。如果早孕反应严重，可少食多餐，选择清淡或适口的膳食，保证摄入含必要量碳水化合物的食物，以预防酮血症对胎儿神经系统的损害。

自孕中期开始，胎儿生长速率加快，应在孕前膳食的基础上，增加奶类200g/d、动物性食物（鱼、禽、蛋、瘦肉）50g/d（孕中期）或125g/d（孕晚期），以满足对优质蛋白质、维生素A、钙、铁等营养素和能量增加的需要。建议每周食用2～3次鱼类，以提供对胎儿脑发育有重要作用的n-3长链多不饱和脂肪酸。

体重增长是反映孕妇营养状况的最实用的直观指标，与胎儿出生体重、妊娠并发症等妊娠结局密切相关。为保证胎儿正常生长发育，应使孕期体重增长保持在适宜的范围。身体活动还有利于愉悦心情和自然分娩。健康的孕妇每天应进行不少于30min的中等强度身体活动。

烟草、酒精对胚胎发育的各个阶段都有明显的毒性作用，容易引起流产、早产和胎儿畸形。有吸烟与饮酒习惯的妇女必须戒烟禁酒，远离吸烟环境，避免二手烟。

3.实践应用

(1)孕早期

①如何满足孕期对叶酸的需要

富含叶酸的食物有动物肝、蛋类、豆类、酵母、绿叶蔬菜、水果及坚果类。但天然食物中存在的叶酸是四氢叶酸的各种衍生物，均为还原型，烹调加工或遇热易分解，生物利用率较低；合成的叶酸是氧化型单谷氨酸，稳定性好，生物利用率高。

因此，孕期除了常吃富含叶酸的食物外，还应补充叶酸 400μg/d，以满足其需要。每天保证摄入 400g 各种蔬菜，其中 1/2 以上为新鲜深色蔬菜，可提供约 200μgDFE 叶酸。

②早孕反应和碳水化合物摄入

怀孕早期无明显早孕反应者可继续保持孕前平衡膳食；孕吐较明显或食欲不佳的孕妇不必过分强调平衡膳食，可根据个人的饮食嗜好和口味选用清淡适口、容易消化的食物，少食多餐，尽可能多地摄入食物，特别是富含碳水化合物的谷、薯类食物。

进餐的时间、地点也可依个人的反应特点而异，可清晨醒来起床前吃，也可在临睡前进食。应对早孕反应可尝试以下饮食措施：早晨可进食干性食品，如馒头、面包干、饼干、鸡蛋等；避免油炸及油腻食物和甜品，以防止胃液逆流而刺激食管黏膜；可适当补充维生素 B_1、B_2、B_6 及 C 等以减轻早孕反应的症状。

孕吐严重影响孕妇进食时，为保证脑组织对葡萄糖的需要，预防酮症酸中毒对胎儿的危害，每天必需摄取至少 130g 碳水化合物。应首选富含碳水化合物、易消化的粮谷类食物，如米、面、烤面包、烤馒头片、饼干等。各种糕点、薯类、根茎类蔬菜和一些水果中也含有较多碳水化合物，可根据孕妇的口味选用。食糖、蜂蜜的主要成分为简单碳水化合物，易于吸收，进食少或孕吐严重时食用可迅速补充身体需要的碳水化合物。必要时应寻求医师帮助。

(2)孕中晚期

①富铁膳食

孕中期和孕晚期每天铁的推荐摄入量比孕前分别增加 4mg 和 9mg，达到 24mg 和 29mg。由于动物血、肝脏及红肉中含铁量较为丰富，且铁的吸收率较高，孕中晚期每天增加 20～50g 红肉可提供铁 1～2.5mg；每周摄入 1～2 次动物血和肝脏，每次 20～50g，可提供铁 7～15mg，以满足孕期增加的铁需要。

②除摄入碘盐外，还需摄入哪些食物可以提供 110μg 碘

多数食物中缺乏碘，加碘盐能确保有规律地摄入碘。以每天摄入 6g 盐计算(含碘量 25mg/kg)，每天从碘盐中摄入碘约 120μg，可基本满足一般女性碘推荐摄入量。孕期碘的推荐摄入量比非孕时增加近 1 倍(增加 110μg/d)，食用碘盐仅可获得推荐量的 50%左右，为满足孕期对碘的需要，建议孕妇每周摄入 1～2 次富含碘的海产食品。海带(鲜，100g)或紫菜(干，2.5g)或裙带菜(干，0.7g)或贝类(30g)或海鱼(40g)均可提供 110μg 碘。

③孕期需增加多少奶、鱼、禽、蛋、瘦肉的摄入

孕中期孕妇每天需要增加蛋白质 15g、钙 200mg、能量 300kcal，在孕前平衡膳食的基础上，额外增加 200g 奶，可提供 5～6g 优质蛋白质、200mg 钙和 120kcal 能量，再增加鱼、禽、蛋、瘦肉共计 50g 左右，可提供优质蛋白质约 10g，能量 80～150kcal。

孕晚期孕妇每天需要增加蛋白质 30g、钙 200mg、能量 450kcal，应在孕前平衡膳食的基础上，每天增加 200g 奶，再增加鱼、禽、蛋、瘦肉共计约 125g。

④孕期一天食物量

孕中期一天食物建议量：谷类 200～250g，薯类 50g，全谷物和杂豆不少于 1/3；蔬菜类 300～500g，其中绿叶蔬菜和红黄色等有色蔬菜占 2/3 以上；水果类 200～400g；鱼、禽、蛋、

肉类(含动物内脏)每天总量150～200g;牛奶300～500g;豆类15g,坚果10g;烹调油25g,食盐不超过6g。

孕晚期一天食物建议量:谷类200～250g,薯类50g,全谷物和杂豆不少于1/5;蔬菜类300～500g,其中绿叶蔬菜和红黄色等有色蔬菜占2/3以上;水果类200～400g;鱼、禽、蛋、肉类(含动物内脏)每天总量200～250g;牛奶300～500g;豆类15g,坚果10g;烹调油25g,食盐不超过6g。

(3)孕期体重监测和管理

孕早期体重变化不大,可每月测量1次。孕中晚期应每周测量体重,并根据体重增长速率调整能量摄入和身体活动水平。体重增长不足者,可适当增加能量密度高的食物摄入;体重增长过多者,应在保证营养素供应的同时注意控制总能量的摄入,并适当增加身体活动。孕期适宜增长值及增长速率可参考表5-4。

表5-4　孕期适宜增长值及增长速率

孕前 BMI(kg/m^2)	总增重范围(kg)	孕中晚期增重速率(kg/周)
低体重(＜18.5)	12.5～18	0.51(0.44～0.58)
正常体重(18.5～24.9)	11.5～16	0.42(0.35～0.50)
超重(25.0～29.9)	7～11.5	0.28(0.23～0.33)
肥胖(≥30.0)	5～9	0.22(0.17～0.27)

注:双胞胎孕妇孕期总增重推荐值:孕前体重正常者为16.7～24.3kg,孕前超重者为13.9～22.5kg,孕前肥胖者为11.3～18.9kg。参考来源:美国IOM 2009。

(4)孕期如何进行适当的身体活动

若无医学禁忌,多数活动和运动对孕妇都是安全的。孕中晚期每天应进行30min中等强度的身体活动。中等强度身体活动需要中等程度的努力并可明显加快心率,一般为运动后心率达到最大心率的50%～70%,主观感觉稍疲劳,但10min左右可得以恢复。最大心率可用220减去年龄计算得到,如年龄为30岁,最大心率为220－30＝190,活动后的心率以95～133为宜。常见的中等强度运动包括快走、游泳、打球、跳舞、孕妇瑜伽、各种家务劳动等。应根据自己的身体状况和孕前的运动习惯,结合主观感觉选择活动类型,量力而行,循序渐进。

(5)尽情享受孕育新生命的快乐

怀孕期间身体内分泌及外形的变化、对孩子健康和未来的担忧、工作及社会角色等的调整,都可能会影响孕妇的情绪,需要以积极的心态去面对和适应。孕育新生命是完美女人必经的重要历程,是正常的生理过程,孕妇要积极了解孕期生理变化特点,学习孕育知识,定期进行孕期检查,出现不适时能正确处理或及时就医,遇到困难多与家人和朋友沟通以获得必要的帮助和支持。适当进行户外活动和运动、向专业人员咨询等均有助于释放压力,愉悦心情。

(6)母乳喂养需要做哪些准备

母乳喂养对宝宝和妈妈都是最好的选择,绝大多数妇女都可以而且应该用自己的乳汁哺育孩子,任何代乳品都无法替代母乳。成功的母乳喂养不仅需要健康的身体准备,还需要积极的心理准备。孕妇应尽早了解母乳喂养的益处,加强母乳喂养的意愿,学习母乳喂养的方法和技巧，为母乳喂养做好思想准备和心理准备、营养准备、乳房护理等各项准备。

(三)哺乳期妇女膳食指南

1. 提要

哺乳期是母体用乳汁哺育新生子代，使其获得最佳生长发育，并奠定一生健康基础的特殊生理阶段。哺乳期妇女（乳母）既要分泌乳汁、哺育婴儿，又要逐步补偿妊娠、分娩时的营养素损耗并促进各器官、系统功能的恢复，因此比非哺乳妇女需要更多的营养。哺乳期妇女的膳食仍是由多样化食物组成的营养均衡的膳食，除保证哺乳期的营养需要外，还通过乳汁的口感和气味，潜移默化地影响较大婴儿对辅食的接受和后续多样化膳食结构的建立。

基于母乳喂养对母亲和子代诸多的益处，世界卫生组织建议婴儿 6 个月内应纯母乳喂养，并在添加辅食的基础上持续母乳喂养到 2 岁甚至更长时间。

2. 关键推荐

乳母的营养状况是泌乳的基础，如果哺乳期营养不足，将会减少乳汁分泌量，降低乳汁质量，并影响母体健康。此外，产后情绪、心理、睡眠等也会影响乳汁分泌。有鉴于此，哺乳期妇女膳食指南在一般人群膳食指南基础上增加 5 条关键推荐：

(1)增加富含优质蛋白质及维生素 A 的动物性食物和海产品，选用碘盐。

(2)产褥期食物多样、不过量，重视整个哺乳期营养。

(3)愉悦心情，充足睡眠，促进乳汁分泌。

(4)坚持哺乳，适度运动，逐步恢复适宜体重。

(5)忌烟酒，避免浓茶和咖啡。

乳母的营养是泌乳的基础，尤其是蛋白质营养状况对泌乳有明显影响。动物性食物（如鱼、禽、蛋、瘦肉等）可提供丰富的优质蛋白质和一些重要的矿物质及维生素，乳母每天应比孕前增加约 8g 的鱼、禽、蛋、瘦肉摄入量。如条件限制，可用富含优质蛋白质的大豆及其制品替代。为保证乳汁中碘、n-3 长链多不饱和脂肪酸（如 DHA）和维生素 A 的含量，乳母应选用碘盐烹调食物，适当摄入海带、紫菜、鱼、贝类等富含碘或 DHA 的海产品，适量增加富含维生素 A 的动物性食物，如动物肝脏、蛋黄等的摄入。奶类是钙的最好食物来源，乳母每天应增饮 20mL 牛奶，使总奶量达到 400～500mL，以满足其对钙的需要。

“坐月子”是中国的传统习俗，其间常过量摄入动物性食物，导致能量和宏量营养素摄入过剩。应重视整个哺乳阶段的营养，食不过量且营养充足，以保证乳汁的质与量，以持续地进行母乳喂养。

乳母的心理及精神状态也可影响乳汁分泌，保持愉悦心情，以确保母乳喂养的成功。孕期体重过度增加及产后体重滞留，是女性肥胖发生的重要原因之一。坚持哺乳、科学活动和锻炼，有利于机体复原和体重恢复。吸烟、饮酒会影响乳汁分泌，烟草中的尼古丁和酒精也可通过乳汁进入婴儿体内，影响婴儿睡眠及精神运动发育。此外，茶和咖啡中的咖啡因有可能造成婴儿兴奋，乳母应避免饮用浓茶和大量咖啡。

乳母一天食谱举例见表 5-5。

表 5-5　乳母一天食谱举例

餐　饮	食　物
早餐	肉包子:面粉 50g,猪肉 25g
	红薯稀饭:大米 25g,红薯 25g,红糖 10g
	拌黄瓜:黄瓜 100g
早点	牛奶:牛奶 250g
	煮鸡蛋:鸡蛋 50g
	苹果:苹果 150g
午餐	生菜猪肝汤:生菜 100g,猪肝 20g,植物油 5g
	丝瓜炒牛肉:丝瓜 100g,牛肉 50g,植物油 10g
	大米饭:大米 100g
午点	橘子:橘子 150g
晚餐	青菜炒千张:小白菜 200g,千张 50g,植物油 10g
	香菇炖鸡:鸡肉 75g,香菇适量
	玉米面馒头:玉米粉 30g,面粉 50g
	蒸红薯:红薯 50g
晚点	牛奶煮麦片:牛奶 250g,麦片 10g,白糖 10g

第二节　婴幼儿的营养与膳食

一、婴幼儿营养的特殊性

婴儿期是指从出生到 1 周岁的时期。婴儿期是人类生命生长发育的第一高峰期,尤其是出生后的 6 个月生长最快。婴儿的生长发育首先表现为体重的增加,出生 5～6 个月时体重可增至出生时的 2 倍,而 1 周岁时将增至出生体重的 3 倍。身长是反映骨骼系统生长的指标,婴儿期内身长平均增长 25cm,1 周岁时将增加至 75cm,为出生时的 1.5 倍。头围的大小反映脑及颅骨的发育状态,出生时头围平均为 34cm,1 岁时增至 46cm。且此时期脑细胞数目持续增加,6 月龄时脑重增加至出生时的 2 倍(600～700g),至 1 周岁时脑重达 900～1000g,接近成人脑重的 2/3。胸围反映了胸廓和胸背肌肉的发育,出生时比头围小 1～2cm,但增长速度快,到 1 岁时与头围基本相等并开始超过头围(头胸围交叉)。

幼儿期是指从 1 周岁到 3 周岁的时期。幼儿的生长发育虽不及婴儿迅猛,但与成人比较亦非常旺盛。体重每年增加约 2kg,身长第二年增加 11～13cm,第三年增加 8～9cm,头围约以每年 1cm 的速度增长。这一时期智能发育较快,语言、思维能力增强。

二、婴幼儿的营养需求

(一)婴儿的营养需求

1. 能量

单位体重的新生婴儿的估计能量需要量约是正常成人的两倍。婴儿如此大的能量需求反映了其较高的代谢速率和生长发育的特殊需求。与成人相比，婴儿在肠吸收方面的不足，对母乳喂养或用现代婴儿配方奶粉喂养的婴儿而言，并不影响其满足如此高的能量需求。

足量的碳水化合物对预防酮体生成和/或低血糖是必需的。同样的，也应提供足量的脂肪以满足对必需脂肪酸的需要。

对碳水化合物和脂肪的最低需要量约为 30kcal/(kg・d)，或仅相当于婴儿所需总能量的 1/3。母乳及目前可以买到的婴儿配方食品中脂肪与碳水化合物所供的能量是相等的，大约 45%的能量来自碳水化合物，大约 45%的能量来自脂肪。

对 0～6 个月的婴儿而言，*n*-6 脂肪酸(亚油酸)的 *AI* 值是 4.4g/d，而 7～12 个月的婴儿为 4.6g/d。0～6 个月和 7～12 个月婴儿 *n*-3 脂肪酸(α-亚麻酸)的 *AI* 值都是 0.5g/d。这些参考摄入量的基础是 0～6 个月婴儿所食母乳平均量折算的平均摄入量以及 7～12 个月婴儿所食母乳量加上添加的辅食中所含的平均摄入量。

2.蛋白质

正常婴儿对蛋白质的需要量以单位体重计算高于成人。此外，曾有人认为婴儿对必需氨基酸的需要量也高于成人(包括那些对成人而言的必需氨基酸以及胱氨酸和酪氨酸)。至少在出生后的 4 个月之内，婴儿肝脏内胱硫醚酶(一种在蛋氨酸转换成胱氨酸过程中的限速酶)的活性尚未达到成人水平，因此认为胱氨酸也是婴儿的必需氨基酸。

母乳中的蛋白质及目前婴儿配方食品中所含的所有蛋白质都含有足量的所有必需氨基酸(包括胱氨酸和色氨酸)，其中各种氨基酸的量都相当于足以提供 0～6 个月婴儿蛋白质 *AI* 值所必须摄入母乳量中所含有的量。

某一特定蛋白质所需的摄入量取决于其质量，或其氨基酸模式与母乳的相似程度。此外，通过在某一特定蛋白质中添加影响其质量的必需氨基酸(限制性氨基酸)，可以从总体上提升该蛋白质的质量。例如天然大豆蛋白中蛋氨酸含量不足，但强化蛋氨酸之后，大豆蛋白的质量就接近或相当于牛奶蛋白。

关于大多数婴儿配方奶粉的蛋白质来源，通常是牛奶蛋白或经现代化制备的模拟母乳模式的大豆蛋白，其质量很好。若加工得当，这些蛋白质的利用情况几乎与母乳一样。于是，正像目前蛋白质 *DRIs* 所反映的那样，对这些蛋白质的需要量根本不需要超过母乳的量。

3.矿物质和维生素

虽然正常新生儿出生时有足够的铁储备，可以满足头 4～6 个月之内的需要，但是铁缺乏仍然是婴儿期最常见的营养素缺乏综合征。这反映了出生时的铁储备以及铁的吸收变化非常大。有趣的是，尽管母乳中的铁含量低于婴儿配方食品，但母乳喂养儿的铁缺乏却较少见。然而，为了预防缺铁，还是建议对母乳喂养儿进行常规补铁，并建议人工喂养儿采用强化铁配方奶粉。

如果蛋白质摄入量充足，则很少发生维生素缺乏；若蛋白质摄入量不足，会出现烟酸和胆碱的缺乏，这两种物质分别由色氨酸和蛋氨酸合成。如果在牛奶或牛奶配方食品中不补充维生素 D，人工喂养儿，尤其是那些日照较少的婴儿就会发生地方性维生素 D 缺乏。由于母乳喂养儿可能更易出现维生素 D 缺乏，因此建议对母乳喂养儿常规补充维生素 D，尤其是在缺乏日照的情况下。

4. 水

0～6 个月的婴儿需水 700mL/d,7～12 个月的婴儿需水 800mL/d。由于较高的肾脏排泄、肺和体表水分丢失以及总体较高的代谢率，婴儿很容易脱水，尤其是在发生呕吐或腹泻之后，以及溶质摄入过多时。因此，不鼓励在 1 岁内摄入高溶质食物。在出生后前几周，一般母乳喂养或配方奶粉喂养的婴儿至少耗水 150mL/(kg・d)。

4～6 个月的婴儿对不同膳食成分的消化、吸收已经接近成人。并且，此时婴儿的牙齿已经开始萌出，更加活跃地开始探索他/她的周围环境。随着牙齿的萌出，必须考虑到膳食中碳水化合物引发龋齿的问题。对婴儿期长期营养缺乏或过剩也应引起足够的重视。

虽然市售的婴儿配方食品用量得当，即可满足婴儿在这一时期之内所有营养素的需要量，但还是建议在 4～6 个月之后开始添加其他食物。与此相反，在 4～6 个月之后，许多妇女的乳汁产量已经无法满足母乳喂养儿对所有营养素的需要，因此，对这些婴儿来说，辅食就成为其重要的营养素来源。

大约到 12 个月时，大多数婴儿逐渐成功地适应并满足一日三餐再加上两三次点心的喂养方式。一旦有几颗牙齿萌出，就可以耐受固体食物，之后就可以断奶了。这些食品中的蛋白质和碳水化合物要比普通婴儿配方食品高一些，脂肪会低一些；脂肪和碳水化合物的种类（植物油、乳糖、玉米糖浆）与普通婴儿配方食品相似。

（二）幼儿的营养需求

1. 能量

为了保证幼儿的生长发育，充分的热量供给是至关重要的，但必须合理。热量供给不足，各种营养素都无法发挥营养作用，幼儿会出现消瘦、营养不良的状况；热量供给过量，则可引起肥胖，给成年后的高血压、高血脂、冠心病、糖尿病等埋下隐患。

2. 维生素

维生素是人体必需的营养素，对维持幼儿的生长发育和生理功能起着重要的作用。它可以促进体内各种酶的合成，或增强这些酶的活力。而大多数维生素是不能在人体内合成的，需要不断地从食物中摄取。维生素长期摄入不足，会引发各种疾病，但摄入过多时，又可引起中毒。

其实，幼儿每天对各种维生素的需要量是有限的，如果孩子食欲正常，又不偏食，日常食物中的维生素就可以满足其需求，一般不必补充药物性维生素。因幼儿在冬季较少晒太阳，可适当补充些维生素 D。

3. 碘

有些人误以为服用碘越多，身体越健康，孩子就越聪明。其实这种想法是非常错误和危险的，碘过量对身体是非常不利的。碘过量后可抑制甲状腺激素分泌，通过内分泌机制的调节作用，会引起高碘性甲状腺肿大，出现头痛、恶心、呕吐、口唇水肿及过敏等不良反应。

4. 脂类

1～3 岁的幼儿，脑组织的生长发育已基本完成。因此，在脑发育的高峰期，如果各种营养供应不足，将严重影响孩子的大脑发育，幼儿的智力在一定程度上也将受到难以弥补的损害，要特别重视这个时期的营养供给。多吃含卵磷脂及维生素 B 的食物，对脑组织的发育有巨大的好处，因为脑组织的化学组成特点就是脂类含量比任何器官都丰富，其中包括卵磷脂、胆固醇、神经磷脂，尤其以卵磷脂含量最多。卵磷脂可治疗神经衰弱，增加脑的活力。含卵磷脂多的食物有大豆和豆制品、牛奶、鸡蛋、牛肉、鱼、果仁等。另外，还应多吃些含有维生素 B 的食物，它能帮助大脑对糖类的利用，维持髓鞘的完整性。大脑消耗的葡萄糖很多，平时血液中大约 2/3 的葡萄糖要被大脑消耗掉。

三、婴儿食品

(一)母乳

母乳是 6 个月以内婴儿最适宜的天然食物，也是最能满足婴儿生长发育所需的食物。母乳喂养的优点有：

1. 营养成分最适合婴儿的需要，消化吸收利用率高

母乳的蛋白质含量低于牛奶，但利用率高。母乳以乳清蛋白为主，乳清蛋白在胃酸作用下形成的乳凝块细小而柔软，容易为婴儿消化吸收。母乳中必需氨基酸比例适当，牛磺酸含量较高，是牛奶的 10 倍。母乳中含有的脂肪颗粒小，并且含有乳脂酶，比牛奶中的脂肪更易被消化吸收，且含丰富的必需脂肪酸、长链多不饱和脂肪酸及卵磷脂和鞘磷脂等，有利于中枢神经系统和大脑的发育。母乳中富含乳糖，不仅促进乳酸杆菌生长，有效抑制大肠杆菌等的生长，还有助于铁、钙、锌的吸收。母乳中的矿物质含量明显低于牛奶，可保护尚未发育成熟、完善的肾功能，钙磷比例适宜(2∶1)，钙的吸收率高。母乳中铁和锌的生物利用率都高于牛奶，其中母乳中铁的吸收率高达 50%～70%，而牛奶的仅为 10%。

2. 含有大量免疫物质，有助于增强婴儿抗感染的能力

母乳中的免疫物质有：①各种免疫球蛋白，包括 IgA、IgG、IgM、IgD，其中 IgA 占总量的 90%，多为分泌型 IgA，具有抗肠道微生物和异物的作用；②乳铁蛋白，是一种能与三价铁离子结合的乳清蛋白，通过与在繁殖中需要游离铁离子的病原微生物竞争铁，从而抑制这些病原微生物的代谢和繁殖；③溶菌酶，是一种由上皮细胞、中性白细胞和单核巨噬细胞产生的低分子单链蛋白，其在母乳中的含量比牛奶中高 300 倍以上，可通过水解细胞壁中的乙酰氨基多糖而使易感菌溶解，发挥杀菌消炎作用；④免疫活性细胞，增强免疫功能；⑤双歧杆菌因子，是一种含氮多糖，能促进双歧杆菌生长，降低肠道 pH 值，抑制腐败菌生长。母乳中的多种免疫物质在婴儿体内构成了有效的防御系统，保护婴儿免受感染。

3. 不容易发生过敏

牛奶中的蛋白质与人乳蛋白质之间存在一定差异，再加上婴儿肠道功能的发育尚不成熟，故牛奶蛋白被肠黏膜吸收后可作为过敏原而引起过敏反应。估计约有 2%的婴儿对牛奶蛋白过敏，表现为湿疹、支气管哮喘及胃肠道症状，如呕吐及腹泻等。而母乳喂养儿极少发生过敏。

4. 经济、方便、卫生

母乳自然产生，无需购买，故母乳喂养与人工喂养相比可节省大量的资源；乳母在任何时间都可直接用温度适宜的乳汁喂哺婴儿，十分方便；母乳本身几乎是无菌的，且可直接喂哺，不易发生污染。

5. 促进产后恢复，增进母婴交流

哺乳可帮助子宫收缩、推迟月经复潮以及促使脂肪消耗等。哺乳过程中母亲通过与婴儿的皮肤接触、眼神交流、微笑和语言以及爱抚等动作可增强母婴之间的情感交流，有助于促进婴儿的心理和智力发育。母乳喂养除对婴儿和母亲近期的健康有促进作用以外，也产

生有益的远期效应，如母乳喂养的儿童肥胖、糖尿病等疾病的发病率较低；哺乳可能降低母亲将来发生肥胖症、骨质疏松症及乳腺癌的可能性。

(二)婴儿配方食品

事实上，现代婴儿配方奶粉的安全性以及容易消化的程度已经接近母乳。对于富裕、发达社会而言，其清洁用水与冰箱的便利，使母乳喂养所体现出的经济与微生物安全方面的优势已不那么重要了。因此，一个合理的、保守的方法是允许母亲在信息足够的条件下按照她所希望的方式进行选择喂养。

未经调整的牛奶蛋白，其乳清蛋白与酪蛋白的比值为 18：82，曾经是牛乳基配方奶粉的蛋白质来源。然而，今天大多数牛乳基配方奶粉中的蛋白质是牛奶蛋白与牛奶清蛋白的混合物，或是牛乳清蛋白与牛乳酪蛋白的混合物；其中牛乳清蛋白与牛乳酪蛋白的混合比例分别是 60：40 和 48：52，对正常的足月的婴儿而言，这两种比例的蛋白质效用相似。对于不能耐受牛乳蛋白的婴儿，可以用含有大豆蛋白的婴儿配方食品喂养。对同时不能耐受牛奶蛋白和大豆蛋白的婴儿，可以采用含有部分水解牛奶蛋白的婴儿配方食品喂养。尽管有不含乳糖的牛奶配方奶粉，但大多数配方奶粉中的碳水化合物还是乳糖。大豆蛋白配方奶粉通常用蔗糖或葡聚糖。因此，这些配方奶粉或不含乳糖的牛奶蛋白配方奶粉对先天性乳糖酶缺乏的婴儿是有益的。

无论是牛乳基配方奶粉还是大豆蛋白配方奶粉，其脂肪含量约提供非蛋白质能量的50%。大多数配方奶粉采用混合植物油，使其吸收率达到食入脂肪的 90%以上。目前市售的配方奶粉可以提供足够的必需脂肪酸，即亚油酸和 α-亚麻酸。大多数产品还含有来自这些脂肪酸的碳链更长、不饱和度更大的衍生物，这些脂肪酸被认为可以使婴儿配方食品喂养儿的神经发育与母乳喂养儿更接近。

大多数婴儿配方食品中的电解质、矿物质和维生素含量相似，喂予适宜量[150～180mL/(kg·d)]时，提供的营养素都能满足其 *DRIs*。

母乳喂养与婴儿配方食品喂养的共同目的是提供足量的营养素以支持正常的生长发育。其中重要的一条是正常的足月婴儿的体重应在 4～5 个月龄时翻倍，且在周岁时达到出生体重的 3 倍。总的说来，除非婴儿有其他问题，正常生长通常伴随着正常发育。按需喂养是最好的，尤其是在出生后的头几周。对于大多数婴儿，可以很容易地调整到每 3～4 个小时喂一次，在两个月之后，很少会要求半夜喂奶。

(三)辅食

尽管可以用适量的婴儿配方食品满足周岁之内婴儿所有的营养素需求，但人们还是建议在 4～6 个月之后加入其他食物。许多妇女的母乳量可能无法满足大于 6 个月母乳喂养儿对所有营养素的需求，对铁而言尤其如此，因此，对母乳喂养儿而言，辅食就成为重要的营养素来源。

辅食（即针对母乳喂养儿的额外食物，包括婴儿配方食品）或替代食品（即婴儿配方食品之外的食物）应采取逐步添加的方式。通常是在婴儿可以不需要帮助的状况下独坐时，即 4～6 个月时开始添加，首选米粉。接下来是加入蔬菜和水果，随后添加肉类，最后是蛋类。除非有食物或其他过敏性疾病的家族史，这些食物的添加顺序可能并不重要。建议每次只添加一种新的食物，间隔 3～4 天以观察有无不良反应。

家庭制作或工业化生产的辅食或替代食品都可使用。后者使用方便且含盐较少，许多这种产品既补充了营养素(如铁),而且还有不同的质地以适应婴儿在发育成熟过程中对大体积颗粒的耐受性。

四、婴幼儿喂养指南

婴幼儿喂养指南是与一般人群膳食指南并行的喂养指导。出生后至满 2 周岁阶段,构成生命早期 1000 天关键窗口期中 2/3 的时长,该阶段的良好营养和科学喂养是儿童近期和远期健康最重要的保障。生命早期的营养和喂养对体格生长、智力发育、免疫功能等近期及后续健康持续产生至关重要的影响。

为了帮助父母科学、合埋地喂养婴幼儿,使每一位儿童得到健康生长和发育,根据婴幼儿生长发育的特点,充分考虑当前婴幼儿喂养存在的各种问题,充分汲取了近年来国内外的婴幼儿营养学研究成果,提出了中国婴幼儿喂养指南。本指南分为两部分:针对出生后 180 天内的婴儿提出了 6 月龄内婴儿母乳喂养指南,主要内容以纯母乳喂养为目标,鼓励尽早开奶,以获得成功纯母乳喂养;正确对待和解决纯母乳喂养中遇到的问题,追求婴儿健康生长。针对 7～24 月婴幼儿提出喂养指南,主要内容是以补充营养和满足饮食行为正常发育为目标的辅食添加,包括方法、方式、食物选择和喂养效果评价等,强调顺应性喂养模式,以助于幼儿健康饮食习惯的形成。

(一)6 月龄内婴儿母乳喂养指南

本指南适用于出生至 180 天内的婴儿。6 月龄内是一生中生长发育的第一个高峰期,对能量和营养素的需要高于其他任何时期。但婴儿消化器官和排泄器官发育尚未成熟,功能不健全,对食物的消化吸收能力及代谢废物的排泄能力仍较低。母乳既可提供优质、全面、充足和结构适宜的营养素,满足婴儿生长发育的需要,又能完美地适应其尚未成熟的消化能力,并促进其器官发育和功能成熟。此外,6 月龄内婴儿需要完成从宫内依赖母体营养到宫外依赖食物营养的过渡,来自母体的乳汁是完成这一过渡最好的食物,基于任何其他食物的喂养方式都不能与母乳喂养相媲美。母乳能满足婴儿 6 月龄内全部液体、能量和营养素的需要,母乳中的营养素和多种生物活性物质构成一个特殊的生物系统,为婴儿提供全方位呵护,助其在离开母体保护后,能顺利地适应大自然的生态环境,健康成长。

6 月龄内婴儿处于 1000 天机遇窗口期的第二个阶段,营养作为最主要的环境因素对其生长发育和后续健康持续产生至关重要的影响。母乳中适宜水平的营养既能提供婴儿充足而适量的能量,又能避免过度喂养,使婴儿获得最佳的、健康的生长速率,为一生的健康奠定基础。因此,对 6 月龄内的婴儿应给予纯母乳喂养。

针对我国 6 月龄内婴儿的喂养需求和可能出现的问题,基于目前已有的科学证据,同时参考世界卫生组织(WHO)、联合国儿童基金会(UNICEF)和其他国际组织的相关建议,提出 6 月龄内婴儿母乳喂养指南。核心推荐包括以下 6 条:

(1)产后尽早开奶,坚持新生儿第一口食物是母乳。

(2)坚持 6 月龄内纯母乳喂养。

(3)顺应喂养,建立良好的生活规律。

(4)生后数日开始补充维生素 D,不需补钙。

(5)婴儿配方奶是不能纯母乳喂养时的无奈选择。

(6)监测体格指标,保持健康生长。

(二)7～24月龄婴幼儿喂养指南

本指南所称7～24月龄婴幼儿是指满6月龄(出生180天后)至2周岁内(24月龄内)的婴幼儿。

对于7～24月龄婴幼儿,母乳仍然是重要的营养来源,但单一的母乳喂养已经不能完全满足其对能量以及营养素的需求,必须引入其他营养丰富的食物。与此同时,7～24月龄婴幼儿胃肠道等消化器官的发育、感知以及认知行为能力的发展,也需要其有机会通过接触、感受和尝试,逐步体验和适应多样化的食物,从被动接受喂养转变到自主进食。这一过程从婴儿7月龄开始,到24月龄时完成。这一年龄段婴幼儿的特殊性还在于父母及喂养者的喂养行为对其营养和饮食行为有显著的影响。顺应婴幼儿需求喂养,有助于健康饮食习惯的形成,并具有长期而深远的影响。7～24月龄婴幼儿处于1000天机遇窗口期的第三阶段,适宜的营养和喂养不仅关系到近期的生长发育,也关系到长期的健康。针对我国7～24月龄婴幼儿营养和喂养的需求,以及可能出现的问题,基于目前已有的证据,同时参考WHO等的相关建议,提出7～24月龄婴幼儿的喂养指南。核心推荐包括以下6条：

(1)继续母乳喂养,满6月龄起添加辅食。

(2)从富含铁的泥糊状食物开始,逐步添加达到食物多样。

(3)提倡顺应喂养,鼓励但不强迫进食。

(4)辅食不加调味品,尽量减少糖和盐的摄入。

(5)注重饮食卫生和进食安全。

(6)定期监测体格指标,追求健康生长。

第三节　青少年的营养与膳食

一、青少年营养的特殊性

青春期是重要的生命阶段,在这个阶段会发生生物学、社会学、生理学和认知功能方面的主要变化。由于快速生长(体重、脂肪组织和骨骼矿化)和青春期发育,青少年有着特殊的营养需要。

调查结果表明,很多青少年的膳食营养素摄入量都达不到相应年龄组的推荐量,膳食钙、铁、维生素B_1、维生素B_2、维生素A、维生素C的摄入量不足。但是,从临床表现来看,尽管膳食摄入量较少,但青少年中常见的营养素缺乏的生物化学表现只是缺铁性贫血。越来越多的青少年存在膳食过剩和肥胖的问题。

青春期激素变化可造成形体、体成分(肌肉、脂肪、骨骼)、骨骼框架和性成熟的特征性变化。这种改变是造成青春期对能量、蛋白质和大多数微量营养素膳食需要量增加的原因。男孩出现青春期生长突增比女孩晚约2年,因此,相同年龄的男孩和女孩对营养素的需要量常常不同。营养不良和许多慢性疾病可延迟青春期的开始时间3～5年。而且生长不是一个连续进行的过程,而是以振幅和频率不同的一系列小的生长突增形式进行。所有这些因素都可影响个体青少年的营养需要,使不同个体之间以及同一个体在不同时间之间出现变化。总之,充足的营养素摄入量是确保正常生长发育和成熟所必需的,认识到这一点极为重要。

紧跟青春期生长突增的是骨量的快速增加。峰值骨量，即生命过程中可获得的最大骨量，是在青春期结束时或成年早期阶段完成的。流行病学证据表明，较大的峰值骨量既与膳食钙的高摄入量有关，也与晚年髋骨骨折的低发生率有关。因此，应摄入充足的钙，以确保在儿童期和青春期获得最佳的骨量积累，这对青少年一生的健康具有重要意义。

全身骨矿物质含量在青春期生长突增出现后增加最快。因此，为适应青春期的快速骨量增加，青少年对钙的需要量远远高于儿童或成人。

钙的净吸收在婴儿期和青春期最高。但是，考虑到膳食钙摄入量的不足，增加的钙吸收效率似乎不足以满足获得最佳的峰值骨量。补钙可以增加儿童的骨矿物质密度，这一发现非常突出地说明摄入充足钙的重要性。持续增加钙的摄入量才能达到增加骨矿物质密度的作用。

影响生长过程中骨量增加的其他一些因素包括维生素 D 的营养状况和体力活动。充足的维生素 D 水平对促进肠道钙的吸收是必需的。健康青少年通过平时手、面部接触阳光，就可以获得充足的维生素 D，阳光照射的季节性波动和健康状况都会影响维生素 D 的营养状况。负重体力活动对强壮骨骼和增加肌肉重量很重要，所以青春期前后的体育锻炼对骨骼的形成极为重要。

二、青少年的营养需要

由于快速生长、性成熟、体成分的改变、骨骼的矿化和体力活动的变化，青少年的营养需要高于儿童。体力活动并非一定增加，但是由于体格的增加，总能量需要是增加的。与儿童不同的是，青春期的男女性对营养的需求有差别，这些与性别有关的差异一直持续到成年期。青少年对蛋白质、能量、钙、铁和锌等营养素的需要增加。一些常见的青少年疾病，如神经性厌食和暴饮暴食等，可能会严重影响营养状况和发育成熟。营养素的需要量一般是男性高于女性。

(一)能量

对于生长过程中的青少年，难以准确测定某个体的能量需要量。膳食参考推荐摄入量提供了一个估算能量需求的方法，还需要使用活动系数，以体现具有不同体力活动强度的不同类别个体的变化。最大能量需要出现在女孩 15～16 岁，男孩约 18 岁，与青春期过后的生长和发育的需要增加一致。活动中的青春期女孩每日约需要 2300kcal 的能量，而男孩则需要 2600～3300kcal。

表 5-6 列出了 13～18 岁男孩和女孩静息能量需求量。

数据显示，男性能量摄入高于女性，能量摄入在青春后期达到高峰。尽管某些青少年的能量摄入量低于营养素平均供给量(*RDAs*)，但青少年超重的人数仍然增加。膳食脂肪摄入量呈现下降的趋势，但是脂肪摄入量水平仍然高于推荐值。

(二)蛋白质

蛋白质摄入的峰值与能量摄入的峰值一致。蛋白质提供的能量应占总摄入能量的 12%～14%。有饮食行为性疾病、吸收不良、慢性疾病，以及因社会经济状况而面临食物供应受限的青少年，会处于低蛋白质摄入的危险中。能量摄入不足时，蛋白质将被用于供能，导致蛋白质营养不良。

表 5-6　13～18 岁男孩和女孩静息能量需求量

年龄(岁)	参考体重(kg)	参考身高(m)	坐时(kcal)	缓慢活动(kcal)	正常活动(kcal)	剧烈活动(kcal)
男孩：						
13	45.6	1.56	1935	2276	2618	3038
14	51.0	1.64	2090	2459	2829	3283
15	56.3	1.70	2223	2618	3013	3499
16	60.9	1.74	2320	2736	3152	3663
17	64.6	1.75	2366	2796	3226	3754
18	67.2	1.76	2383	2823	3263	3804
女孩：						
13	45.8	1.57	1684	1992	2281	2762
14	49.4	1.60	1718	2036	2334	2831
15	50.2	1.62	1731	2057	2362	2870
16	53.9	1.63	1729	2059	2368	2883
17	55.1	1.63	1710	2042	2353	2871
18	56.2	1.63	1690	2024	2336	2858

（三）矿物质

部分青少年的矿物质摄入量不足，包括钙、铁、锌。

钙和磷是保证良好骨骼健康所必需的。尽管膳食磷的摄入量一般是充足的，但青少年钙的摄入量常常不足。满足钙营养需要的最佳途径是通过食物，而不是通过补钙制剂，与乳糖结合的钙可能会被更有效地吸收。其他膳食来源钙的吸收也非常重要，特别是对那些不能很容易得到乳制品的人群和乳糖不耐受的青少年。

由于血液容量和肌肉重量的增加，青春期对铁的需要更高。月经使女孩对铁的需要进一步增加。由于生长迅速，青春期男孩也面临缺铁性贫血的危险。铁的需求量在青春期后会缓慢下降。低收入家庭中青少年铁缺乏更为常见，青春期女孩铁缺乏多于男孩。青少年中缺铁性贫血的发生率从 2%～10%不等，在 11～14 岁男孩和 15～19 岁女孩中更为常见。

生长和青春期发育对锌的需要量增加，但青少年锌的摄入量一般较低。锌缺乏可导致生长发育迟缓和性腺机能减退，补锌可逆转上述临床表现。

（四）维生素

青少年膳食中摄入量不足的维生素包括维生素 A、B_6、E、D、C 和叶酸。由于女孩比男孩饭量小，她们更容易出现膳食缺乏。

（五）膳食纤维

青少年膳食纤维的摄入量低于推荐量。推荐的可降低血液胆固醇的纤维素摄入量为 25g/d，降低结肠癌危险的纤维素推荐摄入量为 35～45g/d。

三、儿童少年膳食指南

本指南适用于满2周岁至不满18岁的未成年人(简称为2～17岁儿童),分为2～5岁学龄前儿童和6～17岁学龄儿童少年两个阶段。该指南是一般人群指南基础上的补充说明和指导。

2～5岁儿童生长发育速率与婴幼儿相比略有下降,但仍处于较高水平,这个阶段的生长发育状况也直接关系到青少年和成人期发生肥胖的风险。经过7～24月龄期间膳食模式的过渡和转变,2～5岁儿童摄入的食物种类和膳食结构已开始接近成人,是饮食行为和生活方式形成的关键时期。与成人相比,2～5岁儿童对各种营养素的需要量较高,消化系统尚未完全成熟,咀嚼能力仍较差,因此其食物的加工烹调应与成人有一定的差异。与此同时,2～5岁儿童生活自理能力不断提高,自主性、好奇心、学习能力和模仿能力增强,该时期也是培养良好饮食习惯的重要阶段。

6岁儿童进入学校教育阶段,生长发育迅速,两性特征逐步显现,学习和运动量大,对能量和营养素的需要相对高于成年人。学龄儿童生理、心理发展逐步成熟,膳食模式已经成人化,充足的营养是儿童少年智力和体格正常发育、乃至一生健康的物质保障。形成良好饮食习惯、运动爱好等仍需要加强引导、培养和逐步完善。家庭、学校和社会要积极开展饮食教育,及时纠正饮食行为的偏差,达到个人健康、全家小康的目的,为国家培养高素质战略人才提供保障。

(一)学龄前儿童膳食指南

1.提要

本指南适用于满2周岁后至满6周岁前的儿童(也称为学龄前儿童),是基于2～5岁儿童生理和营养特点,在一般人群膳食指南基础上增加的关键推荐。

2～5岁是儿童生长发育的关键时期,也是良好饮食习惯培养的关键时期。足量食物,平衡膳食,规律就餐,不偏食、不挑食,每天饮奶,多饮水,避免含糖饮料,是学龄前儿童获得全面营养、健康生长、构建良好饮食行为的保障。

家长要有意识地培养孩子规律就餐,自主进食、不挑食的饮食习惯,鼓励每天饮奶,选择健康、有营养的零食,避免含糖饮料和高脂肪的油炸食物。为适应学龄前儿童心理发育,鼓励儿童参加家庭食物选择或制作过程,增加儿童对食物的认识和喜爱。此外,户外活动有利于学龄前儿童身心发育和人际交往能力,应特别鼓励。

2.关键推荐

(1)规律就餐,自主进食、不挑食,培养良好饮食习惯。

(2)每天饮奶,足量饮水,正确选择零食。

(3)食物应合理烹调,易于消化,少调料、少油炸。

(4)参与食物选择与制作,增进对食物的认知与喜爱。

(5)经常户外活动,保障健康生长。

足量食物、平衡膳食、规律就餐是2～5岁儿童获得全面营养和良好消化吸收的保障。因此要注意引导儿童自主、有规律地进餐,保证每天不少于三次正餐和两次加餐,不随意改变进餐时间、环境和进食量;纠正挑食、偏食等不良饮食行为;培养儿童摄入多样化食物的良好饮食习惯。2～5岁儿童各类食物每天建议摄入量见表5-7。

表 5-7　2～5 岁儿童各类食物每天建议摄入量　　单位：g/d

食物	2～3 岁	4～5 岁
谷类	85～100	100～150
薯类	适量	适量
蔬菜	200～250	250～300
水果	100～150	150
畜禽肉类	50～70	70～105
蛋类		
水产品		
大豆	5～15	15
坚果	—	适量
乳制品	500	350～500
食用油	15～20	20～25
食盐	＜2	＜3

目前，我国儿童钙摄入量普遍偏低，对于快速生长发育的儿童，应鼓励多饮奶，建议每天饮奶 300～400mL 或相当量的奶制品。儿童新陈代谢旺盛，活动量大，水分需要量相对较多，建议 2～5 岁儿童每天水的总摄入量（即饮水和膳食中汤水、牛奶等总和）为 1300～1600mL。饮水时以白开水为主。零食应尽可能与加餐相结合，以不影响正餐为前提，多选用营养密度高的食物，如乳制品、水果、蛋类及坚果类等食物。推荐和限制的零食见表 5-8。

表 5-8　推荐和限制的零食

推　荐	限　制
新鲜水果和蔬菜	果脯、果汁、果干、水果罐头
乳制品（液态奶、酸奶、奶酪等）	乳饮料、冷冻甜品类食物（冰淇淋、雪糕等）、奶油、含糖饮料（碳酸饮料、果味饮料等）
馒头、面包	膨化食品（薯片、爆米花、虾条等）、油炸食品（油条、麻花、油炸土豆等）、含人造奶油甜点
鲜肉鱼制品	咸鱼、香肠、腊肉、鱼肉罐头等
鸡蛋（煮鸡蛋、蒸蛋羹）	烧烤类食品
豆制品（豆腐干、豆浆）	
坚果类（磨碎食用）	高盐坚果、糖浸坚果

（二）学龄儿童膳食指南

1. 提要

学龄儿童是指从 6 岁到不满 18 岁的未成年人。学龄儿童正处于在校学习阶段，生长发育迅速，对能量和营养素的需要量相对高于成年人。充足的营养是学龄儿童智力和体格正常发育，乃至一生健康的物质保障，因此，更需要强调合理膳食、均衡营养。

家长应学会并将营养健康知识融入到学龄儿童的日常生活中，学校应开设符合学龄儿童特点的营养与健康教育相关课程，营造校园营养环境。家庭、学校和社会要共同努力，关注和开展学龄儿童的饮食教育，帮助他们从小养成健康的生活方式。

2.关键推荐

(1)认识食物，学习烹饪，提高营养科学素养。

(2)三餐合理，规律进餐，培养健康饮食行为。

(3)合理选择零食，足量饮水，不喝含糖饮料。

(4)不偏食节食，不暴饮暴食，保持适宜体重增长。

(5)保证每天至少活动60min，增加户外活动时间。

学龄儿童时期是学习营养健康知识、养成健康生活方式、提高营养健康素养的关键时期。了解和认识食物，学会选择食物、烹调和合理饮食的生活技能，传承我国优秀饮食文化和礼仪，对于儿童青少年自身健康和我国优良饮食文化传承具有重要意义。

学龄儿童的消化系统结构和功能还处于发育阶段。一日三餐的合理和规律是培养健康饮食行为的基本。应清淡饮食，少在外就餐，少吃含能量脂肪或糖高的快餐。

足量饮水可以促进儿童健康成长，还能提高学习能力，而经常大量饮用含糖饮料会增加他们发生龋齿和超重肥胖的风险。要合理选择零食，每天饮水800～1400mL，首选白开水，不喝或少喝含糖饮料，禁止饮酒。

学龄儿童的营养应均衡，以保持适宜的体重增长。偏食、挑食、节食会影响儿童青少年健康，容易出现营养不良。暴饮暴食在短时间内会摄入过多的食物，加重消化系统的负担，增加发生超重肥胖的风险。超重肥胖不仅影响学龄儿童的健康，更容易延续到成年期，增加慢性病的危险。

充足、规律和多样的身体活动可强健骨骼和肌肉、提高心肺功能、降低慢性病的发病风险。要尽可能减少久坐少动和视屏时间，开展多样化的身体活动，保证每天至少活动60min，其中每周至少3次高强度的身体活动、3次抗阻力运动和骨质增强型运动；增加户外活动时间，有助于维生素D体内合成，还可有效减缓近视的发生和发展。

第四节　中老年人的营养与膳食

衰老是一个复杂的现象，包括分子的、生理的和心理的改变。健康问题逐渐显现，生理状况逐渐衰退，而这部分是由于不良的生活习惯所致。衰老过程的直接影响似乎不像之前报道过的那样重要，有些年纪非常大的个体也可以保持健康的、良好的营养状态。然而，随着时间的推移，会有越来越多的老年人变得虚弱、感觉功能降低、认知功能损伤增加、功能状态退化。

一、中老年人的营养特点

人到中年，事业进入丰收期，家庭进入稳定期，是人一生中的鼎盛时期，伴随而来的是机体生长发育由青壮年的快速成长成熟期进入到稳定期并逐渐转入衰退期，机体的各系统器官的生理功能由极盛逐渐进入衰退，新陈代谢速度逐渐减慢，免疫能力逐渐降低，对各种疾病的抵抗能力亦比青年时期有明显的下降，并伴有记忆力减退、性功能减退、消化功能减弱等正常的生理性衰退现象。研究表明，正常人在 30 岁以后，以胃液为代表的消化液的分泌量下降速度十分迅速，同时其内所含的消化酶亦大幅减少，基础代谢率平均每年以 0.5%的速度下降。同时伴随着年龄、职业、心理变化，易出现运动不足、吸收能力下降等中年人常见的现象，这将直接导致各类中年人常见的易患疾病的盛行，其中尤以肥胖为主。中年人在人生的这一时期的饮食养生应以科学合理的膳食调配为主，辅之以健康的生活方式。只有在这一时期合理供给营养，才能对身体健康有益，而且也为老年期的延年益寿打下良好的基础。

二、中老年人的营养需要

(一)中年人的营养需要

概括地讲，中年人的营养需要是低脂肪、适量糖、充足的优质蛋白质、丰富的维生素和无机盐。中年人的基础代谢逐渐降低，一般比青年人降低 10%～15%，又因体力活动减少，所以热能供给相应减少，以维持能量平衡，保持理想体重。

40 岁以后，随着年龄的增长，血脂有所增高，心脏病、高血压病等发病率随之增多。因此，中年人膳食中油脂的摄入量应稍低，每日不超过 60g。为防止动脉硬化，对富含胆固醇的食品应有所限制。

(二)老年人的营养需要

健康老年人的营养状况与那些患有严重疾病或虚弱的老年人相比是很不相同的。有一些因素导致 60 岁以上人群营养素缺乏的危险性增加。矿物质和维生素缺乏更为常见。老年人维生素 D 和钙摄入量不足已经被充分证明。其他维生素缺乏也常常和总的营养素摄入量较差有关。长期用药可显著影响老年人的营养状态，增加药物-营养素交互作用的潜在可能性。营养状态差反过来可以改变药物的使用、吸收和代谢。因此，对老年人群的营养推荐，不仅仅是预防营养缺乏，还应该预防或延缓慢性疾病的发生与发展。

老年人维生素 D、钙和维生素 B 的膳食参考摄入量推荐值高于年轻人。检测维生素 D 营养状况和代谢的研究显示，目前大部分老年人的摄入量偏低。在夏天增加日照暴露、增加摄入强化了维生素 D 的食品可能会帮助改善总的维生素 D 的营养状况。老年人群中维生素 B_6 营养状况不良的发生率非常高，主要是由于膳食摄入量低造成的。钙与其他大部分矿物质的不同之处在于血浆钙浓度不是人体钙营养状况的标志。骨密度的量化指标可以提供评判钙营养状况的标准。然而骨密度的个体差异太大，激素水平和其他的因素也各不相同，这些都影响骨密度。

三、老年人膳食指南

本指南所指老年人为 65 岁以上的人群，是在一般人群指南基础上对老年人膳食指南的补充说明和指导。按照我国第六次人口普查的结果，到 2015 年，我国 65 周岁及以上人口 1.37亿，占总人口的 10.1%。其中高龄老人数量超过 2300 万，并以每年约 100 万的数量增加。膳食营养是保证老年人健康的基石，与老年人生活质量、家庭、社会经济、医疗负担都有密切关系，对实现成功老龄化，促进社会稳定、和谐发展也有重要影响。

与青年和中年时期相比，老年人身体功能可出现不同程度的衰退，如咀嚼和消化能力下降，酶活性和激素水平异常，心脑功能衰退，视觉、嗅觉、味觉等感官反应迟钝，肌肉萎缩、瘦体组织量减少等。这些变化可明显影响老年人食物摄取、消化和吸收的能力，使得老年人营养缺乏和慢性非传染性疾病发生的风险增加。因此，针对这些问题对老年人膳食提出指导很有必要。

1. 提要

老年人和高龄老人分别指 65 岁和 80 岁以上的成年人。由于年龄增加老年人器官功能出现不同程度的衰退，容易出现营养不良、贫血、骨质疏松、体重异常和肌肉衰减等问题，也极大地增加了慢性疾病发生的风险。因此，老年人在膳食及运动方面更需要特别关注。

老年人膳食应食物多样化，保证食物摄入量充足。消化能力明显降低的老年人，应制作细软食物，少量多餐。老年人身体对缺水的耐受性下降，要主动饮水，首选温热的白开水。户外活动能够更好地接受紫外线照射，有利于体内维生素 D 合成和延缓骨质疏松的发展。老年人常受生理功能减退的影响，更易出现矿物质和某些维生素的缺乏，因此应精心设计膳食、选择营养食品、精准管理健康。

2. 关键推荐

(1)少量多餐，细软；预防营养缺乏。

(2)主动足量饮水；积极户外活动。

(3)延缓肌肉衰减；维持适宜体重。

(4)摄入充足食物；鼓励陪伴进餐。

综合考虑老年人的生理特点等因素，膳食多采用炖、煮、蒸、烩、焖、烧等烹调方法，少煎炸和熏烤等。高龄和咀嚼能力严重下降的老年人，饭菜应煮软烧烂，如软饭、稠粥、细软的面食等；对于有咀嚼吞咽障碍的老年人，可选择软食、半流质或糊状食物，液体食物应增稠，烹调制作方法和要求详见表 5-9。

表 5-9 咀嚼吞咽障碍老年人的食物加工制作方法和建议

膳食分类	适合人群	描述	适宜食物	不宜食物
软食	轻度咀嚼障碍的老人	食物细软、不散、不粘；食物颗粒≤1.5cm×1.5cm； 容易咀嚼，或用牙龈咀嚼	蒸、煮、烤软烂的米面食物及制品； 易煮软的叶菜、薯芋类、茄果类食物； 质地松软的新鲜水果； 去刺和骨的鱼虾畜禽肉类； 碎软的坚果和豆类及制品； 各类乳制品	煎、炸、烤的食物； 坚硬、圆形及黏性大、易引起吞咽窒息危险的食物； 富含粗纤维的蔬菜； 带骨、带刺的动物性食物； 未经碎软的豆类和坚果

续表 5-9

膳食分类	适合人群	描述	适宜食物	不宜食物
半流质	中度咀嚼障碍或吞咽困难的老人	食物湿润、有形状，即使没有牙齿也可用舌头压碎，且容易形成食团，在咽部不会分散开，容易吞咽	蒸、煮、烤松软的半固体米面食品及制品； 易煮软的叶菜、薯芋类、茄果类食物； 柔软，切碎，食物颗粒≤0.6cm×0.6cm 的水果； 去刺、去骨、切碎鱼虾肉蛋类； 各类乳制品	同软食
糊状饮食	明显吞咽障碍的老人	食物粉碎成泥状，无需咀嚼，易吞咽； 通过咽和食管时易变形且很少在口腔内残留	各类食物蒸煮后，经机械粉碎加工成泥状； 质地细腻均匀，稠度适中； 不易松散，不分层、不沾牙，能在勺子上保持形状	有颗粒的米面食物和制品； 未经粉碎的鱼虾肉蛋类、蔬菜、水果、豆类及制品； 含有果粒的酸奶

第五节　特殊环境人群的营养与膳食

一、高温环境条件下人群的营养与膳食

在常温下人体主要通过简单的体表辐射来散发代谢所产生的热，而在高温下的机体需要更多地通过汗液的蒸发来散热，必须通过生理上的适应性改变来维持体温的相对恒定，这种适应性改变导致机体对营养有特殊的要求。膳食原则是：保证能量的供给，增加水和矿物质的摄入量，适当增加蛋白质和碳水化合物的摄入，提供充足的各种维生素，选择清淡、易消化的食物。

1. 能量

在 30～40℃之间，每上升 1℃，能量供给应增加 0.5%。

2. 产能营养素

蛋白质的供给量可稍高于常温时的供给量，但不能过高，以免加重肾脏的负担。蛋白质提供的能量应占总能量的 12%～15%，其中优质蛋白质占 2/3 左右。脂肪的摄入量不应超过总能量的 30%。血糖的稳定对于保持机体的耐力和健康是重要的，碳水化合物的供给又是血糖平稳的基础，故碳水化合物占总能量的比例不应低于 50%，并适当增加双糖和单糖的供给量。

3. 水和矿物质

根据每天的出汗量补充水分，大量出汗时每天应补水 4～8L。矿物质的补充以钠、钾、

钙、镁、铁、锌、铜等为主。如果每天出汗量在5L以上,应供给食盐20～25g。出汗量在3L时,应供给食盐15g。钙的摄入量为1000mg/d,铁的摄入量为16～18mg/d。

4.维生素

应以补充水溶性维生素为重点,尤其是维生素C、维生素B_1、维生素B_2、烟酸等。维生素C的摄入量应达到150～200mg/d,维生素B_1的摄入量为2.5～3.0mg/d,维生素B_2的摄入量为1.5～2.5mg/d,维生素A的摄入量为1500μgRE/d。

5.合理搭配膳食,精心烹制

提供谷类、豆类及鱼、畜、禽、蛋等动物性食物,以补充碳水化合物、优质蛋白质及B族维生素、矿物质。提供丰富的蔬菜、水果,保证各种矿物质和维生素的供给。水果中的有机酸还可以刺激食欲,有利于食物的消化。

食盐或其他矿物质可以通过糖盐水或多种盐片来补充。食盐水的浓度以0.1%～0.2%为宜。补充的液体温度在10℃左右,不可过高或过低,补液应分次进行,不能一次补充过量。可选用茶水、酸梅糖浆、陈皮糖浆、柠檬水、水果汁等,也可以用各种汤补充水及矿物质。菜汤、肉汤、卤汤可交替选择,在餐前饮少量的汤还可增加食欲。

6.根据工作或生活情况建立合理的膳餐制度

可适当调整一日三餐或四餐的时间或食用量,避免过饱或过饥,每餐必以易消化、清淡的食物为主,应多选择清热、解暑的食物,如绿豆、苦瓜、西红柿、黄瓜、海带、紫菜、西瓜、香蕉、苹果、葡萄等。烹调时应注意色、香、味,经常变换花色品种,适当食用凉拌菜,多用酸味调味品。

二、低温环境条件下人群的营养与膳食

1.保证充足的能量供应

在低温环境下,能量的摄入量提高10%～15%,并以增加脂肪的摄入来满足产能营养素摄入量。供能的比例分别是:脂肪35%～40%;碳水化合物45%～50%;蛋白质13%～15%,最高不超过20%。

2.保证优质蛋白质的供应

优质蛋白质应占总蛋白质的50%以上,可选择高蛋白、高脂肪的食物,增加肉类、蛋类、鱼类以及豆制品的摄入,也可增加坚果类(核桃、花生、瓜子等)的摄入。

3.提供丰富的维生素

低温环境下机体对维生素的需要比常温环境增加30%～50%。应适当补充维生素A、维生素C、维生素B_1、维生素B_2和烟酸等。膳食中要保证新鲜蔬菜和水果、动物肝脏、蛋类等的供给。

4.注意矿物质的补充

在寒冷地区生活的人容易出现钙、钠、锌、镁、碘、氟等矿物质摄入不足的问题。因此,应增加海产品、肉类、新鲜果蔬和奶制品的摄入。

5.食盐的摄入要适当

食盐对寒冷地区的居民特别重要,调查表明:低温环境中食盐摄入量增加,可使机体的产热功能加强,一般建议摄入量为15～20g,高于非低温地区。

6.食物搭配

可选择供能较多、具有滋补作用的食物，如羊肉、牛肉、狗肉、鸡肉及大葱、生姜、辣椒等。

三、职业性接触有毒有害物质人群的营养与膳食

（一）铅作业人群的营养和膳食安排

铅作业人员的膳食原则是：提供充足的蛋白质（尤其是优质蛋白质）和碳水化合物、低脂肪，保证维生素及各种矿物质的供给。同时按铅中毒的程度进行营养指导，当接触少量铅时，应以摄入富含磷和硫的肉类和谷类等呈酸性食物为主，使沉积于骨骼中的铅转入血液，形成可溶性磷酸氢铅，经尿液排出；在急性铅中毒时，则以摄入富含钠、钾和钙等的水果和蔬菜以及奶类等呈碱性食物为主，使血中高浓度的磷酸氢铅转变为磷酸三铅沉淀于骨骼中，缓解铅的急性毒性；当铅中毒急性期已过时，摄入大量呈酸性食物，促进铅的排出，随后采取呈碱性食物和呈酸性食物交替摄入的方法，促进体内的铅逐步排出。

1. 蛋白质、脂肪和碳水化合物的供给

在总能量中，蛋白质供能应占15%，脂肪供能应小于20%，碳水化合物供能占65%以上。铅作业人员应增加鸡蛋、牛肉等富含硫氨基酸（蛋氨酸和胱氨酸）的食物的摄入，降低肾和肌肉中的铅浓度；限制脂肪的摄入量，摄入富含碳水化合物而脂肪含量较少的谷类食品。

2. 补充丰富的钙、铁、锌等矿物质

充足的钙对铅作业人群十分重要，膳食钙摄入不足可导致血钙降低，大量的骨铅随骨钙溶出入血，可能导致中毒。建议钙的摄入量为800～1000mg/d。另外，注意补充铁、锌的摄入，以改善贫血状况，减少铅在组织中的蓄积。膳食中应多选择动物的肝脏、瘦肉、鱼虾类等。

3. 增加维生素的摄入

重点要补充维生素C。建议补充维生素C 150mg/d，多食用新鲜的水果和蔬菜，也可采用维生素C制剂。适量补充维生素A、维生素B_1、维生素B_2、维生素B_6、维生素B_{12}和叶酸等对防治铅中毒也有重要的意义。

4. 保证膳食纤维的摄入

膳食纤维中的果胶等可吸附肠道内的铅，从而减少铅的吸收。因此，应保证一定量膳食纤维的摄入，建议每天摄入量在30g以上。

（二）苯作业人群的营养与膳食安排

苯作业人员的膳食营养原则是：以高蛋白质、高碳水化合物为主，增加维生素C和铁的摄入。

1. 增加蛋白质的摄入量

蛋白质对苯的毒性具有防护作用。苯在体内的代谢需要多种酶，而酶的数量和活性与蛋白质的营养状况有关，苯还可引起蛋白质丢失。在平衡膳食的前提下，要增加足量优质蛋白质的摄入，尤其要增加与苯的解毒作用有关的含硫氨基酸，如蛋氨酸、胱氨酸和半胱氨酸。

2. 增加碳水化合物的摄入量

碳水化合物可以提高机体对苯的耐受性，这与碳水化合物在代谢过程中可提供重要的解毒剂——葡萄糖醛酸和解毒所需要的能量有关。因此，应增加碳水化合物的摄入量。

3. 限制脂肪的摄入

膳食脂肪的含量不宜过高，因为过多的脂肪可促进苯的吸收及在体内的蓄积，增加机体

对苯的敏感性。

4.适当增加一些维生素和矿物质的摄入

苯可降低体内维生素C及血中维生素C的水平，并增加机体对维生素C的消耗。另外，维生素C可使氧化型谷胱甘肽还原，提高混合功能氧化酶的活性。建议这类人群维生素C的摄入量为150mg/d。维生素B_6、维生素B_{12}和叶酸具有促进血细胞生成的作用，维生素B_1可促进消化和提高食欲，保护神经系统；适量增加富含维生素A和维生素E的食物可增加机体对苯的拮抗作用，因此要保证这些维生素的摄入。

苯可使肠道对铁的吸收减少，故应适当增加铁的摄入量，预防苯中毒所致的贫血。

(三)电离辐射人群的营养与膳食安排

1.保证充足的产能营养素的供给

能量和蛋白质摄入不足可以增加机体对辐射的敏感性，加重辐射损伤，延缓辐射后机体的恢复。一般建议增加能量的供给。蛋白质供能占总能量的12%～18%，以补充优质蛋白质为主，以肉、蛋、牛奶、酸奶为佳。碳水化合物供能占总能量的60%～65%，应选择防辐射效果好的果糖和葡萄糖，多食用含糖量高的水果。应注意控制脂肪的摄入，限制脂肪供能占总能量的比例，增加必需脂肪酸和油酸的摄入，可选择葵花子油、大豆油、玉米油、茶籽油或橄榄油等。

2.注意选择富含抗氧化营养素的果蔬食品

可选择抗氧化作用较强的蔬菜和水果，如卷心菜、马铃薯、番茄、紫菜、海带、柑橘等。此外，酵母、蜂蜜、杏仁、银耳、茶等的摄入对辐射损伤也有良好的防护作用。

3.补充适量的维生素

补充维生素C、维生素E、β-胡萝卜素、维生素K、维生素B_1、维生素B_2或泛酸可减轻自由基带来的损伤。

4.补充适量的矿物质

适量增加微量元素(如锌、铁、铜、硒和锰)和常量元素(钠和钾)的摄入量，并注意各元素之间的平衡。

四、运动员的营养与膳食

(一)运动员的营养

1.能量

运动员的能量代谢具有强度大、消耗率高并伴有不同程度的氧债等特点。运动员所消耗的能量主要取决于运动强度、频率与持续时间三个要素，从事大运动量训练的运动员消耗的能量是正常人群的2倍之多。此外，运动员的年龄、体重、营养状况、训练水平、精神状态及训练时的用力程度等也对之产生影响。不同运动项目的能量需要差别较大，例如投掷、举重等项目的爆发力强，运动强度在短时间内骤然增大，单位时间内的能量消耗大，但动作频度低、持续时间短，体力容易恢复；而长跑、竞走等项目虽然运动强度较小，但动作频度高、持续时间长、总能量消耗较多。多数运动项目的能量消耗在3500～4700kcal之间，如果按体重计算，为50～70kcal/(kg・bw)。国家体育总局为运动员制定的饮食标准中能量的供给量为4400kcal/d。

2.蛋白质

大运动量时蛋白质的分解代谢加强，运动后恢复期蛋白质的合成代谢增强。因此，保证量足质优的蛋白质的摄入对运动损伤或疲劳的恢复、运动能力的提高等均有重要作用。但蛋白质毕竟不是运动员的主要能源，而且高蛋白膳食可导致尿氨排出增加，造成代谢产物（氨、尿素等）在体内堆积，加重肝、肾的负担，消耗体内的水分、矿物质（尤其是钙），对运动成绩的提高及运动员的健康都不利，故不宜过多摄入。建议运动员蛋白质的摄入量为1.5～2.5g/(kg・bw)，占总能量的12%～15%，力量型项目增至15%～16%，优质蛋白质应占1/3以上。

3.脂肪

脂肪是运动员理想的能量储备形式。在进行轻中度运动时，脂肪约提供机体需要能量的50%，在持久运动时可达80%。但脂肪不易消化，代谢时氧耗高，膳食中脂肪比例过高时会影响氧的供应，而且脂肪的代谢产物多为酸性物质，对运动员的耐力及运动后体力的恢复不利。我国推荐运动员脂肪的摄入量占总能量的25%～30%，游泳与冰雪项目可增至35%，同时要控制胆固醇的摄入量。

4.碳水化合物

碳水化合物既可氧化供能，又可酵解供能，在等量氧耗的情况下，碳水化合物的耗氧少，产能效率比脂肪高45%，是运动员最重要的能量来源。碳水化合物在体内的代谢产物为二氧化碳和水，对机体的酸碱度不产生影响，短时间、高强度运动的能量主要来自碳水化合物，长时间、中低强度运动的初期也是以碳水化合物供能为主，只有在糖原储备下降后，脂肪或蛋白质的供能比例才会逐渐提高。

体内糖原的储备量直接影响运动员的体力与耐力，而影响体内糖原恢复的因素主要是时间和碳水化合物的摄取量。运动员膳食碳水化合物提供的能量应占总能量的55%～60%，高强度、高耐力与缺氧运动项目可增加至70%；大运动量训练或赛前每天应提供9～10g/(kg・bw)碳水化合物，以保证足够的糖原储备，并应以淀粉类食物为主。

5.矿物质

运动时机体的代谢旺盛，矿物质的需要量随汗液流失的量的增加而增加。大负荷运动又使机体对矿物质的吸收能力下降，因此，膳食中应注意补充充足的矿物质。

(1)钠、钾、镁。钠、钾、镁等与神经信号的传导和肌肉的收缩有关。在高温环境进行高强度训练时，运动员体内的钠、钾、镁除随代谢消耗外，随汗液流失的量也较大。如马拉松运动员，汗中丢失的氯化钠可达15g之多，若不及时补充会导致缺乏。低钠轻者出现软弱无力、易疲劳、食欲减退等现象，严重者出现眩晕、无食欲、恶心、心率加快、肌肉抽搐、血压下降等现象；低钾表现为肌肉无力或心脏节律紊乱；低镁可诱发情绪激动与肌肉抽搐等。

建议运动员每天摄入的量为：钠少于5g，高温环境训练时少于8g；钾为3～4g；镁为400～500mg。日常训练时可通过增加蔬菜、水果、干果、牛肉和鱼类等食品的摄入量来满足需要；在高温环境进行大运动量训练或比赛时，可补充含电解质的运动饮料或适当摄入含盐多的食物。

(2)钙。竞技运动员在训练或比赛中要有较高的灵敏性、反应速度、心输出量和肌肉力量，这些运动能力的提高与钙密切相关。训练、比赛时，尤其是在高温环境下进行时，钙的丢失量较大，易引起体内钙缺乏而导致运动能力下降，甚至引起应激性骨折。建议运动员每天摄入的钙为1.0～1.5g。运动员尤其是控制体重的女运动员，要注重富钙食品如牛奶、豆类及其制品的摄入,必要时可适当补充钙剂。

(3)铁。铁与运动员的耐氧力和耐力有关。运动时大量的铁经汗液丢失;运动使血液循环加快,红细胞的寿命缩短;大运动量训练降低了铁的吸收率,使运动员容易出现铁缺乏。运动员机体缺铁后会降低运动速度与耐力,明显影响比赛成绩。适当补充铁,不仅可改善运动员的运动能力与状态,对铁缺乏也有预防作用。建议运动员每天摄入的铁:常温训练男性为 20mg、女性为 25mg,大运动量或高温环境下训练应分别增加至 25mg 和 30mg。

(4)锌。长期进行大运动量训练的运动员尿锌排出增加,血锌水平下降,易出现肌肉生长缓慢、重量减轻的现象;运动还影响锌的吸收与利用,引起体内锌的重新分布,因此,运动后应及时补锌。建议运动员每天摄入的锌为 20mg,大运动量训练或高温环境应增加至 25mg。

但应强调,过多地补充矿物质对提高运动能力无效,尤其是在脱水的情况下,摄取过多的矿物质还会引起水的需要量增加与胃肠功能紊乱等。

6. 维生素

运动员维生素的需要量取决于运动负荷、机耗状况与营养水平。训练或比赛时若缺乏维生素,易产生疲劳,增加运动损伤并妨碍伤后的康复。因此,合理增加维生素的供给可提高运动员的运动成绩,加速疲劳的消除。

(1)维生素 C。维生素 C 参与组织的生物氧化、促进胶原蛋白的合成、增加肠道对非血色素铁的吸收率、影响机体的造血功能,对提高运动成绩有重要的作用。建议运动员每天摄入的维生素 C 为:训练期 140mg,比赛期 200mg。

(2)维生素 B_1、维生素 B_2。维生素 B_1 具有促进代谢、维护神经系统的功能及促进食欲等作用,增加维生素 B_1 的摄入量能减轻疲劳,提高运动能力。维生素 B_2 缺乏会影响红细胞转酮酶的活力,损害有氧运动与无氧运动能力。建议运动员每天摄入的维生素 B_1 为 3～5mg,维生素 B_2 为 2～2.5mg。

(3)维生素 A。对视力要求较高的运动项目,如射击、击剑、乒乓球等项目,对维生素 A 的需要量较高。建议运动员每天摄入的维生素 A 为 1500μgRE,视力活动紧张的项目应达到 1800μgRE。

7. 水

在训练和比赛时,尤其在高温、潮湿环境下,运动员的水分代谢与普通人明显不同,表现为出汗速率大、随通气量的增加从呼吸道丢失的水分增多、尿量减少、代谢水产生增多等。当失水量达体重的 2%～3%时就会影响运动成绩。因运动而引起体内水分和电解质丢失过多的称为运动性脱水,主要表现为口渴、心率加快、体温升高、疲劳和血压下降。预防运动性脱水的关键是及时补充水分。口渴是脱水最早、最敏感的主观指标,应根据运动员的个体情况与运动特点,在运动前、运动中和运动后适当补充含钾、钠等的低糖、低盐运动饮料。运动前 2 个小时补充 500mL 液体,可以增加体内肌糖原、肝糖原的储备;运动中每 15～20min 补充 125～250mL 液体可延缓疲劳的发生;运动后应每 20～30min 补水一次,一次 250mL 左右。补液宜采用少量多次的方式进行,以防止胃不适。在补水的同时还应适量补充碳水化合物与电解质。

夏季运动后补水温度以 10℃左右为宜,不宜喝冰水;其他季节最好补充温水。

(二)不同运动项目的营养需要

运动能力与运动员的体力和技巧密切相关，体力涉及肌肉的力量、耐力和爆发力；技巧则取决于神经-肌肉的协调性和快速反应。不同项目的运动要求运动员具备不同的体力和运动技巧，营养需要也有特殊的要求。

1. 耐力型运动项目

马拉松、长距离自行车赛、长跑、竞走、长距离游泳等耐力型运动的特点是运动时间长、强度小、运动中无间隔、耐力要求高、出汗多、以有氧代谢为主、能量和各种营养素消耗大。此类项目的营养需要如下：

(1)供应充足的能量。应补充丰富的能量密度高或血糖指数高的食品，建议每天摄入糖8～10g/(kg·bw)。赛中和训练时要及时补充糖来节约糖原，以维持血糖水平。赛后越早补充糖越好，以便尽快恢复肌糖原。

(2)提供充足的蛋白质。保证优质蛋白质的摄入量，应提供一些富含蛋氨酸的食物，如牛奶和牛肉、羊肉等来促进肝内脂肪的代谢。

(3)提供含铁丰富的食物。耐力型项目运动员缺铁性贫血的发生率较高，应多吃含铁丰富且吸收率高的食物。当运动员的血红蛋白水平正常时，不需额外补充铁剂，以免过量蓄积。

(4)补充充足的水与电解质。耐力型运动项目出汗多，易出现运动性脱水。因此，运动前后和运动中要适量补液。预计可能有大量失水时，运动前应预先补液400～700mL，并在运动后及时补充电解质。

(5)饮食中应有充足的B族维生素和维生素C。B族维生素是能量代谢的重要辅助因子，其供给量应随能量消耗量的增加相应提高；维生素C的作用广泛，包括抗氧化、促进铁吸收、促进睾酮素合成、加快组织修复等。因此，运动员的膳食中应有充足的B族维生素与维生素C。

2. 力量型运动项目

举重、投掷、短跑、摔跤、武术等力量型运动项目要求运动员的肌肉具有较大的力量、较强的爆发力和较好的神经-肌肉协调性。这类运动的特点是运动强度较大，能量代谢率高，运动中高度缺氧，能量主要由糖的无氧酵解供应，短时间、大强度运动形成的酸性代谢产物在体内堆积等。因此，膳食中应含有较多的易吸收的碳水化合物、丰富的维生素 B_1 和维生素C，以备肌肉、神经代谢的需要。为发展肌肉，特别是在锻炼初期，要供给充足的蛋白质和维生素 B_2，蛋白质的推荐摄入量为2g/(kg·bw)，优质蛋白质达1/3～1/2，占总能量的15%或更多(减重期可达18%～20%)；为发展神经-肌肉的协调性，在训练初期，应增加维生素的摄入并适当补充钠、钾、钙、镁；为增加体内的碱储备，应多吃蔬菜、水果等碱性食物，但应注意维持适当的体重，预防运动性脱水等。

3. 灵敏技巧型运动项目

击剑、射击、体操、跳水、跳高、跳远及乒乓球等运动的特点是灵敏性高，技巧性、反应性与适应性强。在训练的过程中神经活动变紧张、动作变化多，要求动作协调并具备良好的速率。这类项目的能量消耗不多，对能量平衡要求较严，需经常控制体重与体脂水平。膳食中应有充分的蛋白质，并占总能量的15%～20%。为保证神经系统的功能，维生素 B_1 的摄入量应为4mg/d、维生素C的摄入量为140mg/d。乒乓球、击剑等项目运动员在运动的过程中视力活动紧张，应保证充足的维生素 A 的供给，建议摄入量为 1800～2400μgRE/d。体操运动员因控制体重易出现营养问题，应注意保证各种营养素的平衡供给。

4. 团队型项目

篮球、排球和足球等团队型运动项目对运动员的力量、耐力、灵敏度、速度和技巧等多方面有全面的要求。这类运动项目运动量大、应变性强、持续时间长、能量消耗量较大，故对营养素的要求也较全面。水球等团队项目除具有耐力或速度等特点外，由于机体散热多，能量消耗更大，故需要较多的脂肪，同时需要维生素 A 以保护皮肤。

（三）运动员的膳食

合理安排好比赛前期、比赛当日和比赛后的膳食，可以使运动员处于良好的体能状态，提高运动成绩。

1. 比赛前期的膳食原则

(1)高碳水化合物饮食。为增加能量与体力，应选择高碳水化合物、低脂肪的食物。

(2)注意赛前的进餐时间。要给食物留出足够的消化时间。

(3)液体食物。液体食物比固体食物在胃中停留的时间短，因此更容易被吸收产能。

(4)选择习惯的膳食种类。保证参赛运动员能吃自己熟悉、常吃的食物，可避免比赛时出现胃部不适、消化不良、胃痉挛或腹泻等症状。

(5)补充足够的液体。最好补充含糖饮料，以利于运动性疲劳的恢复。

2. 比赛前期的膳食安排

一般在赛前 1～2 周即进行训练调整，此时膳食安排的目的是增加运动员的糖原、碱及维生素的储备。

3. 比赛期间和赛后的膳食安排

比赛期间的膳食安排目的是增加力量与耐力，补充机体消耗的能量与水分，因此，膳食应以碳水化合物为主，采用易吸收的液体进行补充，以保证肝糖原和肌糖原最大限度地储存，并在赛中或间歇期补充运动饮料与水。

赛后应有针对性地进行营养调整，以便消除疲劳并恢复体力。高强度比赛后，需立刻补充含糖、电解质的运动饮料，这对促进糖原的恢复，补充运动中丢失的水分、矿物质和维生素极为有利。

五、素食人群膳食指南

素食人群是指以不食肉、家禽、海鲜等动物性食物为饮食方式的人群，按照所戒食物种类不同，可分为全素、蛋素、奶素、蛋奶素人群等。完全戒食动物性食物及其产品的为全素人群；不戒食蛋奶类及其相关产品的为蛋奶素人群。

基于信仰而采用素食者，我们应给予尊重；对自由选择者，不主张婴幼儿、儿童、孕妇选择全素膳食。婴幼儿和儿童处于生长发育期，需要充足的各种营养素保障其生长发育。对于基于信仰已选择了全素膳食的儿童、孕妇，需定期进行营养状况监测，以尽早发现其潜在的营养问题，从而及时调整饮食结构。

素食人群膳食除动物性食物外，其他食物的种类与一般人群膳食类似，因此，除了动物性食物，一般人群膳食指南的建议均适用于素食人群。

1. 提要

素食是一种饮食文化，素食人群应认真设计自己的膳食，合理利用食物，以确保满足营养需要和促进健康。

全素和蛋奶素人群膳食应以谷类为主，食物多样化；每天摄入的食物种类至少为 12 种，而每周至少为 25 种。谷类食物是素食者膳食能量的主要来源；谷类可提供碳水化合物、B族维生素、矿物质和膳食纤维等；全谷物保留了天然谷物的全部成分，营养素含量更为丰富，因此应适量增加谷类食物的摄入量，特别是全谷物的摄入量。大豆是素食者的重要食物，大豆含有丰富的优质蛋白质、不饱和脂肪酸、B族维生素等，发酵豆制品中含有一定量的维生素 B_{12}，因此素食者应比一般人群增加大豆及其制品的摄入量，并适当选用发酵豆制品。坚果中富含蛋白质、不饱和脂肪酸、维生素 E、B族维生素、钙、铁等；蔬菜、水果和菌菇类含有丰富的维生素和矿物质，藻类中含较多的 20 碳和 22 碳 n-3 多不饱和脂肪酸。因此素食者应摄取充足的蔬果、坚果、海藻和菌菇类食物。食用油中的主要成分为脂肪，可为人体提供必需脂肪酸。推荐素食人群使用大豆油或菜籽油烹饪，用亚麻籽油或紫苏油拌凉菜。合理搭配膳食，避免因缺少动物性食物而引起蛋白质、维生素 B_{12}、n-3 多不饱和脂肪酸、铁、锌等营养素缺乏的风险。

2. 关键推荐

(1)谷类为主，食物多样；适量增加全谷物。

(2)增加大豆及其制品的摄入，每天 50～80g；选用发酵豆制品。

(3)常吃坚果、海藻和菌菇。

(4)蔬菜、水果应充足。

(5)合理选择烹调油。

谷类食物含有丰富的碳水化合物等多种营养成分，是提供人体能量、B族维生素、矿物质、膳食纤维等的重要来源。为了弥补因动物性食物缺乏带来的某些营养素不足，素食人群应食物多样，适量增加谷类食物摄入量。全谷物保留了天然谷类的全部成分，提倡多吃全谷物食物。建议全素人群（成人）每天摄入谷类 250～400g，其中全谷类为 120～200g；蛋奶素人群（成人）每天摄入谷类 225～350g，全谷类为 100～150g。

大豆含有丰富的优质蛋白质、不饱和脂肪酸和 B族维生素以及其他多种有益健康的物质，如大豆异黄酮、大豆甾醇以及大豆卵磷脂等；发酵豆制品中含有维生素 B_{12}。因此，素食人群应增加大豆及其制品的摄入，选用发酵豆制品。

建议全素和蛋奶素人群（成人）的膳食由表 5-10 所示食物组成。

表 5-10　全素和蛋奶素人群（成人）的膳食组成

全素人群		蛋奶素人群	
食物名称	摄入量(g/d)	食物名称	摄入量(g/d)
谷类	250～400	谷类	225～350
全谷物	120～200	全谷物	100～150
薯类	50～125	薯类	50～125
蔬菜	300～500	蔬菜	300～500
菌藻类	5～10	菌藻类	5～10
水果	200～350	水果	200～350
大豆及其制品	50～80	大豆及其制品	25～60

续表 5-10

全素人群		蛋奶素人群	
食物名称	摄入量(g/d)	食物名称	摄入量(g/d)
发酵豆制品	5～10	—	
坚果	20～30	坚果	15～25
食用油	20～30	食用油	20～30
—		奶	300
—		蛋	40～50
食盐	<6	食盐	<6

本章小结

本章主要讨论了孕妇在各个孕期的特殊生理规律，结合这些规律讨论了各个孕期孕妇的膳食注意事项与膳食构成和配比；讨论了乳母的膳食特殊性与母乳对婴幼儿健康的重要性，提出了乳母的适合膳食构成与配比；讨论了婴幼儿的营养，因婴幼儿个体差异较大，未展开相关营养问题论述，只提出了婴幼儿的膳食营养原则；讨论了青少年的膳食营养特殊性与注意事项，给出了青少年膳食营养构成与配比；结合中老年人群的特殊社会地位与生理特征，论述了中老年人群的营养现状与需要改进的关键环节；在高低温环境下工作的人群、职业性接触有毒有害物质人群和运动员的膳食营养问题在本章也一并讨论，最后介绍了素食人群的膳食指南。

思考题

一、名词解释

母乳喂养　　　人工喂养　　　峰值骨量　　　运动性脱水

二、判断题

1. 婴儿缺乏任何一种维生素都可能影响其正常的生长发育。（　　）
2. 青少年时期当营养不良时可推迟青春期 1～3 年。（　　）
3. 孕妇一般孕早期增重较少，而孕中期和孕后期则每周稳定地增加 400～500g。（　　）
4. 青少年铁的适宜摄入量为男 15mg/d、女 20mg/d。（　　）
5. 老年人对维生素 E 的摄入量为 100mg/d，维生素 C 为 14mg/d。（　　）

三、选择题

1. 不是孕妇营养生理特点的是（　　）。

A. 代谢改变　　　B. 肾功能改变

C. 体重增加　　　D. 血浆中所有营养素增加

2. 平时营养较差的孕妇易患（　　）。

A. 妊娠毒血症　　B. 高血压　　C. 糖尿病　　D. 贫血

3. 青少年为满足生长发育需要，钙摄入量为(　　)。

A. 800mg/d　　B. 1500mg/d　　C. 1000mg/d　　D. 2000mg/d

4. 牛乳和人乳相比，共同点是(　　)。

A. 免疫物质相同　　B. 蛋白质相同　　C. 乳糖含量相同　　D. 铁含量低

5. 不是老年人生理代谢特点的是(　　)。

A. 体水分率下降　　B. 基础代谢下降

C. 分解代谢下降　　D. 合成代谢下降

四、填空题

1. 常在怀孕5个月左右开始发生小腿抽搐，可能与________有关。

2. 50岁以上老年人钙的适宜摄入量为________。

3. 健康妇女若不限制饮食，孕期一般增加体重________。

4. 青少年锌的摄入量一般较低，锌缺乏可导致________和________，补锌可逆转上述临床表现。

5. 膳食纤维中的果胶等可吸附肠道内的铅，从而减少铅的吸收。因此，应保证一定量膳食纤维的摄入，建议每天摄入量在________以上。

6. 运动员每天摄入的维生素C为：训练期________，比赛期________。

五、简述题

1. 孕晚期食物选择应注意哪些问题？

2. 青少年对于营养的需求有哪些特殊性？

3. 中年男性“将军肚”如何产生，又如何避免？

4. 铅酸电池制造企业的员工应如何从营养方面减轻铅中毒的危害？

六、技能题

1. 试列出孕中期孕妇一日膳食食物组成。

2. 试阐述老年妇女骨质疏松的营养治疗原理与方案。

实训一　儿童发育迟缓的判断

一、实训目的

1. 掌握儿童发育迟缓的评价方法和常用指标。

2. 了解和熟悉儿童发育迟缓的相关症状，能判断儿童发育迟缓、体重不足和消瘦。

二、实训原理

儿童发育迟缓主要表现在身材矮小以及适应能力差等方面。严重者还包括运动迟缓和智力不足。影响儿童生长发育的因素是多方面的，其中营养素缺乏、各种营养素的摄入不均衡、膳食结构不合理等营养问题是主要原因。所以，儿童发育迟缓的判断需要根据其主要症状和体征，以及相关的知识进行综合分析才能得到合理的结果。

1. 发育迟缓和判断

发育迟缓：儿童的年龄性别身高（长）低于同年龄同性别参照人群值的正常变异范围。低于平均值减 2 个标准差，但高于或等于平均值减 3 个标准差为中度发育迟缓；低于平均值减 3 个标准差为重度发育迟缓。此指标主要反映过去长期营养不良。

2. 发育迟缓与体重不足的区别

体重不足的儿童表现为体重较同龄人低，代表近来一段时间营养不良。体重不足率常被用来作为营养不良的患病率的指标。

发育迟缓的儿童主要指身高/体重与同龄人相比偏低，是一种长期营养不良的表现。

体重不足和发育迟缓都会影响儿童的生理和智力的发育。

三、实训操作

1. 工作准备

(1)熟悉儿童发育迟缓的相关体征或表现，以及发生原因等。

(2)准备和调整用到的相关测量器械，如身高计、体重计等。

(3)记录表和笔。

2. 工作程序

(1)基本信息询问。询问父母及儿童的年龄、儿童的饮食情况和喂养状况（如进食量，有无偏食、挑食行为），以及儿童的社会活动等，判断是否存在摄入量不足、消耗过大而导致的营养不良。

(2)准确测量身高、体重。体格检查包括身高、体重等，为判断是否存在体格发育迟缓做好准备。具体操作见相关章节。

(3)核对身高、体重参考标准。记录身高、体重等指标，并记录相关年龄参考标准，作出分析。

例如：女童年龄为 3 岁 2 个月，身高为 92.5cm，体重为 13.2kg；男童年龄为 8 岁 5 个月，身高为 116.5cm，体重为 18.2kg。

经查世界卫生组织的儿童体格发育标准，得到表 5-11 中的参考标准数据。

表 5-11 世界卫生组织儿童体格发育参考标准数据

	平均值	平均值－1×标准差	平均值－2×标准差	平均值－3×标准差
女孩：3 岁 2 个月				
身高/cm	95.3	91.5	87.7	84.0
体重/kg	14.4	12.9	11.4	9.9
男孩：8 岁 5 个月				
身高/cm	129.1	123.7	118.2	112.7
体重/kg	26.4	23.1	19.2	16.3

(4)初步判断。将测量得到的身高和体重数据与以上标准比较，可知男孩的身高和体重均低于相应标准的平均值减 2 个标准差，为发育迟缓和体重低下。女孩的身高和体重均高

于平均值减 2 个标准差。

(5)相关信息收集和原因分析。观察儿童的行为动作反应，看是否有运动迟缓的表现，如能否像同龄儿童一样坐、爬、行走；观察儿童的语言对话情况，看是否有语言表述迟缓的表现，如大于 5 岁的儿童不太会说话，语言反应差等；观察儿童的认知行为，看是否有认知障碍或智力障碍；观察儿童的社会交流能力，看其能否很好地适应环境，有无偏激行为、哭闹等。

体格评价见表 5-12。

表 5-12　体格评价表

营养评价	可能的诊断指标(必须包括一个或更多)	备注
人体测量	按年龄、性别与标准对照	身高、体重为主
体检观察	重点为运动、语言发育、皮肤、指甲、肌肉等	
食物/营养史	报告或观察，不了解与营养相关的膳食推荐值，无法或不愿执行膳食推荐值，患有消化不良，进食不规律、偏食、厌食	应向儿童家长了解
个人史	有身体虐待、情感虐待史，服用影响身体状况的药物，如导致吸收障碍或腹泻的药物	应向儿童家长了解

四、结果分析

结合营养摄入史、体检结果以及病史的相关信息作出儿童生长发育迟缓的初步判断。

五、注意事项

以下信息是判断和分析病因的资料，以区别是膳食营养性因素还是其他因素。

(1)家族史。应了解父母是否为近亲婚配，家族中有无癫痫、脑性瘫痪、盲、哑、先天畸形和精神病患者。

(2)母亲妊娠史。询问母亲妊娠早期有无病毒感染、流产、出血、损伤，是否服用化学药物或接触毒物、射线，是否患有甲状腺功能低下、糖尿病及严重营养不良；有无多胎、羊水过多、胎盘功能不全、母婴血型不合等。

(3)出生史。是否为早产或过期产，生产方式有无异常，是否为低体重儿，出生后有无窒息、产伤、颅内出血、重度黄疸及先天畸形。

(4)生长发育史。包括抬头、坐起、走路等大动作开始出现的时间，用手指拣细小玩具、日常用品等精细动作的完成情况，喊叫爸爸妈妈、听懂讲话等语言功能的发育状态，以及取食、穿衣、控制大小便等其他智力行为表现。

(5)过去和现在疾病史。有无颅脑外伤、出血、中枢神经系统感染、惊厥发作等。

实训二　大学生饮食营养要求与合理膳食

一、实训目的

通过对大学生饮食的营养设计，掌握大学生饮食的营养要求与合理膳食。

二、实训原理

注意三餐有别:早吃好,午吃饱,晚适量。早餐是早上起床后结束饥饿状态的第一次正式用餐。不吃早餐会导致能量不足,脑细胞得不到充足的血糖供应,脑记忆和脑反应能力下降,容易影响注意力的集中,影响学习效率。经常不吃早餐,饥饱不均,消化器官难以适应,还易引起消化功能紊乱,导致消化不良、胃炎等消化系统疾病,同时还会因为胆汁浓缩而患胆石症。长期下去还会影响营养状况和生长发育。

能量充足、营养丰富的早餐,是大学生保持精力、体力、学习效率的重要保证。早餐以低糖、低脂肪、高蛋白为佳。

而且进食早餐后,储存在胆囊内的胆汁会通过括约肌开放,将胆囊内的胆汁排入十二指肠,帮助消化、吸收食物。不吃早餐,胆囊没有受到食物的刺激,括约肌不开放,胆汁便会在胆囊内原地不动,胆汁内的胆固醇会沉淀和析出,易发生胆囊结石。

另外,不吃早餐而直接吃午餐时会感到饥肠辘辘,会加倍进餐,于是把不吃早餐节省下的热量又补了回来,不但起不到减肥作用,还可能起到增肥作用。

早餐中能量、蛋白质、维生素及矿物质等营养素应该达到推荐的每日膳食中营养素供给量的25%。早餐中来自脂肪的能量不应超过膳食提供能量的30%,来自饱和脂肪酸的能量应低于膳食能量的10%,碳水化合物提供的能量应超过膳食能量的55%。

午餐食用鸡或鱼等高蛋白食物可使血液中充满氨基酸,包括酪氨酸。酪氨酸可通过血脑屏障,在大脑中转化为使头脑清醒的化学物质。另一个能通过血脑屏障的关键营养物质是胆碱,它存在于鱼、肉、蛋黄、大豆制品、燕麦片、花生和山桃核中。胆碱是脑神经递质乙酰胆碱的化学前体,在记忆中起主要作用。午餐中的三低一高也是需要特别注意的,即低油、低盐、低糖及高纤维。

晚餐原则上与午餐相同。晚餐不宜吃得太多,以高碳水化合物为佳,易于消化。

晚餐吃得过好、过晚都不好。夜间胃肠蠕动缓慢,各种消化液分泌少,不易将食物消化掉,易得胃病;而且吃后就睡,热量未消耗,还易增长体重(增肥)。建议晚餐早点吃,晚餐和夜间睡眠的时间间隔拉长。如学习过晚,也可适当吃点夜宵,但食物应清淡,不要吃得太多。

草率的早中餐、丰盛的晚餐,使人患肥胖的占67%。

三、实训方法

根据调查,编排大学生一日饮食营养设计,进行总结。

四、结果分析

参考食物成分表计算编制的一日膳食食谱所提供的营养素数量,与膳食营养素参考摄入量表对比,找出不足,并改进。

五、注意事项

编制食谱时注意大学生的饮食特点与饮食方式,注意经济性。

实训三　中考饮食营养食谱

一、实训目的

通过对中考饮食营养食谱的设计，掌握中学生饮食的营养要求与合理膳食。

二、实训原理

备考时期的孩子正处在学习负担重、用脑过度的特殊阶段，能量和各种营养素的需要都超过成年人。学生们准备复习考试阶段，正处于夏季，炎热的气候、过重的学习压力、大脑疲劳、睡眠不好常常会造成孩子食欲不佳、消化能力减弱，甚至发生疾病。因此，在这一段特殊的时期，家长一定要注意学生的膳食营养。

临考前和考试期间的食谱要注意以下几点：

(1)不要突然改变饮食习惯，膳食方案的提出应该以孩子喜欢吃的口味为主，每天花样翻新、食物多样、增进食欲。突然变换口味，考生可能吃不习惯，还可能产生肠道不耐受，导致腹泻、腹胀甚至食物过敏。

(2)根据均衡饮食、荤素合理搭配、粗细搭配的原则。摄入充足的优质蛋白质，多吃鱼、瘦肉、鸡、鸭、鸡蛋、牛奶等食物，尤其是早餐中的蛋白质要丰富；多吃健脑食物，如鸡蛋、豆制品、贝类、鱼类、花生、西瓜子等；可以吃一些粗粮、红豆、绿豆等。饮食不要太油腻，不要大鱼大肉，不喜欢吃肉的学生可多吃些豆腐、豆花、豆腐脑等豆制品，同样可以补充蛋白质。

(3)保证新鲜的蔬菜和水果供应。每天的蔬菜摄入量为 400～500g。多吃粗纤维、杂粮、水果补充维生素。尽量不吃纯糖或者脂肪高的食物，比如糖块或者油炸食品，这些食物不易消化。

(4)少量多餐，适当加餐。进食需细嚼慢咽，吃饭过快时食物不宜消化。

(5)一日三餐，早餐要吃饱、吃好，否则上午 9～10 时血糖下降，记忆力减退，甚至昏昏沉沉。最好有 1～2 个鸡蛋，用白水煮或蒸成蛋花。中午应吃得丰盛些。晚餐不宜吃得太多，否则胃大量充血，晚上学习时大脑供血不足。晚上复习功课较晚，可在睡前 1h 补充牛奶、蛋糕、饼干之类充饥。

推荐的食物如下：

肉类：鸡肉(鸡蛋)、鱼肉、牛肉(牛奶)、羊肉、猪肉、虾、肝脏、排骨；

蔬菜类：芹菜、圆葱、姜、黄豆(豆腐)、萝卜、花生米、白菜、海带、木耳、胡萝卜、油菜、西红柿、土豆；

米类：黄小米、大米、黑米；

豆类：绿豆、芸豆；

面类：白面、荞面、玉米面。

三、实训操作

根据调查，编排中学生一日饮食营养设计，进行总结。

四、结果分析

参考食物成分表计算编制的一日膳食食谱所提供的营养素数量，与膳食营养素参考摄入量表对比，找出不足，并改进。

五、注意事项

注意多选择能够促进中学生学习能力与认知能力的营养素含量高的食物。

实训四 运动员比赛期间的合理膳食

一、实训目的

通过对运动员比赛期间的营养食谱进行设计，掌握运动员比赛期间的饮食营养要求与合理膳食。

二、实训原理

运动员在比赛前一般进行状态调整，膳食的能量相应地减少以免增加体重。尽量少吃盐渍食品，少吃含纤维多的粗粮，多吃含糖多、易消化的食物，以增加糖原和碱性食物的储备，如面包、米饭、蛋糕、蜂蜜、甜饼干、水果和新鲜蔬菜等。

比赛当日，运动员宜食用中等数量含高糖低脂的食物，以提供适宜的能量来维持正常的血糖水平和防止饥饿感的发生。可以选择烤面包、软蛋糕、米饭、水果和新鲜蔬菜等。不食用对胃肠刺激大的食物，如过于辛辣或香料过浓的食物；不食用产气类的食物，如干豆、韭菜等；不食用体积大和膳食纤维过多的食物，如粗杂粮、酸菜、洋白菜、豆类等。

比赛后的饮食应维持较高的能量，增加多糖、维生素和矿物质的供应，以补充比赛过程的消耗，恢复体液的正常水平。

三、实训操作

根据调查，编排运动员一日饮食营养设计。

四、结果分析

参考食物成分表计算编制的一日膳食食谱所提供的营养素数量，与优秀运动员营养推荐标准对比，找出不足，并改进。

五、注意事项

注意依照不同运动项目特点来进行食物选择。

优秀运动员营养推荐标准中未包括的其他营养素数量设定参考膳食营养素参考摄入量表。

实训五　汞作业人员的合理膳食

一、实训目的

通过对汞作业人员的营养食谱设计，掌握汞作业人员的饮食营养要求与合理膳食。

二、实训原理

汞作业是指从事接触汞或汞化合物的工作，包括汞矿开采、冶金、仪器仪表制造、电器器材制造、化工、军火及医药等。金属汞易溶于类脂质，汞蒸气易透过含类脂质的细胞膜进入血液，并很快进入组织器官中。汞进入血液后，与血清蛋白和血红蛋白结合，蓄积在肾、肝、心脏、大脑中，引起这些脏器的病变。汞与蛋白质的巯基(—SH)具有特殊的亲和力，而使许多含巯基的酶失去活性，引起生理功能的紊乱。慢性汞中毒可引起蛋白尿，使机体不断丧失蛋白质。另外，肝脏、肾脏受到损伤也需要充足的优质蛋白质提供修补、再生。

对汞作业人员的膳食安排，应保证有足够的动物性食物及其制品，这些食物含有较高的甲硫氨酸，其中的巯基可与汞结合，使汞失去对含巯基酶系统的毒性作用。微量元素硒与维生素 E 对汞中毒均有明显的保护作用。在调配日常膳食时，应注意选择含蛋白质、硒较高的海产品、肉类、肝脏等，以及含维生素 E 较多的绿色蔬菜、奶、蛋、鱼、花生与芝麻等。

三、实训操作

根据调查，编排汞作业人员的一日饮食营养设计。

四、结果分析

参考食物成分表计算编制的一日膳食食谱所提供的营养素数量，与推荐标准进行对比，找出不足，并改进。

五、注意事项

注意多选择甲硫氨酸、维生素 E、硒含量高的食物，以利于汞作业人员的健康防护。

第六章　营养与营养相关疾病

知识目标

1. 了解心血管疾病、糖尿病、肿瘤、骨质疏松症和肥胖的相关知识。
2. 掌握上述病症的营养治疗措施。

技能目标

能够根据营养相关疾病发生的原因、症状进行营养防治，制定针对性的营养措施。

随着经济的发展，营养过剩的发生率逐渐增加。同时，营养相关疾病也成为威胁人类健康的重要公共卫生问题。营养在这些疾病的发生、发展中起着重要作用，所以营养相关疾病的防治就显得尤为重要。

第一节　营养与心血管疾病

一、概述

心血管疾病(CVD)又称为循环系统疾病，是一系列涉及循环系统的疾病，包括心脏和心脏血管疾病、肺循环疾病和脑血管疾病，可以细分为急性和慢性心血管疾病，一般都是与动脉硬化有关。根据国际疾病分类，心血管疾病包括急性风湿性心脏病、慢性风湿性心脏病、高血压性疾病、缺血性心脏病、肺源性心脏病、脑血管疾病，以及其他心脏和循环系统疾病等。目前，在心血管疾病中，高血压、冠状动脉粥样硬化性心脏病(冠心病)和脑卒中对人类健康的危害最为严重。全球范围内，与其他死亡原因相比，心血管疾病每年造成的死亡人数最多。高血压、冠心病和脑卒中与膳食营养有着密切的关系，中高收入国家心血管疾病的死亡人数占总死亡人数的比例明显高于低收入国家。近年来，这些疾病的发病率在我国有增高趋势，而在一些西方国家冠心病的发病率在逐步下降。但80%的过早心脏病发作和脑卒中是可以预防的，通过健康饮食、经常锻炼身体和不使用烟草制品可以显著减少心脏病发作或脑卒中的机会。

二、营养与高血压

(一)高血压概述

高血压是心血管疾病的一个主要危险因素，在我国是一种常见病，近年来高血压患病率大幅升高。据统计，我国高血压知晓率为30%，治疗率为25%，控制率仅为6%，约有1.5亿高血压患者成为可能发生脑卒中的潜在人群。

1.高血压的诊断

高血压病是指在静息状态下以动脉收缩压和/或舒张压持续升高（≥140/90mmHg）为主要表现的慢性病，常伴有脂肪和糖代谢紊乱以及心、脑、肾和视网膜等器官功能性或器质性改变，是以器官重塑为特征的全身性疾病。按照世界卫生组织（WHO）的建议：休息5min以上，2次以上非同日测得的收缩压大于或等于140mmHg或舒张压大于或等于90mmHg可以诊断为高血压。缓进型高血压病多为中年后起病，有家族史者发病早。起病多数隐匿，病情发展慢，病程长。早期患者血压波动，血压时高时正常，在劳累、精神紧张、情绪波动时易有血压升高；休息、去除上述因素后，血压常可降至正常。随着病情的发展，血压可逐渐升高并趋向持续性或波动幅度变小。病人可头痛，多发在枕部，尤易发生在睡醒时，尚可有头晕、头胀、颈部扳住感、耳鸣、眼花、健忘、注意力不集中、失眠、烦闷、乏力、四肢麻木、心悸等。

早期病人由于血压波动幅度大，可有较多症状，而在长期高血压后，即使在血压水平较高时也无明显症状。随着病情的发展，血压明显而持续性地升高，则可出现脑、心、肾、眼底等器质性损害和功能障碍，并出现相应的临床表现。

2.原发性高血压的危险因素

高血压的发病因素十分复杂，但大量的研究表明遗传因素、肥胖、饮食、精神紧张等与高血压的发病有关。

(1)遗传因素。高血压的发病具有较明显的家族聚集性，双亲均有高血压的正常血压子女（儿童或少年）的血浆去甲痛上腺素、多巴胺的浓度明显较无高血压家族史的对照组高，以后发生高血压的比例亦高。国内调查发现，与无高血压家族史者比较，双亲一方有高血压者的高血压患病率高1.5倍，双亲均有高血压者的则高2～3倍。高血压患者的亲生子女和收养子女虽然生活环境相同，但前者更易患高血压。动物实验已筛选出遗传性高血压大鼠（SHR），分子遗传学研究已实验成功基因转移的高血压动物，上述研究均提示遗传因素的作用。

(2)肥胖。肥胖与高血压相伴而行。大量研究表明，体质指数（*BMI*）与高血压呈线性相关，尤其是体内脂肪过多对高血压的影响更为重要。从短期的临床实验中观察提示若降低体重，就有可能降低过高的血压。肥胖使血压升高的机制可能与交感神经兴奋性增加、激活肾素-血管紧张素-醛固酮系统、胰岛素抵抗、高瘦素血症等密切相关。

(3)饮食：

①食盐。人群平均血压水平与食盐摄入量有关。对于摄入盐较多的人群，减少每日食盐摄入量可使血压下降。爱斯基摩人饮食清淡，平均食盐摄入量为4g/d，患高血压病的人很少。高钠促进高血压可能是通过提高交感张力增加外周血管阻力所致。另外，钠同钾和钙具有交互作用，饮食中K^+、Ca^{2+}摄入不足、Na^+/K^+比例升高时易患高血压，高钾、高钙饮食可能降低高血压的发病率。

②蛋白质。不同种类的蛋白质对血压的影响不同。多摄入优质蛋白质，高血压的发病率下降，其中鱼类蛋白质可改善血管弹性和通透性，促进钠排出，使高血压和脑卒中的发病率降低。蛋白质中的蛋氨酸可抑制交感神经兴奋，降低血压，酪氨酸也有降低血压的功效。另外，植物蛋白质也可使高血压的发病率降低。

③脂肪和胆固醇。脂肪摄入过多，可引起肥胖和高血压。多不饱和脂肪酸（PUFA）可降低血浆中胆固醇的含量，延长血小板凝集时间，抑制血栓形成，降低血压，预防脑卒中。饱

和脂肪酸中的棕榈酸、豆蔻酸和月桂酸可升高血胆固醇。因此,增加多不饱和脂肪酸的摄入和减少饱和脂肪酸的摄入有利于降低血压。

④糖。动物实验证实,葡萄糖、蔗糖和果糖等简单糖类可升高血压。膳食纤维能降低胆固醇的吸收,而蔗糖、果糖摄入过多容易引起血清甘油三酯含量升高。因此提倡食用含植物纤维较多的食物,促进肠道蠕动,有利于胆固醇的排泄,少食葡萄糖、果糖、蔗糖。

⑤饮酒。大多数研究发现,饮酒和高血压呈"J"形关系,少量饮酒(每天 14～28g 酒精)可使血压比绝对饮酒者还要低,但每天超过 42g 酒精则高血压的患病率显著升高。这一现象提示少量酒精具有舒张血管的作用,而大量酒精具有收缩血管的作用。其作用机制并未完全阐明,可能与酒精促使皮质激素、儿茶酚胺水平升高等有关。

⑥吸烟。吸烟可增加高血压的患病率。大量流行病学调查显示:与不吸烟相比,吸烟可显著使高血压的患病率增加,此外还发现白天吸烟而夜间停止吸烟者白天血压升高,而夜间血压基本正常。吸烟能引起血压升高的机制可能是吸烟使血浆儿茶酚胺升高,对血液动力学产生影响。

(4)精神紧张。从事须高度集中注意力的工作、长期精神紧张、长期受环境噪声音及不良视觉刺激的人易患高血压。

(二)高血压的营养治疗

高血压患者需要合适的药物治疗,但在药物治疗的同时要采取适当的饮食治疗,因为适当的膳食有可能少用甚至是不用降压药来良好地控制血压。

1. 饮食原则

控制总热量,保持合适体重,降低食盐、胆固醇摄入,限制脂肪摄入并保持良好的脂肪酸比例,保证优质蛋白质、高维生素饮食,利尿排钠,补钾、钙、镁,戒烟、限酒以保护心、脑、肾血管系统功能。总之,采用低脂、低胆固醇、低钠、高维生素、适量蛋白质和能量的饮食。

2. 营养治疗措施

(1)控制体重,避免肥胖。控制体重可使高血压的发病率降低 28%～40%。控制体重的措施:一是限制总能量的摄入,二是增加体力活动。肥胖患者应节食减肥,每日摄入量比平时减少 500～1000kcal,如折合成食物量则每日减少主食 100～200g 及烹调油 15～30g,或主食 50～100g 及瘦肉 50～100g 和花生、瓜子等 50～100g。在限制的范围内,要做到营养平衡,蛋白质、脂肪和糖类所提供的热能分别占 15%～20%、20%～25%、45%～60%。每日步行约 3km,时间在 30min 以上,达到有氧代谢的目的。

(2)改变膳食结构。①限制钠盐摄入。钠盐对高血压的反应性存在个体差异,有 30%～50%的患者对食盐敏感。因此适量限盐对部分高血压患者具有明显作用。人体维持机体代谢每天需要 500mg 钠,但人们每天摄入的钠盐远远高于需要量。在膳食过程中还应考虑其他来源的钠盐,如酱油、腌渍食品等。②增加钾、钙的摄入。钾和钙与钠具有交互作用,高血压患者应多摄入富含钾和钙的食物。含钾高的食物有香蕉、鲜蚕豆等豆类、马铃薯等根茎类、菠菜等新鲜绿色叶菜类。含钙高的食物有牛奶、豆类等。③补充足量维生素。大量的维生素 C 可使胆固醇氧化为胆酸排出体外,改善心脏功能和血液循环。多食用新鲜水果有助于高血压病的防治。④增加优质蛋白质。蛋白质应以优质蛋白质不主,如鱼类、瘦肉、豆类。⑤改善脂肪酸比例。应增加多不饱和脂肪酸的摄入,减少饱和脂肪酸和反式脂肪酸的摄入。SAF∶MUFA∶PUFA 以 1∶1∶1 较为适宜。应鼓励患者尽量食用含多不饱和脂肪酸丰富的花生油、玉米油等植物油，减少进食肥肉、动物内脏、黄油、鱼籽等含动物脂肪及胆固醇较高的食物。⑥提倡食用复合糖。提倡食用复合糖类，如标准粉、玉米、小米、燕麦等含植物纤维较多的粗粮食物。⑦饮茶、戒烟、限酒。茶叶中含有茶多酚等多种对高血压有效的成分，尤其是绿茶。烟叶中的尼古丁可致血管收缩，使血压升高，所以要戒烟。高血压患者应少量饮酒（14～28g/d），必要时戒酒。

三、营养与冠状动脉粥样硬化性心脏病

（一）冠状动脉粥样硬化性心脏病概述

冠状动脉粥样硬化性心脏病简称冠心病，是指因狭窄性冠状动脉疾病而引起的心肌缺氧（供血不足）所造成的缺血性心脏病。动脉粥样硬化（AS）是一种炎症性、多阶段的退行性复合型病变，导致受损的动脉管壁增厚、变硬，失去弹性，管腔缩小。其特点是受累动脉病变从内膜开始，一般先有脂质和复合糖类积聚、出血及血栓形成，纤维组织增生及钙质沉着，并有动脉粥样硬化，动脉中层的逐渐蜕变和钙化，病变常累及弹性与大中等肌性动脉，一旦发展到足以阻塞动脉腔，则该动脉所供应的组织或器官将缺血或坏死。冠心病是动脉粥样硬化导致器官病变的常见类型，即粥样硬化发生在冠状动脉，使冠状动脉所供应的心肌发生缺血、缺氧而引发心脏病，严重者可致心肌梗死和心力衰竭。动脉粥样硬化的病理变化十分复杂，主要分为脂纹期、纤维斑块、粥样斑块、继发性改变四个时期。

（二）危险因素

动脉粥样硬化的病因至今仍不十分清楚，但是目前认为除了高血压、高血脂、吸烟、糖尿病、肥胖、遗传和缺乏体力活动等危险因素外，营养膳食因素在动脉粥样硬化的发展中起着极为重要的作用。

1. 膳食脂类与动脉粥样硬化

大量流行病学研究表明，膳食脂肪摄入总量与动脉粥样硬化的发病率呈正相关，并且沉积在动脉壁内的脂质与血液循环中的脂质化学性质相同，而且临床上动脉粥样硬化常见于血脂增高的患者，提示饮食脂肪的摄入过多与动脉粥样硬化的发生有很大的关联性。

（1）不同密度脂蛋白。根据密度不同将脂蛋白分为乳糜微粒（CM）、极低密度脂蛋白（VIDL）、低密度脂蛋白（LDL）、高密度脂蛋白（HDI），各种脂蛋白的功能也不尽相同。因LDL是携带胆固醇最多的脂蛋白，当巨噬细胞与LDL结合时，吸收LDL中的胆固醇，胆固醇就留在细胞内，变成“泡沫”细胞。因此，LDL能进入动脉壁细胞，并带入胆固醇。LDL水平过高能致动脉粥样硬化，使个体处于易患冠心病的危险中。HDI运载周围组织中的胆固醇，再转化为胆汁酸或直接通过胆汁从肠道排出，其颗粒小，可以自由进出动脉管壁，从而摄取血管壁内膜底层沉浸下来的低密度脂蛋白、胆固醇、甘油三酯等有害物质，转运到肝脏进行分解排泄。因此HDI是冠心病的保护因子。

（2）膳食脂肪。大量的流行病学研究表明，膳食脂肪的摄入总量尤其是饱和脂肪酸的摄入量与动脉粥样硬化呈正相关，摄入过量饱和脂肪酸可导致血胆固醇（TC）、甘油三酯（TG）和低密度脂蛋白胆固醇（LDL）升高，其作用主要取决于脂肪酸碳链的长短及不饱和程度。饮食脂肪总量是影响血中胆固醇浓度的主要因素，摄入脂肪占总能量40%以上的地区，居民动脉粥样硬化发病率明显升高。日本人均摄入脂肪总量为总能量的10%，动脉粥样硬化者较为少见。膳食脂肪的质量对动脉粥样硬化发病的影响更为重要。膳食脂肪的质量是指

脂肪酸(SAF、MUFA、PUFA)的种类与数量。人体每天必须从食物中获得不饱和脂肪酸(包括必需脂肪酸),它们是合成重要生理活性物质的原料。膳食中SFA有升高TC水平的作用,是导致动脉粥样硬化的脂肪酸,主要有棕榈酸、豆蔻酸和月桂酸三种脂肪酸。综合考虑各种膳食脂肪酸的作用,一般认为,应将每日摄入脂肪的产热量控制在总热量的30%以下,摄入反式脂肪酸的产热量应小于总热量的1%,SAF∶MUFA∶PUFAC以1∶1∶1比较合适。

(3)膳食胆固醇和磷脂。胆固醇在体内有着广泛的生理作用,但当其过量时便会导致高胆固醇血症,对机体产生不利的影响。现代研究证明,动脉粥样硬化、静脉血栓形成等与高胆固醇血症有密切的相关性。胆固醇主要来自人体自身的合成,以膳食中摄入的胆固醇作为补充。含胆固醇比较高的食物有猪脑、动物内脏和鸡蛋黄等。磷脂是一种强乳化剂,可使血液中胆固醇颗粒变小,易于透过血管壁为组织利用,使血浆胆固醇浓度降低,清扫血管,使血管循环顺畅,被公认为血管清道夫;同时可以阻止多余脂肪在血管壁沉积,缓解心脑血管的压力。黄豆卵磷脂能有效地降低血胆固醇,防止动脉粥样硬化。

2.膳食能量、糖类与动脉粥样硬化

过多的能量摄入可以在体内转化成脂肪组织储存起来,从而引起肥胖,增加动脉粥样硬化的发生率。膳食中糖类的种类和数量对血脂水平有较大影响。调查发现蔗糖消耗量与冠心病的发病率和死亡率的关系比脂肪消耗量重要。

3.膳食蛋白质与动脉粥样硬化

蛋白质与动脉粥样硬化的关系尚未完全阐明。但大量实验证明,供给动物蛋白质越多,动脉粥样硬化形成所需的时间越短,且病变越严重。动物蛋白质比植物蛋白质升高血胆固醇的作用要明显。用大豆蛋白质和其他植物蛋白质代替高脂血症患者膳食中的动物性蛋白质,能够降低血胆固醇。

4.膳食维生素与动脉粥样硬化

(1)维生素C。维生素C可降低胆固醇,参与肝脏胆固醇代谢成胆酸的羟化反应。维生素C参与体内胶原的合成,增加血管的韧性,使弹性增强,预防出血。维生素C具有抗氧化作用,可降低血管内皮细胞的氧化损伤,起到保护血管的作用。

(2)维生素E。大量研究证实,维生素E具有预防动脉粥样硬化的作用。其作用的发挥主要是维生素E的抗氧化作用,即减少脂质过氧化物质的形成。另外,维生素E还具有抗凝血、改善末梢循环的作用,起到防止动脉粥样硬化的效果。

(3)其他维生素。血浆同型半胱氨酸是动脉粥样硬化的独立危险因素。在同型半胱氨酸转变成蛋氨酸和胱氨酸的过程中需要维生素B_6、维生素B_{12}和叶酸作为辅酶。所以,当维生素B_6、维生素B_{12}和叶酸在体内缺乏时,血浆同型半胱氨酸浓度增加,增加患动脉粥样硬化的风险。另外,维生素PP是强降脂药,对降低VLDL和LDL的作用较显著,而HDL则升高。但摄入大剂量维生素PP有不良反应,所以应用较少。

5.其他

镁对心肌的结构、功能和代谢具有重要作用,还能改善脂质代谢并具有抗凝血功能。高钙饲料可降低动物血的胆固醇。另外,植物性化学物质具有抗氧化和血脂调节等作用。膳食纤维可减少食物通过小肠的时间和胆固醇的吸收,因此对预防动脉粥样硬化具有良好的作用。

(三)冠状动脉粥样硬化性心脏病的营养治疗和预防

1. 饮食原则

控制总热量，保持合适体重，降低食盐、胆固醇摄入，限制脂肪摄入并保持良好的脂肪酸比例，保证优质蛋白质、高维生素饮食，利尿排钠，补钾、钙、镁，戒烟、限酒以保护心、脑、肾血管系统功能。总之，采用低脂、低胆固醇、低钠、高维生素、适量蛋白质和能量的饮食。

2. 营养治疗措施

(1)控制总能量，保持理想体重。维持能量平衡，防止肥胖和超重，达到理想体重或适宜体重。理想体重为标准体重±10%，而标准体重(kg)＝身高(cm)－105。若超重，应减少能量的供给，蛋白质供能宜占总能量的13%～15%、脂肪供能比应小于20%，碳水化合物供能占65%左右，并适当增加运动。不能暴饮暴食，最好少量多餐，每天4～5餐。

(2)限制脂肪和胆固醇的摄入。限制膳食总脂肪、饱和脂肪酸和胆固醇摄入量是防治高胆固醇血症、动脉粥样硬化和冠心病的重要措施。膳食中应降低脂肪的摄入量，饱和脂肪酸应降至总热量的10%，尽量减少甚至停止反式脂肪酸的摄入。鱼类含ω-3系列的脂肪酸，对心血管有保护作用，可适当多吃。食物胆固醇摄入量应小于300mg/d，高胆固醇患者的胆固醇摄入量应小于200mg/d，但未合并高脂血症的患者不应限制过严，以防营养不良。

(3)保证碳水化合物的摄入。结合中国人的膳食特点，碳水化合物应占总能量的60%，并以全谷食品为主，搭配粗粮食用，如玉米、小米和豆类食品等。

(4)适量摄入优质蛋白。蛋白质应占总能量的15%，其中植物性蛋白质占蛋白质总量的50%。大豆有降血脂的作用，故膳食中应提高大豆及其制品的摄入。另外，大部分鱼类的胆固醇含量比较低，膳食中摄入鱼250g左右，在冠心病的防治过程中具有重要作用。一个鸡蛋黄的胆固醇含量很高，可达300mg，因冠心病患者多合并有高胆固醇血症，所以建议不要食用蛋黄，以防增加患冠心病的风险。

(5)其他。维生素C、维生素E和维生素A都具有抗氧化的功能，对心血管系统具有保护作用。另外，维生素含量丰富的蔬菜、水果含粗纤维比较多，可以增加胆固醇的排出。富含植物性化学物质的食物，如洋葱、香菇、大豆等，具有抗氧化和调节血脂等功能，是冠心病患者的良好食材。鼓励所有冠心病患者减少日常盐摄入量1/3以上，如有可能，应限制在每日小于5g。可适当多摄入含镁、钾、碘较多的食物，如海带、紫菜、黑木耳等。

总之，冠心病患者的饮食要控制总能量，减少脂肪和胆固醇的摄入量，增加不饱和脂肪酸的摄入量，多食用粗粮、蔬菜、水果，限盐、戒烟。

四、营养与脑卒中

(一)脑卒中概述

脑卒中又名脑中风或脑血管意外，是一组以脑部缺血及出血性损伤症状为主要临床表现的疾病，具有极高的病死率和致残率，主要分为出血性脑中风(脑出血或蛛网膜下腔出血)和缺血性脑中风(脑梗死、脑血栓形成)两大类，以脑梗死最为常见。因脑卒中发病急，病死率高，是世界上重要的致死性疾病之一。

(二)危险因素

脑卒中是在多危险因素结合作用下发生的。脑卒中的危险因素是预防工作的重要内容，因此也是研究的意义所在。

1. 遗传因素

关于脑卒中遗传因素的作用仍不十分清楚。大量流行病学调查发现，具有家族遗传倾向的高血压、高血脂中，脑卒中的发病率明显高于对照组，也具有遗传倾向。但多数学者认为脑血管病是多因素遗传，其遗传度受环境因素的影响甚大。流行病学对照研究显示，阳性脑血管病与高血压家族史对脑卒中是明确的危险因素。到目前为止，虽然大量研究证实了遗传因素与脑卒中的相关性，但对日本移民的研究证明了环境因素较遗传因素更为重要。因此，虽然遗传因素在脑卒中的发展中起到一定作用，但可以通过改变环境因素加以积极的预防。

2. 年龄和性别

年龄是动脉粥样硬化的重要危险因素，粥样硬化程度随年龄的增高而增加。50 岁以上，随着年龄的增加，脑卒中的发病率亦有增加。一般来说女性脑卒中的发病率低于男性。

3. 高血压

高血压是脑卒中发病最重要的独立危险因素之一，也是脑卒中急性期最重要的危险因素之一。血压增高可以造成血压对单位血管壁的压力增高，长时间的高血压会导致动脉管壁增厚、管腔狭窄，动脉脆性增加。当外界或机体内部环境发生变化，血压增高时，可使本已弹性降低的管壁发生破裂，产生出血性脑卒中；或者动脉壁管腔形成动脉粥样硬化，当血管收缩时，使血管闭塞，血流不畅，从而发生缺血性脑卒中。

4. 心脏疾病

研究发现，在同一血压水平上，心脏病患者的脑卒中的危险性要增加 2 倍以上。风湿性心脏病、冠心病、高血压性心脏病和先天性心脏病，以及心房纤维颤动，房室传导阻滞，心功能不全，左心肥厚，细菌性心内膜炎等，均可增加脑卒中风险。如风湿性心脏病并发心房颤动可引起栓子脱落，使患缺血性脑卒中的风险增加。

5. 血脂代谢紊乱

血脂代谢紊乱是引起动脉粥样硬化的最主要病理生理原因，其中血清胆固醇、甘油三酯、LDL 的增多和 HDL 的减少是动脉粥样硬化的危险因素，能促进粥样硬化的形成并造成血流动力学的改变，增加脑卒中发生的危险。

6. 肥胖

肥胖与脑卒中的关系不像其与冠心病的关系那样明显，但可通过血压因素间接影响脑卒中的发生。研究发现，脑血管的血流速度会随着 *BMI* 的增加而显著下降，提示肥胖可能导致脑血管血流动力学指标异常，从而增加脑卒中的患病风险。

7. 糖尿病

大量研究证实，糖尿病是脑卒中尤其是缺血性脑卒中的重要危险因素。国内学者的病例对照研究发现，糖尿病史每增加 10 年，脑卒中发病的危险性增加 2.16 倍。但国外学者的研究发现糖尿病与脑卒中危险性的高低与性别和人种有关。

8. 短暂性脑缺血发作

短暂性脑缺血发作（TIA）是脑卒中明确的危险因素。TIA 是缺血性脑卒中的一个类型，也可以是脑梗死的先兆或前期症状，应及时治疗。曾发生 TIA 者患完全性脑卒中的危险可能比正常人高 6 倍以上。TIA 患者约有 1/3 最终发生脑梗死。

9. 吸烟与酗酒

吸烟可提高红细胞压积，增加血液黏滞性，影响血流动力学；同时吸烟可促使肾上腺分泌增加，形成动脉粥样硬化的病灶，最终导致缺血性脑卒中。有学者研究发现，吸烟者两侧脑半球血流量明显减少，尤其伴有脑卒中危险因素者减少更为明显，提示长期吸烟，特别是长期大量吸烟可使脑血管舒缩功能降低，并加速动脉硬化而增加脑卒中的危险。大量饮酒可发生脂质代谢紊乱，加速动脉粥样硬化的进程，增加脑卒中发生的危险。

一般认为，无论一次醉酒或长期酗酒，都会增加发生出血性脑卒中（包括蛛网膜下腔出血与脑内出血）的危险。但对于脑梗死，各国的研究结果则互相矛盾，有的认为酗酒增加其危险，有的则认为两者无关。

10. 其他因素

（1）气候变化。当气候变化突然并超过人体适应能力的时候，易导致脑卒中的发生。可能是因为寒冷刺激使肾上腺激素及缩血管活性物质增多，外周血管收缩，血压增高。

（2）口服避孕药。研究发现，口服避孕药的妇女如果年龄大于35岁，或同时有吸烟、高血压等心血管疾病等危险因素，患脑卒中的危险性显著增加。可能是因为口服避孕药影响血管紧张素转化酶，从而增加发生脑卒中的危险性。

（3）心理因素。脑卒中经常发生在比较激动的时刻，因此经常性的紧张或急躁、情绪波动较大也是脑卒中的危险因素。现代社会的生活方式以及生活压力增加了人们的压力，从而使脑卒中的危险性增加。

（三）脑卒中的营养治疗和预防

脑卒中患者多数年龄较大，病前摄入少，且病后多有昏迷、神志不清、吞咽困难和生活不能自理等症状，所以病后多依靠别人进食，恢复过程中需要更多能量。因此营养因素在脑卒中的恢复过程中也是至关重要的。

1. 饮食原则

脑卒中先兆阶段应给予清淡、易消化的食物及维生素含量丰富的新鲜蔬菜、水果等，禁食肥甘油腻等厚味食品，禁止饮酒。脑卒中昏迷期宜选择流质饮食鼻饲，但饮食也要营养丰富、粗细搭配。脑卒中的恢复期因患者长期卧床，活动较少，肠蠕动缓慢，容易造成便秘，因此在保证膳食营养丰富多样的基础上，多摄入膳食纤维含量比较高的食物以防止便秘。另外，当脑卒中患者同时患有糖尿病时，饮食要满足糖尿病饮食的要求。

2. 营养治疗措施

能经口进食的病情较轻的患者宜遵循下列原则：

（1）限制总热量，达到或维持理想体重，在可能的基础上适当增加肢体的活动。

（2）采用复合碳水化合物，限制单糖和双糖的摄入，粗细粮搭配。

（3）限制脂肪和胆固醇的摄入。限制动物脂肪，忌食肥肉，烹调用植物油，以增加不饱和脂肪酸的摄入。脂肪占总热量的30%以内，多食用鱼类以增加不饱和脂肪酸的摄入，对心脑血管有保护作用。食物胆固醇摄入量应小于300mg/d，高胆固醇患者的胆固醇摄入量应小于200mg/d。

（4）适当增加优质蛋白质。多选用鱼类和大豆制品，摄入优质蛋白质的同时增加不饱和脂肪酸，降低胆固醇。

（5）每天吃新鲜蔬菜和水果。适当食用香菇、蘑菇等菌藻类及紫菜、海带等海藻类，以补充维生素、膳食纤维和矿物质，对降血脂有益。

(6)限制钠盐。膳食盐降低 1/3,可能的话,每日应在 5g 以下。

(7)戒除烟酒。

此外,高血压患者相对增加含钾、镁、钙等高的食物,有助于血管舒张,降低血压。用单胺氧化酶抑制剂治疗时,不宜食用干酪、酸牛奶、扁豆、蘑菇、啤酒等食物,避免高血压危象。

糖尿病患者吃水果要适量,一般每天不超过 300g,作为加餐(如上午 10 点、下午 3 点)。

第二节　营养与糖尿病

一、概述

糖尿病是由多种病因引起的、以慢性高血糖为特征的代谢紊乱性疾病。其基本病理为胰岛素分泌绝对或相对不足,或(和)作用缺陷,引起碳水化合物、脂肪、蛋白质、水和电解质的代谢异常。临床表现为糖耐量减低、高血糖、糖尿,以及多尿、多饮、多食、消瘦乏力(即三多一少)等症状。病情严重或应激时可发生急性代谢异常,如酮症酸中毒、高渗性昏迷等,甚至威胁生命。如能及早采取有效治疗措施,控制病情,可明显减少慢性并发症,延长病人的生命,改善生活质量。

糖尿病的病因目前尚未完全阐明。一般认为糖尿病与遗传和环境等多种因素有关。胰岛素的合成、分泌、运输、与靶细胞受体结合发挥代谢效应等过程中,任何一个环节发生变异,均可导致糖尿病的发生。

(一)糖尿病的分类

(1)Ⅰ型糖尿病:此型糖尿病病人的胰岛 β 细胞破坏,导致胰岛素分泌绝对不足或缺乏,呈酮症酸中毒倾向,血浆胰岛素水平低于正常值低限。此型病人不包括由于非自身免疫的特异性原因引起的 β 细胞破坏或衰竭,例如囊性纤维化病。Ⅰ型糖尿病有两种亚型:①免疫介导糖尿病;②特发性糖尿病。

(2)Ⅱ型糖尿病:以前称为非胰岛素依赖性糖尿病(NIDDM)或成年型糖尿病。此类病人包括有胰岛素抵抗(IR)和胰岛素分泌缺陷的病人,但这些病人不发生胰岛 β 细胞的自身免疫损伤。病人血浆胰岛素水平可正常或升高,很少自发性发生酮症酸中毒,但在应激(如感染)情况下可诱发酮症酸中毒。此型糖尿病的危险性随年龄、肥胖和缺乏体力活动而增加,遗传易感性较Ⅰ型强,且更为复杂,是最常见的糖尿病类型。这类病人不一定依赖胰岛素治疗。这类病人占糖尿病人总数的 80%～90%。

(3)其他特殊类型糖尿病。

(4)妊娠期糖尿病。一般在妊娠后期发生,占妊娠孕妇的 2%～3%。发病与妊娠期进食过多,以及胎盘分泌的激素抵抗胰岛素的作用有关。大部分病人分娩后可恢复正常,但成为今后发生糖尿病的高危人群。

(二)糖尿病的危险因素

1. 遗传因素

糖尿病是多基因疾病,因其遗传易感性和广泛的遗传异质性,临床表现差别很大。"节约基因型"学说认为,人类在与生存环境的斗争中,由于食物供应不足,基因产生适应性改变,逐渐形成"节约基因",一旦得到食物,便将能量转变成脂肪储存下来,以供饥饿时维持生命。有了这种基因的人群，当食物摄入充足或消耗减少时，易产生肥胖，导致胰岛素分泌缺陷和胰岛素抵抗，成为诱发糖尿病的潜在危险因素之一。

2. 环境因素

(1)饮食因素：营养不平衡，长期摄入高能量、高脂肪、低膳食纤维的膳食，以及某些维生素和矿物质不足，易诱发糖尿病和肥胖，超重和肥胖也是糖尿病的重要危险因素。营养不足可致胎儿生长不良，而低体重儿在成年后肥胖，其糖尿病及胰岛素抵抗发生机会明显增加。

(2)生理因素：如年龄增大、妊娠。

(3)病理因素：如高血脂、高血压、肥胖(尤其是中央型，即内脏型肥胖)、感染、应激、化学毒物等。

(4)社会因素：如轻体力劳动者、体力活动减少、生活富裕、享受增多等使能量消耗减少；社会竞争激烈、思想负担加重，应激增多等。

二、营养代谢的特点

胰岛素的主要生理功能是促进合成代谢、抑制分解代谢，它是体内唯一促进能源贮备和降低血糖的激素。一旦胰岛素不足或缺乏，或组织对胰岛素的生物反应性减低，可引起碳水化合物、脂肪、蛋白质、水与电解质等物质代谢紊乱。长期的代谢紊乱可导致糖尿病并发症，出现酮症酸中毒，甚至昏迷和死亡。

1. 能量代谢

糖尿病病人体内因胰岛素缺乏，或胰岛素受体数目减少，组织对胰岛素不敏感，易发生能量代谢的紊乱。能量摄入过低，机体处于饥饿状态，易引发脂类代谢紊乱，产生过多的酮体，出现酮血症；能量摄入过高，易使体重增加，血糖难以控制，加重病情。故应根据糖尿病病人的年龄、性别、活动状况和体重来确定合适的能量供给量。

2. 碳水化合物代谢

碳水化合物(葡萄糖)是主要能源物质和构成机体组织的重要成分。中枢神经系统几乎只能依靠碳水化合物供能。糖尿病病人胰岛素分泌不足或胰岛素抵抗，肝中葡萄糖激酶和糖原合成酶下降，肝糖原合成减少，碳酸化酶活性加强，糖原分解增加，糖异生作用也增强；转运入脂肪组织和肌肉组织的葡萄糖减少，这些组织对糖的利用减少，肌肉中磷酸果糖激酶和肝组织中 L-型丙酮酸激酶合成减少，糖酵解减弱，肌糖原合成减少而分解增加；还原型辅酶Ⅱ(NADPH)生成减少，磷酸戊糖途径减弱。这些糖代谢紊乱的结果是血糖增高，尿糖排出增多，引起多尿、多饮和多食。糖尿病病人过高摄入碳水化合物时，因调节血糖的机制失控，极易出现高血糖；但碳水化合物投入不足时，体内需动员脂肪和蛋白质分解供能，易引起酮血症。

3. 脂类代谢

正常人的脂类代谢处于动态平衡状态。正常人血液循环中仅有微量酮体，并不积聚为酮血症。糖尿病病人由于磷酸戊糖途径减弱，还原型辅酶Ⅱ生成减少，脂肪合成减少。由于肝糖原合成和储存减少，在腺垂体和肾上腺激素调节下，脂肪自脂肪组织转入肝脏沉积，导致脂肪肝。由于糖代谢异常，大量葡萄糖从尿中丢失，引起能量供应不足，动员体脂分解，经β氧化酶产生大量的乙酰辅酶 A，同时又因糖酵解异常，草酰乙酸生成不足，乙酰辅酶 A 未能充分氧化而转化为大量酮体，再加上因胰岛素不足所致酮体氧化利用减慢，过多的酮体积聚而产生酮血症和酮尿。乙酰乙酸和β-羟丁酸经肾脏流失，大量碱基亦随之流失，造成代谢性酸中毒。同时大量的酮尿、糖尿加重多尿和脱水，严重者表现为酮症酸中毒、高渗性昏迷。乙酰辅酶A的增多促进肝脏胆固醇合成，形成高胆固醇血症，且常伴有高甘油三酯血症，游离脂肪酸、低密度脂蛋白、极低密度脂蛋白增高，形成高脂血症和高脂蛋白血症，成为引起糖尿病血管并发症的重要因素。

为防止酮血症和酮症酸中毒，需要适量地供给碳水化合物，减少体脂的过多动员氧化。为防止和延缓心脑血管并发症，必须限制饱和脂肪酸的摄入量。

4. 蛋白质代谢

糖尿病病人碳水化合物代谢异常，能量供应不足，动员蛋白质分解供能。由于胰岛素不足，肝脏和肌肉中蛋白质合成减慢，分解代谢亢进，易发生负氮平衡。胰岛素不足，糖异生作用增强，肝脏摄取血中生糖氨基酸（包括丙氨酸、甘氨酸、苏氨酸、丝氨酸和谷氨酸）转化成糖，使血糖进一步升高；生酮氨基酸（如亮氨酸、异亮氨酸、缬氨酸）脱氢生酮，使血酮升高。由于蛋白质代谢呈负氮平衡，使儿童生长发育受阻，病人消瘦，抵抗力减弱，易感染，伤口愈合不良。严重者血中含氮代谢废物增多，尿中尿素氮和有机酸浓度增高，干扰水和酸碱平衡，加重脱水和酸中毒。

5. 维生素代谢

维生素是调节机体生理功能和物质代谢的重要酶类的辅酶，B族维生素（维生素B_1、维生素B_2、维生素PP）参与糖类代谢。糖尿病病人糖异生作用旺盛，B族维生素消耗增多，如果供给不足，会进一步减弱糖酵解、有氧氧化和磷酸戊糖途径，加重糖代谢紊乱。糖尿病病人葡萄糖和糖基化蛋白质易氧化而产生大量自由基，引发生物膜上磷脂成分中的多不饱和脂肪酸氧化形成过氧化脂质，膜的流动性减弱，脆性增加，细胞功能受损。而体内具有抗氧化作用的维生素E、维生素C、β-胡萝卜素和微量元素硒能帮助消除积聚的自由基，防止生物膜的脂质过氧化。维生素C是谷胱苷肽过氧化物酶的辅酶，还有清除过氧化脂质的作用。因此，充足的维生素对调节机体的物质代谢有重要作用。

6. 矿物质代谢

糖尿病病人的多尿引发锌、镁、钠、钾等从尿中丢失增加，可出现低血锌和低血镁。锌是体内许多酶的辅基，参与体内蛋白质合成和细胞的分裂增殖，协助葡萄糖在细胞膜上的转运，并与胰岛素的合成与分泌有关。缺锌会引起胰岛素分泌减少，组织对胰岛素作用的抵抗性增强，但锌过多也会损害胰岛素分泌，导致葡萄糖耐量降低，并可加速老年糖尿病病人的下肢溃疡。低镁血症会引起Ⅱ型糖尿病病人组织对胰岛素不敏感，并与并发视网膜病变和缺血性心脏病有关。三价铬是葡萄糖耐量因子的组成成分，是胰岛素的辅助因素，有增强葡萄糖利用和促进葡萄糖转变为脂肪的作用。锰是羧化酶的激活剂，参与碳水化合物和脂肪的代谢，锰缺乏可加重糖尿病病人的葡萄糖不耐受。

三、营养治疗

由于对糖尿病的病因和发病机制尚未充分了解，目前仍不能根治。临床强调早期治疗、综合长期治疗和治疗措施个体化。综合治疗措施包括：①营养治疗（饮食治疗、健康教育）；②运动治疗；③药物治疗，包括口服降糖药、注射胰岛素；④心理治疗；⑤手术治疗（胰腺移植、基因治疗）；⑥自我监测。其中营养治疗是最基本的措施，无论采用上述哪一种方法都必须长期坚持营养治疗。部分轻型病人(空腹血糖≤11.1mmol/L)单纯采用营养治疗即可。

(一)营养治疗的目的

(1)保护胰岛功能,帮助病人达到并保持较好的代谢控制,以改善血糖、尿糖和血脂水平达到或接近正常,减少急、慢性并发症发生的危险。

(2)维持或达到理想体重,使儿童和胎儿能正常生长发育。

(3)供给适合病人的平衡膳食,以维持健康和从事正常活动,提高生活质量。

(二)营养治疗的原则

历史上糖尿病营养治疗原则大约有3种模式的变化:第一种为1921年前未应用胰岛素的饥饿饮食;第二种是低能量、低碳水化合物、高脂肪膳食;第三种是合理控制能量,适当提高碳水化合物和膳食纤维,减少脂肪的膳食。现在又进一步提出个体化,因人、因病情而异的膳食模式。1994年美国糖尿病协会提出的指南强调不应给病人提出单一的膳食建议,能量来源比例应个体化,膳食因人而异,根据病人具体的疾病情况和治疗目标进行营养治疗。

营养治疗的原则具体如下。

1.合理控制能量摄入量

合理控制能量摄入量是糖尿病营养治疗的首要原则。能量的供给根据病情、血糖、尿糖、年龄、性别、身高、体重、活动量大小以及有无并发症确定。能量摄入量以维持或略低于理想体重(又称为标准体重)为宜。肥胖者体内脂肪细胞增多、增大,导致胰岛素的敏感性下降,故应减少能量摄入,使体重逐渐下降至正常标准值的±5%范围内,以配合治疗。儿童、孕妇、乳母、营养不良及消瘦者,能量摄入量可适当增加10%~20%,以适应病人的生理需要和适当增加体重。病人实际测量体重超过理想体重的20%为肥胖,低于20%为消瘦,根据病人的体型和理想体重,参考相关资料估计每日能量供给量。体重是评价能量摄入量是否合适的基本指标,最好定期(每周一次)称体重,根据体重的变化及时调整能量供给量,肥胖者应逐渐减少能量摄入量,消瘦者应适当增加能量摄入量,以维持实际体重达到或略低于理想体重。

2.保证碳水化合物的摄入

碳水化合物是能量的主要来源,若供给充足,可以减少体内脂肪和蛋白质的分解,预防酮血症。在合理控制总能量的基础上适当提高碳水化合物摄入量,有助于提高胰岛素的敏感性,刺激葡萄糖的利用,减少肝脏葡萄糖的产生和改善葡萄糖耐量。但碳水化合物过多会使血糖升高,从而增加胰岛负担。碳水化合物供给量以占总能量的50%~60%为宜,甚至可以高达65%,但不宜超过70%。一般成年病人每日碳水化合物摄入量为200~350g,相当于主食250~400g。营养治疗开始时,应严格控制碳水化合物的摄入量,每日200g(相当于主食250g),经一段时间治疗后,如血糖下降、尿糖消失,可逐渐增加至250~300g(相当于主食300~400g),并根据血糖、尿糖和用药情况随时加以调整。单纯膳食治疗病情控制不满意者应适当减量,对使用口服降糖药或用胰岛素者可适当放宽。

食物中碳水化合物的组成不同,血糖升高幅度也不同,其影响程度可用血糖指数(*GI*)来衡量。一般而言,血糖指数越低的食物对血糖的升高反应越小,但是食物中糖类的含量并不是影响血糖指数的唯一因素,进食速度、食物中水溶性膳食纤维和脂肪的含量、胃排空速度、胃肠道的消化功能、膳食中食物的种类及食物中有否阻碍消化吸收的因子等,都会影响食物的血糖指数。一般规律是粗粮的血糖指数低于细粮,复合碳水化合物的血糖指数低于精制糖，多种食物混合的血糖指数低于单一食物。故糖尿病治疗膳食宜多用粗粮和复合碳水化合物，食物品种尽量多样化，少用富含精制糖的甜点，如蜂蜜、蔗糖、麦芽糖等纯糖食品。必要时，为了改善食品的风味，可选用甜叶菊、木糖醇、阿斯巴糖等甜味剂代替蔗糖。食用水果后，也应适当减少部分主食。

美国糖尿病协会提出的建议认为，糖类的总摄入量远远重于其供应形式，治疗膳食的设计应个性化、多元化，既要根据病人的健康状况和食物的血糖指数，又要顾及饮食习惯，使病人更易于配合，从而达到治疗糖尿病的目的。

3.限制脂肪和胆固醇

糖尿病病人因胰岛素分泌不足，体内脂肪分解加速，合成减弱，脂质代谢紊乱。膳食脂肪摄入不当时，易引发或加重高脂血症，进一步发展会导致血管病变，这是糖尿病常见的并发症。为此，膳食脂肪摄入量应适当限制，尤其是饱和脂肪酸不宜过多。一般膳食脂肪占总能量的20%～30%，其中饱和脂肪酸占总能量的比例应少于10%。因糖尿病机体抗氧化能力减弱，虽然多不饱和脂肪酸有降血脂和预防动脉粥样硬化的作用，也不宜过多，不宜超过总能量的10%，单不饱和脂肪酸可占总能量的10%～20%，富含饱和脂肪酸的食物主要是动物油脂，如猪油、牛油、奶油，但鱼油除外；富含单不饱和脂肪酸的油脂有橄榄油、茶籽油、花生油、各种坚果油等；而植物油一般富含多不饱和脂肪酸，如豆油、玉米油、葵花子油等，但椰子油和棕榈油除外。胆固醇摄入量应少于300mg/d，合并高脂血症者的胆固醇摄入量应低于200 mg/d。因此，糖尿病病人应避免进食富含胆固醇的食物，如动物脑和肝、肾、肠等动物内脏，鱼子、虾籽、蛋黄等食物。

4.适量的蛋白质

因糖尿病病人糖异生作用增强，蛋白质消耗增加，易出现负氮平衡，此时应适当增加蛋白质供给量，成人为1.2～1.5g/(kg·d)，儿童、孕妇、乳母、营养不良的病人可供给1.5～2.0g/(kg·d)，蛋白质供能可达到或高于总能量的20%。伴有肾功能不全时，应限制蛋白质摄入量，根据肾功能损害程度而定，一般为0.5～0.8g/(kg·d)。膳食中应有1/3以上的蛋白质为优质蛋白质，如瘦肉、鱼、乳、蛋、豆制品等。

5.充足的维生素

糖尿病病人因主食和水果摄入量受限制，且体内物质代谢相对旺盛，高血糖的渗透性利尿作用易引起水溶性维生素随尿流失，较易发生维生素缺乏。糖尿病易并发神经系统疾病，可能与维生素 B_1、维生素 B_{12} 不足有关；并发视网膜病变的原因之一可能是病人体内不能将β-胡萝卜素转变为维生素A。因此，供给足够的维生素也是糖尿病营养治疗的原则之一。补充B族维生素（包括维生素 B_1、维生素 B_2、维生素PP、维生素 B_{12} 等）可改善病人的神经系统并发症；补充维生素C可防止微血管病变；供给足够的维生素A可以弥补病人难以将β-胡萝卜转化为维生素A的缺陷。充足的维生素E、维生素C和β-胡萝卜素能加强病人体内已减弱的抗氧化能力。

6.合适的矿物质

血镁低的糖尿病病人容易并发视网膜病变；钙不足易并发骨质疏松症；锌与胰岛素的分泌和活性有关，并帮助人体利用维生素A；三价铬是葡萄糖耐量因子的成分；锰可改善机体对葡萄糖的耐受性；锂能促进胰岛素的合成和分泌。因此，应保证矿物质的供给量满足机体的需要，适当增加钾、镁、钙、铬、锌等元素的供给，但应限制钠盐摄入，以防止和减轻高血压、高脂血、动脉硬化和肾功能不全等并发症。

7.丰富的膳食纤维

膳食纤维具有较好的防治糖尿病的作用，能有效地改善糖代谢，降血压、降血脂和防止便秘等。水溶性膳食纤维能吸水膨胀，吸附并延缓碳水化合物在消化道的吸收，减弱餐后血糖的急剧升高，有助于病人的血糖控制，同时还具有降血脂作用。非水溶性膳食纤维能促进肠蠕动，加快食物通过肠道，减少吸收，具有间接地缓解餐后血糖升高和减肥作用。但膳食纤维过多也会影响矿物质的吸收。建议膳食纤维供给量为 20～35g/d 或 15～25g/1000kcal。

8.合理的餐次与营养分型治疗

根据血糖、尿糖升高时间以及用药时间和病情是否稳定等情况，并结合病人的饮食习惯合理分配餐次，至少一日三餐，定时、定量，可按早、午、晚各占 1/3，或占 1/5、2/5、2/5 的能量比例分配。口服降糖药或注射胰岛素后易出现低血糖的病人，可以在三个正餐之间加餐 2～3 次。在每日总能量摄入量范围内，适当增加餐次有利于改善糖耐量和预防低血糖的发生。糖尿病膳食应因人而异，强调个体化，根据病情特点，血糖、尿糖的变化，结合血脂水平和合并症等因素确定和调整能源物质的比例，即进行膳食分型，在不违背营养原则的条件下，选择的食物与烹调方法应尽量顾及病人的饮食习惯。

四、特殊情况及并发症处理

（一）糖尿病低血糖反应

正常成人空腹血糖为 3.9～5.6mmol/L，低于 3.5mmol/L 为低血糖。糖尿病病人容易出现低血糖，使用胰岛素的病人最常见。导致低血糖的原因有胰岛素过量、口服降糖药物过量、膳食过少或运动突然增多而未及时进食等。主要症状是心慌、出汗、头晕、饥饿、烦躁、手抖、全身无力，严重时可致神志不清、精神抑郁、全身抽搐，甚至昏迷等。

营养治疗原则主要包括：症状轻、神志清楚者，取葡萄糖或蔗糖 20～50g，用温开水冲服，几分钟后症状消失；如症状稍重，除饮糖水外，再进食馒头、饼干或面包等 25g，或水果一个，十几分钟后症状可消失；病情严重、神志不清者，应立即送医院抢救，静脉输注葡萄糖。注射胰岛素者，除进食葡萄糖或蔗糖外，还需进食牛奶、鸡蛋等吸收较慢的饮食，避免反复出现低血糖反应。饮酒后容易发生低血糖，因此，糖尿病应少饮酒或戒酒。

（二）糖尿病肾病

糖尿病肾病是糖尿病严重的微血管并发症。病人除糖尿病症状外，还有肾功能不全的表现。其临床特征是持续蛋白尿、高血压、氮质血症和水钠潴留等，严重者可发生尿毒症。

营养治疗原则主要包括：能量供给量应满足机体的需要，必要时可由静脉补充。

1.蛋白质供给量应适当限制

应根据尿量、尿蛋白丢失情况和氮质血症严重程度确定蛋白质供给量，早期病人的蛋白质供给量应控制在 0.8～1.0g/(kg·d)，晚期出现尿素氮潴留时，降为 0.5g/(kg·d)。宜采用含优质蛋白质的动物性食物，如乳类、蛋类、瘦肉等，少用植物性食物，如谷类、豆类。可用麦淀粉、藕粉等淀粉类低/无蛋白质食物代替部分米、面等主食。

2.限制钠盐摄入

食盐应控制在 2g/d 左右或更低些，根据病情补钾。可参见慢性肾衰竭的膳食。

第三节 营养与肿瘤

一、概述

肿瘤是机体中正常细胞在不同的始动与促进因素长期作用下，所产生的增生与异常分化所形成的新生物。新生物一旦形成后，不因病因消除而停止增生。它不受生理调节，而且破坏正常组织和器官。根据肿瘤对人体的影响，可将肿瘤分为良性肿瘤与恶性肿瘤。恶性肿瘤可转移到其他部位，治疗困难，常危及生命。

随着传染病的逐渐控制，人类平均寿命的延长，疾病谱发生改变，肿瘤已成为目前死亡常见原因之一。全世界每年约有1010余万人患恶性肿瘤。恶性肿瘤为男性第二位死因，女性第三位死因。我国每年新发病例约200万，死亡约150余万人。

恶性肿瘤的病因尚未完全了解，据估计约80%以上的恶性肿瘤与环境因素有关。目前认为肿瘤是环境与宿主内外因素相互作用的结果。环境因素包括膳食结构、生活方式和环境致癌物。恶性肿瘤的早期常无明显的临床症状或症状轻微不典型，容易被患者忽视，而当出现促使患者就诊的症状时，恶性肿瘤往往已经发展到中、晚期，导致临床治愈的机会十分有限。因此，早期发现、早期诊断和早期治疗对预后非常重要。

二、恶性肿瘤病人营养代谢的变化

恶性肿瘤病人营养不良的发生率相当高，在各类肿瘤患者中，有1/3～2/3可发生恶病质。恶病质大多发生在肿瘤进展期，也可见于肿瘤早期。肿瘤病人出现营养不良和恶病质的原因和机制颇为复杂，目前认为，肿瘤恶病质主要与宿主厌食、营养物质代谢异常、细胞因子作用、肿瘤治疗的影响有关。

（一）厌食

食欲缺乏是恶性肿瘤病人常见症状，同时还常伴有饱感、味觉改变、恶心、呕吐等。引起厌食的原因很多，主要是大脑进食调节中枢功能障碍所致。正常情况下进食取决于下丘脑进食中枢与饱食中枢之间的平衡。影响进食行为的外周因素有血糖、脂肪酸、乳酸、外界温度、渗透压、血浆氨基酸浓度等，其中血浆氨基酸浓度的变化对饮食的影响尤其引起人们的注意。肿瘤生长增加了血浆色氨酸浓度，大脑中色氨酸浓度的增加可导致下丘脑5-羟色胺合成增加，此与厌食明显相关。

此外，引起厌食的因素还有：①肿瘤本身局部作用，尤其是消化道肿瘤，如口腔、咽、食管肿瘤病人由于吞咽困难、进食障碍使摄入减少；胃肿瘤造成梗阻，出现腹胀、恶心、呕吐等，导致进食减少和厌食。②由于对甜、酸、咸味的阈值下降，以及某些微量元素（如锌）的缺乏，肿瘤病人往往有味觉异常。③对乳酸的清除率下降，特别是肝功能障碍的并存，由于不能清除无氧酵解产生的乳酸，易产生厌食和恶心。④化疗药物既可作用于中枢，又可局部作用于胃肠道，导致恶心、呕吐和厌食。⑤心理因素、压抑、焦虑等也可影响食欲及进食习惯。

（二）营养物质代谢异常

肿瘤病人营养不良的另一重要原因是营养物质代谢异常，包括机体能量代谢异常，碳水化合物代谢异常，蛋白质代谢异常，脂肪代谢异常，水、电解质代谢失衡等。

1. 能量代谢异常

有研究发现，急性白血病病人的基础能量消耗呈不同程度增高的趋势，其增高程度与白细胞数和疾病严重程度相一致，当治疗有效时，机体代谢率降至正常。其他肿瘤中，约80%病人的能量消耗高于正常者10%。

近年来，随着能量消耗测定技术的进步，一些多中心、大样本的临床研究发现，恶性肿瘤病人并非处于高代谢状态，即使是进展期广泛转移的病人，其能量消耗也可处于正常范围。影响肿瘤病人能量消耗的主要因素是荷瘤时间、疾病的早晚，而与肿瘤的类型和部位无明显相关性。

2. 碳水化合物代谢异常

肿瘤病人碳水化合物代谢异常主要表现在葡萄糖转化增加和外周组织利用葡萄糖障碍。正常情况下，身体内产生的乳酸经血液运至肝脏，在肝内进行糖异生，再生为葡萄糖进入血液循环，此过程称为Cori循环。肿瘤病人的Cori循环增加，此过程需消耗大量能量，从而增加患者的基础能量消耗，导致恶病质产生。尽管肿瘤病人葡萄糖更新加速，但机体葡萄糖耐量却降低，这可能是周围组织对胰岛素抵抗或胰岛素释放不足所造成的。

3. 蛋白质代谢异常

肿瘤病人蛋白质代谢异常，表现为肌肉蛋白质合成和分解增加（但其分解的增加更为明显）、肝脏蛋白质合成增加、蛋白质转化率增加、血浆氨基酸谱异常，机体呈现负氮平衡。肿瘤病人内源性氮的丢失首先表现在骨骼肌部分，其次才是内脏蛋白质。骨骼肌蛋白质消耗增加是恶性肿瘤病人蛋白质代谢的特征之一。随着疾病的进展，总体蛋白质更新率增加，但总体蛋白质合成率的增加不足以代偿蛋白质丢失的速度。肌肉蛋白质分解使患者消瘦、体重下降。此外，肿瘤蛋白质改变可导致血浆氨基酸谱变化，其中血浆色氨酸浓度增高在进行性营养物质消耗中起关键作用。色氨酸是5-羟色胺的前体物质，而5-羟色胺刺激下丘脑饱食中枢，引起厌食。

4. 脂肪代谢异常

脂肪消耗是恶病质的主要特征之一，并且可发生在肿瘤早期。肿瘤病人存在脂肪代谢障碍，表现为内源性脂肪分解增加、外源性甘油三酯分解低于正常，有恶病质的肿瘤病人其甘油和脂肪酸的转化率增加。肿瘤病人脂肪代谢障碍的原因不明确，可能机制包括：①摄入减少和营养不良；②肾上腺髓质受刺激，导致血儿茶酚胺水平升高和产生胰岛素抵抗；③肿瘤本身或髓样组织产生并释放脂肪分解因子。某些肿瘤，如肺癌，可因脂肪分解增加而出现高脂血症，可能的原因是脂蛋白酯酶（LPL）活性下降，其下降程度与体重丢失程度相关。由于脂肪酸是荷瘤状态下宿主利用的主要能量物质，即使给予外源性葡萄糖，也不能抑制体内脂肪的持续分解和氧化。

5. 水、电解质代谢失衡

浸润性肿瘤病人常发生水和电解质代谢失衡，如低钠血症、低蛋白血症及高钙血症等。高钙血症可能是肿瘤病人最常见的内分泌方面的并发症，过度骨吸收是其重要原因，晚期肿瘤病人约10%发生，肺癌、乳腺癌、多发性骨髓瘤并发此症者多见。

（三）细胞因子作用

近年来，研究提示内源性细胞因子在肿瘤厌食、恶病质中起着十分重要的作用，如TNF-α、IL-1、IL-6、IFN-γ和白细胞抑制因子（LIF）。除上述细胞因子外，有研究还发现肿瘤产生的某些代谢因子可直接作用于骨骼肌和脂肪组织等靶器官，导致机体代谢异常。细胞因子与导致肿瘤性恶病质的关系是目前备受关注的问题，但其作用远未研究清楚。肿瘤性恶病质为多因素而非单因素介导，肿瘤可产生多种活性肽或糖蛋白，刺激宿主免疫细胞，诱导产生其他细胞因子，其中部分肽类具有选择性刺激肿瘤细胞生长的能力，部分则可能介导代谢异常而引发恶病质。

（四）肿瘤治疗的影响

手术治疗、化疗、放疗和生物治疗是肿瘤治疗常用的手段，在取得较好疗效的同时，每一种疗法都会不同程度地对患者的饮食和营养产生不利影响。

手术治疗的术前准备如禁食、术后较长一段时间内无法正常进食均可影响营养物质的摄入。手术创伤造成病人的应激反应，加重病人已经存在的氮丢失和机体组织消耗。手术切除肿瘤部位的脏器造成一系列功能障碍，也直接影响营养素的摄入和吸收，如口咽部肿瘤根治术导致咀嚼、吞咽障碍；食管肿瘤切除吻合术引起胃潴留、胃酸减少、腹泻或脂肪泻；胃切除致倾倒综合征、吸收紊乱以及胃酸和内因子缺乏；全胃切除的病人逐渐发生维生素 A、维生素 B_{12} 及维生素 D 缺乏；空肠切除致营养素吸收障碍；回肠切除致维生素 B_{12}、胆盐、水、电解质等吸收障碍和腹泻等。

化疗可在很大程度上改变机体的营养状态，这种影响可以是直接的（通过干扰机体代谢、DNA 合成和细胞复制），也可以是间接的（通过产生恶心、呕吐、味觉改变及习惯性厌食）。许多抗肿瘤药物可刺激化学感受器，导致病人恶心、呕吐，消化道黏膜细胞因增殖更新快，对化疗极敏感，易发生炎症、溃疡及吸收能力下降，这些均会导致营养物质的摄取及吸收减少。化疗可使肿瘤病人免疫功能进一步受损，恶化营养状况，营养不良的肿瘤病人不能耐受化疗。

放疗可影响患者的营养状况，放疗损伤的严重程度与放射剂量及组织被照射量有关。口咽部放疗会导致味觉破坏、口干、吞咽疼痛、牙齿脱落；颈部下段和纵隔放疗可引起吞咽困难、食管炎、食管纤维化、食管狭窄，腹部和盆腔放疗可导致急、慢性肠炎，吸收不良，腹泻，肠腔狭窄，肠梗阻，肠瘘。

化疗、放疗均会对骨髓产生不良反应，表现为贫血、白细胞和血小板减少，导致肿瘤病人的免疫功能损害及对感染的易感性增加。有营养不良的肿瘤病人对放疗、化疗药物的降解和排泄功能常常有障碍，更容易产生伤口愈合不良、感染率增加、术后肠功能恢复延迟及住院时间延长等不良后果。

三、肿瘤病人营养支持的实施

1. 能量

能量供给过多易引起患者肥胖，且多种恶性肿瘤的发生都与能量摄入过多有关；能量供给过少又易引起或加重患者营养不良，甚至导致恶病质。能量供给要适量，应根据患者营养状况、活动量、性别、年龄而定，以能使患者保持理想体重为宜。在没有严重并发症的情况下，成人每日供给能量 2000kcal 即可。

2. 蛋白质

荷瘤状态下，患者有效摄入量减少，加之肿瘤高代谢，蛋白质消耗增加。手术、放疗、化疗也会对机体正常组织造成不同程度的损伤，损伤组织的修复需要大量的蛋白质。因此，蛋白质供给量要充足。供给量应占总能量的15%～20%，或按1.5～2g/(kg·d)计算，其中优质蛋白质占50%以上。

3.脂肪

多种恶性肿瘤的发生都与动物性脂肪摄入过多有关。脂肪供给量要限制，应占总能量的15%～20%，其中饱和脂肪酸、单不饱和脂肪酸与多不饱和脂肪酸的比例应为1∶1∶1。

4.碳水化合物

碳水化合物是主要供能物质，应占总能量的60%～65%。供给足够的碳水化合物可以改善患者的营养状况，减少蛋白质的消耗，保证蛋白质的充分利用。另外，如果胃肠道条件允许，还应增加膳食纤维的供给。

5.维生素和矿物质

多种恶性肿瘤的发生都与机体某些维生素和矿物质缺乏密切相关。应根据实时检测结果，及时予以补充和调整。若膳食调整不能满足需要，可给予相应制剂，保证患者摄入足够的维生素和矿物质。

6.特殊营养成分

有些食物含有某些特殊物质，具有很强的防癌、抑癌作用，如香菇、木耳、金针菇、灵芝、海参中含有的多糖类物质，人参中含有的蛋白质合成促进因子，大豆中的异黄酮，茄子中的龙葵碱，四季豆中的植物红细胞凝集素等，应适量供给这些食物。

7.其他

肝功能不全时应限制水、钠摄入，肾功能不全时应限制蛋白质摄入，接受放疗、化疗时饮食宜清淡。对于伴有严重消化吸收功能障碍者，可选用经肠要素营养或(和)肠外营养，防止出现恶病质状态。

四、膳食营养与肿瘤预防

恶性肿瘤的发病原因目前尚不十分清楚。实验研究及临床资料显示，恶性肿瘤的发生与烟酒嗜好、饮食营养不合理、职业接触理化因素、医源性因素及宿主自身因素等多种致癌因素密切相关。膳食营养因素影响恶性肿瘤发生的主要作用机制包括：①影响致癌物的代谢：酚类可促进致癌物降解过程，十字花科蔬菜可间接或直接阻断致癌物引起的机体损伤。②抑制自由基、抗氧化作用：维生素E是阻断过氧化物产生的关键抗氧化剂；β-胡萝卜素抑制单线态氧和其他自由基；维生素C是直接抑制剂，具有很强的抗氧化作用；硒通过谷胱甘肽过氧化物酶系统发挥抗氧化作用。③促进细胞产生分化及延缓细胞生长：维生素A及其衍生物、维生素D和钙均属于这类物质，是上皮细胞正常分化所必需的。④调节机体免疫功能：维生素A及其衍生物、锌等与机体免疫细胞、上皮细胞介导的细胞免疫及巨噬细胞的吞噬功能密切相关。

(一)能量

流行病学资料和实验资料显示，某些生活方式因素，包括膳食脂肪的摄入量和种类、总能量摄入量、体力活动和肥胖等，可以影响许多癌症的发病危险性，尤其是绝经后的乳腺癌、结肠癌、直肠癌和前列腺癌。膳食与癌症研究显示，低动物脂肪和红肉膳食对癌症有保护性倾向，而高脂肪膳食，尤其是高饱和脂肪酸膳食和高能量膳食似乎可增加癌症的危险性。动物实验表明，与自由进食的大鼠相比，限制进食后，20%的大鼠自发性肿瘤的发病率较低，肿瘤发生的潜伏期延长。不限制能量摄入但强迫进行运动以增加总能量的消耗，也可降低化学致癌物对实验大鼠的致癌作用。流行病学资料表明，能量摄入过多、超重、肥胖、有久坐生活习惯的人群，其乳腺癌、结肠癌、胰腺癌、胆囊癌、子宫内膜癌和前列腺癌的患病危险性增加，而有规律的体力活动和瘦型体质可降低结肠癌和有可能降低乳腺癌、肺癌的患病危险性。国内外流行病学的资料报道，在社会经济条件较差及生活水平较低的人群中，胃癌的死亡率较高。因为总能量的减少反映了食物摄入量的减少，蛋白质等营养素的摄入减少，会影响人体的抵抗力，使肿瘤易于发生。能量是反映三大宏量营养素摄入水平的间接指标，因此，在适当减少总能量摄入的同时，必须满足蛋白质、维生素和无机盐的摄入需要，维持机体均衡营养。

（二）脂肪

脂肪与能量摄入量之间存在着高度的相关性，因此很容易混淆脂肪或能量，或二者共同对癌症危险性的影响。一般来说，高脂肪膳食的能量含量也高，所以，看起来好像是由于高能量膳食而产生的作用，而实际上可能是由于高脂肪所产生，反之亦然。流行病学和实验资料显示，膳食脂肪摄入量影响恶性肿瘤的发病危险性。一些非吸烟导致的恶性肿瘤，如乳腺癌、结肠癌、前列腺癌、子宫内膜癌等，与脂肪摄入量，尤其是含饱和脂肪酸量较高的动物性脂肪的摄入量呈正相关。结肠癌发病率与人均动物性脂肪、肉类消费水平密切相关，相关系数为0.8～0.9。除动物性脂肪外，结肠癌的发病与总能量摄入过量、活动量减少等因素亦显著相关。前列腺癌的死亡率与动物性脂肪关系明显，但与植物性脂肪无关。动物性脂肪摄入量与浸润性前列腺癌有强烈的相关性，动物性脂肪可促使前列腺癌由弥散的非活动形式向更致命的形式转化。另外，子宫内膜癌、卵巢癌、皮肤癌和肺癌的发生与动物性脂肪的摄入亦有关联，但关联程度如何尚有待于进一步研究。

脂肪的构成对肿瘤发病危险性的影响也有差别。饱和脂肪酸和动物性脂肪可能增加肺癌、乳腺癌、结肠癌、直肠癌、子宫内膜癌、前列腺癌的危险性。7 项队列研究及 12 项病例对照研究结果显示，不饱和脂肪酸和植物性脂肪均与乳腺癌发生无相关性。美国一项前瞻性研究结果亦表明多不饱和脂肪酸与前列腺癌不相关，而两项病例对照研究显示有保护作用。还有报道指出多不饱和脂肪酸与乳腺癌间呈负相关。流行病学资料亦显示常食鱼油的地区的人群，肿瘤的死亡率亦低。关于胆固醇与癌的关系，以往报道癌症患者的血胆固醇低于正常对照组，但我国 65 个县的生态学调查发现，血浆胆固醇水平与肝癌、结肠癌、直肠癌、肺癌、白血病、脑肿瘤的发生呈正相关。世界癌症研究基金会报道，5 项前瞻性研究报告显示胆固醇的摄入量与乳腺癌无相关性，7 项病例对照研究中的 6 项亦不相关。胆固醇与前列腺癌、结肠癌、直肠癌的危险性亦无相关性。

（三）蛋白质

流行病学调查和动物实验表明，膳食蛋白质摄入过低和过高均会促进肿瘤的发生。调查发现，食管癌和胃癌患者发病前的膳食蛋白质摄入量较正常对照组低。日本的一项前瞻性观察发现，每天饮用两瓶牛奶的人较不饮用牛奶者胃癌发病率低。动物实验证实，牛奶酪蛋白对胃内致癌物亚硝胺的合成有抑制作用。上海的调查研究表明，经常食用大豆制品者胃癌的发病危险性相对较低。大豆中不仅含有丰富的蛋白质，而且含有具有抑癌作用的大豆异黄酮，它有抑制胃癌、结肠癌和乳腺癌的作用。动物实验显示，摄入高蛋白质饲料的大鼠与摄入低蛋白质饲料的大鼠相比，前者被诱发的乳腺癌和胰腺癌发病率均高于后者。可见，蛋白质摄入量过低或过高都易引起某些癌症的发生，故摄入量应适当。

（四）膳食纤维

膳食纤维是植物性食物中能耐受人类消化酶的化合物。每种植物性食物一般以一种或两种纤维为主，兼有其他类型。流行病学调查发现，非洲居民的膳食纤维摄入量明显高于西方国家居民，他们很少患大肠癌，而在西方人中，大肠癌则是很常见的胃肠道疾患，因此得出膳食纤维与肠癌有关的结论。

流行病学调查研究进一步证实了膳食纤维摄入量与肠癌发病危险性呈负相关。中美移民流行病学研究表明，由于北美华人膳食结构的改变，膳食纤维摄入量明显减少，脂肪摄入显著增加，随之引起了结肠癌发病率的上升。美国老年男、女性华人的结肠癌发病率分别是中国上海人的7倍和4倍。动物实验结果表明，膳食纤维可降低实验动物结肠对人工致癌剂的敏感性，改善肠憩室病的症状。调查研究还表明，增加膳食纤维的摄取量可降低结肠癌和乳腺癌的发病危险性，甚至也能降低口腔癌、咽喉癌、食管癌、胃癌、前列腺癌、子宫内膜癌及卵巢癌的发病危险性。膳食纤维中的纤维素、木质素和半纤维素一般不溶于水，不能被发酵，而果胶、树胶和其他半纤维素一般可溶于水，易被发酵。不发酵的纤维可以通过吸收水分增加粪便体积，稀释和吸附潜在的致癌物，改善肠蠕动功能，缩短食物残渣在体内的时间。结肠内细菌可发酵、分解纤维素产生短链脂肪酸，如丁酸、丙酸和乙酸等，降低肠道pH值，抑制结肠癌、直肠癌的发生。膳食纤维与性激素、性激素结合蛋白（SHBG）之间有明确的相关性。高纤维摄入与血浆中所有主要生物活性性激素低水平相关，与高SHBG有关的肠道内各种植物性食物中的纤维前体经细菌作用后，生成植物雌激素，其中包括木脂体和某些异构黄酮。这些化合物具有较弱的雌激素活性，并与机体内雌激素竞争受体位点，降低机体雌激素生物利用率，从而减少激素依赖性恶性肿瘤的发病危险性。膳食纤维通过对胃肠道生理、生化环境的作用而影响口腔癌、咽癌、食管癌和胃癌的发生，而对子宫内膜癌、卵巢癌和前列腺癌的影响则与改变机体雌激素水平相关。因此，蔬菜、水果和全谷食物的抗癌作用应该与其富含膳食纤维有重要关系。虽然资料显示膳食纤维对癌症具有预防作用，但研究结果并不完全一致，而且总膳食纤维和某些纤维素在癌症发生过程中的具体作用仍不清楚。不同来源膳食纤维的成分不同，因此，膳食纤维不可能对癌症具有同等的保护作用。

（五）维生素

1. 维生素A

膳食中的维生素A包括存在于动物性食物已经形成的视黄醇和来源于植物性食物中的类胡萝卜素。已经证实维生素A与肿瘤的发生有着密切关系。维生素A类化合物的重要作用在于控制上皮组织分化，维持上皮组织细胞正常形态。机体缺乏维生素A时，上皮细胞过度角质化，演变为鳞状细胞，乃至发展为癌。维生素A还具有将已经向癌细胞分化的移行细胞恢复正常的特殊作用。这种特殊作用主要表现在：①维生素A可以阻止致癌物与机体DNA结合；②维生素A可以重建宿主细胞间隙连接及细胞间接触抑制，阻止细胞无限制增殖；③维生素A可以增强机体天然适应机制，修复DNA损伤，抑制肿瘤细胞生长，甚至使之逆转为正常细胞。正是由于维生素A的这种特殊作用，几乎所有起源于上皮组织的恶性肿瘤，如皮肤癌、食管癌、胃癌、肺癌、结肠癌、直肠癌、膀胱癌等的发生，都与机体维生素A缺乏有关。摄入较多类胡萝卜素，尤其是β-胡萝卜素，对食管癌、喉癌、胃癌、宫颈癌、子宫内膜癌、卵巢癌、膀胱癌等均显示有保护作用。有关β-胡萝卜素和维生素A对前列腺癌危险性的影响仍不确定，但β-胡萝卜素对乳腺癌可能具有保护作用。对于结肠癌，虽然有些病例对照研究报道表明，大量摄入维生素A时危险性显著降低，但总的来说，很多资料显示只有轻度的危险性降低。

2. 维生素E

关于癌症危险性与富含维生素E膳食之间关系的流行病学调查为数不多，而且结果不一致，可能是由于估计膳食中维生素E摄入量比较困难。研究发现单独摄入维生素E以及和β-胡萝卜素一起摄入，均可使口腔的癌前病变明显逆转。临床研究证实，维生素E与某些抗癌药物合用可增强疗效，同时维生素E还可减轻化疗毒性反应；维生素E可以降低肺癌、宫颈癌、乳腺癌、结肠癌的发病危险性；维生素E可以抑制机体自由基形成，保护细胞的正常分化，阻止上皮细胞过多增生角化，进而减少细胞癌变，抑制癌细胞的增殖，诱导癌细胞向正常细胞分化，提高机体的免疫功能。这可能是维生素E的防癌机制。

3. 维生素C

流行病学资料显示，摄入富含维生素C的膳食对口腔癌、食管癌和胃癌的保护作用有较强的一致性，其中高维生素C摄入量可降低胃癌发病危险性的证据较为充足，而对于结肠癌和肺癌的保护作用仅有轻、中度的一致性。资料不支持维生素C与前列腺癌的相关性，与乳腺癌的关系也不一致。有维生素C可降低宫颈癌和胰腺癌的证据。维生素C具有很强的抗癌作用，可能是由于：①阻断致癌物质亚硝胺的合成；②促进淋巴细胞的形成；③大剂量维生素C能增强机体免疫功能；④增加胶原物质的生成，增强机体自身对癌细胞的抵抗能力；⑤加速机体致癌化合物的排出，抵消凋亡细胞的毒素；⑥促进机体干扰素的合成；⑦通过对癌细胞能量代谢的影响直接抑制癌细胞生长。研究表明，摄入新鲜的蔬菜和水果与各种肿瘤的死亡率呈负相关，黄绿色蔬菜和水果中不仅含有β-胡萝卜素和膳食纤维，也含有丰富的维生素C。

4. 其他维生素

叶酸缺乏使食管癌的危险性增加，补充叶酸可降低溃疡性结肠炎的肠黏膜上皮不典型增生的发生。叶酸和富含叶酸的食物与大肠癌和乳腺癌的危险性呈明显负相关。维生素B_2、泛酸和烟酸对于调整新陈代谢的关键酶的合成起着重要作用，对预防消化系统恶性肿瘤有着重要意义。维生素B_2缺乏对二乙基亚硝胺诱发肝癌有促进作用。维生素B_6可抑制膀胱癌的进展和转移。维生素D可抑制肿瘤细胞的增殖，还可通过钙的作用来抑制肠道胆汁酸及其衍生物的促癌作用。维生素K_3也具有抑癌活性。

（六）矿物质

1. 钙

从理论上来说，钙通过与潜在性致癌物，如次级胆汁酸结合，以及通过降低黏膜增殖、增加细胞分化而降低大肠癌的危险性，在啮齿类动物和人类体内、体外的研究中已经显示钙对结肠细胞的这种作用。钙离子参与上皮细胞增殖和分化的全过程，机体钙水平是直肠癌致病的因素之一。摄取常规膳食时肠内钙浓度就可以抑制结肠上皮生长，降低盲肠黏膜鸟氨酸脱羧酶活性，而鸟氨酸脱羧酶在有丝分裂过程中发挥重要作用，其活性反映细胞增殖速度。结肠内的离子钙结合脱氧胆酸形成不溶性钙盐，从而抑制脱氧胆酸对结肠黏膜细胞的增殖作用，有利于防止癌变。虽然几项病原学研究显示在钙摄入量与大肠癌死亡率之间存在负相关，但许多病例对照研究和队列研究结果并不一致。有人采用分层分析和回归分析方法对24项流行病学研究进行了量化性总结，结果不支持钙预防大肠肿瘤发生假说。

2.镁

镁缺乏可影响T淋巴细胞杀伤能力，使机体免疫功能降低，甚至导致染色体畸变，诱发恶性肿瘤。

3.硒

硒的防癌作用是比较肯定的。资料显示，硒的营养状况与癌症发病率呈负相关，动物实验也强烈支持硒对许多部位癌症的保护作用。一项随机的临床干预试验表明，接受硒补充剂的人群与对照组相比，癌症的总发病率、总死亡率以及肺癌、大肠癌和前列腺癌的发病率均显著降低。这项有益的发现支持硒对癌症的预防作用。确定用于临床实验的硒的最适形式和剂量是比较复杂的，因为硒的有效剂量和中毒剂量非常接近，而且不同个体硒的中毒阈值不同。亚硒酸钠可抑制培养的食管癌、胃癌、肝癌、乳腺癌细胞的生长，并且在预防胃癌、肝癌的人群干预研究中呈现良好效果。虽然硒并不是独立的抗氧化剂，但可作为谷胱甘肽过氧化物酶的构成成分，清除自由基、保护机体组织免受氧化性损伤。硒的其他保护机制包括改变致癌物的代谢，增强机体免疫功能，抑制蛋白质合成，刺激细胞凋亡，通过调整细胞分裂、分化及癌基因表达使癌细胞行为向正常方向转化。硒还具有促进正常细胞增殖和再生的功能。

4.碘

有资料表明，碘过多和缺乏都会增加甲状腺癌的危险性。病例对照研究显示，碘缺乏与甲状腺癌危险性增加存在着相关性，主要增加滤泡型甲状腺癌的发病率。当碘摄入量超过每日推荐摄入量的100倍时，可阻断甲状腺对碘的吸收，结果引发甲状腺肿瘤，主要是乳头型甲状腺癌。缺碘膳食和高碘膳食也都有可能增加甲状腺癌的危险性。碘缺乏也是乳腺癌、子宫内膜癌和卵巢癌的发病因素之一，缺碘可导致乳腺组织上皮细胞发育不良，增加乳腺组织对致癌物质的敏感性。

5.锗

锗可以诱发机体产生干扰素，并具有较强的氧化性，与肿瘤细胞争夺氢离子，抑制肿瘤细胞的生长。

6.钼

流行病学研究证明，缺钼地区人群中食管癌的发病率较高。缺钼地区人群机体免疫功能降低，癌的发病率增高。钼是植物组织内亚硝酸还原酶的组成成分，能使亚硝酸盐还原成氨而失去致癌毒性。缺钼则可使环境和植物体内的亚硝酸盐含量增加，从而影响动物和人群对亚硝酸盐的摄入量及蓄积量，当体内亚硝酸盐过多时，在一定条件下可与二级胺生成亚硝胺化合物，而亚硝胺化合物有较强的致癌作用。

7.锌

锌摄入过少和过多都会降低机体免疫功能，增加患癌危险性。锌摄入过多还可影响硒的吸收。流行病学资料显示，锌过量可能与食管癌和胃癌有关。

8.铁

流行病学资料表明，高铁膳食可能增加结肠癌、直肠癌和肝癌的危险性。动物实验发现铁缺乏可抑制大鼠肝脏肿瘤的发展，铁过多则可促进小鼠肝癌的形成。铁摄入过多与人类肝癌的关系尚需进一步研究。

(七)酒精

有充分的流行病学证据表明，饮酒可增加口腔癌、咽癌、喉癌、食管癌以及原发性肝癌的危险性。原发性肝癌与酒精性肝硬化有关。如果饮酒合并抽烟，则患癌症的危险性会进一步增加。饮酒也有可能增加患结直肠癌及乳腺癌的危险性。然而，无论是酒精摄入量对癌症危险性的确切影响，还是其作用机制均不十分明确，而且，研究资料结果也并不完全一致。由于难以得到个体酒精摄入量的准确数量，因此，很难对结果进行解释。

第四节　营养与骨质疏松症

一、概述

骨质疏松症是以骨量减少、骨的微观结构退化为特征，致使骨的脆性增加以及易于发生骨折的一种全身性骨骼疾病，是绝经后妇女和老年人最常见的骨代谢性疾病。骨质疏松症是一个世界范围的、越来越严重的健康问题。据估计，在美国、欧洲和日本，大约有 7500 万人患骨质疏松症，其中绝经后妇女所占比例较大。在美国和欧洲，每年大约有 250 万因骨质疏松症引起骨折的病人，此项医疗费用大约每年 230 亿美元。有国际学者预言，到 2050 年骨质疏松骨折的发病率以亚洲国家增长占首位，尤其多见于中国。由于我国人口众多，老年人群急剧增加，因此我们面临严重的挑战，骨质疏松症的防治已成为众所关注的公共卫生问题。

二、营养相关因素

(一)钙

钙是骨的主要成分，机体总钙量的 99%存在于骨骼和牙齿中。钙摄入量与骨的生长发育密切相关。新生儿骨钙的含量为 25g，成人骨钙的含量增达 1000～1500g，主要依靠摄入的钙补充。近 20 年来先后 4 次全国性营养调查均显示，我国居民平均钙的摄入量不足 500mg/d，其中重点人群的情况更差。成年妇女的雌激素促进小肠对钙的吸收，并促进肾小管对钙的重吸收。绝经后雌激素减少和老龄均出现钙吸收减少和尿钙排量增多，骨吸收有所增强，故应较成年期及时补充更多的钙剂，以预防或延缓骨量的丢失。研究显示，绝经后妇女晚期摄入钙剂对增加骨量、预防骨丢失或骨折均有作用。

(二)磷

机体内磷总量的 85%储存于骨骼和牙齿，与钙同为骨和牙的重要无机成分。体内钙、磷代谢十分复杂，两者之间互相制约，并维持一定的数量关系，一般在 2∶1 或 1∶2 范围，但儿童和老年人的钙磷比值应以 2∶1 为宜，不得超过此值。

(三)维生素 D

维生素 D 作为激素的前体，先后经体内肝、肾羟化酶催化，转变为具有生理作用的维生素 D(沉钙固醇)和维生素 D_3(胆骨化醇)等活性代谢物。维生素 D 可以促进钙的吸收。

(四)蛋白质

蛋白质是构成骨骼有机基质的原料，有些氨基酸有利于钙的吸收。长期蛋白质缺乏造成血浆蛋白降低，骨基质蛋白合成不足，新骨形成落后。同时，如有钙缺乏，骨质疏松即会加快出现。

（五）钠

钠与钙在肾小管有共同的转运通道，尿钠排出量增加会使尿钙排出量增加。钠对尿钙排出量的影响程度取决于肾小球滤过率、相关激素分泌状态和饮水量。高钠引起肾小球滤过率增加，肾小管对钙的重吸收率下降，尿钙排出量增加。据观察，每排出 300mg 钠，同时要排出 20～30mg 钙。限钠饮食可减少骨吸收，使绝经后妇女的骨盐含量增加，有利于骨质疏松的防治。

（六）镁

镁与钙既有协同作用，又互相竞争。钙不足时镁可略微替代钙，而血镁过高，又减弱钙的主动运转，阻止钙磷酸盐转化为羧磷灰石，延缓其沉积速度，抑制羧磷灰石与 Gla 骨蛋白结合，影响骨骼的正常钙化。另外，钙过多时，镁的吸收率下降，从而增加机体对镁的需要量。妇女绝经后骨质疏松被认为与镁的缺乏有关。

（七）其他元素

1. 氟

氟是维持骨、牙生长和代谢的必需微量元素之一。过多的氟进入体内使骨中氟、钙、磷比例失调，干扰钙、磷代谢。氟与钙结合成氟化钙，在骨中沉积，引起血钙降低和骨磷的释放，血磷升高，尿磷排出量增多。

2. 锰

骨细胞的分化、胶原蛋白及黏多糖的合成等都与锰有关。锰缺乏时，骨细胞分化及其重要结构成分的合成受到抑制，组织结构发生缺陷，骨骼呈现异常。有人认为缺锰是骨质疏松症的潜在致病因素。

3. 硅

硅是成骨细胞中的主要离子之一，参与骨正常生长的一系列反应，对骨的矿化过程有明显作用。此外，在成骨过程中，硅与镁、氟等矿物元素之间也存在着一定的关系。

4. 锶

锶与钙代谢关系极为密切。锶缺乏时，骨的生长受到抑制，骨钙化不良。钙与锶有相同的吸收途径和载体，而钙与载体的结合力大于锶。锶过量时明显影响钙、磷代谢。

5. 铝

铝摄入过多，影响磷的吸收，干扰骨代谢。铝可直接作用于成骨细胞，抑制其活性，并影响某些酶对甲状旁腺的反应，抑制 PTH 释放，导致骨代谢异常。

6. 其他

硒与钙、磷一起加速骨的矿化过程。钼过多可影响钙、磷代谢，促进铜的排出，加重氟中毒症状，不利于骨骼健康。某种元素过多或缺乏都会对其他元素产生影响。因此，必须科学地选配食物，使膳食中的各种元素尽量保持平衡、适量。

（八）膳食纤维

大量粗纤维可影响钙的吸收，增加粪钙的排出。一般地讲，增加纤维会影响钙的吸收与钙平衡，特别是对平时钙摄入量低的老年人影响最大。

（九）植物化学素

人类摄取食物，获得必需营养素，同时获得某些非营养素成分化学物质，这些物质泛称为植物化学素。这类植物化学素对骨质疏松症的防治有重要作用，其作用机制有待进一步研究。

三、营养治疗

(一)营养治疗的目的

目前为止的治疗方法,可使变细的骨小梁增粗,穿孔得以修补,但尚不能使已断裂的骨小梁再连接,也就是不能使已破坏的骨组织微结构完全修复。因此,对骨质疏松的预防比治疗更为现实和重要。从童年期开始,重视营养、平衡膳食,尽量避免和矫正诱发本病的不利因素。营养治疗的目的是在合理能量和蛋白质供给的基础上,通过膳食补充钙、磷、维生素D等,预防和治疗骨质疏松症。

(二)营养治疗的原则

营养治疗的原则和要求如下:

1.能量供应与个人生理需要相适应

儿童生长迅速,代谢旺盛,能量供给必须充裕,按单位体重计算,相对地高于成年人。如11岁男童的一日能量摄入量为10.04MJ(2400kcal),相当于从事轻体力劳动的成年人。而处于生长第二个高峰的青春期时,其能量摄入量超过从事中等劳动强度的成年人,如14岁青少年的能量摄入量为12.13MJ(2900kcal),而后者能量摄入量为11.30MJ(2700kcal)。能量的摄入量应与本人年龄、性别、生理需求、生活劳动情况等相适应,保持适宜体重,既要防止能量长期过量,导致肥胖,又要避免盲目节食、减肥,导致营养不良。

2.蛋白质量宜适中

适量的蛋白质可增加钙质的吸收与储存,有利于骨骼生长和延缓骨质疏松的发生,但并不意味着要采用高蛋白质饮食。因为过量蛋白质可引起尿钙排出量增多,反而对骨组织不利。一般认为健康成年人每日摄入1.2～1.4g/kg蛋白质比较合适。处于生理特殊时期(生长期、妊娠期、哺乳期)则应酌量增加。动物性和植物性蛋白质合理搭配,其中优质蛋白质占1/2～1/3。常吃一些富含胶原蛋白和弹性蛋白的食物,如牛奶、蛋类、肉皮、鱼皮、猪蹄胶冻、鸡鱼胶冻以及甲鱼裙边等加工烹制的菜肴佐餐。

3.加强钙的营养,科学补钙

目前我国营养学会推荐的成年人钙的参考摄入量为800mg/d,中老年人为1000mg/d。妇女妊娠期(中后期)及哺乳期骨骼更新加快,钙的储存量受摄入量的影响,钙的*RNI*增加到1200mg/d。补钙问题应区别对待,对确实缺钙者,应以食补为基础。食物补钙最安全,也容易被接受。补钙的首选食物为乳类及乳制品。牛奶含钙量多,250g牛奶约可供给300mg钙,其中乳糖、氨基酸等还可促进钙的吸收(吸收率高达40%以上)。日饮500g奶即可满足成人钙需要量的3/4。还可在医生指导下服用钙剂。

4.适量而平衡的无机盐

高磷摄入对钙代谢的影响在生长发育期的表现更为明显。磷酸盐过多引起骨盐丢失。老年性骨质疏松症的发生可能与高磷摄入有关。多吃富含钙质的食物,少饮含磷多的饮料,避免增加磷的摄入,影响钙、磷比例。

5.丰富的维生素

骨的生长与代谢受多种维生素的影响,其中与维生素D、K、C、A的关系最为密切。

6.避免摄入过多的膳食纤维

植物性食物是膳食纤维的天然来源。在蔬菜、水果、粗粮、杂粮、豆类及菌藻类食物中含量丰富。目前我国营养学会推荐的成年人膳食纤维参考摄入量及范围是：低能量饮食1800kcal为25g/d；中等能量饮食2400kcal为30g/d；高能量饮食2800kcal为35g/d。一般建议不超过此量。

7.多摄入植物化学素含量丰富的食物

植物化学素广泛存在于各类食物中。豆类和茶叶等许多食源性植物及柑橘属的多种水果均含有大量的黄酮化合物，如橘红素和川陈皮素。大豆中含有大豆异黄酮，茶叶中含有茶多酚。

8.注意膳食调配和烹饪加工

尽量消除和避免干扰钙质吸收的膳食因素。采用科学的烹饪方法，大米在洗前先用温水浸泡；面粉、玉米粉、豆粉等经过发酵烘烤，均可使谷类中的植酸酶活性增加，分解植酸盐，释放出钙与磷，提高其利用率；含草酸多的蔬菜可先在沸水中焯一下，滤去溶于水中的部分草酸，然后再炒或拌食；去油骨头汤加醋，有利于钙在酸性环境中溶解和被吸收；炸酥小鱼、盐焗虾、蟹可连骨带壳吃，均可增加钙的摄入量。一些风味食品（如酒糟蛋、酒糟鱼等）均含较多的钙质。此外，加强自我保健意识，建立健康的生活方式，改掉不良的嗜好和饮食习惯，戒烟、限酒，少饮咖啡、浓茶、可乐和碳酸饮料，对防治骨质疏松症会有所帮助。

第五节　营养与肥胖

随着人类膳食和生活方式的演变，日益常见的高脂肪、低碳水化合物的膳食方式以及低强度体力活动，使肥胖率在我国城乡各类人群中迅速上升。同时，肥胖症在其他发展中国家也迅速流行。WHO的资料显示，全世界肥胖者正以每5年增长1倍的速度增长，目前全球至少有25亿多肥胖者。肥胖将成为21世纪人类社会重要的医学和公共卫生问题之一，成为一种重要的慢性病。不仅如此，肥胖症会引发许多并发症，并且已经成为引起高血压、糖尿病、血脂异常、冠心病、心肌梗死、脑卒中、乳腺癌等多种癌症发生的主要危险因素，被世界卫生组织认定为影响健康的第五大危险因素。

一、肥胖的定义与分类

（一）肥胖的定义

肥胖是指机体脂肪含量过多，即人体脂肪的过量储存，表现为脂肪细胞增多和（或）细胞体积增大，即全身脂肪组织块增大，与其他组织失去正常比例的一种状态，常表现为体重超过了相应身高标准体重的20%以上。虽然肥胖常表现为体重超过标准体重，但超重不一定就是肥胖。机体肌肉组织和骨骼如果特别发达，重量增加也可使体重超过标准体重，如运动员，但是这种情况并不多见。肥胖必须是机体的脂肪组织增加，导致脂肪组织所占机体重量比例的增加，是不良的正能量平衡和体重增长。

（二）肥胖的分类

肥胖按发生原因可分为以下三大类：

1.遗传性肥胖

遗传性肥胖主要指染色体、DNA等遗传物质发生改变而导致的肥胖，极为罕见，常有家族性肥胖倾向。

2.单纯性肥胖

单纯性肥胖为各类肥胖症中最常见的一种，指排除由遗传性、代谢性疾病，外伤或其他疾病所引起的继发性、病理性肥胖，而单纯由于营养过剩所造成的全身性脂肪过量积累。单纯性肥胖患者一般体态匀称，皮下脂肪分布均匀，多数患者喜食油腻及甜味食品，且不爱活动，有胸闷、汗多、气短等症状。肥胖儿童中约99%以上属于单纯性肥胖。某些特殊情况下，由于人体自身的需要，也可使个体处于脂肪蓄积过多的状态，这种状态在某种意义上有利于机体，如妊娠期及哺乳期的肥胖。另外，个别特殊职业也需要机体有较多的脂肪蓄积，如相扑运动员、举重运动员等，但仍属于单纯性肥胖之列。

3.继发性肥胖

继发性肥胖主要指由于继发于某种疾病所引起的肥胖，一般均有明显的疾病因素可寻。其包括的范围较广，临床上常继发于神经—内分泌—代谢紊乱基础上的肥胖或遗传性疾病所致的肥胖。

二、肥胖的发生机制及影响因素

肥胖发生的确切机制还不甚清楚，但主要原因是慢性营养过剩，机体的能量摄入大于机体的能量消耗，从而使多余的能量以脂肪形式储存，并最终导致肥胖。肥胖发生还有其他一些原因，例如基因倾向、久坐的生活方式和避免身体脂肪堆积过多的机制受损等。

肥胖发生的原因大体可以分为内因和外因。

(一)肥胖发生的内因

肥胖发生的内因，主要是指影响肥胖发生的遗传生物学基础。遗传因素表现在两个方面：一是遗传因素起决定性作用，从而导致一种罕见的畸形肥胖；二是遗传物质与环境因素相互作用而导致肥胖。

(二)肥胖发生的外因

肥胖发生的外因，主要是指影响肥胖发生的因素，即环境因素。

1.社会因素

随着我国经济的迅速发展和人民生活水平的提高，人们的温饱问题已经基本解决，人民的生活水平在向小康型迈进的过程中，膳食结构的改变，动物性食物摄入的增加，体力活动的减少，以及各种不良生活习惯的存在，共同导致了我国超重和肥胖人口的迅速增加。如由于交通的发达、便利、快捷，人们的体力活动量明显减少了；由于电脑及电视机的普及，小到5岁的孩童，长至80岁的老妪都愿意待在家中；同时，便捷的网上订餐及购物系统，大幅度地降低了人们出行的机会等。这些因素均会导致能量摄入大于支出，从而引起肥胖。

2.饮食因素

进食营养过多，可导致肥胖。与肥胖发生有关的营养因素主要包括妊娠期营养因素；人工喂养及其辅食添加；偏食、多食，饮食结构不良；食物能量密度较高；进食注意力与进食速度等。

3.行为心理因素

不良的进食心理也是肥胖发生的重要危险因素。如非饥饿状态下看见食物或看到别人进食也易诱发进食的动机；部分肥胖者由于常常受到排斥和嘲笑，产生自卑感，性格逐渐内向抑郁，不愿参加集体活动，这些行为心理方面的异常又常常以进食得到安慰；边看电视边进食，睡前进食等。这些异常的进食行为均可大大加速肥胖的发生。肥胖导致心理、行为问题，而心理、行为问题又促进肥胖，两者相互促进，相互加强，形成恶性循环。

三、与肥胖发生有关的营养因素

1.妊娠期营养因素

妊娠期营养对胎儿的影响主要集中在对出生体重的影响和肥胖母亲与子女肥胖的关系两个方面。肥胖母亲生的孩子亦较肥胖，其中大约有1/3肥胖母亲所生的婴儿体重超过4000g，目前尚无证据表明母亲的肥胖与胎儿大小直接相关。同时发现，母亲在孕期突然变得肥胖，其子女日后发生肥胖的机会可能增加，原因可能是孕期胎盘转移大量脂肪、代谢率降低、子宫内运动减少。有研究报道，如果母亲为肥胖患者，而新生儿皮下脂肪厚度超过正常值，那么儿童日后就非常可能发生肥胖。

2.人工喂养及其辅食添加

一方面，人工喂养会失去母乳喂养所特有的奶量自动调节机制，即人工喂养的母亲会按照自己的意志和营养知识水平去喂养儿童。另一方面，由于母乳喂养与人工喂养时母亲对孩子饱感的感觉不同，人工喂养的母亲较母乳喂养的母亲还可能过早地添加固体食物。近年来有关肥胖病病因的研究表明，过食、人工喂养、过早添加固体食物的喂养模式均是引起肥胖病的高危因素。

3.偏食、多食，饮食结构不良

肥胖者的过食现象相当普遍，肥胖者最喜欢的是中国人的大餐和美国人的快餐。膳食结构不良、能量过高，且不能节制也是超重或肥胖的重要因素。这些因素在某种程度上比遗传更重要，但这些因素是可以改变和控制的。调查表明，肥胖双亲的生活方式和饮食习惯，包括喜爱的食品、烹调方式以及好静、不爱活动的习惯等，已形成一种氛围，在这种氛围下，子女发生肥胖的机会大大增加，很容易喂养出肥胖的子女。

4.能量密度较高的食物

近年来推出的、用于评价食物供能多少的一个概念是食物的能量密度，指平均每克食物摄入后可供能的热卡数。炸土豆片、软饮料、糖等食品也属于能量密度较高的食物，其主要成分虽是碳水化合物，但能量密度甚至高达12.55～16.74kJ/g(3～4kcal/g)以上，因此对肥胖发生也有着不可抹灭的诱导作用。

5.进食注意力与进食速度

绝大多数肥胖患者进食的主要表现为：进食时所选择的食物块大，咀嚼少，每一块吃得快，整个进食速度也较快，以及在单位时间内吃的块数明显较多等。影响肥胖者进食的其他行为因素还包括吃甜食频率过多、非饥饿状况下看见食物或看见别人进食也易诱发进食动机、以进食缓解心情压抑或情绪紧张、边看电视边进食以及睡前进食等。这些进食行为的异常均可大大加速肥胖的发生和发展。

四、肥胖病的营养治疗

（一）总能量的控制

能量摄入多于消耗是肥胖的根本原因。对肥胖的营养治疗措施首先是控制总能量的摄入，即饮食供给的能量必须低于机体实际消耗的能量，使机体造成能量的负平衡，促使长期入超的能量被代谢掉，直至体重恢复到正常水平。为了达到较好的减肥效果，减少能量摄入必须是长期的。对轻度肥胖的成年患者，一般在正常供给量基础上按每天少供给能量 523～1046kJ(125～250kcal)的标准来确定其一日三餐饮食的供给量，这样每月可稳步减肥 0.5～1.0kg。而对中度以上的成年肥胖者，由于其潜在肥胖的趋势较大，常伴有食欲亢进及贪食高能量的食物等因素，同时因肥胖限制体力活动，使能量消耗又进一步下降，易于形成恶性循环，以致肥胖的趋势往往难于遏制，必须严格限制能量，每天以减少能量 2.3～4.6MJ(550～1100kcal)为宜，可以每周减少体重 0.5～1.0kg。

（二）蛋白质的供给

对于年龄很小或刚刚发生的轻中度肥胖儿童，考虑到生长发育，可按不太严格的饮食调整进行治疗，并不绝对限制能量摄入。但对于中重度肥胖儿童，其摄食量就应予以适当限制，5 岁以下每日摄入能量为 2512.08～3349.44kJ，5 岁以上为 3349.44～5024.16kJ，青春期则为 6280.2～8374.6kJ。对于采用低能量饮食的中度以上肥胖的成人患者，其食物蛋白质的供给量应当控制在占饮食总能量的 20%～30%，即以每 4.18MJ(1000kcal)供给蛋白质 50～75g 为宜。同时，由于在严格限制饮食能量供给的情况下，蛋白质营养过度还会导致肾功能损害，故低能量饮食的蛋白质供给不宜过高，而应选用如牛奶、鱼、鸡、鸡蛋清、瘦肉等高生物效价的蛋白质。另外，嘌呤可增进食欲和加重肝肾代谢负担，故动物的肝、心、肾等含高嘌呤的动物内脏性食物应加以限制。

（三）限制脂肪

减少脂肪摄入是降低体重最重要的措施。过多的脂肪摄入可导致肥胖者的脂肪过多地沉积在皮下组织和内脏器官，常易引起脂肪肝、高脂血症、冠心病等并发症。尤其在限制糖类供给的情况下，过多的脂肪摄入还会引起酮症。限制饮食能量供给时，必须限制饮食脂肪的供给量，尤其需限制动物性脂肪的摄入。为使饮食含能量较低而耐饿性较强，又不应对饮食脂肪限制得过于苛刻。所以，肥胖者饮食脂肪的供能量以控制在占饮食总能量的 25%～30%为宜，任何过高或过低的脂肪供给都不可取。每日摄入脂肪 50～60g 为宜，可选用含单不饱和脂肪酸或多不饱和脂肪酸丰富的橄榄油、茶油或葵花子油、玉米油、花生油、豆油、菜子油等植物油。少食猪油、牛油及动物内脏等。膳食胆固醇的摄入量则与正常要求相同，通常每人每天小于 300mg 为宜。

（四）限制碳水化合物的摄入量

碳水化合物的来源，应选择谷类食物，并严格限制糖、巧克力、含糖饮料及零食。谷物中则应多选择玉米面、荞麦面、燕麦等粗杂粮。由于糖类在体内能转变为脂肪，尤其是肥胖者摄入单糖后更容易以脂肪的形式沉积，因此必须严格限制糖类的摄入。同时因糖类饱腹感低，能增加食欲，而中度以上肥胖者可有食欲亢进，因此低能量饮食中糖类比例若仍按正常或高于正常要求给予，则患者难以接受。此外，为防止酮症和出现负氮平衡，糖类供给一般应控制在占总能量 40%～55%为宜。

（五）保证维生素和矿物质的供应

节食减肥时，由于长期限制饮食，因此应保证充足的维生素、矿物质和微量元素的供应。新鲜蔬菜和水果含有丰富的维生素 B_1、维生素 B_2、维生素 B_6、维生素 B_{12}、维生素 C、烟酸及叶酸等水溶性维生素。新鲜蔬菜和水果含能量很低，营养丰富且饱腹感明显，所以在节食减肥时不要过分限制。进食过多的盐对健康不利，特别是有高血压的病人。食盐还能引起口渴并能刺激食欲和增加体重，多食不利于肥胖病治疗，故每天食盐摄入以 3～6g 为宜。

（六）膳食纤维的供给

膳食纤维可不加限制，含膳食纤维高的食物（粗粮、蔬菜、水果等）对健康非常有利，尤其是对肥胖者。例如全麦粉比精制面粉对健康更有利。凡膳食纤维多的食物均可适当多用，每人每天膳食纤维供给量以不低于12g为宜。因理论上膳食纤维会引起吸收不良，因此已有较多肥胖患者使用过增加食物容积的食品（甲基纤维素以及其他纤维），但至今没有令人信服的效果。因此完全依赖膳食纤维进行饮食控制尚未见有明确的证据，也未见可以减少食物的摄入量。

（七）营养的三餐分配及其烹调

进食餐次则应因人而异，通常为三餐，当然以能增加次数为好，一天的膳食应分成3～6餐。三餐的食物能量分配，可参照美国著名医学博士肯尼恩·库珀关于三餐的能量分配比例，并根据减肥需要稍作调整：早餐27%、午餐49%、晚餐24%。在分配一日三餐比例时，一是将动物性蛋白质和脂肪含量多的食品尽量安排在早餐和午餐吃，晚上以清淡为主，含糖量低且利于消化；二是三餐量的比例应是午餐＞早餐＞晚餐。饮食的烹调方法则宜采用蒸、煮、烧、氽等，忌用油煎、炸的方法。煎炸食物含脂肪较多，并刺激食欲，因此不利于减肥治疗。同时，切勿迷信时髦减肥食品，食物必须大众化、多样化。事实上，只要含能量低、来源分配得当，而且营养平衡，那么任何普通饮食都可成为良好的减肥饮食。至于色、香、味、形的选择与调配，则应尽可能符合具体对象的具体爱好。

（八）营养治疗中的注意事项

1. 认识肥胖的不良后果及其营养调节的意义

对肥胖患者进行健康教育，引导患者认识肥胖的不良后果及其营养调节的意义是重要的减肥措施之一。一旦患者有了正确的认识，才有可能改变饮食行为。如与营养控制的肥胖者共同进食，则可以增加减肥的效果。因此实行肥胖的营养治疗时尚要注意患者心理的调节，尤其在营养调节的初期应给予患者足够的关心和鼓励。

2. 行为调整

行为调整不是精神或心理治疗，而是让每个人反省自己的生活和饮食行为，找出不良的生活或饮食习惯，然后加以调整。行为调整在肥胖的饮食治疗中也至关重要。

具体的措施有：①感到焦虑时，应避免采用进食来缓解；②避免边看电视边吃零食；③进食时充分咀嚼，避免进食速度过快；④规律饮食，不暴饮暴食，避免吃饭过饱；⑤避免经常喝酒或经常在饭店进餐；⑥晚餐要少，避免睡前加餐或晚餐吃得非常好之后又很少活动；⑦多吃蔬菜，少吃荤菜；⑧避免偏食、挑食，改掉喜吃甜食、零食，临睡前吃点心，饭后立即睡等习惯；⑨因咖啡、浓茶能刺激胃液分泌，增加食欲，因此需禁咖啡、浓茶。

3. 其他注意事项

肥胖者的营养治疗还应包括：①饮食变化应循序渐进，避免急于求成。若减肥饮食与平常差别过大，如以配方流食来代替一日三餐，营养虽已保证，但口腹之欲得不到基本满足，就难以长期坚持，一旦恢复日常饮食必定反弹。②避免进水过少。虽然减少水的摄入可以增强饮食控制，但长时间水分不足，不但会导致身体脱水，而且会引起体内电解质代谢紊乱而危及健康，因此进水应适当。③注意食物体积大小。肥胖者常常喜欢进食如鸡块、大块肉等大块食物，因此应尽量减少体积较大食物的进食。但若食物体积过小，胃得不到饱感信号，终日有饥饿感，最终也将导致减肥失败。

本章小结

营养相关疾病已成为威胁人类健康的重要公共卫生问题。本章简要介绍了心血管疾病的种类及临床症状,糖尿病、骨质疏松症、肥胖的症状,肿瘤发生的原因。本章重点介绍了心血管疾病的营养食疗,糖尿病的饮食宜忌和营养食疗,肿瘤、骨质疏松症、肥胖的食物选择和食疗方法。

思考题

一、判断题

1. 维生素 B_1、维生素 C、维生素 E、泛酸与烟酸等均具有降低胆固醇、防止其在血管壁沉积的作用,并可使已沉积的粥样斑块溶解。( )

2. 高血压病患者应限制摄入钠离子。( )

3. 冠心病患者禁用高胆固醇食物。( )

4. 对糖尿病患者,消瘦者必须提高能量摄入以增加体重。( )

5. 糖尿病人的蛋白质摄入量过多可能是引发糖尿病肾病的一个饮食原因。( )

6. 为使饮食含能量较低而耐饿性又较强,肥胖者摄入的脂肪应控制在总能量的25%~30%。( )

二、填空题

1. 冠心病患者可以随意进食________、________、________等食物。

2. 发现有骨质疏松现象,可以采取直接补充________加钙剂的方法来预防。

3. 糖尿病人饮食中蛋白质供给的能量占总能量的________为宜,通常是每千克体重供给________g蛋白质为宜。

4. 成年轻度肥胖者,按每月减轻体重________kg为宜,即每天减少0.53~1.05MJ能量来确定每天三餐的标准。

5. 预防肿瘤的饮食原则规定,膳食以________为主。

6. 骨质疏松症患者的食疗药膳可以是________、________等。

三、选择题

1. 决明子粥可以作为( )患者的食疗药膳。

A. 消化性溃疡　B. 高血压　C. 糖尿病　D. 肝胆病

2. 肥胖症患者宜选用( )食物。

A. 低热能　B. 高脂肪　C. 高盐　D. 辛辣刺激

3. ( )不是肿瘤的诱因。

A. 高糖　B. 蛋白质摄入量增加到正常人的2~3倍

C. 高脂肪　D. 维生素C丰富

四、简述题

1. 试按照类型简述心血管疾病的预防与营养食疗。
2. 试简述糖尿病患者的营养治疗及饮食选择。
3. 怎样预防肥胖症的发生？试举例说明肥胖症患者的饮食宜忌。
4. 肿瘤的发生可能与哪些因素有关？试简述肿瘤患者的饮食原则。
5. 试简述骨质疏松症的营养治疗、食物选择、早期预防。

五、技能题

试举例说明如何针对不同的患者采取不同的营养治疗措施。

实训一　儿童超重和肥胖的判断

一、实训目的

掌握判断儿童超重和肥胖的方法。

二、步骤

(一)明确我国儿童身高体重正常指标

我国儿童身高体重对照表见表 6-1。

表 6-1　儿童身高体重对照表

年龄	男孩		女孩	
	身高(cm)	体重(kg)	身高(cm)	体重(kg)
2 月	52.1～57.0	4.3～6.0	51.2～55.8	3.4～4.5
3 月	55.5～60.7	5.0～6.9	54.4～59.2	4.0～5.4
4 月	58.5～63.7	5.7～7.6	57.1～59.5	4.7～6.2
5 月	61.0～66.4	6.3～8.2	59.4～64.5	5.3～6.9
6 月	65.1～70.5	6.9～8.8	63.3～68.6	6.3～8.1
8 月	68.3～73.6	7.8～9.8	66.4～71.8	7.2～9.1
10 月	71.0～76.3	8.6～10.6	69.0～74.5	7.9～9.9
12 月	73.4～78.8	9.1～11.3	71.5～77.1	8.5～10.6
15 月	76.6～82.3	9.8～12.0	74.8～80.7	9.1～11.3
18 月	79.4～85.4	10.3～12.7	77.9～84.0	9.7～12.0
21 月	81.9～88.4	10.8～13.3	80.6～87.0	10.2～12.6
2 岁	84.3～91.0	11.2～14.0	83.3～89.8	10.6～13.2
2.5 岁	88.9～95.8	12.1～15.3	87.9～94.7	11.7～14.7
3 岁	91.1～98.7	13.0～16.4	90.2～98.1	12.6～16.1
3.5 岁	95.0～103.1	13.9～17.6	94.0～101.8	13.5～17.2
4 岁	98.7～107.2	14.8～18.7	97.6～105.7	14.3～18.3
4.5 岁	102.1～111.0	15.7～19.9	100.9～109.3	15.0～19.4
5 岁	105.3～114.5	16.6～21.1	104.0～112.8	15.7～20.4

续表 6-1

年龄	男孩		女孩	
	身高(cm)	体重(kg)	身高(cm)	体重(kg)
5.5 岁	108.4～117.8	17.4～22.3	106.9～116.2	16.5～21.6
6 岁	111.2～121.0	18.4～23.6	109.7～119.6	17.3～22.9
7 岁	116.6～126.8	20.2～26.5	115.1～126.2	19.1～26.0
8 岁	121.6～132.2	22.2～30.0	120.4～132.4	21.4～30.2
9 岁	126.5～137.8	24.3～34.0	125.7～138.7	24.1～35.3
10 岁	131.4～143.6	26.8～38.7	131.5～145.1	27.2～40.9

(二)儿童体重测量

每次测量要在宝宝排去大小便后及空腹的情况下进行,测量后减去衣服、尿布的重量即是宝宝体重。1 岁以内最好每月测量 1 次。

(三)儿童体重判断

判断宝宝的体重是否正常有两种方法,即年龄体重和身高体重。前者主要是根据宝宝的实际月龄或年龄,运用计算公式计算出的体重,或根据宝宝生长速度的规律推算出来的,如出生后的最初 3 个月,每周体重增加 180～200g;3～6 个月,每周增加 150～180g;6～9 个月,每周增加 90～120g;9～12 个月,每周增加 60～90g;第 2 年平均增加 2500～3000g;2 岁以后平均每年增加 2000g 左右。后者是根据宝宝的身高、性别来判断,年龄并不是关键因素,因为两个年龄相同的宝宝,体重也许有很大差别,但如果各自与自己的身高相称就不是异常。因此,判断宝宝是否超重一定要对照同性别者身高体重的正常标准。

(四)肥胖儿判定标准

体重超过同性别、同身高儿童标准体重的 20%者,即可认为是肥胖儿。因此,判断宝宝是否肥胖要以身高体重的标准来衡量。据超重不同程度可分为:

轻度:超过标准体重的 20%～29%;

中度:超过标准体重的 30%～49%;

重度:超过标准体重的 50%以上。

实训二　负荷尿中核黄素的测定

一、实训目的

核黄素是机体的物质代谢和能量代谢中不可缺少的物质。通过测定食物中核黄素的含量,可了解人体核黄素的摄入情况。尿液中核黄素的排出量测定是评价人体核黄素营养状况的一种方法,包括负荷试验和核黄素肌酐比值测定。

二、实训原理

含有核黄素的溶液在紫外线照射下发黄绿色荧光,在稀溶液中荧光强度与核黄素浓度成正比。核黄素又可被低亚硫酸钠还原而失去荧光,故测定还原前后的荧光强度可去除干扰性荧光物质的影响。

三、实训仪器与试剂

荧光光度计；酸性水（取浓硫酸 0.3mL，加蒸馏水至 200mL）；核黄素标准储备液（精密称取 25mg 核黄素于 1000mL 容量瓶中，用酸性水稀释至刻度，移至棕色瓶内，冷藏备用）；核黄素标准应用液（吸取上述储备液 4mL，用酸性水稀释至 100mL，临用时配制）；低亚硫酸钠（$Na_2S_2O_4$）。

四、实训步骤

（一）样品

取尿样 1mL，加酸性水 19mL 于一具塞试管内，混匀，在激发波长 420nm 和发射波长 530nm 处测定荧光强度，记下读数（A）。取 10mg 低亚硫酸钠直接加入比色杯内，摇匀，立即测定荧光强度并读数（B）。

（二）内标准

取尿样 1.0mL，加核黄素标准应用液 1.5mL，加酸性水 17.5mL，混匀，在同样的情况下测定荧光强度，记下读数（C）。取 10mg 低亚硫酸钠直接加入比色杯内，摇匀，立即测定荧光强度并读数（D）。

五、实训结果计算

$$\text{尿中核黄素含量}(\mu g)=\frac{A-B}{C-D}\times\text{内标核黄素含量}(\mu g)\times\frac{\text{尿液总量}(mL)}{\text{分析尿用量}(mL)}$$

六、实训说明

（1）所有操作需在暗室内进行。荧光测定法参考值为每天尿液中核黄素为 0.1～0.4mg。

（2）作内标准的目的是除去尿样中可能存在的有荧光的物质。

（3）使用荧光光度计需用荧光红钠校正。

荧光红钠溶液的配制：溶解 25.0mg 荧光红钠于少量水中，搅拌使其溶解后加水至 250mL，此液为储备液。取储备液 0.25mL，加水稀释成 250mL，为工作液。

校正步骤：首先选择所需激发波长和发射波长，校正仪器零点，然后以荧光红钠工作液校正荧光计使指针在某一刻度，再测定样品的荧光强度。

（4）如遇尿样浑浊，难以直接读数，可将尿液按食品中核黄素的测定方法稀释后，过硅镁层析柱再进行测定。

收集一天的尿液于棕色瓶内，瓶中预先加入 10%硫酸 20mL，以防维生素 B_2 被破坏。

尿液中的核黄素受饮食因素的影响较大。一般膳食时，尿中排出量占摄入量的 10%～20%，排出量升高表明服用了维生素 B_2。

评论核黄素的营养状况最好进行核黄素饱和试验。尿液核黄素排出量占摄入量的 20%为营养状况正常，若低于 20%，可能缺乏核黄素。

第七章 食品的营养强化

知识目标

1. 了解营养强化食品和食品营养强化剂的定义及分类。
2. 理解食品营养强化的意义和作用。
3. 掌握食品营养强化的基本要求及管理。

技能目标

1. 能运用所学知识对食品标签、配料表及营养标签进行解读。
2. 能运用所学知识进行简单的营养强化设计。

第一节 食品营养强化概述

一、相关术语和定义

1. 营养强化剂

营养强化剂是指为了增加食品的营养成分(价值)而加入到食品中的天然或人工合成的营养素和其他营养成分。

2. 营养素

营养素是食物中具有特定生理作用,能维持机体生长、发育、活动、繁殖以及正常代谢所需的物质,包括蛋白质、脂肪、碳水化合物、矿物质、维生素等。

3. 其他营养成分

其他营养成分是除营养素以外的具有营养和(或)生理功能的其他食物成分。

4. 特殊膳食用食品

特殊膳食用食品是指为满足特殊的身体或生理状况和(或)满足疾病、紊乱等状态下的特殊膳食需求,专门加工或配方的食品。这类食品的营养素和(或)其他营养成分的含量与可类比的普通食品有显著不同。

5. 食品强化

根据人体的营养需要向食品中添加食品营养强化剂以提高食品营养价值的过程称为食品的营养强化,或简称食品强化。根据目的,食品的营养强化大致概括为营养素的强化(fortification)、营养素的恢复(restoration)、营养素的标准化(standarization)、维生素的强化(vitaminization)四种类型。如不特别指明,均可统称为食品的营养强化。

6. 强化食品

按照食品营养强化剂使用标准的规定加入了一定量的营养强化剂的食品称为强化

食品。

二、食品营养强化的意义和作用

（一）弥补天然食物的营养素缺陷

人们由于饮食习惯和居住地区条件等的不同，可能会出现某些营养素的不足，造成营养失衡。例如，米、面中的赖氨酸等必需氨基酸不足，严重影响其蛋白质的营养价值；新鲜果蔬中的蛋白质和能源物质欠缺；乳、肉、禽、蛋等食物中维生素（特别是维生素C）的含量不能满足人类的需要；有些地区由于其先天的气候环境，可能缺少某种或某几种营养素，如碘、锌、硒等，这些地区的居民因此易患地方性营养缺乏症。为此，有必要针对性地进行食品强化，增补所缺少的营养素，这将大大提高其食品的营养价值，增进人体的健康。

（二）添加食品在加工、储存、运输等过程中损失的营养素

在食品加工过程中可能会导致部分营养素的损失。例如，在碾米和小麦磨粉的过程中会造成B族维生素的大量损失。在果蔬加工过程中（如制造水果、蔬菜罐头时），很多水溶性和热敏性维生素均有损失。赖氨酸是小麦等谷类食物的第一限制性氨基酸，在用小麦面粉烤制面包时，赖氨酸的损失率达10%左右；用小麦粉烤制饼干时，其赖氨酸的损失率可高达50%以上，与此同时，蛋氨酸与色氨酸也有重大损失。

食品在储存、运输过程中也会损失一定量的营养素，如新鲜果蔬自身氧化酶的作用，可使维生素C等有不同程度的破坏。

因此，添加食品在加工、储存、运输过程中损失的营养素是很有意义的。

（三）适应不同人群生理及职业的需要

处于不同生理条件和特殊环境下的人群，其所需的营养素有所不同，对食品进行营养强化可分别满足其营养需要。

例如，婴儿配方奶粉作为婴儿的代乳品，增加不饱和脂肪酸、乳酸或可溶性多糖、维生素和矿物质等，使其组成在量和质上均接近母乳。孕妇、乳母食品需进行钙、铁和叶酸等的强化。高温作业人员的食品中需增补维生素A、维生素B_2、维生素C。接触铅的作业人员应给以强化维生素C的食品。对于接触苯的作业人员，则应供给强化维生素C和铁的食品。

（四）简化膳食处理、方便摄食

为获得全面营养，为适应现代化快节奏的生活，不断涌现出许多方便食品和快餐食品，如婴儿配方奶粉、宇航食品等。这些即食食品将不同的食物予以搭配和强化，不仅简化了膳食处理、方便了摄食，同时也使人体获得了全面的营养需要。此外，对于某些特殊人群（如作战人员），既要求进食快速、简便，又要求膳食味美、营养全面，因而各国的军粮采用强化食品的比例很高，特别是在战时。对于从事地质勘探和极地探险等作业的人员也大多应用强化食品。

（五）预防营养缺乏病

从预防医学的角度看，食品强化对预防和减少营养缺乏病，特别是在预防某些地方性营养缺乏病方面具有很重要的意义。目前，食盐加碘已是世界范围内用于消灭地方性甲状腺肿的重要措施。对于用维生素B_1防治食米地区的脚气病，用维生素C防治坏血病和用维生素D防治小儿佝偻病等早已为人们所知。

(六)提高食品的感官质量和改善食品的保藏性能

例如,β-胡萝卜素和核黄素既具有维生素的作用,又可作为食品着色剂使用。维生素C和维生素E在食品中还具有良好的抗氧化性能,在食品加工中可作为抗氧化剂使用。当它们在肉制品中与亚硝酸盐并用时还具有防止亚硝胺生成的作用。

三、食品营养强化的基本要求

食品的营养强化可以改善食品的质量,提高其营养价值,但必须符合一定的原则。当要强化一种食品时,通常应满足以下要求:

1. 目的明确,针对性强

进行食品营养强化之前,首先要清楚强化食品的食用对象和强化目的,对其食物种类及营养状况进行全面、细致的调查研究,从中分析食物中缺少哪些营养成分,在此基础上选择适当的营养强化剂对其食物进行强化。

2. 符合营养学原理,易被人体吸收

强化后使食品所含各营养素的比例平衡,适合人体所需,同时尽量选用易于被人体吸收和利用的营养素作为强化剂,例如,常见的可作为钙强化剂的有氯化钙、碳酸钙、硫酸钙、磷酸钙、葡萄糖酸钙、柠檬酸钙和乳酸钙等,其中人体对乳酸钙的吸收最好。在实际应用食品强化剂时还应注意食品加工工艺的影响。

3. 确保强化食品的食用安全性和营养有效性

食品强化剂大多数是人工合成的化学物质,因此其质量、纯度必须符合食品卫生的有关规定。此外,营养强化剂与一般的食品添加剂在使用上有原则上的区别:食品添加剂在食品卫生上只要求对人体无害,因此只需规定使用量的上限即可;而营养强化剂除了要求对人体无害外,还要有一定的营养效应,所以对它的使用量要求既规定上限,又规定下限。各国均规定有营养强化剂的使用标准。

4. 不影响食品原有的感官性状

食品强化时,要考虑强化剂对强化食品感官性状的影响,应根据食品强化剂本身的特性选择好强化载体(强化食品),避免对食品的感官性状产生不利的影响。强化剂选用恰当时,有的可提高食品的感官质量和商品价值。如用β-胡萝卜素对黄油、奶油、干酪、冰淇淋、糖果、果汁饮料进行强化,不但可增加食品的营养价值,而且大大改善其感官质量。用维生素C强化果汁、肉制品,用黑色铁盐强化酱或酱油时,也不会影响食品原有的感官性状。

5. 稳定性高

食品强化剂如同其他食品成分一样,受温度、光照、氧气等的影响而发生变化,一部分强化剂被破坏,降低强化效果,因而需要考虑改进加工工艺和强化剂本身的稳定性。如用抗坏血酸磷酸酯代替抗坏血酸,用硫胺素二月桂硫酸盐等代替硫胺素,用维生素A棕榈酸酯代替维生素A都取得了良好的效果。同时,考虑到营养强化食品在加工、贮藏等过程中的损失,生产时需适当提高营养强化剂的使用剂量。

6. 经济合理,利于推广

食品营养强化是为了提高人们的营养和健康水平,在生产强化食品时,一定要注意营养强化食品经济上的合理性和推广性。

第二节　营养强化食品

强化食品的种类繁多，根据不同情况可有不同的划分：从食用角度分为强化主食品、强化副食品和强化公共系统的必需食品（如饮用水等）；按食用对象分为强化普通食品，强化儿童食品，强化孕妇、乳母食品，强化老人食品，以及其他各种特殊需要的强化食品等；按强化剂种类可分为维生素强化食品、矿物质强化食品、蛋白质和氨基酸强化食品等。目前，应用较多的是强化谷物食品、强化副食品、强化婴幼儿食品和儿童食品、强化军粮等。

一、强化谷物食品

谷类籽粒中营养素的分布很不均匀，其中糊粉层的营养成分较为丰富。但谷物在碾磨过程中，特别是在精制时糊粉层被破坏，损失很多营养素，而人们又喜爱食用精制米面，这样就容易造成某些营养素的摄食不足，特别是大米，经过淘洗、烹饪做成米饭以后，其水溶性维生素还可进一步损失。例如，我国稻米维生素 B_1 和维生素 B_2 的含量分别为 1.8mg/kg 和 0.6mg/kg，做成米饭后均仅含有 0.3mg/kg。中国营养学会对上述两种营养素提出的每日膳食营养推荐摄入量（*RNI*）（成人）：男子维生素 B_1 和维生素 B_2 均为 1.4mg；女子维生素 B_1 为 1.3mg，维生素 B_2 为 1.2mg。如此看来，确有必要对谷类食品进行适当的营养强化。

目前，许多国家对面粉、面包、大米等都进行人工强化。有的国家可自由添加，有的国家则是在法令中强制添加。我国规定在谷类及其制品中可强化维生素 B_1、维生素 B_2 3～5mg/kg，烟酸或烟酰胺 40～50mg/kg，L-盐酸赖氨酸 1～2g/kg，以及一定量的钙、铁、锌等（在婴幼儿食品中也可有类似的强化，但强化量不同）。2001 年，我国又规定在即食早餐谷类食品中可强化一定量的维生素 A、维生素 D、维生素 E、维生素 B_1、维生素 B_2、维生素 B_6、维生素 B_{12}、叶酸、泛酸、维生素 C、还原铁、氧化锌和碳酸钙。此外，膳食纤维也可在谷类及其制品中进行相应的食品强化。

二、强化副食品

（一）人造奶油和食用油的强化

在欧美国家，人造奶油的消费量很大，是每天必需食用的主要副食品。目前，全世界 80%的人造奶油几乎都进行了营养强化，主要强化维生素 A 和维生素 D，也有的以 β-胡萝卜素代替部分维生素 A 进行强化。我国规定在芝麻油、色拉油、人造奶油中可强化维生素 A、维生素 E，而在人造奶油中尚可强化维生素 D。

（二）饮料和酒的强化

饮料在人们的日常生活中有一定的重要性，也是进行食品营养强化很好的载体食品。通常，人们对一般的果汁和蔬菜汁等饮料都进行了一定的营养强化。我国规定在固体饮料中可强化维生素 A、维生素 D、维生素 C，以及维生素 B_1、维生素 B_2、维生素 B_6 等多种维生素。此外，尚可根据不同的需要进行矿物质的强化。在配制酒中尚可添加 L-盐酸赖氨酸、牛磺酸、维生素 B_1、维生素 B_2、维生素 B_6、烟酰胺等进行一定的营养强化。

（三）食盐的强化

食盐是人们生活的每日必需品，也是进行营养强化很好的载体食品。全球缺碘地区和国家大都在食盐中采用人工化学合成的碘酸钾和碘化钾来强化碘，用以防治缺碘性地方性甲状腺肿。我国还规定可在食盐中强化一定量的维生素 B_2，以及铁、锌、硒、氟等。但用硒源（如亚硒酸钠、富硒酵母、硒化卡拉胶、硒蛋白等）进行营养强化时必须在省级部门的指导下使用。在食盐中强化氟，则应在缺氟地区卫生部门的指导下使用。

(四)酱油和酱类的强化

酱油也是生活中常用的调味品，特别是在中国及东南亚国家和地区，有些国家对其进行了强化，主要添加维生素 B_1、维生素 B_2 和钙等，如高钙低盐酱油。酱类食品也是人们常用的调味品，主要强化的营养素有钙、磷、维生素 A、维生素 B_1、维生素 B_2、蛋白质等。

三、强化婴幼儿食品和儿童食品

(一)婴幼儿食品的强化

婴幼儿机体迅猛生长，所需要的热量、蛋白质及各种维生素、矿物质的数量比成人要多出 2～3 倍。另外，婴幼儿的咀嚼能力和消化系统发育尚不完善，只能靠食用专用食品来获取营养。

牛乳代替母乳喂养婴幼儿由来已久。但是，尽管牛乳营养丰富，却并不能完全满足人体的营养需要。例如，牛乳中的维生素 C、维生素 D、烟酸和铁等均不足，而在牛乳的加工、储存等过程中还会损失一部分营养素。因此，许多国家在生产奶粉时常常添加一些维生素和矿物质等加以强化，以满足人体的营养需要。在生产强化奶粉时，除了在生产过程中直接添加某些维生素和矿物质以外，有的产品则是先将牛乳脱脂，然后向脱脂乳中添加乳糖、植物油，以及维生素和矿物质等；有的产品在普通强化奶粉的基础上进一步按一定的配方制成婴儿配方奶粉（GB 10765—2010），使营养素组成成分在数量和质量上都接近母乳，用以满足婴幼儿全面的营养需要。此外，在婴幼儿配方奶粉中尚可用肌醇和二十二碳六烯酸（DHA）进行一定的营养强化。

(二)儿童食品的强化

儿童生长发育所需要的各种营养素主要从天然食物中获取，一般情况下都能满足儿童生长发育的需要。但如果儿童长期挑食、偏食或患有先天性营养缺乏症，就需要增加相应的营养素来强化食品。如缺铁性贫血的儿童和维生素 A 缺乏症的儿童，需要适当补充铁和维生素 A。但值得注意的是，营养素并非补充得越多越好，过量补充某种营养素可能会引起中毒。因此，儿童选择强化食品时一定要在医生的指导下进行，否则会适得其反。

四、强化军粮

由于军粮是集体膳食，容易强化处理，因此强化军粮出现得最早，也最普遍。现代化军粮要求营养全面、便于携带、易于烹煮等。如欧美各国大多在面粉及罐头等主要食品中增补必要的营养素，其他一般与民用相仿。到了战争时期，为了携带方便则多以高能压缩食品为主，很大部分为配套的食盒，即将几种不同的食品混合置于一个包装盒内。这些食品是按照有关的热能及营养素含量计算而定，并配成一餐的供应量。普通食盒内的主食大多由压缩饼干、压缩米糕、高油脂酥糖等组成；副食大多包括压缩肉松、肉干、调味菜干粉，各种汤料等，此外还有乳粉、炼乳、人造奶油和巧克力等。

军粮中还可有不同的罐头食品，并可与食盒搭配食用。它们也都根据各自的特点增补适当的强化剂。至于强化剂的品种及用量还可根据军种和兵种的不同而异。

五、混合型强化食品

混合型强化食品即将具有不同营养特点的天然食物混合搭配成的一类食品，也可视为一种强化食品。混合型强化食品的营养学意义在于各种食物中营养素的互补作用。一般情况下，是在主食品中混入一定量的其他食品以弥补主食品中营养素的不足。其目的主要是补充蛋白质，或增补主食品中的某种限制性氨基酸，其次是补充维生素、矿物质等。

作为增补蛋白质、氨基酸用的天然食物有奶粉、鱼粉、大豆浓缩蛋白、分离蛋白、各种豆类，以及可可、芝麻、花生、向日葵等榨油后富含蛋白质的副产品等；由果汁和牛乳配制成果奶以及由牛乳和豆乳等配制成复合奶也有一定的应用。作为维生素增补用的主要有酵母、谷胚、胡萝卜干，以及各种富含维生素的果蔬和山区野果等。海带、鸡蛋壳、骨粉等则可作为矿物质增补用。

六、其他强化食品

为了适应各种特殊人群和不同职业的营养需要，可根据其特点配制成一定的强化食品，如对高寒地区的工作人员供给高热能食品，以及对从事其他特殊工作的人员、孕妇、老人等，均可根据其各自的特点配制各种不同的强化食品。

另外，有一些普遍存在或地区性的营养缺乏问题，为了保证人们均能获得某种营养素的有效补充，规定在公共系统食品中强化该种营养素。如 1950 年美国有几个州在饮用水中强化氟以保护牙齿，强化剂采用氟化钠或氟硅化钠，强化剂量为 1mg/L；我国在人们生活必需品食盐中强化碘以防治甲状腺肿大。

第三节　营养强化食品的管理

国际食品法典委员会(CAC)所规定的添加必需营养素的总原则指出：在食品标准、法规或指导原则中，有关添加必需营养素的规定应包括添加营养素的品种以及为达到预期目的而应加入食品中的量值要求。因此，对营养强化剂进行立标管理是一项为保护我国居民健康所采取的措施的具体体现，同时也是符合国际惯例和 WTO 有关协议要求的。

一、明确添加目的和原则

食品营养强化、平衡膳食/膳食多样化、应用营养素补充剂是世界卫生组织推荐的改善人群微量营养素缺乏的三种主要措施。食品营养强化是指在现代营养科学的指导下，根据不同地区、不同人群的营养缺乏状况和营养需要，以及为弥补食品在正常加工、储存时造成的营养素损失，在食品中选择性地加入一种或者多种微量营养素或其他营养物质。食品营养强化不需要改变人们的饮食习惯就可以增加人群对某些营养素的摄入量，从而达到纠正或预防人群微量营养素缺乏的目的。

在 FAO/WHO 食品标准规划中，CAC 已通过《食品中添加必需营养素的通用原则》，其主要原则包括：

(1)允许在食品中强化的营养素，必须根据我国历年营养调查的情况和某些地区已暴露出来的与营养缺乏有关的健康问题，或满足特殊人群对某些营养素供给量需要的原则确定。

(2)营养强化剂的使用范围和使用量，必须根据应用的对象、地区、营养素的需要及载体的性质、工艺等特点来决定。

(3)所强化的食品应为食用对象的日常食品，强化剂必须以营养素供给量标准为依据，保证食用对象能从每日食物的消耗量中摄取一定的有效剂量，即以达到供给量1/2～2/3为依据，制定出上下限的强化剂量。特别是对一些脂溶性营养素，要注意保证人体长期食用而不会引起蓄积性副作用。

(4)食品原有成分中某种物质的含量已达到营养强化剂最低标准1/2者，不应再进行强化。

(5)食品在强化过程中，强化剂不应转化成其他物质，或其性质不应受到影响。经强化的食品应能在一定时期内不变质，保持有效作用。

(6)添加营养强化剂后，应不影响该食品中其他成分的稳定性，不影响该食品的色、香、味等感官性状。

(7)添加的营养强化剂应易被机体吸收、利用，需要强化的食品应具有使人体对该强化剂充分吸收、利用的条件。

(8)所使用的营养强化剂应有质量卫生标准，包括物理性状、杂质限度、纯度及相应的检测方法。

(9)经营养强化的食品，不能夸大宣传、误导或欺骗消费者，应有质量标准，经审查批准后才能投放市场。

我国已加入WTO，协调与CAC标准的一致性是一项较为迫切的任务。因此，在保护人民健康的前提下，应该积极向CAC标准靠拢，充分体现上述原则。仅仅出于商业竞争盈利的目的，盲目添加各种营养素是不被允许的。

二、强制性添加与自愿性添加应区别管理

为了纠正和预防公共健康营养问题，需要由国家实施某些食品强化干预措施，这种性质的添加应该与自愿性添加区别管理。例如：我国全国范围内实行的食盐加碘有效地防治了缺碘性甲状腺肿的发生，是一项成功的公众健康干预措施；克山病地区补硒有效地改善了当地居民的健康状况。从1995年开始，国家有关机构组成“中国营养改善(RETA)”项目组展开研究工作。从2001年开始以食物强化作为我国全面改善公众营养状态的切入点，在贫困地区和西部地区重点进行营养素补充工作。2009年，澳新食品标准局要求澳大利亚面包生产商在所有制作面包的小麦面粉中强制性添加叶酸，以预防新生儿神经管缺陷的发生。

自愿性添加应该是企业在遵守相关的法规标准基础之上，根据自身的市场研发方向以及消费者需求进行产品的开发，通常是为了提高食品的营养质量，满足特殊人群的营养需要。对于这种情况，只要能够提供科学、合理的理由和依据，选择的载体食品适宜，符合添加营养素的总原则，同时具备严谨、完善的质量保证体系，应该是可以得到允许的。这样可以适当扩宽强化食品的范围，为不同文化背景、饮食习惯、经济状况和营养需求的消费者提供更为丰富的营养食品来源。

三、修订并完善相应标准

近年来，我国居民的膳食结构和营养水平已经有了很大变化，以前的一些标准发布时间过长，很多内容已经不能适应当前形势的需要。另外，还存在文本中对使用范围中的食品类别界定不够明确；还存在片剂、口服液等营养素补充剂的条款；矿物质的强化量以化合物计和以元素计的添加量不一致等问题。尽管《食品安全国家标准　预包装食品标签通则》(GB 7718—2011)对强化食品的标识做了一些规定，但仍有不尽之处，不能很好地规范营养食品，这些都需要尽快修订解决。

《食品安全国家标准　食品营养强化剂使用标准》(GB 14880—2012)列出了允许使用的营养强化剂化合物来源名单，增加了部分营养成分的使用范围，并进一步对营养强化剂的定义和使用原则进行了强调。此外，标准还强调，高脂、高盐、高糖类食品属于我国居民膳食指南中提倡减少食用的食品，不可作为营养强化的载体。

四、安全使用食品营养强化剂

近些年来，一些食品生产者使用营养强化剂超标准、超剂量的事例屡屡发生，食物中毒事件有相当一部分是由于食品营养强化剂的滥用而引起的。安全使用食品营养强化剂要遵循“适量”原则，谨记过量地摄入营养强化剂对人体是有害的。例如，当某一种氨基酸过多时，就会影响其他氨基酸的吸收，美国曾发生过 L-色氨酸用量过高而导致 1500 例肌肉疼痛的事件；过量摄入维生素 C 会引起腹痛、腹泻，易发生结石病；维生素 A 中毒后，易发生骨折；过量的硒摄入则可导致硒中毒，症状表现为脱发、脱甲，少数病人有神经症状。因此，必须规定营养强化剂的上限使用量，应用营养强化剂要避免盲目性，应遵循科学态度，按有关的法律和法规，以确保营养强化食品的安全性。

五、建立质量保证体系

为了保证强化食品的卫生和营养质量，应鼓励生产企业逐步采纳基于 HACCP 原则的预防性监督管理体系，最大限度地确保消费者的食用安全。卫生部门除了常规性的日常监督管理之外，建议建立一系列的追踪管理体系，开展居民膳食摄入量调查以及营养状况的监测，以便及时进行调整。

六、加强消费者营养知识教育

除了对营养强化剂和强化食品进行科学管理之外，消费者的营养知识水平是最终改善消费者营养状况的重要因素，因此应加强公众教育，使其了解自身的营养状况和营养需求，提高消费者使用食品标签中营养信息的知识和技能，做出健康选择。

我国的营养强化食品证明标识是经国家发展改革委(原国家计委)批准，由国家公众营养改善项目主任单位——公众营养与发展中心管理的营养强化食品专用标识。

营养强化食品证明标识由一个盾形图案组成，如图 7-1 所示。盾形象征着国家权威性；“营养强化食品”几个字明确地表达了标识代表的准确含义；地球代表了营养强化是全球一致的行动；“FOOD FORTIFICATION”是“强化食品”的英文名称；两个变形的 FF 是“强化食品”的缩写形式，同时代表了营养平衡人们的健康和活力；下方的丝带上书写的“国家公众

图 7-1 营养强化食品证明标识

营养改善项目”，说明了标识的出处，表达了“营养强化食品”是国家公众营养改善项目推出的一项公共产品，具有致高的权威性。

由于营养强化食品证明标识所承载着公众营养改善的特殊意义，因此标识的管理非常严格。标识的管理部门——公众营养与发展中心除了按规定限制了能申请该标识的产品类别外，还规定了严格的申报企业审查制度。凡是申请加入国家项目“营养强化食品”试点生产的企业，都要经过国家级行业组织、项目专家组和项目审批办的严格审查。只有企业制度健全并执行完善，强化添加工艺可靠，人员素质高，享有行业声誉，检化检验手段完备，接受GMP、HACCP等质量保证体系才能取得标识的使用权。这从制度上保证了贴有“营养强化食品”标识的产品不仅对消费者的健康有益，更是质量上乘的优质产品。该标识可使消费者在选购食品时从花样繁多的各类产品中挑选出健康的强化食品来。

本章小结

食品营养强化具有重要意义。本章主要介绍了强化食品和食品营养强化剂的定义及分类、营养强化食品的种类、食品营养强化的基本要求及管理等内容。

思考题

一、名词解释

强化食品　　食品强化剂　　混合型强化食品　　营养强化食品证明标识

二、判断题

1. 改善包装可以提高食品营养强化剂的稳定性。（　）
2. 改进加工工艺可以提高食品营养强化剂的稳定性。（　）

三、选择题

1. 强化食品的种类有（　）和副食强化。

A. 膳食补充剂的添补　B. 载体的选择　C. 主食强化　D. 水强化

2. 主食强化需要在精白米面中强化，所用强化剂有（　　）、铁、钙、赖氨酸、叶酸等。

A. 维生素 B_1、B_2　　B. 维生素 D　　C. 维生素 C　　D. 维生素 K

3.（　　）不符合营养学原理。

A. 赖氨酸强化面粉　　B. 碘强化食品盐

C. 维生素 A、D 强化面粉　　D. 赖氨酸强化奶粉

4. 碘强化剂的品种主要有用人工化学合成的（　　）和碘酸钾。

A. 海藻碘　　B. 碘化钾　　C. 碘化钠　　D. 碘酸镁　　E. 碘酸钠

5.（　　）是应用最多的氨基酸类强化剂。

A. 色氨酸　　B. 蛋氨酸　　C. 苏氨酸　　D. 牛磺酸　　E. 赖氨酸

6. 常选用（　　）作为钙强化剂。

A. 葡萄糖酸钙　　B. 碳酸钙　　C. 乳酸钙　　D. 磷酸钙　　E. 磷酸氢钙

7. 根据中华人民共和国国家卫生标准，营养强化剂加入剂量一般以膳食营养素推荐摄入量的（　　）为宜。

A. 1～2 倍　　B. 1/3～1/2 倍　　C. 10 倍以下　　D. 1/2～1 倍

8. 食品强化的要求是（　　），符合营养学原理、食用安全性和感官、工艺、口感、价格方面的可行性。

A. 明确对象和目的　　B. 接受强化食品的人数多

C. 保证食品卫生　　D. 强化食品营养价值高

四、简述题

1. 什么是食品的营养强化？食品营养强化有哪几类？
2. 目前我国的食品强化剂可分为哪几类？试举例说明其用途。
3. 食品营养强化有何目的和作用？
4. 食品营养强化有哪些具体要求？
5. 食品营养强化的主要原则是什么？
6. 根据所掌握的资料，试简述米、面或乳制品等营养强化的方式和方法。

五、技能题

现有某燕麦核桃粉的食品标签标注，见表 7-1。

表 7-1　某燕麦核桃粉每 100g 营养成分表

项目	每 100g	*NRV*%
能量	1375kJ	16%
蛋白质	7.0g	9%
脂肪	10.0g	17%
亚油酸	3.5g	—
胆固醇	15mg	5%
碳水化合物	70.0g	23%

续表 7-1

项目	每 100g	NRV%
糖	0.5g	—
膳食纤维	2.5g	10%
钠	250mg	13%
钙	200mg	25%

燕麦核桃粉提供蛋白质，含有钙，无糖，$GI=50$。

配料：核桃粉、燕麦粉、大豆粉、米粉、植脂末、花生蛋白粉、奶粉、碳酸钙等。

请完成下列操作：

(1)指出该标签已表达的营养信息，并补充缺少的营养信息。

(2)计算并评价该燕麦核桃粉中钙的营养质量指数(假设食用对象为55岁，轻体力劳动女性)(1kcal=4.184kJ)。

(3)根据该产品的营养特点撰写宣传资料。

实训 营养强化食品的设计

一、实训目标

通过营养强化食品的设计，掌握营养强化食品相关的营养表达、意义和方法。

二、实训原理

如软饮料、果汁(味)型饮料主要是强化维生素、矿物质，配制酒主要是强化牛磺酸、维生素，糖果主要是强化维生素和矿物质，果泥主要是强化维生素，水果罐头主要是强化维生素。

营养强化食品还有咀嚼片、饮液、胶囊、肉松、花茶、鸡蛋黄粉、鸡蛋白粉、鸡全蛋粉等。

三、实训要求

设计一种营养强化食品，并进行总结。

第八章　保健食品

知识目标
1. 了解保健食品的概念和特点。
2. 熟悉各种功效成分的生理功能。
3. 掌握保健食品的申报与管理。

技能目标
会解读保健食品标签。

第一节　保健食品概述

保健食品是指声称具有特定保健功能或者以补充维生素、矿物质为目的的食品，即适宜于特定人群食用，具有调节机体功能，不以治疗疾病为目的，并且对人体不产生任何急性、亚急性或者慢性危害的食品。保健食品在欧美各国被称为“健康食品”，在日本被称为“功能食品”。我国保健食品的兴起是在20世纪80年代末90年代初，经过一、二代的发展，目前已进入第三代，即保健食品不仅需要人体及动物试验证明该产品具有某项生理调节功能，更需查明具有该项保健功能因子的结构、含量、作用机理以及在食品中应有的稳定形态。

一、保健食品的特点

(一)保健食品首先必须是食品，必须具备食品的基本特征

何谓食品，食品具有哪些基本特征，这在《中华人民共和国食品安全法》中已有明确的规定：食品指各种供人食用或者饮用的成品和原料以及按照传统既是食品又是药品的物品，但是不包括以治疗为目的的物品。保健食品具有一般食品的共性：一是营养性，提供人体所需要的营养；二是感官性，提供色、香、味、形、质等以满足人们不同的嗜好和要求，但不能要求保健食品等同于普通食品，为人体提供各种营养素，而且更不能将保健食品视为正常膳食，作为各种营养素来源的主要途径；三是安全性，必须符合食品卫生要求，必须不对人体产生急性、亚急性或慢性危害，而药品则允许有一定程度的毒副作用。

(二)保健食品除具有食品的一般特征外，还必须具有特定的保健功能，使之与普通食品相区别

可以从两个方面理解特定的保健功能：首先，这种特定的功能在管理上可以作为食品的功能来受理；其次，这种功能必须是明确的、具体的，有针对性的，经科学验证是肯定的。

(三)保健食品是针对特定的人群而设计的

保健食品的食用范围不同于一般食品。一般食品提供人们维持生命活动所需要的各种营养素，男女老幼皆不可少。而保健食品由于具有调节人体的某一个或几个功能的作用，因而只有某一个或几个功能失调的人群食用才有保健作用，如延缓衰老的保健食品只适宜于中老年人食用，儿童不宜食用；减肥食品适宜肥胖人群食用，消瘦人群不宜食用。各项功能良好的人食用保健食品就没有必要，甚至食用后会产生不良作用。

(四)保健食品是以调节机体功能为主要目的，而不是以治疗为目的，这一点与药品不同

应该强调的是保健食品即便在某些疾病状态下也可以使用，但它不能代替药物的治疗作用。

(五)保健食品的成分构成主要是功效成分和营养素或主要由营养素构成

营养素的种类和含量目前没有统一规定。可要求至少含一种营养素，且产品中营养素的摄入量应相当于相应营养素每日推荐供给量的10%以上。

保健食品的产品属性既可以是传统的食品属性，如酒、饮料等，也可以是胶囊、片剂等新的食品属性。

保健食品的生产销售必须申请注册，获得国家食品药品监督管理局的“健字号批准文号”。各省、自治区、直辖市没有权力注册批准保健食品生产销售。保健食品外包装须标有健字号批准文号和保健品的标识“蓝帽子”。

二、国内外保健食品的发展概况

(一)我国保健食品的发展概况

保健食品在我国有着悠久的历史，我国自古就有“药食同源”之说，中医单纯使用食物，或食物与药物结合来进行营养保健、调理康复，这在历代本草及方剂典籍中都有大量的记载，其中不少就属于保健食品，比如阿胶糕、枸杞酒等。

现代科学意义的保健食品在我国始于1980年，1984年成立中国保健品协会。我国保健食品产业的发展是经过了几番周折才逐步走上正轨的。首先是20世纪80年代的“无知阶段”(比如中华鳖精)；接着是20世纪90年代的“过热阶段”，消费者对营养保健品的热情和接受推动了整个保健食品市场的飞速发展，保健食品生产企业迅速增加，产品规模和数量也不断增大，但其中很多产品的科技含量低，宣传夸大功能，误导消费，使保健食品逐渐失去了消费者的信任，保健食品行业走入了“低谷阶段”。直到2000年以后，随着国家的整顿和规范，保健食品年销量有了较大幅度的增长，迎来了新的春天。据有关部门统计，2010年保健功能食品年销售额在1000亿元左右。近20年来，国人对保健食品消费支出的增长速度为15%～30%，远远高出发达国家。一些知名品牌在市场中的地位也逐渐确立，保健食品市场正在走向成熟。

(二)国外保健食品的发展概况

保健食品在美国被称为“保健食品”或“健康食品”，也称“营养食品”，德国称“改良食品”，日本先称“功能食品”，1990年改为“特定保健用食品”，并纳入“特定营养食品”范畴。早在1988年，美国的保健食品已达2000种之多，销售金额在72亿美元以上。日本的保健食品市场从1980年起就以每年50亿日元的速度增长，1989年已有6500亿日元的市场规模。德国的保健食品也非常畅销。

目前，世界各国对保健食品的开发都非常重视，新功能、新造型和新食用方法的保健食品不断出现。概括国外保健食品的发展，有三点趋势：①发展迅速。随着大制造商的加入，保健食品将迅速地发展，预计占到食品销售额的5%。②全球化趋势。保健食品将席卷全球，并最终实现全球社会化和全球贸易化。③低脂肪、低胆固醇、低热量的保健食品将主导市场；维生素、矿物质类保健食品所占比例稳定；小麦胚油、深海鱼油、卵磷脂、鲨鱼软骨、鱼鲨烯等软胶囊制剂类新产品销量将增加；"素食"及植物性保健食品所占比重逐渐增大；保健茶、中草药保健食品继续风靡市场。

第二节　保健食品的活性成分与功效

一、多糖类

多糖类是构成生命的四大基本物质之一，广泛存在于高等植物、动物、微生物、地衣和海藻等中，如植物的种子、茎和叶组织，动物黏液，昆虫及甲壳动物的壳真菌。多糖包括膳食纤维和活性多糖。膳食纤维指不能被人体肠道内消化酶消化、吸收，但能被大肠内的某些微生物部分酶解和利用的一类非淀粉多糖类物质和木质素。膳食纤维按其在水中的溶解性能大致可以分为不溶性膳食纤维和可溶性膳食纤维。其主要功能为调节胃肠功能，防止便秘、预防痔疮，改善肠道内细菌群，抑制有害物质的吸收并促进排泄，具有排毒、缓解疾病和预防结肠癌的作用；具有降低血脂和血清胆固醇的作用，预防心血管病的发生；可以降低人体对胰岛素的需求，降血糖及预防糖尿病；本身不提供热量但能增加胃部饱腹感，从而可以减少产能食物的摄入量，防止肥胖，并对妇女的乳腺癌有一定的防治作用。活性多糖是指具有某种特殊生理活性的多糖化合物，如灵芝多糖、枸杞多糖、香菇多糖、黑木耳多糖、海带多糖、松花粉多糖等，具有双向调节人体生理节奏的功能。多糖在抗肿瘤、抗炎、抗病毒、降血糖、抗衰老、抗凝血、增强免疫力等方面发挥着生物活性作用。具有免疫活性的多糖，其衍生物常常还具有其他的活性，如硫酸化多糖具有抗 HIV 活性及抗凝血活性，羧甲基化多糖具有抗肿瘤活性。

(一)真菌多糖

真菌多糖是从真菌子实体、菌丝体、发酵液中分离出来的，具有增强免疫、抗肿瘤活性的特征。真菌多糖骨架上的多羟基基团，对抗肿瘤活性有重要作用。真菌多糖主要有香菇多糖、灵芝多糖、云芝多糖、银耳多糖、虫草多糖、茯苓多糖、金针菇多糖、黑木耳多糖等。真菌多糖组分还具有其他功效，如抗衰老、调节血糖、降血脂、降血压、抗血栓、抗突变、保护肝脏等。

(二)植物活性多糖

近几十年来，人们从植物中提取的多糖有茶多糖、枸杞多糖、魔芋甘露聚糖、波叶大黄多糖等。植物活性多糖具有明显的免疫调节、抗氧化、抗疲劳、抗衰老、清除自由基和防病的作用，因而日益受到人们的重视。

(三)动物活性多糖

动物活性多糖是从动物体内分离提取出的，具有多种生物活性的一类多糖，主要有海参多糖、壳聚糖、透明质酸等。动物活性多糖在降低胆固醇、降血脂、减肥、预防高血压等方面发挥着重要的保健作用。另外也有增强免疫力、抗肿瘤的作用。还有一些动物活性多糖具有降低重金属对人体的毒害、排除肠道毒素、抗辐射、防龋齿等保健作用。

二、低聚糖

低聚糖是指含有2～10个糖苷键聚合而成的化合物。糖苷键是一个单糖的苷羟基和另一个单糖的某一羟基脱水缩合形成的。它们常常与蛋白质或脂类共价结合，以糖蛋白或糖脂的形式存在。低聚糖不能被人体的胃酸破坏，难以被胃肠消化、吸收，但它可以被肠中的细菌发酵利用，转换成短链脂肪酸以及乳酸，具有一定的生理功能。

（一）低聚果糖

低聚果糖存在于水果、蔬菜中。天然低聚果糖的甜度为蔗糖的35%～60%。它保持了蔗糖良好的甜味特性，在保湿性、黏度、热稳定性等方面都接近于蔗糖。低聚果糖是高效的双歧杆菌增殖因子，可以防止肥胖、降血脂、提高免疫力、抗龋齿、促进营养。

（二）大豆低聚糖

大豆低聚糖广泛存在于豆科作物中，是从大豆种子中提取的可溶性寡糖的总称。大豆低聚糖的主要成分是水苏糖、棉籽糖和蔗糖。大豆低聚糖的甜度是蔗糖的70%，能量仅为蔗糖的一半，有良好的热稳定性，对酸的稳定性也优于蔗糖，可部分代替蔗糖应用于酸奶、乳酸菌饮料、冰淇淋、糕点、糖果和巧克力等食品中。大豆低聚糖应用于面包生产，还可起到延缓淀粉老化、延长产品货架寿命的作用。

（三）低聚麦芽糖

低聚麦芽糖具有易消化、低甜度、低渗透特性，可延长供能时间、增强机体耐力、抗疲劳。人体经过重（或大）体力消耗和长时间的剧烈运动后易出现脱水，能源储备消耗、血糖降低，体温高，肌肉神经传导受影响，脑功能紊乱等一系列生理变化和症状，而食用低聚麦芽糖后，能保持血糖水平，减少血乳酸的产生。经人体试验证明，使用低聚麦芽糖后，耐力和功能力可增加30%以上，功效非常明显。这类糖进入大肠作为双歧杆菌的增殖因子，能有效地促进人体内有益细菌——双歧杆菌的生长繁殖，抑制腐败菌生长，长期食用可减缓衰老、通便、抑菌、防癌、抗癌、减轻肝脏负担、提高营养吸收率，特别是对钙、铁、锌离子的吸收，改善乳制品中的乳糖消化性和脂质代谢。低聚麦芽糖的含量越高，对人体的营养保健作用越大。

三、氨基酸、肽和蛋白质

氨基酸、肽和蛋白质是指具有清除自由基、增强机体免疫能力、延缓衰老及降低血压等特殊功能的必需氨基酸、活性肽与活性蛋白质，主要包括人体不能合成的8种必需氨基酸、谷胱甘肽、降血压肽、促进钙吸收肽、免疫球蛋白。降血压肽一般是由蛋白质在温和条件下被蛋白酶水解获得，其可以对高血压患者起到降压作用，对正常人没有降压的作用，并且食用安全性高。除此之外，降血压肽还具有增强免疫力、促进减肥和容易消化、吸收等生理特性。免疫球蛋白是一类球蛋白，有抗体活性，可以和相应抗原发生特异性结合。

（一）氨基酸

除了在前面介绍的必需氨基酸外，有些氨基酸虽然能够在人体内合成，但在严重的应激或疾病状态下容易发生缺乏现象，从而给人体健康带来不利的影响。

1. 精氨酸

精氨酸对成人来说虽不是必需氨基酸，但在机体发育不成熟或在严重应激等条件下，如果缺乏，机体便不能维持正氮平衡与正常的生理功效。精氨酸能够促进胶原组织的合成，加速伤口的愈合，防止胸腺的退化，促进胸腺中淋巴细胞的生长，还能减少患肿瘤部位的肿瘤体积，降低肿瘤的转移率。精氨酸维持在一定浓度时，可使机体维持足够的免疫能力。在免疫系统中，除淋巴细胞外，吞噬细胞的活力也与精氨酸有关。

2. 谷氨酰胺

谷氨酰胺是人体中含量最多的一种氨基酸。在肌肉蛋白质中，谷氨酰胺占细胞内氨基酸总量的61%。它在血液中的含量也最高，占血浆中游离氨基酸总量的20%。在正常情况下，谷氨酰胺是一种非必需氨基酸，但在剧烈运动、受伤、感染等应激条件下，谷氨酰胺的需要量就超过了机体的合成量。这时，体内谷氨酰胺含量降低，蛋白质合成量减少，出现小肠黏膜萎缩与免疫功能低下现象。在多发性创伤、大手术或严重感染情况下，患者体内的谷氨酰胺代谢发生异常，如果这种现象持续下去，便会出现肠衰竭。

3. 肌氨酸

肌氨酸存在于鱼和肉食食品中，是一种运动营养剂，可以非常有效地提高肌肉的无氧力量、爆发力和机体的耐久力。当人体肌肉的运动进入"无氧代谢"的阶段时，肌氨酸介入能量代谢，使储存于肝脏和血液中的糖高强度、长时间地对肌肉组织供能，从而增加了肌肉的耐久力。并且，它可以自动调节进入肌肉的水分，使肌肉横断面肌扩张，从而增加肌肉的爆发力，有效地改善运动表现、力量和恢复时间。

4. 胱氨酸、半胱氨酸

胱氨酸及半胱氨酸是含硫的非必需氨基酸，可降低人体对蛋氨酸的需要量。胱氨酸是形成皮肤不可缺少的物质，能加速烧伤伤口的康复及放射性损伤的化学保护，刺激白、红细胞的增加。半胱氨酸上的巯基（—SH）具有许多生理作用，可缓解有毒物或有毒药物的中毒程度，对放射线也有防治效果，还能促进毛发的生长，可用于治疗秃发症等。

（二）活性肽

活性肽是指一类分子质量小于6000Da，具有多种人体代谢和生理调节功能的多肽。

1. 谷胱甘肽

谷胱甘肽是由谷氨酸、半胱氨酸和甘氨酸通过肽键缩合而成的三肽化合物，广泛存在于动物肝脏、血液、酵母和小麦胚芽中，在蔬菜等植物组织中也有少量分布。谷胱甘肽具有独特的生理功能，被称为长寿因子和抗衰老因子，能够有效地清除自由基，防止自由基对机体的侵害；对放射线、放射性药物或抗肿瘤药物引起的白细胞减少症，能够起到有力的保护作用；可防止皮肤老化及色素沉着，减少黑色素的形成；还能与进入机体的有毒化合物、重金属离子及致癌物质等结合，并促使其排出体外，起到中和解毒的作用。此外，谷胱甘肽还能够纠正乙酰胆碱、胆碱酯酶的不平衡，起到抗过敏作用，对缺氧血症、恶心以及肝脏疾病所引起的不适具有缓解作用。

2. 大豆多肽

大豆多肽是大豆蛋白质经蛋白酶作用，再经特殊处理而得到的蛋白质水解产物。大豆多肽具有抑制蛋白质形成凝胶，调整蛋白质食品的硬度，改善口感和易消化、吸收等特性，是生成速溶饮品和高蛋白质保健食品的理想原料。大豆多肽能通过小肠黏膜，由肠道不经降解直接吸收，迅速被机体利用，因此抑制或缩短了体内"负氮平衡"的过程。大豆多肽作为肌肉蛋白质的来源，可加速消除肌肉疲劳，增强肌肉运动力，加速肌红蛋白的恢复。大豆多肽还能促进脂肪代谢，阻碍肠道内胆固醇的再吸收，并能促使其排出体外。而且大豆多肽的抗原性比大豆蛋白低，可以给易过敏的人提供一种比较安全的蛋白物料。

3. 神经活性肽

很多食物蛋白经过酶水解后，会产生神经活性肽，包括类鸦片活性肽、内啡肽、脑啡肽以及其他调控肽。神经活性肽能调节人体情绪、呼吸、脉搏、体温等。与镇痛剂不同的是，它无任何副作用。

4. 降血压肽

降血压肽主要有来自乳酸蛋白、鱼贝类、植物的降血压肽。降血压肽是通过抑制血管紧张素转换酶（ACE）的活性来体现降压功效的。因为 ACE 能促进血管紧张素Ⅰ转变为血管紧张素Ⅱ，后者会使末梢血管收缩而导致血压升高。

5. 酪蛋白磷酸肽

酪蛋白磷酸肽（CPP）是应用生物技术从牛奶蛋白中分离的天然生理活性肽，能与多种矿物元素结合形成可溶性的有机磷酸盐，充当许多矿物元素（如 Fe^{2+}、Mn^{2+}、Cu^{2+}、Se^{2+}，特别是 Ca^{2+}）的运输载体。它还可以促进钙的吸收，起到促进骨骼生长、改善贫血等功效。

（三）蛋白质

蛋白质存在于所有生物细胞中，是构成生命体最基本的结构和功能物质，几乎参与了所有生命活动过程。

1. 免疫球蛋白

免疫球蛋白（Ig）是重要的蛋白类生物活性物质，是一种具有抗体活性，能与相应抗原发生特异结合的球蛋白。免疫球蛋白共有 5 种，即 IgG、IgA、IgD、IgE 和 IgM。其中在体内起主要作用的是 IgG，而在局部免疫中起主要作用的是分泌型 IgA。免疫球蛋白是构成体液免疫作用的主要物质，与抗原结合导致排除或中和毒性等变化或过程的发生，与补体结合后可杀死细菌和病毒，因此可以增强机体的防御能力。

2. 乳铁蛋白

乳铁蛋白是一种天然蛋白质的降解产物，存在于牛乳和母乳中。乳铁蛋白具有结合并转运铁的能力，到达人类肠道的特殊接受细胞后再释放出铁，这样就能增强铁的吸收利用率，降低有效铁的使用量，减少铁的负面影响。值得注意的是，乳铁蛋白的生物活性受多种因素的制约，如盐类、铁含量、pH 值、抗体、介质等均对其有影响。乳铁蛋白还具有很多其他生物活性，如抑菌作用、抗病毒效应、调节吞噬细胞功能、调节发炎反应等。

3. 大豆球蛋白

大豆球蛋白约占大豆总量的 30%，是存在于大豆籽粒中的储藏性蛋白的总称。大豆球蛋白的氨基酸模式能满足 2 周岁的幼儿至成年人对必需氨基酸的需要。除此之外，对血浆胆固醇含量高的人，大豆球蛋白有降低胆固醇含量的作用。当摄取高胆固醇食物时，大豆球蛋白可以防止血液中胆固醇含量的升高。对于血液中胆固醇含量正常的人来说，大豆球蛋白可以降低血液中 LDL（低密度脂蛋白）/HDL（高密度脂蛋白）的比值。

四、多不饱和脂肪酸

在多不饱和脂肪酸的分子中，*n*-3 系列和 *n*-6 系列多不饱和脂肪酸的生理功效最受人们关注。其中 *n*-3 系列多不饱和脂肪酸的代表物有十八碳三烯酸（α-亚麻酸）、二十碳五烯酸（EPA）、二十二碳六烯酸（DHA）；*n*-6 系列多不饱和脂肪酸的代表物有十八碳二烯酸（亚油酸）、十八碳三烯酸（γ-亚麻酸）、二十碳四烯酸（花生四烯酸）。

（一）EPA和DHA

EPA能降低血清胆固醇，抑制血液中的中性脂肪上升，调节血脂，改变脂蛋白中脂肪酸的组成；能抑制血小板凝集，减少血栓素形成，预防心肌梗死；具有抗炎作用，可防治某些炎性疾病，如哮喘、类风湿关节炎等。

DHA可以降低血液中血小板的黏附性，延长凝血时间，从而预防血栓的形成、心肌梗死、脑梗死；能促进婴幼儿脑组织发育，增强学习记忆功能，预防老年人脑组织萎缩和老化；参与视神经代谢，保护视网膜，改善视力。

（二）亚油酸

亚油酸是必需脂肪酸，参与磷脂合成，并以磷脂形式作为线粒体和细胞膜的重要成分，促进胆固醇和类脂质的代谢，合成生理调节物质，利于动物精子的形成，同时还有助于降低血清胆固醇和抑制动脉血栓的形成。但是当亚油酸超过膳食总能量的4%～5%时，多余的脂肪将增加癌症的发生概率。

（三）γ-亚麻酸

γ-亚麻酸的降血脂功效十分显著，可防止血栓的形成，从而起到防治心血管疾病的作用；还可刺激棕色脂肪组织，促进其中线粒体的活性而释放体内过多的热量，起到防治肥胖的作用；还有利于减轻机体细胞膜脂质的过氧化损害，保护胃黏膜，防止溃疡发生。

五、自由基清除剂

能清除自由基或能阻断自由基参与氧化反应的物质称为自由基清除剂。自由基清除剂种类繁多，可分为酶类清除剂和非酶类清除剂两大类。酶类清除剂一般为抗氧化酶，主要有超氧化物歧化酶（SOD）、谷胱甘肽过氧化物酶（GPX）、过氧化氢酶（CAT）等几种；非酶类清除剂包括黄酮类、多糖类、维生素C、维生素E、β-胡萝卜素、还原型谷胱甘肽（GSH）、茶多酚等。

（一）SOD

SOD几乎存在于所有靠氧呼吸的生物体内，包括细菌、真菌、高等植物、高等动物和人。SOD可以清除体内产生的过量的超氧阴离子自由基，保护DHA、蛋白质和细胞膜，减轻或延缓甚至治愈某些疾病；增强人体自身的免疫力，提高人体对由于自由基受损而引发的一系列疾病的抵抗力，治疗由于免疫功能下降而引发的疾病；提高人体对自由基外界诱发因子损害的抵抗力，如烟雾、辐射、有毒化学药品等；清除放疗、化疗所诱发的大量自由基，减少放射对人体其他正常组织的损伤，减轻肿瘤患者放疗、化疗时的痛苦及副作用；消除疲劳，增强对剧烈运动的适应力。

SOD作为食品添加剂可应用到雪糕、豆奶、啤酒、果汁、饮料、口香糖、酸奶等的加工中。

（二）CAT

CAT几乎存在于所有的生物体内，广泛存在于能呼吸的生物体内，主要存在于植物的叶绿体、线粒体、内质网以及动物的肝和红细胞中，可促进过氧化氢分解为分子氧和水，清除体内的过氧化氢，使细胞免于遭受过氧化氢的歧化。

（三）黄酮类化合物

黄酮类化合物又称生物类黄酮，广泛存在于自然界中，是许多中草药中的主要活性成分之一，具有多种生理活性，如抗炎、抗诱变、抗肿瘤形成与生长；具有较强的抗氧化性。

(四)茶多酚

茶多酚是茶叶中酚类及其衍生物的总称，主要由儿茶素类、黄酮及黄酮醇、花青素、酚酸及缩酚酸组成。茶多酚具有抗衰老、抗辐射、抗癌作用，消炎、抑菌、抗病毒作用，还具有维持正常血管和防龋齿作用。茶多酚广泛应用于饮料、小吃食品、糕点、茶膳食中。

六、维生素类似物

维生素类似物具有维生素的某些特性，但因不符合维生素的定义，不能观察到特别的缺乏症而不具备必要性。这些维生素类似物大多能在体内合成，但其合成数量是否满足需要，还要视机体的健康状况而定。通过体外补充这些物质，一般能观察到明显的生理功效。

(一)苦杏仁苷

维生素 B_{17} 并非 B 族维生素(因为它的任何组成部分都不能作为辅酶)。它在化学上是两种糖分子，即苯甲醛(benzaldehyde)和氰化物(cyanide)的化合物，名为苦杏仁苷；作为药剂，又称做 Nitrilosides；取自于杏仁、苦扁桃、桃、油桃(nectarines)、枇杷、李子、苹果、黑樱桃等果仁和叶子中。

关于苦杏仁苷的生理功效，存在着很大的争议：一种观点认为苦杏仁苷具有预防和治疗癌症的作用，苦杏仁苷的活性成分是一种天然产生的氰化物，这是人体的一种正常代谢产物，只在癌细胞中发挥它的毒性作用；苦杏仁苷与抗癌药物的最大区别在于，它在杀灭癌细胞的同时，并不损伤正常细胞。相反的观点认为，苦杏仁苷根本不属于维生素，甚至还有毒性。

(二)潘氨酸

潘氨酸也称维生素 B_{15}，但至今还未证明人体非摄取维生素 B_{15} 不可，严格来说，还不能称它为维生素。维生素 B_{15} 和维生素 E 的作用一样，都是抗氧化。它的生理功效还有待进一步明确，但以下几个方面的作用已经得到证实：延长细胞的寿命；缓解酒瘾；快速消除疲劳；使血液中的胆固醇降低；抵抗公害污染物质侵害身体；缓解冠状动脉狭窄和气喘症状；防止肝硬化；防止宿醉；刺激免疫反应；帮助合成蛋白质。

(三)乳清酸

乳清酸是一种营养药，也称维生素 B_{13}，具有改善肝功能、促进肝细胞的修复作用，以及其他新功能，如可治疗痛风病，改进脑血管循环，增加吞噬细胞活性，提高组织再生能力，有助于治愈伤口；还可用于免疫辅药；可以治疗慢性 X 射线中毒，作为化学品中毒的预防剂和治疗剂。它作为一种新型维生素，在日本主要用于配伍复合维生素的非处方药物的成分和清凉饮料添加剂；在西欧不仅是医药维生素的组成，而且广泛应用于化妆品中，作为营养型化妆品基质，可以被皮肤细胞良好吸收，促进人体细胞的新陈代谢，明显抑制皮肤衰老。在美国对乳清酸的研究较多，用途相对比较多，在医药、食品、日化、生命科学领域均有应用。在其他领域，如加入饲料中，可以加速雏鸡生长，并增加鸡的产蛋量；用于化妆品中能减少皮肤的皱纹；加入小儿食品中，有利于儿童发育；其衍生物可使种子在较低温度下也能发芽。

(四)氯化钾硫氨基酸

氯化钾硫氨基酸，别名维生素 U，主要用于治疗胃溃疡和十二指肠溃疡，它并不是人体必需的营养素。所以，严格地说，氯化钾硫氨基酸并不是维生素。氯化钾硫氨基酸存在于卷心菜、白菜、甘蓝、莴苣、苜蓿等绿叶蔬菜中。

七、植物活性成分

植物性食物中除了已知的维生素和矿物质外，近年来陆续发现了一些植物性化学物对人体健康具有非常重要的作用。这些源于天然植物的活性单体，功效肯定，备受人们关注。

(一)有机醇化物

1. 植物甾醇

甾醇可分为植物甾醇、动物甾醇和菌性甾醇三大类。植物甾醇主要为谷甾醇、豆甾醇和菜油甾醇等，存在于植物种子之中。植物甾醇的结构与胆固醇相似，在生物体内以与胆固醇相同的方式吸收。但是植物甾醇的吸收率比胆固醇低，一般只有5%～10%。植物甾醇能通过抑制肠内对胆固醇的吸收、促进胆固醇异化、在肝脏内抑制胆固醇的生物合成等途径阻碍胆固醇吸收，从而起到降低血液中胆固醇含量的作用。

2. 六磷酸肌醇

六磷酸肌醇又名植酸，是一种由肌醇和6个磷酸离子构成的天然化合物。它存在于天然的全谷物如米、燕麦、玉米、小麦以及青豆等中。六磷酸肌醇具有抑制癌细胞生长、缩小肿瘤体积；抑制并杀死自由基，保护细胞免受自由基的伤害；抗氧化及防止动脉粥样硬化；防止肾脏结石产生，降低血脂浓度，保护心肌细胞，避免发生心脏病猝死等生理功效。

(二)有机硫化合物

有机硫化合物指分子结构中含有元素硫的一类植物化学物，以不同的化学形式存在于蔬菜或水果中。

1. 异硫氰酸盐

异硫氰酸盐(ITC)存在于十字花科蔬菜中，如卷心菜、花椰菜、小萝卜等，具有抗癌、杀菌、杀虫及调节生长素代谢的作用。除了部分异硫氰酸盐具有毒性外，其他(如具有芳香烷和甲基亚黄酰烷侧链的异硫氰酸盐)均有很强的抗癌活性，是迄今为止已知的癌症天然预防因子中最有效的一类。

2. 二烯丙基二硫化物

有机硫化物中的另一类代表物是二烯丙基二硫化物，主要存在于大蒜和洋葱中，具有抑制肿瘤、抑菌杀毒、抗病毒活性、降胆固醇、降血脂、抗凝、预防动脉粥样硬化和脑梗塞等作用。另外还具有清除自由基、提高免疫力、抗衰老、保肝和降铅等作用。

(三)有机酸化合物

有机酸是广泛存在于植物中的一种含有羧基的酸性有机化合物，多以盐、脂肪等结合态形式存在。除参与植物的新陈代谢外，某些有机酸也具有一定的生物活性。

1. 羟基柠檬酸

羟基柠檬酸(HCA)是一种有机酸，存在于印度和斯里兰卡的藤黄属植物的果实外壳中，可抑制脂肪合成，抑制食欲，具有良好的减肥功效。

2. 丙酮酸

丙酮酸不仅存在于人体细胞内，还广泛存在于苹果、奶酪、黑啤、红酒等食品中，可以减肥清脂，增加耐力，降低胆固醇和低密度脂蛋白水平。

3. 类胡萝卜素

类胡萝卜素是一类重要的天然色素的总称，属于类萜化合物，主要是β-胡萝卜素和γ-胡萝卜素，因此而得名。

4. 叶黄素

叶黄素是一种天然类胡萝卜素。在人体中，叶黄素存在于血液中和视网膜黄斑区色素中，具有预防老年性黄斑区病变、预防白内障、延缓早期动脉粥样硬化、抗癌等生理功效。

5. 番茄红素

番茄红素主要来源于番茄及番茄制品。番茄红素是类胡萝卜素的一种，具有抗氧化性、抗癌活性及防治白内障等生理功效。此外，番茄红素还可以降低食管癌、胃癌、结肠癌、直肠癌等消化道肿瘤的发病率，改善血脂代谢，减少动脉粥样硬化和冠心病的发生，减少紫外线对皮肤的伤害，对细胞转化灶的形成有抑制作用，活化免疫细胞，清除香烟和汽车废气中的有毒物等。

6. 玉米黄质

玉米黄质是自然界广泛存在的一种天然类胡萝卜素，具有很多生物活性，包括预防老年性黄斑区病变、预防白内障、抗癌、预防心血管疾病、提高免疫力等。

(四)大豆异黄酮

大豆异黄酮又称植物雌激素，主要存在于豆科植物中。大豆异黄酮是一种无色、略带苦涩味的植物雌激素，在结构和功能上与人体雌激素十分相似，可延缓女性衰老，改善更年期症状，预防骨质疏松、血脂升高、乳腺癌、前列腺癌、心脏病、心血管疾病等。对于高雌激素水平者，表现为抗激素活性，可防治乳腺、子宫内膜、结肠、前列腺、肺、皮肤等癌细胞的生长和白血病，及其他心血管疾病。

(五)原花青素和花色苷

1. 原花青素

原花青素是葡萄籽提取物中的主要成分，具有多种生物活性，可以显著提高机体抗衰老能力，改善心血管功能，预防高血压，增强人体抗突变反应能力，对动脉粥样硬化、胃溃疡、肠癌、白内障、糖尿病、心脏病、关节炎等疾病都有治疗作用。除此以外，原花青素还能有效降低胆固醇和低密度脂蛋白水平，预防血栓形成，有助于预防心脑血管疾病和高血压的发生。有实验表明，原花青素对提高眼疲劳患者的视力有很大帮助。

2. 花色苷

花色苷广泛存在于植物的花、果实、茎、叶和根器官的细胞液中，它的生理功效主要体现在对视力的改善作用和对血管的保护作用上。它还能增强动脉舒张，促进视紫红质再生，对糖尿病和高血压带来的视网膜症也有一定疗效。

(六)皂苷化合物

皂苷又名皂素或皂草苷，主要分布于陆地高等植物中，也少量存在于海星和海参等海洋生物中。许多中草药如人参、远志、桔梗、甘草、知母和柴胡等的主要有效成分都含有皂苷。皂苷可以抑制胆固醇在肠道的吸收，具有降低血浆胆固醇的作用。另外有一些皂苷还具有抗菌活性或解热、镇静、抗癌等有价值的生物活性。

八、益生菌及其发酵制品

益生菌是一类对宿主有益的活性微生物，是定植于人体肠道、生殖系统内，能产生确切健康功效，从而改善宿主微生态平衡、发挥有益作用的活性有益微生物的总称。常见的益生菌有双歧杆菌、乳杆菌、益生链球菌等。益生菌及其发酵制品具有多种调节生理功能的作用。

益生菌对乳制品的发酵，可使乳糖转变为乳酸，使蛋白质发生水解，同时还增加了可溶性钙、磷及某些B族维生素的数量。此外，益生菌及其代谢产物能促进宿主消化酶的分泌和肠道的蠕动，促进食物的消化吸收，防止便秘。乳酸菌、双歧杆菌等益生菌及其代谢产物能诱导产生干扰素和促细胞分裂素，活化免疫细胞，增加免疫球蛋白的产生，提高机体免疫力及抑制肿瘤发生能力。另外，益生菌能降低血液中胆固醇的水平，可预防高血脂导致的冠状动脉硬化以及冠心病。

第三节　保健食品的管理和申报

一、保健食品的管理

《中华人民共和国食品安全法》第七十四条明确了国家对保健食品实行严格监督管理。有关监督管理部门应当依法履职，承担责任。对在我国首次上市新品种、使用新原料和首次进口的保健食品实行注册管理；对其保健食品实行备案管理。保健食品不得对人体产生急性、亚急性或者慢性危害，其标签、说明书内容必须真实，应当载明适宜人群、不适宜人群、功效成分或者标志性成分及其含量等，并载明“本品不能代替药物”字样；产品的功能和成分必须与标签、说明书相一致。保健食品生产者对其声称的产品功能的真实性、有效性负责。

国家食品药品监督管理总局发布的《保健食品监督管理条例（草案）》（第二次征求意见稿）对审批、生产经营、保健食品标签、说明书及广告宣传、保健食品监管等各方面作出规范要求。国家食品药品监督管理部门负责保健食品的监督管理工作。国务院有关部门在各自的职责范围内负责与保健食品有关的监督管理工作。县级以上地方各级食品药品监督管理部门负责本行政区域的保健食品监督管理工作。县级以上地方各级人民政府有关部门在各自的职责范围内负责与保健食品有关的监督管理工作。保健食品行业协会应当加强行业自律，防止对保健食品进行虚假、夸大宣传；引导保健食品生产企业和经营者依法生产经营，推动行业诚信建设；宣传、普及保健食品科学知识。任何组织或者个人有权举报保健食品生产经营中违反本条例和食品安全法及其实施条例的行为，有权向有关部门了解保健食品的质量安全信息，对保健食品监督管理工作提出意见和建议。

二、保健食品的申报

2016年颁布施行的《保健食品注册与备案管理办法》对保健食品的申报、注册、备案、注册证书管理、标签和说明书等有关事项作出了具体规定：保健食品应当依法经过国家食品药品监督管理部门审批并取得产品注册证，取得产品注册证的保健食品应当使用国家食品药品监督管理部门规定的保健食品标志，营养素补充剂应当依法经国家食品药品监督管理部门安全性审查，实行备案管理。

（一）申请人资格

国产保健食品注册的申请人应当是在中国境内合法登记的法人或者其他组织。进口保健食品注册的申请人应当是境外合法的保健食品生产厂商。申请人应当对其申报产品的安全性和声称的功能负责。

(二)申报过程

申请人申请保健食品注册之前,应当按照国家有关要求开展研制工作。

申请保健食品注册的,应当按照国家食品药品监督管理部门的规定,向省、自治区、直辖市食品药品监督管理部门提出申请,报送产品的研发报告、配方、生产工艺、企业标准、标签、说明书、安全性及功能性评价材料等资料、样品,并提供相关证明文件。省、自治区、直辖市食品药品监督管理部门应当在受理后 30 日内组织开展现场核查并抽样送检,提出意见后报国家食品药品监督管理部门。申请进口保健食品注册的,应当向国家食品药品监督管理部门提出申请,国家食品药品监督管理部门应当在受理后 30 日内抽样送检,必要时组织开展现场核查。

国家食品药品监督管理部门应当组织对申请注册的保健食品的安全性、功能性及质量可控性等进行技术审评和行政审批,对产品说明书、企业标准进行审定。对符合要求的,决定准予注册,发给产品注册证;对不符合要求的,决定不予以注册并书面说明理由。对符合要求的进口保健食品,国家食品药品监督管理部门应当将技术审评和行政审批情况通报国家出入境检验检疫机构。

保健食品产品注册证有效期为 5 年。有效期届满,需要继续生产或者进口的,申请人应当在有效期届满前 3 个月内申请再注册。

(三)特别说明

有下列情形之一的,不予以再注册:

(1)未在规定时限内提出再注册申请的;

(2)其功能不在公布的功能范围内的;

(3)在产品注册证有效期内未生产销售的;

(4)其他不符合国家有关规定的情形的。

本章小结

保健食品是食品的一个种类。本章从保健食品的概念及特点入手,主要介绍了保健食品的各种活性成分与功效、保健食品的管理与申报等内容。

思考题

一、名词解释

保健食品　　　　维生素类似物　　　　益生菌

二、判断题

1. 保健食品是针对特定的人群而设计的。（　　）

2. 保健食品的生产销售必须申请注册,获得国家食品药品监督管理局的"健字号批准文

号”。 (　　)

3.低聚糖能被人体的胃酸破坏，能被胃肠消化、吸收。 (　　)

4.植物甾醇能起到降低血液中胆固醇含量的作用。 (　　)

5.保健食品应当依法经过国家食品药品监督管理部门审批并取得产品注册证。(　　)

三、填空题

1.真菌多糖主要有________多糖、灵芝多糖、云芝多糖、虫草多糖、茯苓多糖、金针菇多糖、黑木耳多糖等。

2.维生素类似物主要有________、________等。

3.n-3系列多不饱和脂肪酸的代表物有十八碳三烯酸（α-亚麻酸）、________(EPA)、________(DHA)。

4.动物活性多糖主要有________、________、透明质酸等。

5.《________》第七十四条明确了国家对保健食品实行严格监督管理。

四、选择题

1.属于多糖类保健食品的是(　　)。

A.低聚糖　　B.酪氨酸　　C.SOD　　D.香菇多糖

2.不属于维生素类似物的是(　　)。

A.潘氨酸　　B.苦杏仁苷　　C.肌醇　　D.花青素

3.不属于有机酸化合物的是(　　)。

A.大豆异黄酮　　B.类胡萝卜素　　C.丙酮酸　　D.羟基柠檬酸

五、简述题

1.什么是保健食品？它应具备哪些特点？

2.试简述保健食品的申报条件。

3.我国的保健食品有哪些主要类型？各有何生物活性？

实训　保健食品的市场调查

一、实训目的

通过保健食品的市场调查，了解当前保健食品的发展动态；掌握部分消费者对保健食品的需求、购买、使用等方面的情况。

二、报告

通过保健食品的市场调查，了解3～4种当前市场反映较好的保健食品，了解该产品的主要功效、主要成分、使用人群、价格、生产规格等方面的信息，写出调查报告。

附 表

附表 1 常见食品营养成分表

粮谷类及其制品

食物名称	食部	水分	能量[1]		蛋白质	脂肪	碳水化合物	膳食纤维			胆固醇	灰分	维生素 A		硫胺素	核黄素	维生素 B_6
								总	可溶	不溶			VitA	胡萝卜素			
	%	g	kcal	kJ	g	g	g	g	g	g	mg	g	μgRE	μg	mg	mg	mg
小麦粉(标准粉)[1]	100	9.9	354	1482	15.7	2.5	70.9	3.7	—	—	—	1.0	(0)	(0)	0.42	0.05	0.07
小麦粉(富强粉)[1]	100	10.8	361	1509	12.3	1.5	74.9	0.4	—	—	—	0.5	(0)	(0)	0.11	0.03	0.06
挂面(富强粉)[1]	100	10.2	361	1511	13.0	1.5	74.7	0.8	—	—	—	0.6	(0)	(0)	0.13	0.04	0.80
面条(切面)[1]	100	29.0	272	1140	8.9	0.4	60.7	2.4	—	—	—	1.0	(0)	(0)	0.07	0.02	0.09
馒头(富强粉)[1]	100	40.3	226	946	7.1	1.3	50.9	4.4	—	—	—	0.4	(0)	(0)	0.12	0.02	0.06
粳米[1]	100	12.8	342	1429	6.9	0.7	79.2	2.3	—	—	—	0.3	(0)	(0)	0.04	0.02	—
籼米[1]	100	13.1	328	1374	7.5	1.1	78.0	5.9	—	—	—	0.3	(0)	(0)	0.07	0.02	0.07
香米[1]	100	13.5	335	1400	8.4	0.7	77.2	3.5	—	—	—	0.2	(0)	(0)	0.03	0.02	—
籼米饭(蒸)[1]	100	70.1	113	473	3.0	0.4	26.4	2.0	—	—	—	0.1	(0)	(0)	0.01	0.01	—
玉米粒(黄,干)[1]	100	11.8	298	1248	8.0	0.8	79.2	14.4	—	—	—	0.2	17	100	0.03	0.02	—
玉米面(黄)[1]	100	11.2	339	1419	8.5	1.5	78.4	5.5	—	—	—	0.4	7	40	0.07	0.04	0.08
玉米糁(黄)[1]	100	12.5	297	1243	7.4	1.2	78.7	14.5	—	—	—	0.2	—	—	0.03	0.03	0.05
黑大麦[1]	100	10.9	297	1243	10.2	2.2	74.3	—	—	15.2	—	2.4	—	—	0.54	0.14	—
小米(黄)[1]	100	9.7	355	1485	8.9	3.0	77.7	4.6	—	—	—	0.7	—	—	0.32	0.06	—
荞麦面[1]	100	14.2	329	1377	11.3	2.8	70.2	5.5	—	—	—	1.5	3	20	0.026	0.10	—
马铃薯[1]	94	78.6	79	329	2.6	0.2	17.8	1.2	0.1	1.1	—	0.8	1	6	0.10	0.02	0.27
甘薯(红心)[1]	90	83.4	57	238	0.7	0.2	15.3	2.2	—	—	—	0.4	(125)	(750)	0.05	0.01	0.15
甘薯淀粉[1]	100	15.1	342	1431	0.1	0.2	84.4	—	—	0	—	0.2	0	0	0	0	—
马铃薯淀粉[1]	100	17.4	332	1389	0.1	0.1	82.0	—	—	0	—	0.4	0	0	0	0	—

续附表 1

食品名称	维生素 B_{12}	叶酸	烟酸	维生素 C	维生素 E		钙 Ca	磷 P	钾 K	钠 Na	镁 Mg	铁 Fe	锌 Zn	硒 Se	铜 Cu	锰 Mn	碘 I
					总	α-TE											
	μg	μg	mg	mg	mg	mg	mg	mg	mg	mg	mg	mg	mg	μg	mg	mg	μg
小麦粉(标准粉)[1]	(0)	23.3	1.91	0	0.32	Tr	31	167	190	3.1	50	0.6	0.20	7.42	0.06	0.10	Tr
小麦粉(富强粉)[1]	(0)	10.3	0.94	0	0.32	Tr	27	114	128	2.7	32	0.7	0.39	6.79	0.03	0.04	2.9
挂面(富强粉)[1]	(0)	8.1	1.26	0	Tr	Tr	21	112	122	110.6	48	1.0	0.08	3.46	0.04	0.05	1.8
面条(切面)[1]	(0)	23.3	1.10	0	Tr	Tr	24	92	102	11.5	29	0.4	0.12	2.34	0.02	0.04	Tr
馒头(富强粉)[1]	(0)	8.7	0.79	0	Tr	Tr	58	43	146	165.0	20	0.4	0.21	2.66	0.02	0.03	Tr
粳米[1]	(0)	8.7	0.82	0	Tr	Tr	3	82	111	2.2	6	0.3	1.94	10.10	0.35	0.44	—
籼米[1]	(0)	19.7	0.94	0	Tr	Tr	12	112	109	1.7	28	0.1	0.15	2.76	0.01	0.02	Tr
香米[1]	(0)	22.3	0.42	0	Tr	Tr	3	58	112	1.8	7	0.2	1.85	4.09	0.13	0.80	—
籼米饭(蒸)[1]	(0)	6.9	1.70	0	Tr	Tr	6	15	21	1.7	10	0.1	0.14	1.13	01.01	0.02	Tr
玉米粒(黄,干)[1]	—	10.4	0.56	0	0.38	Tr	—	—	—	—	—	—	—	1.24	—	—	—
玉米面(黄)[1]	—	—	0.80	0	0.98	0.05	49	196	249	2.3	84	0.4	0.08	2.68	0.01	0.025	Tr
玉米糁(黄)[1]	—	8.9	0.76	0	0.96	0.04	20	143	177	1.7	151	0.2	0.05	1.09	0.01	0.01	Tr
黑大麦[1]	(0)	—	5.40	0	—	—	8	390	241	17.0	69	6.5	2.33	3.99	1.09	1.17	—
小米(黄)[1]	(0)	22.4	1.04	0	1.62	0.39	71	1589	335	0.6	50	1.6	2.81	2.72	0.41	0.38	Tr
荞麦面[1]	(0)	29.1	3.47	0	5.31	0.70	71	243	304	0.9	151	7.0.	1.94	2.16	0.39	0.59	—
马铃薯[1]	(0)	12.4	—	14.0	Tr	Tr	18	26	88	70.9	17	0.2	0.16	0.22	0.05	0.08	—
甘薯(红心)[1]	(0)	19.6	0.20	4.0	Tr	Tr	18	26	88	70.9	17	0.2	0.16	0.22	0.05	0.08	0.4
甘薯淀粉[1]	—	—	0.10	0	—	—	62	14	7	3.0	—	2.6	—	—	—	—	—
马铃薯淀粉[1]	—	—	0	0	—	—	22	40	32	5.0	—	1.8	—	—	—	—	—

续附表 1

干豆及其制品

食物名称	食部	水分	能量[1]		蛋白质	脂肪	碳水化合物	膳食纤维			胆固醇	灰分	维生素 A		硫胺素	核黄素	维生素 B_6
								总	可溶	不溶			VitA	胡萝卜素			
	%	g	kcal	kJ	g	g	g	g	g	g	mg	g	μgRE	μg	mg	mg	mg
黄豆[1]	100	9.2	389	1626	33.1	15.9	37.2	—	—	9.0	—	4.5	7	40	0.11	0.22	0.46
豆腐(北豆腐)[1]	100	78.6	111	462	9.2	8.1	3.0	2.8	—	—	—	1.1	—	—	0.05	0.02	0.03
豆腐(南豆腐)[1]	100	83.6	84	352	5.7	5.8	3.9	1.6	—	—	—	1.0	—	—	0.06	0.02	0.05
豆浆(淡)[1]	100	93.8	30	126	3.0	1.6	1.2	0.3	—	—	—	0.4	—	—	0.02	0.02	—
腐竹[1]	100	7.1	476	1990	54.2	27.2	8.1	4.56	—	—	—	3.4	47	280	0.22	0.12	—
绿豆[2]	100	12.3	316	1322	21.6	0.8	62.0	6.4	—	—	—	3.3	22	130	—	0.25	0.11
赤小豆[2]	100	12.6	309	1293	20.2	0.6	63.4	7.7	—	—	—	3.2	13	80	—	0.16	0.11
蚕豆[2]	100	13.2	335	1402	21.6	1.0	61.5	1.7	—	—	—	2.7	—	—	—	0.09	0.13
蚕豆(煮)[1]	100	83.7	62	259	4.8	0.5	10.1	3.6	—	—	0	0.9	14	—	0.13	0.09	0.03
豇豆(煮)[1]	100	64.8	13.3	556	9.5	0.6	24.0	—	—	1.8	—	1.1	2	9	0.26	0.28	—
豌豆[2]	100	10.4	313	1310	20.3	1.1	65.8	10.4	—	—	—	2.4	42	250	0.49	0.14	—
鹰嘴豆[1]	100	11.3	316	1323	21.2	4.2	60.1	—	—	11.6	—	3.3	14	86	0.41	0.25	—

续附表1

食品名称	维生素 B_{12}	叶酸	烟酸	维生素C	维生素E		钙 Ca	磷 P	钾 K	钠 Na	镁 Mg	铁 Fe	锌 Zn	硒 Se	铜 Cu	锰 Mn	碘 I
					总	α-TE											
	μg	μg	mg	mg	mg	mg	mg	mg	mg	mg	mg	mg	mg	μg	mg	mg	μg
黄豆[1]	(0)	181.1	1.53	—	—	—	123	418	1276	13.8	211	35.8	4.61	2.03	1.17	2.03	—
豆腐（北豆腐）[1]	—	39.8	0.11	Tr	8.40	1.00	105	112	106	7.3	63	1.5	0.74	2.46	0.06	0.07	—
豆腐（南豆腐）[1]	—	25.8	Tr	Tr	5.72	0.71	11.3	76	154	3.1	36	1.2	0.43	1.23	0.04	0.03	—
豆浆（淡）[1]	—	5.0	0.14	Tr	1.06	0.17	5	42	117	3.7	15	0.4	0.28	Tr	0.16	0.16	Tr
腐竹[1]	—	48.4	0.86	Tr	28.43	3.19	50	655	670	27.1	140	3.8	4.71	1.51	0.86	2.38	—
绿豆[2]	—	—	2.0	—	10.95	—	81	337	787	3.2	125	6.5	2.18	4.28	1.08	1.11	—
赤小豆[2]	—	—	2.0	—	14.36	—	74	305	860	2.2	138	7.4	2.20	3.80	0.64	1.33	—
蚕豆[2]	—	—	1.9	2	1.60	0.98	31	418	1117	86.0	57	8.2	3.42	1.30	0.99	1.09	—
蚕豆（煮）[1]	(0)	58.0	1.20	19.8	—	—	18	73	19.3	41.0	31	1.5	0.47	1.00	0.06	0.26	—
豇豆（煮）[1]	—	—	0.80	1.0	—	—	29	87	400	Tr	—	3.4	—	—	—	—	—
豌豆[2]	—	—	2.4	—	8.47	—	97	259	823	9.7	118	4.9	2.35	1.69	0.47	1.15	—
鹰嘴豆[1]	(0)	—	—	3.5	11.61	un	150	450	830	6.0	210	3.4	1.50	—	0.44	2.20	—

续附表 1

蔬菜及制品

食物名称	食部	水分	能量[1]		蛋白质	脂肪	碳水化合物	膳食纤维			胆固醇	灰分	维生素 A		硫胺素	核黄素	维生素 B_6
								总	可溶	不溶			VitA	胡萝卜素			
	%	g	kcal	kJ	g	g	g	g	g	g	mg	g	μgRE	μg	mg	mg	mg
根菜类																	
白萝卜[1]	95	94.6	13	53	0.7	0.1	4.0	1.8	—	—	—	0.6	Tr	Tr	0.02	0.01	0.06
青萝卜[1]	94	91.0	23	98	1.2	0.2	6.9	2.7	—	—	—	0.7	15	88	0.01	0.02	0.04
卞萝卜(红皮萝卜)[1]	96	94.2	15	61	0.8	0.1	4.2	1.6	0.5	1.1	—	0.7	Tr	Tr	0.01	0.02	0.04
胡萝卜[1]	97	90.0	25	106	1.0	0.2	8.1	3.2	—	—	—	0.7	685	4107	—	0.02	0.16
鲜豆与豆苗类																	
豇豆[1]	97	90.1	18	76	2.2	(0.3)	7.3	4.3	—	—	—	0.7	88	526	0.06	0.05	0.06
四季豆(芸豆)[1]	96	91.2	15	63	2.0	0.2	6.0	4.7	—	—	—	0.6	16	96	0.02	0.05	0.05
扁豆[1]	96	89.5	23	96	2.3	0.2	7.4	4.4	(0.5)	(3.9)	—	0.6	11	65	0.05	0.06	0.10
蚕豆[2]	31	70.2	104	435	8.8	0.4	19.5	3.1	—	—	—	1.1	52	310	0.37	0.10	
毛豆(菜用大豆)[2]	53	69.6	123	515	13.1	5.0	10.5	4.0	—	—	—	1.8	22	130	0.15	0.07	
黄豆芽[1]	100	89.8	32	134	44	1.6	3.6	3.6	—	—	—	0.6	2	9	0.05	0.07	0.06
绿豆芽[1]	100	95.3	13	54	1.7	0.1	2.6	1.3	(0.1)	(1.2)	—	0.3	2	11	0.02	0.02	0.03
豌豆苗[1]	100	91.2	26	110	4.8	0.8	2.6	2.6	—	—	—	0.6	56	333	0.11	0.16	0.05
茄果、瓜菜类																	
茄子(白皮)[1]	97	92.5	14	59	1.3	0.3	5.5	3.5	—	—	—	0.6	3	15	0.05	0.03	0.05
茄子(紫皮,长)[1]	95	93.4	13	52	1.1	0.1	4.8	3.0	—	—	—	0.6	—	—	0.03	0.03	0.05
番茄(西红柿)[1]	97	95.2	11	46	0.9	0.2	3.3	1.9	—	—	—	0.4	63	375	0.02	0.01	0.06
樱桃番茄[1]	98	92.5	22	91	1.0	0.2	5.8	1.8	—	—	—	0.5	55	332	0.03	0.02	—
辣椒(小红尖椒)[1]	89	76.5	32	136	4.1	0.4	17.7	14.6	2.8	11.8	—	1.4	—	—	0.16	0.16	0.83
辣椒(青、尖)[1]	91	93.4	17	70	0.8	0.3	5.2	2.5	—	—	—	0.3	16	98	0.02	0.02	0.17

续附表 1

食品名称	维生素 B_{12}	叶酸	烟酸	维生素 C	维生素 E		钙 Ca	磷 P	钾 K	钠 Na	镁 Mg	铁 Fe	锌 Zn	硒 Se	铜 Cu	锰 Mn	碘 I
					总	α-TE											
	μg	μg	mg	mg	mg	mg	mg	mg	mg	mg	mg	mg	mg	μg	mg	mg	μg
根菜类																	
白萝卜[1]	(0)	6.8	0.14	19.0	Tr	Tr	47	16	167	54.3	12	0.2	0.14	0.12	0.01	0.05	Tr
青萝卜[1]	(0)	21.6	0.31	16.0	Tr	Tr	47	31	248	56.0	15	0.3	0.16	0.10	0.02	0.06	—
卞萝卜(红皮萝卜)[1]	(0)	25.8	0.22	5.6	Tr	Tr	39	27	16	111.2	24	0.3	0.23	0.27	0.02	0.04	1.0
胡萝卜[1]	(0)	4.8	—	9.0	0.31	0.31	27	38	119	20.7	18	0.3	0.22	0.60	0.07	0.08	Tr
鲜豆与豆苗类																	
豇豆[1]	(0)	75.4	—	13.0	0.39	un	62	55	171	9.5	55	0.8	0.38	0.66	0.12	0.27	Tr
四季豆(芸豆)[1]	(0)	27.7	0.26	Tr	Tr	Tr	43	47	196	44	27	0.6	0.33	0.04	0.05	0.26	Tr
扁豆[1]	(0)	15.6	0.24	2.0	Tr	Tr	57	49	163	3.9	31	0.5	0.26	Tr	0.05	0.13	2.2
蚕豆[2]	—	—	1.5	16	0.83	0.03	16	200	391	4.0	46	3.5	1.37	2.02	0.39	0.55	—
毛豆(菜用大豆)	—	—	1.4	27	2.44	—	135	188	478	3.9	70	3.5	1.73	2.48	0.54	1.20	—
黄豆芽[1]	(0)	30.1	0.32	4.0	0.64	un	30	60	175	28.3	36	0.6	0.37	0.34	0.09	0.22	0.4
绿豆芽[1]	(0)	6.1	0.35	4.0	Tr	Tr	14	19	32	25.8	18	0.3	0.20	0.27	0.05	0.05	0.2
豌豆苗[1]	(0)	99.5	0.49	8.0	0.10	0.10	15	60	145	20.9	14	0.5	0.42	0.56	0.07	0.08	0.1
茄果、瓜菜类																	
茄子(白皮)[1]	(0)	20.4	0.44	—	Tr	Tr	10	30	238	1.9	16	0.5	0.20	0.16	0.05	0.12	1.0
茄子(紫皮,长)[1]	(0)	6.3	—	—	Tr	Tr	50	21	147	5.0	11	0.5	0.20	0.09	0.04	0.09	Tr
番茄(西红柿)[1]	(0)	5.6	0.49	14.0	0.42	0.28	4	24	179	9.7	12	0.2	0.12	Tr	0.04	0.06	2.5
樱桃番茄[1]	(0)	61.8	0.92	33.0	0.98	0.75	6	26	262	10.0	12	0.3	0.20	0.20	0.04	0.06	0.1
辣椒(小红尖椒)[1]	(0)	37.5	2.51	86.0	8.11	un	29	115	18	11.5	59	0.6	0.33	0.96	0.20	0.30	2.8
辣椒(青、尖)[1]	(0)	3.6	0.62	59.0	0.38	0.38	11	20	154	7.0	15	0.3	0.21	0.02	0.05	0.05	0.6

续附表 1

食物名称	食部	水分	能量[1]		蛋白质	脂肪	碳水化合物	膳食纤维			胆固醇	灰分	维生素 A		硫胺素	核黄素	维生素 B_6
								总	可溶	不溶			VitA	胡萝卜素			
	%	g	kcal	kJ	g	g	g	g	g	g	mg	g	μgRE	μg	mg	mg	mg
甜椒(柿子椒)[1]	82	94.6	16	66	1.0	0.2	3.8	1.3	—	—	—	0.4	13	76	0.02	0.02	0.12
冬瓜[1]	80	96.9	8	34	0.3	0.2	2.4	1.1	—	—	—	0.2	Tr	Tr	Tr	Tr	0.02
黄瓜[1]	92	96.0	12	49	0.9	0.2	2.5	0.9	—	—	—	0.4	7	40	0.02	0.01	0.04
南瓜[1]	74	88.8	31	1.9	1.4	0.1	8.8	2.7	0.1	2.6	—	0.9	253	1518	0.03	0.04	0.15
丝瓜[1]	83	94.1	16	68	1.3	0.2	4.0	1.7	—	—	—	0.4	26	155	0.02	0.04	0.11
菜瓜[2]	88	95.0	18	75	0.6	0.2	3.9	0.4	—	—	—	0.3	3	20	0.02	0.04	—
佛手瓜[2]	100	94.3	16	67	1.2	0.1	3.8	1.2	—	—	—	0.6	3	20	0.01	0.10	—
苦瓜[2]	81	93.4	19	79	1.0	0.1	4.9	1.4	—	—	—	0.6	17	100	0.03	0.03	—
西葫芦[2]	73	94.9	18	75	0.8	0.2	3.8	0.6	—	—	—	0.3	5	30	0.06	0.03	—
葱蒜类																	
大葱[1]	82	91.8	23	95	1.6	0.3	5.8	2.4	0.2	2.2	—	0.5	11	64	0.06	0.03	0.16
香葱(四季葱)[1]	89	90.1	81	88	1.4	0.3	6.6	3.4	—	—	—	0.6	21	123	0.03	0.05	0.06
韭菜[1]	90	92.0	18	75	2.4	0.4	4.5	3.3	—	—	—	0.7	266	1596	0.04	0.05	0.02
韭黄(韭芽)[2]	88	93.2	22	92	2.3	0.2	3.9	1.2	—	—	—	0.4	43	260	0.03	0.05	—
大蒜(蒜头)[2]	85	66.6	126	527	4.5	0.2	27.6	1.1	—	—	—	1.1	5	30	0.04	0.06	—
蒜苗[2]	82	88.9	37	155	2.1	0.4	8.0	1.8	—	—	—	0.6	47	280	0.11	0.08	—
蒜薹[2]	90	81.8	61	255	2.0	0.1	15.4	2.5	—	—	—	0.7	80	480	0.04	0.07	—
洋葱(葱头)[2]	90	89.2	39	163	1.1	0.2	9.0	0.9	—	—	—	0.5	3	20	0.03	0.03	—
嫩茎、叶、花菜类																	
大白菜[1]	85	95.6	13	52	1.0	0.1	2.9	1.0	—	—	—	0.4	2	10	0.02	0.01	—
小白菜(青菜)[1]	94	94.8	10	43	1.4	0.3	2.4	1.9	—	—	—	1.1	309	1853	0.01	0.05	0.07

续附表 1

食品名称	维生素 B_{12}	叶酸	烟酸	维生素 C	维生素 E		钙 Ca	磷 P	钾 K	钠 Na	镁 Mg	铁 Fe	锌 Zn	硒 Se	铜 Cu	锰 Mn	碘 I
					总	α-TE											
	μg	μg	mg	mg	mg	mg	mg	mg	mg	mg	mg	mg	mg	μg	mg	mg	μg
甜椒(柿子椒)[1]	(0)	3.6	0.39	130.0	0.41	0.41	—	—	—	—	—	—	—	0.38	—	—	—
冬瓜[1]	(0)	9.4	0.22	16.0	0.04	0.0	12	11	57	2.8	10	0.1	0.10	0.02	0.01	0.02	Tr
黄瓜[1]	(0)	Tr	—	—	Tr	Tr	9	23	141	2.2	9	0.2	0.17	0.10	0.03	0.07	0.2
南瓜[1]	(0)	31.7	0.52	5.0	1.92	1.92	16	56	445	11.0	9	0.4	0.22	0.49	0.04	0.03	—
丝瓜[1]	(0)	22.6	0.32	4.0	0.08	0.08	37	33	121	3.7	19	0.3	0.22	0.20	0.05	0.07	0.4
菜瓜[2]	—	—	0.2	12	0.03	—	20	14	136	1.6	15	0.5	0.10	0.63	0.03	0.03	—
佛手瓜[2]	—	—	0.1	8	—	—	17	18	76	1.0	10	0.1	0.08	1.45	0.02	0.03	—
苦瓜[2]	—	—	0.4	56	0.85	0.61	14	35	256	2.5	18	0.7	0.36	0.36	0.06	0.06	—
西葫芦[2]	—	—	0.2	6	0.34	0.34	15	17	92	5.0	9	0.3	0.12	0.28	0.03	0.04	—
葱蒜类																	
大葱[1]	(0)	11.5	0.50	3.0	Tr	Tr	63	25	110	8.9	16	0.6	0.29	0.21	0.03	0.34	Tr
香葱(四季葱)[1]	(0)	21.5	0.49	9.0	0.18	0.18	72	29	123	13.6	19	1.3	0.22	0.74	0.01	0.11	0.5
韭菜[1]	(0)	61.2	0.86	2.0	0.57	44	45	241	5.8	24	0.7	0.25	1.33	0.05	0.21	Tr	
韭黄(韭芽)[2]	0.7	15	0.34	0.34	25	48	192	6.9	12	1.7	0.33	0.76	0.10	0.17	—		
大蒜(蒜头)[2]	—	—	0.6	7	1.07	1.07	39	117	302	19.6	21	1.2	0.88	3.09	0.22	0.29	—
蒜苗[2]	—	—	0.5	35	0.81	0.41	29	44	226	5.1	18	1.4	0.46	1.24	0.05	0.17	—
蒜薹[2]	—	—	0.2	1	1.04	0.70	19	52	161	3.8	28	4.2	1.04	2.17	0.03	0.32	—
洋葱(葱头)[2]	—	—	0.3	8	0.14	24	39	147	4.4	15	0.6	0.23	0.92	0.05	0.14	—	
嫩茎、叶、花菜类																	
大白菜[1]	(0)	14.8	0.32	8.0	0.06	0.06	29	21	109	39.9	12	0.3	0.15	0.04	0.01	0.08	0.6
小白菜(青菜)[1]	(0)	57.2	—	46.0	0.40	0.40	117	26	116	132.2	30	1.3	0.23	0.39	0.02	0.15	—

续附表 1

食物名称	食部	水分	能量[1]		蛋白质	脂肪	碳水化合物	膳食纤维			胆固醇	灰分	维生素 A		硫胺素	核黄素	维生素 B_6
								总	可溶	不溶			VitA	胡萝卜素			
	%	g	kcal	kJ	g	g	g	g	g	g	mg	g	μgRE	μg	mg	mg	mg
结球甘蓝(绿)[1]	86	94.5	12	51	0.9	0.2	4.0	2.3	—	—	—	0.4	2	12	0.02	0.02	0.06
紫甘蓝[1]	86	91.8	19	81	1.2	0.2	6.2	3.0	—	—	—	0.6	—	—	0.04	0.03	0.07
油菜[1]	96	95.6	16	41	1.3	0.5	2.0	2.0	—	—	—	0.9	181	1083	0.02	0.05	0.08
娃娃菜[1]	97	95.0	8	33	1.9	—	2.4	2.3	—	—	—	0.7	8	48	0.04	0.03	—
花椰菜(花菜)[1]	82	93.2	15	61	1.7	0.2	4.2	2.7	0.6	2.1	—	0.7	2	11	0.04	0.04	0.11
西兰花[1]	83	91.6	19	81	3.5	0.6	3.7	3.7	—	—	—	0.6	25	151	0.06	0.08	0.17
芹菜(茎)[1]	100	95.4	11	44	0.4	0.2	3.1	1.3	0.3	1.0	—	0.9	3	1.8	0.01	0.02	0.06
西芹[1]	85	93.6	12	51	0.6	0.1	4.8	2.6	0.4	2.2	—	0.9	5	29	0.01	0.03	0.05
生菜[1]	94	96.7	10	42	1.6	0.4	1.1	1.1	—	—	—	0.2	4	26	0.02	0.01	0.05
空心菜[1]	100	92.3	11	44	2.2	0.2	4.0	4.0	—	—	—	1.3	286	1714	0.03	0.05	0.08
芦笋(绿)[1]	90	93.3	13	56	2.6	0.1	3.3	2.8	—	—	—	0.7	3	20	0.07	0.08	0.11
雪里蕻(雪菜)[2]	94	91.5	24	100	2.0	0.4	4.7	1.6	—	—	—	1.4	52	310	0.03	0.11	—
菠菜[1]	89	91.2	24	100	2.6	0.3	4.5	1.7	—	—	—	1.4	487	2920	0.04	0.11	—
落葵(木耳菜)	76	92.8	20	84	1.6	0.3	4.3	1.5	—	—	—	1.0	337	2020	0.06	0.06	—
香菜(芫荽)[2]	81	90.5	31	130	1.8	0.4	6.2	1.2	—	—	—	1.1	193	1160	0.04	0.14	—
苋菜(绿)[2]	74	90.2	25	105	2.8	0.3	5.0	2.2	—	—	—	1.7	352	2110	0.03	0.12	—
苋菜(红)[2]	73	88.8	31	130	2.8	0.4	5.9	1.8	—	—	—	2.1	248	1490	0.03	0.10	—
茼蒿[2]	82	93.0	21	88	19	0.3	3.9	1.2	—	—	—	0.9	252	1510	0.04	0.09	—
芥菜[2]	88	90.6	27	113	2.9	0.4	4.7	1.7	—	—	—	1.4	432	2590	0.04	0.15	—
莴笋(莴苣)[2]	62	95.5	14	59	1.0	0.1	2.8	0.6	—	—	—	0.6	25	150	0.02	0.02	—
竹笋[2]	63	92.8	19	79	2.6	0.2	3.6	1.8	—	—	—	0.8	—	—	0.08	0.08	—

续附表 1

食品名称	维生素 B_{12}	叶酸	烟酸	维生素 C	维生素 E		钙 Ca	磷 P	钾 K	钠 Na	镁 Mg	铁 Fe	锌 Zn	硒 Se	铜 Cu	锰 Mn	碘 I
					总	α-TE											
	μg	μg	mg	mg	mg	mg	mg	mg	mg	mg	mg	mg	mg	μg	mg	mg	μg
结球甘蓝（绿）[1]	(0)	—	0.24	16.0	Tr	Tr	28	18	46	42.1	14	0.2	0.12	0.27	0.01	0.09	Tr
紫甘蓝[1]	(0)	41.9	0.15	26.0	Tr	Tr	65	22	177	27.0	15	0.4	0.16	0.24	0.02	0.15	0.2
油菜[1]	(0)	103.9	0.55	—	Tr	Tr	148	23	175	93.7	25	0.9	0.31	0.73	0.03	0.23	Tr
娃娃菜[1]	(0)	86.4	0.61	12.0	Tr	Tr	78	58	278	19.3	17	0.4	0.35	0.16	0.03	0.13	—
花椰菜（花菜）[1]	(0)	13.5	0.32	32.0	Tr	Tr	31	32	206	39.2	18	0.4	0.17	2.86	0.02	0.09	Tr
西兰花[1]	(0)	29.8	0.73	56.0	0.76	0.61	50	61	179	46.7	22	0.9	0.46	0.43	0.03	0.16	Tr
芹菜（茎）[1]	(0)	13.6	0.22	2.0	Tr	Tr	15	13	128	166.4	16	0.2	0.14	0.07	0.03	0.04	0.3
西芹[1]	(0)	29.8	0.22	4.0	Tr	Tr	36	35	15	313.3	15	0.2	0.12	0.04	0.01	0.06	Tr
生菜[1]	(0)	31.6	—	Tr	Tr	Tr	14	12	91	16.1	7	0.2	0.12	0.04	0.01	0.06	Tr
空心菜[1]	(0)	78.9	0.22	5.0	0.10	0.10	115	37	307	107.6	46	1.0	0.27	—	0.05	0.52	0.4
芦笋（绿）[1]	(0)	145.5	1.12	7.0	0.19	0.11	9	51	304	12.4	18	1.4	0.55	0.62	0.10	0.12	0.1
雪里蕻（雪菜）[2]	—	—	0.5	31	0.74	0.63	230	47	281	30.5	24	3.2	0.70	0.70	0.08	0.42	—
菠菜[1]	—	—	0.6	31	1.74	1.46	66	47	311	85.2	58	2.9	0.85	0.97	0.10	0.66	—
落葵（木耳菜）[2]	—	—	0.6	34	1.66	1.39	166	42	140	47.2	2	3.2	0.32	2.60	0.07	0.43	—
香菜（芫荽）[2]	—	—	2.2	48	0.80	0.68	101	49	272	48.5	33	2.9	0.45	0.53	0.21	0.28	—
苋菜（绿）[2]	—	—	0.8	47	0.36	0.15	187	59	207	32.4	119	5.4	0.80	0.52	0.13	0.78	—
苋菜（红）[2]	—	—	0.6	30	1.54	0.88	178	63	340	42.3	38	2.9	0.70	0.09	0.07	0.35	—
茼蒿[2]	—	—	0.6	18	0.92	0.46	73	36	220	161.3	20	2.5	0.35	0.60	0.06	0.28	—
芥菜[2]	—	—	0.5	43	1.01	0.36	294	81	280	31.6	37	5.4	0.68	0.51	0.29	0.65	—
莴笋（莴苣）[2]	—	—	0.5	4	0.19	0.08	23	48	212	36.5	19	0.9	0.33	0.54	0.07	0.19	—
竹笋[2]	—	—	0.6	5	0.05	0.03	9	64	389	0.4	1	0.5	0.33	0.04	0.09	1.14	—

续附表 1

食物名称	食部	水分	能量[1]		蛋白质	脂肪	碳水化合物	膳食纤维			胆固醇	灰分	维生素 A		硫胺素	核黄素	维生素 B_6
								总	可溶	不溶			VitA	胡萝卜素			
	%	g	kcal	kJ	g	g	g	g	g	g	mg	g	μgRE	μg	mg	mg	mg
百合[2]	82	56.7	162	678	32	0.1	38.8	1.7	—	—	—	1.2	—	—	0.02	0.04	—
慈姑[2]	89	73.6	94	39.3	4.6	0.2	19.9	1.4	—	—	—	1.7	—	—	0.14	0.07	—
藕[1]	88	86.4	42	177	1.2	0.2	11.5	2.6	0.3	2.2	—	0.7	Tr	Tr	0.04	0.01	0.05
水芹菜[2]	60	96.2	11	46	1.4	0.2	1.8	0.9	—	—	—	0.4	6.1	380	0.01	0.19	—
茭白[2]	74	92.2	23	96	1.2	0.2	5.9	1.9	—	—	—	0.5	5	30	0.02	0.03	—
荸荠(马蹄)[2]	78	83.6	59	247	1.2	0.2	14.2	1.1	—	—	—	0.8	3	20	0.02	0.02	—
豆薯(凉薯)[2]	91	85.2	55	230	0.9	0.1	13.4	0.8	—	—	—	0.4	—	—	0.03	0.03	—
山药(薯蓣)[2]	83	84.8	56	234	1.9	0.2	12.4	0.8	—	—	—	0.7	3	20	0.05	0.02	—
芋头(芋艿)[1]	88	85.0	54	225	1.3	0.2	12.7	1.0	—	—	—	0.8	2	14	0.05	0.02	0.10
姜(黄姜)[2]	95	87.0	41	172	1.3	0.6	10.3	2.7	—	—	—	0.8	28	170	0.02	0.03	—

食品名称	维生素 B_{12}	叶酸	烟酸	维生素 C	维生素 E		钙 Ca	磷 P	钾 K	钠 Na	镁 Mg	铁 Fe	锌 Zn	硒 Se	铜 Cu	锰 Mn	碘 I
					总	α-TE											
	μg	μg	mg	mg	mg	mg	mg	mg	mg	mg	mg	mg	mg	μg	mg	mg	μg
百合[2]	—	—	0.7	18	—	—	11	61	510	6.7	43	1.0	0.50	0.20	0.24	0.35	—
慈姑[2]	—	—	1.6	4	2.16	2.16	14	157	707	39.1	24	2.2	0.99	0.92	0.22	0.39	—
藕[1]	(0)	10.3	0.12	19.0	0.32	0.32	18	45	293	34.3	14	0.3	0.24	0.17	0.09	0.89	2.4
水芹菜[2]	—	—	1.0	5	0.32	0.10	38	32	212	40.9	16	6.9	0.38	0.81	0.10	0.79	—
茭白[2]	—	—	0.5	5	0.99	0.99	4	36	209	5.8	8	0.4	0.33	0.45	0.06	0.49	—
荸荠(马蹄)[2]	—	—	0.7	7	0.65	0.15	4	44	306	15.7	12	0.6	0.34	0.70	0.07	0.11	—
豆薯(凉薯)[2]	—	—	0.3	13	0.86	0.32	21	24	111	5.5	14	0.6	0.23	0.16	0.07	011	—
山药(薯蓣)[2]	—	—	0.3	5	0.24	0.24	16	34	213	18.6	20	0.3	0.27	0.55	0.24	0.12	—
芋头(芋艿)[1]	(0)	31.3	0.28	1.5	Tr	Tr	11	50	25	5.5	19	0.3	0.19	0.91	0.06	0.30	—
姜(黄姜)[2]	—	—	0.8	4	—	—	27	25	295	14.9	44	1.4	0.34	0.56	0.14	3.20	—

续附表 1

菌藻类

食物名称	食部	水分	能量[1]		蛋白质	脂肪	碳水化合物	膳食纤维			胆固醇	灰分	维生素 A		硫胺素	核黄素	维生素 B_6
								总	可溶	不溶			VitA	胡萝卜素			
	%	g	kcal	kJ	g	g	g	g	g	g	mg	g	μgRE	μg	mg	mg	mg
草菇[1]	100	94.6	14	59	1.1	0.4	3.1	1.4	—	—	—	0.9	—	—	0.02	0.03	—
金针菇[2]	100	90.2	26	109	2.4	0.4	6.0	2.1	—	—	—	1.0	5	30	0.15	0.19	—
蘑菇[2]	99	92.4	20	84	2.7	0.1	4.1	2.1	—	—	—	0.7	2	10	0.08	0.35	—
香菇[2]	100	91.7	19	79	2.2	0.3	5.2	3.3	—	—	—	0.6	—	—	Tr	0.08	—
香菇(干)[2]	95	12.3	211	883	20.2	1.2	61.7	31.6	—	—	—	4.8	3	20	0.19	1.26	—
平菇[1]	100	94.4	14	59	1.7	0.1	3.2	1.6	—	—	—	0.6	2	10	0.03	0.08	0.09
口蘑[2]	100	9.2	242	1013	38.7	3.3	31.6	17.2	—	—	—	17.2	—	—	0.07	0.08	—
茶树菇(干)	100	12.2	279	1166	23.1	2.6	56.1	15.4	—	—	—	6.0	Tr	Tr	0.32	1.48	—
木耳(干)[2]	10	15.5	295	858	12.1	1.5	65.6	29.9	—	—	—	5.3	17	100	0.17	0.44	—
银耳(干)[2]	96	14.6	200	837	10.0	1.4	67.3	30.4	—	—	—	6.7	8	50	0.05	0.25	—
发菜(干)[2]	100	11.1	189	791	20.2	0.5	60.8	35.0	—	—	—	7.4	—	—	0.15	0.54	—
海带(干)[2]	98	70.5	77	322	1.8	0.1	23.4	6.1	—	—	—	4.2	40	240	0.01	0.10	—
石花菜(海东菜)[2]	100	15.6	314	1314	5.4	0.1	72.9	—	—	—	—	6.0	—	—	0.06	0.20	—
紫菜(干)[1]	100	12.7	207	866	26.7	1.1	44.1	21.6	—	—	—	15.4	228	1370	0.27	1.02	—

续附表 1

食品名称	维生素 B_{12}	叶酸	烟酸	维生素 C	维生素 E		钙 Ca	磷 P	钾 K	钠 Na	镁 Mg	铁 Fe	锌 Zn	硒 Se	铜 Cu	锰 Mn	碘 I
					总	α-TE											
	μg	μg	mg	mg	mg	mg	mg	mg	mg	mg	mg	mg	mg	μg	mg	mg	μg
草菇[1]	Tr	—	1.39	—	0.70	un	5	24	53	332.1	5	1.1	0.33	0.90	0.10	0.09	Tr
金针菇[2]	—	—	4.1	2	1.14	0.70	—	97	195	4.3	17	1.4	0.39	0.28	0.14	0.10	—
蘑菇[2]	—	—	4.0	2	0.56	0.27	6	94	312	8.3	11	1.2	0.92	0.55	0.49	0.11	—
香菇[2]	—	—	2.0	1	—	—	2	53	20	1.4	11	0.3	0.66	2.58	0.12	0.25	—
香菇(干)[2]	—	—	20.5	5	0.66	—	83	258	464	11.2	147	10.5	8.57	6.42	1.03	5.47	—
平菇[1]	—	14.7	—	—	0.37	un	12	391	1481	11.2	55	20.3	5.43	42.45	0.35	1.85	—
口蘑[2]	—	—	44.3	—	8.57	3.20	169	1655	3106	5.2	167	19.4	9.04	—	5.88	5.96	—
茶树菇(干)	—	—	0.3	5	0.24	0.24	16	34	213	18.6	20	0.3	0.27	0.55	0.24	0.12	—
木耳(干)[2]	—	—	2.5	—	11.34	3.65	247	292	757	48.5	152	97.4	3.18	3.72	0.32	8.86	—
银耳(干)[2]	—	—	5.3	—	1.26	—	36	369	1588	82.1	54	4.1	3.03	2.95	0.08	0.17	—
发菜(干)[2]	—	—	0.9	6	0.07	0.06	1048	76	217	100.7	129	85.2	1.68	5.23	0.93	3.29	—
海带(干)[2]	—	—	1.3	—	1.85	0.92	46	22	246	8.6	25	0.9	0.16	9.54	—	0.07	—
石花菜(海东菜)[2]	—	—	3.3	—	14.84	2.22	167	209	141	3808	15	2.0	1.94	15.19	0.12	0.04	—
紫菜(干)[1]	—	—	7.3	2	1.82	1.61	264	350	1796	710.5	105	54.9	2.47	7.22	1.68	4.32	—

续附表 1

水果类及蔬菜

食物名称	食部	水分	能量[1]		蛋白质	脂肪	碳水化合物	膳食纤维			胆固醇	灰分	维生素 A		硫胺素	核黄素	维生素 B_6
								总	可溶	不溶			VitA	胡萝卜素			
	%	g	kcal	kJ	g	g	g	g	g	g	mg	g	μgRE	μg	mg	mg	mg
苹果(平均)[2]	76	85.6	52	218	0.2	0.2	13.5	1.2	—	—	—	0.2	3	20	0.06	0.02	—
梨(平均)[2]	82	85.8	44	184	0.4	0.2	13.3	3.1	—	—	—	0.3	6	33	0.03	0.06	—
大山楂(山里红)[2]	73.0	95	397	0.5	0.6	25.1	3.1	—	—	—	—	0.8	17	100	0.02	0.02	—
海棠果[2]	86	79.9	73	3.5	0.3	0.2	19.2	1.8	—	—	—	0.4	118	710	0.05	0.03	—
桃(平均)[2]	86	86.4	48	201	0.9	0.1	9.1	1.3	—	—	—	0.4	3	20	0.01	0.03	—
李子[2]	91	90.0	36	151	0.7	0.2	8.7	0.9	—	—	—	0.4	25	150	0.03	0.02	—
杏[2]	91	89.4	36	151	0.9	0.1	9.1	1.3	—	—	—	0.5	75	450	0.02	0.03	—
枣(鲜)[2]	87	67.4	122	510	1.1	0.3	30.5	1.9	—	—	—	0.7	40	240	0.06	0.09	—
枣(干,大)[2]	88	14.5	298	1247	2.1	0.4	81.1	9.5	—	—	—	1.9	—	—	0.08	0.15	—
樱桃[2]	80	88.0	46	192	1.1	0.2	10.2	0.3	—	—	—	0.5	35	210	0.02	0.02	—
葡萄(平均)[2]	86	88.7	43	180	0.5	0.2	10.3	0.4	—	—	—	0.3	8	50	0.04	0.02	—
葡萄干[2]	100	11.6	341	1427	2.5	0.4	83.4	1.6	—	—	—	2.1	—	—	0.09	—	—
石榴(平均)[2]	57	79.1	63	264	1.4	0.2	18.7	4.8	—	—	—	0.6	—	—	0.05	0.03	—
柿[2]	87	80.6	71	297	0.4	0.1	18.5	1.4	—	—	—	0.4	20	120	0.02	0.02	—
桑葚[2]	100	82.8	49	205	1.7	0.4	13.8	4.1	—	—	—	1.3	5	30	0.02	0.06	—
沙棘[2]	87	71.0	119	498	0.9	1.8	25.5	0.8	—	—	—	0.8	640	3840	0.05	0.21	—
无花果[2]	100	81.3	59	247	1.5	0.1	16.0	3.0	—	—	—	1.1	5	30	0.03	0.02	—
猕猴桃[2]	83	83.4	56	234	0.8	0.6	14.5	2.6	—	—	—	0.7	22	130	0.05	0.02	—
草莓[2]	97	91.3	30	126	1.0	0.2	7.1	1.1	—	—	—	0.4	5	30	0.02	0.03	—
橙子[2]	74	87.4	47	197	0.8	0.2	11.1	0.6	—	—	—	0.5	27	160	0.05	0.04	—
芦柑[2]	77	88.5	43	180	0.6	0.2	10.3	0.6	—	—	—	0.4	87	520	0.02	0.03	—

续附表 1

食品名称	维生素 B_{12}	叶酸	烟酸	维生素 C	维生素 E		钙 Ca	磷 P	钾 K	钠 Na	镁 Mg	铁 Fe	锌 Zn	硒 Se	铜 Cu	锰 Mn	碘 I
					总	α-TE											
	μg	μg	mg	mg	mg	mg	mg	mg	mg	mg	mg	mg	mg	μg	mg	mg	μg
苹果(平均)[2]	—	—	0.2	4	2.12	1.53	4	12	119	1.6	4	0.6	0.19	0.12	0.6	0.03	—
梨(平均)[2]	—	—	0.3	6	1.34	0.44	9	14	92	2.1	8	0.5	0.46	1.14	0.62	0.07	—
大山楂(山里红)[2]	—	—	0.4	53	7.32	3.15	52	24	299	5.4	19	0.9	0.28	1.22	0.11	0.24	—
海棠果[2]	—	—	0.2	20	0.25	0.25	15	16	263	0.6	13	0.4	0.04	—	0.11	0.11	—
桃(平均)[2]	—	—	0.7	7	1.54	—	6	20	166	5.7	7	0.8	0.34	0.24	0.05	0.07	—
李子[2]	—	—	0.4	5	0.74	0.74	8	11	144	3.8	10	0.6	0.14	0.23	0.04	0.16	—
杏[2]	—	—	0.6	4	0.95	0.95	14	15	226	2.3	11	0.6	0.20	0.20	0.11	0.06	—
枣(鲜)[2]	—	—	0.9	243	0.78	0.42	22	23	375	1.2	25	1.2	1.52	0.80	0.06	0.32	
枣(干,大)[2]	—	—	0.9	14	3.04	0.88	64	51	524	6.2	36	2.3	0.65	1.02	0.27	0.39	—
樱桃[2]	—	—	0.6	10	2.22	0.26	11	27	232	8.0	12	0.4	0.23	0.21	0.10	0.07	—
葡萄(平均)[2]	—	—	0.2	25	0.70	0.15	5	13	104	1.3	8	0.4	0.18	0.20	0.09	0.06	—
葡萄干[2]	—	—	—	5	—	—	52	90	995	19.1	45	9.1	0.18	2.74	0.48	0.39	—
石榴(平均)[2]	—	—	—	9	4.91	2.09	9	71	231	0.9	16	0.3	0.19	—	0.14	0.17	—
柿[2]	—	—	0.3	30	1.12	1.03	9	23	151	0.8	19	0.2	0.08	0.24	0.06	0.50	—
桑葚[2]	—	—	—	—	9.87	—	37	33	32	2.0	—	0.4	0.26	5.65	0.07	0.28	—
沙棘[2]	—	—	0.4	204	0.01	0.01	104	54	359	28.0	33	8.8	1.16	2.80	0.56	0.66	—
无花果[2]	—	—	0.1	2	1.82	1.40	67	18	212	5.5	17	0.1	1.42	0.67	0.01	0.17	—
猕猴桃[2]	—	—	0.3	62	2.43	0.77	27	26	144	10.0	12	1.2	0.57	0.28	1.87	0.37	—
草莓[2]	—	—	0.3	47	0.71	0.54	18	27	131	4.2	12	1.8	0.14	0.70	0.04	0.49	—
橙子[2]	—	—	0.3	33	0.56	0.51	20	22	1.59	1.2	14	0.4	0.14	0.31	0.03	0.05	—
芦柑[2]	—	—	0.2	19	—	—	45	25	54	—	45	1.3	0.10	0.07	0.10	0.03	—

续附表 1

食物名称	食部	水分	能量[1]		蛋白质	脂肪	碳水化合物	膳食纤维			胆固醇	灰分	维生素 A		硫胺素	核黄素	维生素 B_6
								总	可溶	不溶			VitA	胡萝卜素			
	%	g	kcal	kJ	g	g	g	g	g	g	mg	g	μgRE	μg	mg	mg	mg
橘子[2]	77	86.9	51	213	0.7	0.2	11.9	0.4	—	—	—	0.3	148	890	0.08	0.4	—
柚(文旦)[2]	69	89	41	172	0.8	0.2	9.5	0.4	—	—	—	0.5	2	10	—	0.03	—
柠檬[2]	66	91.0	35	146	1.1	1.2	6.2	1.3	—	—	—	0.5	—	—	0.05	0.02	—
菠萝(凤梨)[2]	68	88.4	41	172	0.5	0.1	10.8	1.3	—	—	—	0.2	3	20	0.04	0.02	—
桂圆[2]	50	81.4	71	297	1.2	0.1	16.6	0.4	—	—	—	0.7	3	20	0.01	0.14	—
荔枝[1]	73	81.9	70	293	0.9	0.2	16.6	0.5	—	—	—	0.4	2	10	0.10	0.04	—
芒果[1]	68	86.1	50	209	0.5	0.1	12.9	—	—	113	—	0.4	347	2080	0.03	0.01	—
木瓜[1]	89	91.7	30	126	0.6	Tr	7.2	—	—	0.5	—	0.5	—	—	0.01	0.02	—
香蕉[1]	70	77.1	82	344	1.1	0.2	20.8	18	—	—	—	0.8	6	36	0.02	0.02	0.19
杨梅[2]	82	92.0	28	117	0.8	0.2	6.7	1.0	—	—	—	0.3	7	40	0.01	0.05	—
椰子[2]	33	51.8	231	967	4.0	12.1	31.3	4.7	—	—	—	0.8	—	—	0.01	0.01	—
枇杷[2]	62	89.3	39	163	0.8	0.2	9.3	0.8	—	—	—	0.4	—	—	0.01	0.03	—
红毛丹[1]	79	80.0	79	330	1.0	1.2	17.5	1.5	1.0	0.5	—	0.3	Tr	Tr	0.01	0.04	0.05
火龙果[1]	79	84.8	51	215	1.1	0.2	13.3	2.0	0.4	1.6	—	0.6	Tr	Tr	0.03	0.02	0.04
榴莲[1]	37	64.5	147	613	2.6	3.3	28.3	1.7	Tr	1.7	—	1.3	3	20	0.20	0.13	0.14
山竹[1]	25	81.2	69	290	0.4	0.2	18.0	1.5	0.9	0.4	—	0.2	Tr	Tr	0.08	0.02	0.03
白兰瓜[1]	55	93.2	21	88	0.6	0.1	5.3	0.8	—	—	—	0.8	7	40	—	0.02	0.03
哈密瓜[1]	71	91.9	34	142	0.5	0.1	7.9	0.2	—	—	—	0.5	153	920	—	—	0.01
甜瓜(香瓜)[1]	78	92.9	26	109	0.4	0.1	6.2	0.4	—	—	—	0.4	5	30	—	0.02	0.03
西瓜(平均)[1]	56	93.3	25	105	0.6	0.1	5.8	0.3	—	—	—	0.2	75	450	—	0.02	0.03

续附表 1

食品名称	维生素 B_{12}	叶酸	烟酸	维生素 C	维生素 E		钙 Ca	磷 P	钾 K	钠 Na	镁 Mg	铁 Fe	锌 Zn	硒 Se	铜 Cu	锰 Mn	碘 I
					总	α-TE											
	μg	μg	mg	mg	mg	mg	mg	mg	mg	mg	mg	mg	mg	μg	mg	mg	μg
橘子[2]	—	—	0.4	28	0.92	0.92	35	18	154	1.4	11	0.2	0.08	0.30	0.04	0.14	—
柚(文旦)[2]	—	—	0.3	23	—	—	4	24	119	3.0	4	0.3	0.40	0.70	0.18	0.08	—
柠檬[2]	—	—	0.6	22	1.14	1.14	101	22	209	1.1	37	0.8	0.65	0.50	0.14	0.05	—
菠萝(凤梨)[2]	—	—	0.2	18	—	—	12	9	113	0.8	8	0.6	0.14	0.24	0.07	1.04	—
桂圆[2]	—	—	0.7	7	1.54	—	6	20	166	5.7	7	0.8	0.34	0.24	0.05	0.07	—
荔枝[1]	—	—	1.1	41	—	—	2	24	151	1.7	12	0.4	0.17	0.14	0.16	0.09	—
芒果[1]	(0)	—	0.40	14.0	—	—	7	12	153	3.6	10	0.5	0.14	0.25	0.10	0.24	—
木瓜[1]	(0)	—	1.30	31.0	Tr	Tr	22	11	182	10.4	17	0.6	0.12	0.37	0.03	0.05	—
香蕉[1]	(0)	11.2	0.51	4.9	0.20	0.20	9	17	208	3.2	33	0.2	0.04	0.07	0.10	0.07	Tr
杨梅[2]	—	—	0.3	9	0.81	0.81	14	8	149	0.7	10	1.0	0.14	0.31	0.02	0.72	—
椰子[2]	—	—	0.5	6	—	—	2	90	475	55.6	65	1.8	0.92	—	0.19	0.06	—
枇杷[2]	—	—	0.3	8	0.24	0.24	17	8	122	4.0	10	1.1	0.2	0.72	0.06	0.34	—
红毛丹[1]	(0)	18.8	0.31	35.0	Tr	Tr	11	20	13	2.3	12	0.3	0.24	0.11	0.21	0.35	1.3
火龙果[1]	(0)	28.1	0.22	3.0	0.14	0.14	7	35	20	2.7	30	0.3	0.29	0.03	0.04	0.19	0.4
榴莲[1]	(0)	116.9	1.19	2.8	2.28	2.28	4	38	261	2.9	27	0.3	0.16	3.26	0.12	0.2	5.6
山竹[1]	(0)	7.4	0.30	1.2	0.36	un	11	9	48	3.8	19	0.3	0.06	0.54	0.03	0.10	1.1
白兰瓜[1]	—	—	0.6	14	—	—	24	13	—	—	—	0.9	—	—	—	—	—
哈密瓜[1]	—	—	—	12	—	—	4	19	190	26.7	19	—	0.13	1.10	0.01	0.01	—
甜瓜(香瓜)[1]	—	—	0.3	15	0.47	0.11	14	17	139	8.8	11	0.7	0.09	0.40	0.04	0.04	—
西瓜(平均)[1]	—	—	0.2	6	0.10	0.06	8	9	87	2.2	8	0.3	0.10	0.17	0.05	0.05	—

续附表 1 **坚果与种子类**

食物名称	食部	水分	能量[1]		蛋白质	脂肪	碳水化合物	膳食纤维			胆固醇	灰分	维生素 A		硫胺素	核黄素	维生素 B_6
								总	可溶	不溶			VitA	胡萝卜素			
	%	g	kcal	kJ	g	g	g	g	g	g	mg	g	μgRE	μg	mg	mg	mg
白果(干)(银杏)[2]	67	9.9	355	1485	13.2	1.3	72.6	—	—	—	—	3.0	—	—	—	0.10	—
核桃(干)[2]	43	5.2	627	2623	14.9	58.8	19.1	9.5	—	—	—	2.0	5	30	0.15	0.14	—
山核桃(干)[2]	24	2.2	601	2515	18.0	50.4	26.2	7.4	—	—	—	3.2	5	30	0.16	0.09	—
板栗(鲜)[1]	80	53.3	182	762	4.4	1.6	39.6	—	—	2.0	—	1.1	7	40	—	—	—
松子(熟)[1]	69	3.4	530	2218	12.9	40.3	40.3	11.6	—	—	—	3.0	—	—	0.14	0.17	0.21
松子仁[2]	100	0.8	698	2920	13.4	70.6	12.2	10.0	—	—	—	3.0	2	10	0.19	0.25	—
杏仁(熟,去壳)[1]	100	3.1	605	2530	28.0	54.4	11.1	13.3	—	—	0	3.4	—	—	0.09	0.52	0.15
腰果(熟)[1]	100	2.1	594	2484	24.0	50.9	20.4	10.5	0.1	10.4	0	2.6	—	—	0.24	0.13	0.43
榛子(熟)[1]	66	2.2	617	1579	12.5	57.3	25.6	12.9	Tr	12.9	—	2.4	—	—	0.17	0.11	0.59
开心果(熟)[1]	82	0.8	614	2570	20.6	53.0	21.9	8.2	Tr	8.2	—	3.7	—	—	0.45	0.10	—
花生仁(生)[2]	100	6.9	563	2356	24.8	44.3	21.7	5.5	—	—	—	2.3	5	30	—	0.72	0.13
葵花子(熟)[1]	69	2.7	567	2372	28.5	49.0	15.1	12.1	3.9	8.2	—	4.7	9	52	0.94	0.12	0.86
莲子(干)[2]	100	9.5	344	1439	17.2	2.0	67.2	3.0	—	—	—	4.1	—	—	0.16	0.08	—
南瓜子(熟)[1]	69	3.2	597	2497	26.6	52.8	12.9	—	—	9.1	—	4.5	14	81	0.20	0.10	0.12
西瓜子(熟)[1]	38	10.7	532	2228	29.0	46.0	9.5	—	—	8.9	—	4.8	Tr	Tr	0.06	0.06	0.39
芝麻(白)[1]	100	5.3	5117	2163	18.4	39.6	31.5	9.8	—	—	—	5.2	—	—	0.36	0.26	—
芝麻(黑)[1]	100	5.7	531	222	19.1	46.1	24.0	14.0	—	—	—	5.1	—	—	0.66	0.25	—

续附表 1

食品名称	维生素 B_{12}	叶酸	烟酸	维生素 C	维生素 E		钙 Ca	磷 P	钾 K	钠 Na	镁 Mg	铁 Fe	锌 Zn	硒 Se	铜 Cu	锰 Mn	碘 I
					总	α-TE											
	μg	μg	mg	mg	mg	mg	mg	mg	mg	mg	mg	mg	mg	μg	mg	mg	μg
白果(干)(银杏)[2]	—	—	—	—	24.70	—	54	23	17	17.5	—	0.2	0.69	14.50	0.45	2.03	—
核桃(干)[2]	—	—	0.9	1	43.21	0.82	56	294	385	6.4	131	2.7	2.17	2.17	4.62	1.17	—
山核桃(干)[2]	—	—	0.5	—	65.55	2.14	57	521	237	250.7	306	6.8	6.42	0.87	2.14	8.16	—
板栗(鲜)[1]	(0)	—	—	23.2	3.94	un	16	72	—	—	—	0.4	5.60	1.20	—	—	—
松子(熟)[1]	(0)	—	1.36	—	28.25	16.04	14	453	1007	666.0	272	3.9	4.32	0.59	1.01	1.36	9.7
松子仁[2]	—	—	4.0	—	32.79	17.68	78	569	502	10.1	116	4.3	4.61	0.74	0.95	6.01	—
杏仁(熟,去壳)[1]	Tr	10.8	2.77	—	27.17	25.23	174	341	693	342.2	277	5.3	3.72	1.72	1.43	2.45	8.4
腰果(熟)[1]	Tr	24.6	1.28	—	6.70	0.62	19	639	680	35.7	595	7.4	5.30	10.93	2.57	1.19	—
榛子(熟)[1]	Tr	20.7	1.02	—	22.81	20.26	95	369	1001	9.4	172	3.8	2.25	2.02	1.13	1.96	6.3
开心果(熟)[1]	(0)	34.5	1.05	—	19.36	2.85	108	468	735	756.4	118	4.4	3.11	6.50	0.83	1.69	37.9
花生仁(生)[2]	—	—	17.9	2	18.09	9.73	39	324	587	3.6	178	2.1	2.5	3.94	0.95	1.25	—
葵花子(熟)[1]	(0)	304.5	2.10	—	11.70	9.71	112	1032	399	634.7	509	6.4	7.45	56.68	2.42	3.48	38.5
莲子(干)[2]	—	—	4.2	5	2.71	0.93	97	550	846	5.1	242	3.6	2.78	3.36	1.33	8.23	—
南瓜子(熟)[1]	(0)	143.8	2.96	—	31.06	2.64	26	1034	610	145.1	424	9.1	7.77	2.42	1.32	4.38	11.0
西瓜子(熟)[1]	(0)	223.4	1.12	—	21.10	un	44	1080	880	599.4	437	7.7	5.02	22.64	1.87	2.12	20.7
芝麻(白)[1]	—	—	3.8	—	38.28	—	620	513	266	32.2	202	14.1	4.21	4.06	1.41	1.17	—
芝麻(黑)[1]	—	—	5.9	—	50.40	—	780	516	358	8.3	290	22.7	6.13	4.70	1.77	17.85	—

续附表 1

畜禽肉及其制品

食物名称	食部	水分	能量[1]		蛋白质	脂肪	碳水化合物	膳食纤维			胆固醇	灰分	维生素 A		硫胺素	核黄素	维生素 B_6
								总	可溶	不溶			VitA	胡萝卜素			
	%	g	kcal	kJ	g	g	g	g	g	g	mg	g	μgRE	μg	mg	mg	mg
猪肉(前臀肉)[1]	100	53.7	334	1397	14.2	30.4	0.9	—	—	—	41	0.8	9	(0)	0.24	0.11	—
猪肉(后臀肉)[1]	100	668.8	175	730	20.0	10.5	0	—	—	—	66	1.1	Tr	(0)	0.45	0.10	0.15
猪小排[1]	61	55.4	351	1467	14.1	32.7	0	—	—	—	66	0.8	6	(0)	0.30	0.32	0.08
猪肚[1]	100	79.3	97	405	14.1	3.5	2.2	—	—	—	290	0.9	2	(0)	0.10	0.22	0.05
猪肝[1]	100	72.6	126	528	19.2	4.7	1.8	—	—	—	180	1.7	6502	(0)	0.22	2.02	0.29
猪舌(口条)[1]	100	70.2	184	770	18.1	12.4	0	—	—	—	230	0.9	Tr	(0)	0.27	0.41	0.14
猪肾(猪腰子)[1]	100	80.6	82	342	15.8	1.8	0.6	—	—	—	430	1.2	39	(0)	0.19	1.18	—
腊肉[1]	100	8.2	692	2895	18.2	68.0	1.8	—	—	—	—	3.8	Tr	—	0.23	0.16	0.08
叉烧肉[1]	100	60.4	196	819	20.9	9.8	6.0	—	—	—	37	2.9	Tr	—	0.05	0.09	—
猪肉脯[1]	100	11.2	378	1580	28.0	8.8	46.6	—	—	—	71	5.4	84	—	0.22	0.27	—
肉松[1]	100	2.7	509	2128	30.7	27.1	35.5	—	—	—	—	4.3	Tr	—	0.06	0.15	—
火腿肠[1]	100	61.5	215	900	12.1	14.6	8.8	—	—	—	13	3.0	56	—	0.04	0.11	0.01
火腿[1]	100	76.6	99	416	15.5	3.4	1.7	—	—	—	39	2.8	Tr	—	0.08	0.14	0.08
午餐肉[1]	100	55.2	320	1339	9.0	30.1	3.3	—	—	—	—	2.4	Tr	—	0.09	0.09	0.06
牛肉(背部)[1]	100	66.4	193	808	17.4	12.4	3.0	—	—	—	—	—	—	—	—	—	—
牛肉(腹部)[1]	100	57.6	332	1390	17.1	29.3	0	—	—	—	44	1.0	Tr	(0)	0.02	0.06	0.10
牛百叶(黑)[1]	100	85.6	70	292	13.2	10.7	0	—	—	—	71	0.4	Tr	(0)	0.05	0.15	—
牛肉(酱,五香)[1]	100	55.5	229	959	33.2	10.7	0	—	—	—	41	2.1	Tr	—	0.02	0.12	—
牛肉干[1]	100	14.6	343	1431	41.8	5.1	32.2	—	—	—	—	6.3	Tr	—	0.29	0.14	0.11
羊肉(上脑)[1]	100	78.0	94	393	19.0	2.0	0	—	—	—	—	1.0	3	(0)	0.06	0.14	0.10
羊肉(前腿)[1]	100	77.1	97	407	19.8	2.0	0	—	—	—	—	1.1	3	(0)	0.12	0.15	0.12

续附表 1

食品名称	维生素 B_{12}	叶酸	烟酸	维生素 C	维生素 E		钙 Ca	磷 P	钾 K	钠 Na	镁 Mg	铁 Fe	锌 Zn	硒 Se	铜 Cu	锰 Mn	碘 I
					总	α-TE											
	μg	μg	mg	mg	mg	mg	mg	mg	mg	mg	mg	mg	mg	μg	mg	mg	μg
猪肉(前臀肉)[1]	—	Tr	3.14	Tr	0.69	0.69	1	97	308	53.9	20	1.1	1.91	5.25	Tr	0.02	—
猪肉(后臀肉)[1]	—	Tr	4.67	Tr	0.34	0.34	1	208	334	47.9	21	0.9	2.29	6.36	Tr	0.02	—
猪小排[1]	—	0.5	3.09	Tr	0.72	0.72	36	117	230	62.6	14	1.4	2.20	5.94	Tr	Tr	—
猪肚[1]	—	3.8	2.85	Tr	0.28	0.28	11	152	171	75.1	12	2.4	1.93	11.68	0.01	Tr	—
猪肝[1]	—	425.1	10.11	Tr	Tr	Tr	6	243	235	68.6	24	23.2	3.68	26.12	0.02	0.01	—
猪舌(口条)[1]	—	1.7	4.25	Tr	Tr	Tr	13	213	216	79.4	14	0.1	2.89	13.94	0.01	Tr	—
猪肾(猪腰子)[1]	—	9.2	—	Tr	Tr	Tr	12	210	217	134.2	22	0.1	3.15	157.24	0.03	0.01	—
腊肉[1]	—	2.25	Tr	—	Tr	Tr	293	137	416	763.9	35	0.1	0.06	13.70	0.01	0.01	12.3
叉烧肉[1]	Tr	Tr	3.86	(0)	0.97	0.54	5	136	100	726.4	12	3.6	8.50	6.65	0.12	0.06	57.4
猪肉脯[1]	—	5.7	14.48	(0)	1.10	0.49	17	233	381	1638.2	47	3.9	3.08	6.86	0.20	0.43	—
肉松[1]	—	—	3.93	(0)	4.47	0.74	11	256	278	1540.7	25	3.7	4.38	19.88	0.05	0.26	35.4
火腿肠[1]	—	—	1.78	(0)	0.65	0.36	19	157	130	1119.5	6	1.8	0.70	4.84	0.13	0.18	—
火腿[1]	Tr	27.2	5.53	(0)	0.48	0.34	6	301	174	1471.3	11	1.0	2.09	7.96	0.07	0.03	3.6
午餐肉[1]	Tr	—	3.54	(0)	0.75	0.35	6	84	131	528.7	8	0.6	1.38	7.80	0.06	0.07	5.4
牛肉(背部)[1]	—	3.8	2.28	Tr	0.17	0.17	—	—	—	—	—	0.7	4.65	1.84	0.01	Tr	—
牛肉(腹部)[1]	—	4.4	2.20	Tr	Tr	Tr	—	—	—	—	—	0.6	2.69	3.20	0.01	Tr	—
牛百叶(黑)[1]	—	15.7	—	Tr	Tr	Tr	40	104	162	60.6	17	2.1	7.03	3.80	0.01	0.04	—
牛肉(酱,五香)[1]	Tr	5.6	5.33	(0)	0.41	1.20	11	163	327	926.0	18	3.1	13.60	9.96	0.15	0.21	24.5
牛肉干[1]	Tr	12.3	4.81	(0)	Tr	Tr	34	183	112	1529.0	31	10.0	5.51	25.64	0.16	0.20	48.4
羊肉(上脑)[1]	—	1.7	3.30	Tr	0.44	0.44	3	164	359	106.6	20	2.4	2.68	6.79	0.07	0.02	5.2
羊肉(前腿)[1]	—	Tr	3.68	Tr	0.58	0.58	3	169	352	93.8	1	4.0	3.07	9.06	0.10	0.02	4.1

续附表 1

食物名称	食部	水分	能量[1]		蛋白质	脂肪	碳水化合物	膳食纤维			胆固醇	灰分	维生素 A		硫胺素	核黄素	维生素 B_6
								总	可溶	不溶			VitA	胡萝卜素			
	%	g	kcal	kJ	g	g	g	g	g	g	mg	g	μgRE	μg	mg	mg	mg
羊肉串(生)[1]	100	74.5	118	492	13.0	4.8	5.6	—	—	—	24	2.1	146	(0)	0.07	0.17	0.15
驴肉(五香)[1]	100	64.9	167	698	28.2	6.0	0	—	—	—	49	3.0	79	(0)	0.01	0.16	—
鹿肉(梅花鹿)[1]	100	78.0	92	384	19.7	1.3	0.3	—	—	—	5	0.7	Tr	(0)	0.05	0.24	0.10
鸡(平均)[2]	66	69.0	167	699	19.3	9.4	1.3	—	—	—	106	1.0	48	—	0.05	0.09	—
鸡胸脯肉[1]	10	71.7	118	493	24.6	1.9	0.6	—	—	—	65	1.2	3	(0)	0.07	0.06	0.50
鸡腿[1]	74	71.7	146	609	20.2	7.2	0	—	—	—	99	0.9	22	(0)	0.06	0.10	0.50
鸡翅[1]	69	63.3	202	843	19.0	11.5	5.5	—	—	—	81	0.7	28	(0)	Tr	0.05	0.26
鸡肝[1]	100	74.0	121	506	16.7	4.5	3.5	—	—	—	356	1.4	10414	—	0.33	1.10	—
鸡肫[2]	100	73.1	118	494	19.2	2.8	4.0	—	—	—	174	0.9	36	—	0.04	0.09	—
烤鸡[1]	72	55.4	265	1107	28.1	16.9	0	—	—	—	26	4.6	165	—	0.03	0.16	—
鸭(平均)[2]	68	63.9	240	1004	15.5	19.7	0.2	—	—	—	94	0.7	52	—	0.08	0.22	—
鸭翅[2]	67	70.6	146	611	16.5	6.1	6.3	—	—	—	49	0.5	14	—	0.02	0.16	—
鸭肝[2]	100	76.3	143	536	12.8	8.9	0.5	—	—	—	341	0.9	1040	—	0.26	1.05	—
鸭心[2]	100	74.5	143	598	12.8	8.9	2.9	—	—	—	120	0.9	24	—	0.14	0.87	—
鸭肫[2]	93	77.8	92	385	17.9	1.3	2.1	—	—	—	153	0.9	6	—	0.04	0.15	—
烤鸭[1]	65	33.4	530	2216	18.1	50.8	0	—	—	—	—	0.7	107	—	0.13	0.25	—
鹅[2]	63	61.4	251	1050	17.9	19.9	0	—	—	—	74	0.8	42	—	0.7	0.23	—
鹅肝[2]	100	70.7	129	540	15.2	3.4	9.3	—	—	—	285	1.4	6100	—	0.27	0.25	—
鹅肫[2]	100	76.3	100	418	19.6	1.9	1.1	—	—	—	153	1.1	51	—	0.05	0.06	—
鸽[2]	42	66.6	201	841	16.5	14.2	1.7	—	—	—	99	1.0	53	—	0.06	0.20	—
鹌鹑[2]	58	75.1	110	460	20.2	3.1	0.2	—	—	—	157	1.4	40	—	0.04	0.32	—

续附表 1

食品名称	维生素 B_{12}	叶酸	烟酸	维生素 C	维生素 E		钙 Ca	磷 P	钾 K	钠 Na	镁 Mg	铁 Fe	锌 Zn	硒 Se	铜 Cu	锰 Mn	碘 I
					总	α-TE											
	μg	μg	mg	mg	mg	mg	mg	mg	mg	mg	mg	mg	mg	μg	mg	mg	μg
羊肉串(生)[1]	2.29	7.0	3.32	Tr	0.61	0.33	17	222	278	616.2	17	2.5	0.26	0.08	0.10	0.41	22.7
驴肉(五香)[1]	—	5.7	2.93	(0)	0.83	0.64	5	317	201	877.2	18	5.8	7.80	3.80	0.20	0.13	77.9
鹿肉(梅花鹿)[1]	—	18.8	—	Tr	Tr	Tr	4	177	196	32.7	12	2.3	2.23	4.65	0.01	—	1.5
鸡(平均)[2]	—	—	5.6	—	0.67	0.57	9	156	251	63.3	19	1.4	1.09	11.75	0.07	0.03	—
鸡胸脯肉[1]	—	0.7	11.96	Tr	0.41	0.41	1	170	333	44.8	28	1.0	0.25	11.75	0.01	0.01	6.8
鸡腿[1]	—	15.9	3.25	Tr	Tr	Tr	3	271	221	73.6	21	1.8	1.31	9.70	0.01	0.01	—
鸡翅[1]	—	Tr	4.36	Tr	0.44	0.29	8	94	205	50.8	17	0.9	0.42	8.72	—	0.01	—
鸡肝[1]	—	—	11.9	—	1.88	1.88	7	263	222	92.0	16	12.0	2.40	38.55	0.32	0.24	—
鸡肫[2]	—	—	3.4	—	0.87	—	7	135	272	74.8	15	4.4	2.76	10.54	2.11	0.06	—
烤鸡[1]	—	8.0	—	(0)	0.35	0.24	36	135	207	560.0	11	2	1.58	19.28	0.05	0.11	89.7
鸭(平均)[2]	—	—	4.2	—	0.27	0.17	6	122	191	69.0	14	2.2	1.33	12.25	0.21	0.06	—
鸭翅[2]	—	—	2.4	—	—	—	20	84	100	53.6	5	2.1	0.74	10.00	—	—	—
鸭肝[2]	—	—	6.9	18	1.41	0.27	18	283	230	87.2	18	23.1	3.08	557.27	1.31	0.28	—
鸭心[2]	—	—	8.0	—	0.81	0.53	20	188	233	86.2	18	5.0	1.38	15.30	0.37	—	—
鸭肫[2]	—	—	4.4	—	0.21	0.11	12	134	284	69.2	18	4.3	2.77	15.95	0.18	0.08	—
烤鸭[1]	—	—	2.70	(0)	—	—	11	147	103	29.9	8	1.6	1.69	24.83	—	—	—
鹅[2]	—	—	4.9	—	0.22	0.22	4	144	232	58.8	18	3.8	1.36	17.68	0.43	0.04	—
鹅肝[2]	—	—	—	—	0.29	0.20	2	216	336	70.2	11	7.8	3.56	—	7.78	0.32	—
鹅肫[2]	—	—	—	—	—	—	2	112	410	58.2	9	4.7	4.04	—	0.14	0.05	—
鸽[2]	—	—	6.9	—	0.99	0.70	30	136	334	63.6	27	3.8	0.82	11.08	0.24	0.05	—
鹌鹑[2]	—	—	6.3	—	0.44	0.23	48	179	204	48.4	20	2.3	1.19	11.67	1.10	0.08	—

续附表 1

食物名称	食部	水分	能量[1]		蛋白质	脂肪	碳水化合物	膳食纤维			胆固醇	灰分	维生素 A		硫胺素	核黄素	维生素 B_6
								总	可溶	不溶			VitA	胡萝卜素			
	%	g	kcal	kJ	g	g	g	g	g	g	mg	g	μgRE	μg	mg	mg	mg
牛乳[2]	100	89.8	54	226	3.0	3.2	3.4	—	—	—	15	0.6	24	—	0.03	0.14	—
鲜羊乳[2]	100	8.9	59	247	1.5	3.5	5.4	—	—	—	31	0.7	87	—	0.04	0.12	—
人乳[2]	100	87.6	65	272	1.3	3.4	7.4	—	—	—	11	0.3	11	—	0.01	0.05	—
全脂奶粉[1]	100	3.0	504	2109	22.0	26.0	45.5	—	—	—	65	3.5	525	—	0.04	0.17	—
低脂奶粉（高铁高钙）[1]	100	3.1	423	1768	27.0	11.0	53.9	—	—	—	49	5.0	675	—	0.30	1.60	—
酸奶（调味）[1]	100	81.2	88	370	3.0	3.2	11.9	—	—	—	—	0.7	—	—	0.03	0.14	0.02
酸奶（果粒）[1]	100	78.5	97	407	3.3	2.9	14.6	0.1	—	—	—	0.7	—	—	0.03	0.18	0.02
奶酪[1]	100	43.0	348	1454	16.5	28.4	6.5	(0)	(0)	(0)	—	5.6	—	—	0.07	0.45	0.03
奶油[1]	100	11.0	785	3285	1.1	86.0	1.7	(0)	(0)	(0)	155	0.2	840	—	0.02	0.02	Tr
黄油[2]	100	0.5	888	3715	1.4	98.0	0	—	—	—	296	0.1	—	—	—	0.02	—
全脂甜炼乳[1]	100	15.9	380	1588	7.5	10.0	64.9	(0)	(0)	(0)	7	1.7	—	—	0.07	0.41	—

食品名称	维生素 B_{12}	叶酸	烟酸	维生素 C	维生素 E		钙 Ca	磷 P	钾 K	钠 Na	镁 Mg	铁 Fe	锌 Zn	硒 Se	铜 Cu	锰 Mn	碘 I
					总	α-TE											
	μg	μg	mg	mg	mg	mg	mg	mg	mg	mg	mg	mg	mg	μg	mg	mg	μg
牛乳[2]	—	—	0.1	1	0.21	0.10	104	73	109	37.2	11	0.3	0.42	1.94	0.02	0.03	—
鲜羊乳[2]	—	—	2.1	—	0.19	—	82	98	135	20.6	—	0.5	0.29	1.75	0.04	—	—
人乳[2]	—	—	0.2	5	—	—	30	13	—	—	32	0.1	0.28	—	0.03	—	—
全脂奶粉[1]	—	5.9	0.09	—	—	—	750	550	209	220.6	91	3.9	3.97	11.78	0.20	0.01	—
低脂奶粉（高铁高钙）[1]	1.50	—	—	65.0	—	—	1350	950	1338	406.9	35	12.0	5.00	8.36	0.20	0.13	—
酸奶（调味）[1]	—	11.3	0.06	—	—	—	160	168	272	69.6	12	1.6	0.63	1.42	0.01	0.03	—
酸奶（果粒）[1]	0.10	15.6	0.08	1.0	—	—	61	103	241	53.8	8	0.1	0.39	1.19	0.01	0.02	—
奶酪[1]	0.90	2.8	Tr	Tr	Tr	Tr	445	389	315	1598.0	20	0.2	2.35	5.08	0.02	0.01	—
奶油[1]	—	3.0	Tr	Tr	2.23	2.23	2	—	31	1.7	0	0.1	—	1.00	—	0.01	—
黄油[2]	—	—	—	—	—	—	35	2	39	40.3	7	0.8	0.11	1.60	0.01	0.05	—
全脂甜炼乳[1]	—	7.8	0.21	Tr	0.30	0.30	334	243	308	88.6	21	0.2	1.04	18.74	0.12	0.06	8.9

蛋类及其制品

续附表 1

食物名称	食部	水分	能量[1]		蛋白质	脂肪	碳水化合物	膳食纤维			胆固醇	灰分	维生素 A		硫胺素	核黄素	维生素 B_6
								总	可溶	不溶			VitA	胡萝卜素			
	%	g	kcal	kJ	g	g	g	g	g	g	mg	g	μgRE	μg	mg	mg	mg
鸡蛋(平均)[2]	88	74.1	144	602	13.3	8.8	2.8	—	—	—	—	1.0	234	—	0.31	0.27	—
蛋白质[2]	100	84.4	60	251	11.6	0.1	3.0	—	—	—	—	0.8	—	—	0.04	0.31	—
鸡蛋黄[2]	100	51.5	328	1372	15.2	28.2	3.4	—	—	—	1510	1.7	438	—	0.33	0.29	—
鸡蛋粉(全蛋粉)[2]	100	2.5	545	2280	43.4	36.2	11.3	—	—	—	2251	6.6	525	—	0.05	0.40	—
鸭蛋[2]	87	70.3	180	753	12.6	13.0	3.1	—	—	—	565	1.0	261	—	0.17	0.35	—
鸭蛋白[2]	100	87.7	47	197	9.9	1.8	—	—	—	—	0.6	23	—	0.01	0.35	—	
鸭蛋黄[2]	100	44.9	378	1582	14.5	33.8	4.0	—	—	—	1576	2.8	1980	—	0.28	0.62	—
松花蛋(鸭蛋)[1]	90	68.4	171	715	14.2	10.7	4.5	—	—	—	608	2.2	215	—	0.06	0.18	—
咸鸭蛋[1]	88	61.3	190	795	12.7	12.7	6.3	—	—	—	647	7.0	134	—	0.16	.033	—
鹅蛋[2]	87	69.3	196	20	11.1	15.6	2.8	—	—	—	7.4	1.2	192	—	0.08	0.30	—
鹌鹑蛋[2]	86	73.0	160	669	12.8	11.1	2.1	—	—	—	515	1.0	337	—	0.11	0.49	—

食品名称	维生素 B_{12}	叶酸	烟酸	维生素 C	维生素 E		钙 Ca	磷 P	钾 K	钠 Na	镁 Mg	铁 Fe	锌 Zn	硒 Se	铜 Cu	锰 Mn	碘 I
					总	α-TE											
	μg	μg	mg	mg	mg	mg	mg	mg	mg	mg	mg	mg	mg	μg	mg	mg	μg
鸡蛋(平均)[2]	—	—	0.2	—	1.84	1.14	56	130	154	131.5	10	2.0	1.10	14.34	0.15	0.04	—
蛋白质[2]	—	—	0.2	—	0.01	0.01	9	18	132	79.4	15	1.6	0.02	6.97	0.05	0.02	—
鸡蛋黄[2]	—	—	0.1	—	5.06	2.57	112	240	95	54.9	41	6.5	3.79	27.01	0.28	0.06	—
鸡蛋粉(全蛋粉)[2]	—	—	—	—	11.56	7.96	954	780	357	393.2	46	10.5	5.95	39.10	0.28	0.22	—
鸭蛋[2]	—	—	0.2	—	4.98	4.02	62	226	135	106.0	13	2.9	1.67	15.68	0.11	0.04	—
鸭蛋白[2]	—	—	0.1	—	0.16	—	18	—	84	71.2	21	0.1	—	4.00	0.08	—	—
鸭蛋黄[2]	—	—	—	—	12.72	—	123	55	86	30.1	22	4.96	3.09	25.00	0.16	0.10	—
松花蛋(鸭蛋)[1]	—	—	0.1	—	3.06	2.80	63	165	152	542.7	13	3.3	1.48	25.24	0.12	0.06	—
咸鸭蛋[1]	—	—	0.1	—	6.25	5.68	118	231	184	2706.1	30	3.6	1.74	24.04	0.14	0.10	—
鹅蛋[2]	—	—	0.4	—	4.50	3.57	34	130	74	90.6	12	4.1	1.433	27.24	0.09	0.04	—
鹌鹑蛋[2]	—	—	0.1	—	3.08	1.67	47	180	138	106.6	11	3.2	1.61	25.48	0.09	0.04	—

续附表 1

鱼虾蟹贝类

食物名称	食部	水分	能量[1]		蛋白质	脂肪	碳水化合物	膳食纤维			胆固醇	灰分	维生素 A		硫胺素	核黄素	维生素 B_6
								总	可溶	不溶			VitA	胡萝卜素			
	%	g	kcal	kJ	g	g	g	g	g	g	mg	g	μgRE	μg	mg	mg	mg
草鱼[1]	58	78.2	96	403	17.7	2.6	0.5	—	—	—	47	1.0	Tr	—	—	0.04	0.10
鲢鱼[1]	61	82.8	84	352	16.3	2.1	0	—	—	—	38	1.1	Tr	—	0.01	0.05	0.10
鲫鱼[1]	54	78.6	89	373	18.0	1.6	0.7	—	—	—	21	1.1	Tr	—	0.08	0.06	0.10
胡子鲶[2]	50	72.6	146	611	15.4	8.0	3.1	—	—	—	53	0.9	8	—	0.05	0.11	—
黄鳝(鳝鱼)[2]	67	78.0	89	372	18.0	1.4	1.2	—	—	—	126	1.4	50	—	0.06	0.98	—
鲤鱼[2]	54	767	109	456	17.6	4.1	0.5	—	—	—	84	1.1	25	—	0.03	0.09	—
泥鳅[2]	60	76.6	96	402	17.9	2.0	1.7	—	—	—	136	1.8	14	—	0.10	0.33	—
青鱼[2]	63	73.9	118	494	20.1	4.2	0	—	—	—	108	2.4	42	—	0.02	0.07	—
乌鳢(黑鱼)[2]	57	78.7	85	356	18.5	1.2	0	—	—	—	91	1.6	26	—	0.02	0.14	—
银鱼(面条鱼)[2]	100	76.2	105	439	17.2	4.0	0	—	—	—	361	2.6	—	—	0.03	0.05	—
鳊鱼(武昌鱼)[2]	59	73.1	135	565	18.3	6.3	1.2	—	—	—	94	1.1	28	—	0.02	0.07	—
湟鱼[2]	56	71.3	124	519	17.1	3.2	6.7	—	—	—	98	1.7	10	—	Tr	0.05	—
鳗鲡(河鳗)[2]	84	67.1	181	757	18.6	10.8	2.3	—	—	—	177	1.2	—	—	0.02	0.02	—
鳙鱼(胖头鱼,花鲢)[2]	61	76.5	100	418	15.3	2.2	4.7	—	—	—	112	1.3	34	—	0.04	0.11	—
鳜鱼(桂鱼)[2]	61	74.5	117	490	19.9	4.2	0	—	—	—	124	1.5	12	—	0.02	0.07	—
小黄鱼[1]	62	79.4	114	477	17.0	5.1	0	—	—	—	76	1.6	94	—	0.03	0.08	0.04
大黄鱼[1]	66	77.7	97	406	17.7	2.5	0.8	—	—	—	86	1.3	10	—	0.03	0.07	—
带鱼(刀鱼)[2]	76	73.3	127	531	17.7	4.9	3.1	—	—	—	76	1.0	29	—	0.02	0.06	—
黄姑鱼[2]	63	74.0	137	573	18.4	7.0	0	—	—	—	166	1.4	—	—	0.04	0.09	—
沙丁鱼[2]	67	78.0	89	372	19.81	1.0	—	—	—	—	158	1.3	—	—	0.01	0.03	—
鲅鱼(马鲛鱼)[2]	80	72.5	121	506	21.2	3.1	2.1	—	—	—	75	1.1	19	—	0.03	0.04	—

续附表 1

食品名称	维生素 B_{12}	叶酸	烟酸	维生素 C	维生素 E		钙 Ca	磷 P	钾 K	钠 Na	镁 Mg	铁 Fe	锌 Zn	硒 Se	铜 Cu	锰 Mn	碘 I
					总	α-TE											
	μg	μg	mg	mg	mg	mg	mg	mg	mg	mg	mg	mg	mg	μg	mg	mg	μg
草鱼[1]	—	15.5	2.48	Tr	Tr	Tr	17	152	325	36.0	26	1.3	0.38	11.67	0.01	0.01	—
鲢鱼[1]	—	27.4	3.08	Tr	0.30	0.30	53	184	277	57.5	23	1.5	0.67	14.43	0.04	0.01	—
鲫鱼[1]	—	—	2.38	Tr	0.34	0.34	79	157	290	41.2	41	1.3	0.53	22.96	0.01	—	—
胡子鲶[2]	—	—	4.3	—	0.09	0.09	18	129	78	45.5	20	0.6	0.83	34.20	0.04	0.02	—
黄鳝(鳝鱼)[2]	—	—	3.7	—	1.34	1.34	42	206	263	70.2	18	2.5	1.97	34.56	0.05	2.22	—
鲤鱼[2]	—	—	2.7	—	1.27	0.35	50	204	334	53.7	33	1.0	2.08	15.38	0.06	0.05	—
泥鳅[2]	—	—	6.2	—	0.79	0.25	299	302	282	74.8	28	2.9	2.76	35.30	0.09	0.47	—
青鱼[2]	—	—	2.9	—	0.81	0.67	31	184	325	47.7	32	0.9	0.96	37.69	0.06	0.04	—
乌鳢(黑鱼)[2]	—	—	2.5	—	0.97	0.97	152	232	313	48.8	33	0.7	0.80	24.57	0.05	0.06	—
银鱼(面条鱼)[2]	—	—	0.2	—	1.86	0.09	46	22	246	8.6	25	0.9	0.16	9.54	—	0.07	—
鳊鱼(武昌鱼)[2]	—	—	1.7	—	0.52	0.52	89	188	215	41.1	17	0.7	0.80	24.10	0.07	0.05	—
湟鱼[2]	—	—	2.8	—	1.10	0.65	0.34	229	372	42.0	15	1.2	1.28	24.10	0.19	0.04	—
鳗鲡(河鳗)[2]	—	—	3.8	—	3.60	2.87	42	248	207	58.8	34	1.5	1.15	33.66	0.18	—	—
鳙鱼(胖头鱼,花鲢)[2]	—	—	2.8	—	2.65	2.65	82	180	229	60.6	26	0.8	0.76	19.47	0.07	0.08	—
鳜鱼(桂鱼)[2]	—	—	5.9	—	0.87	—	63	217	295	68.6	32	1.0	1.07	26.50	0.10	0.03	—
小黄鱼[1]	—	—	0.72	Tr	0.82	0.82	191	217	198	194.3	23	0.7	0.88	26.71	0.04	0.06	—
大黄鱼[1]	—	—	1.9	—	1.13	0.20	53	174	260	120.3	39	0.7	0.58	42.57	0.04	0.02	—
带鱼(刀鱼)[2]	—	—	2.8	—	0.82	—	28	191	280	150.1	43	1.2	0.70	36.57	0.08	0.17	—
黄姑鱼[2]	—	—	3.6	—	1.09	0.31	94	196	282	101.9	29	0.9	0.61	63.30	0.02	0.07	—
沙丁鱼[2]	—	—	2.0	—	0.26	—	184	183	136	91.5	30	1.4	0.16	48.95	0.02	0.07	—
鲅鱼(马鲛鱼)[2]	—	—	2.1	—	0.71	0.44	35	130	370	74.2	50	0.8	1.39	51.81	0.37	0.03	—

续附表 1

食物名称	食部	水分	能量[1]		蛋白质	脂肪	碳水化合物	膳食纤维			胆固醇	灰分	维生素 A		硫胺素	核黄素	维生素 B_6
								总	可溶	不溶			VitA	胡萝卜素			
	%	g	kcal	kJ	g	g	g	g	g	g	mg	g	μgRE	μg	mg	mg	mg
鲆（比目鱼）[2]	68	75.9	112	469	20.8	3.2	0	—	—	—	81	1.9	—	—	0.11	Tr	—
鲈鱼[2]	58	76.5	105	439	18.6	3.4	0	—	—	—	86	1.5	19	—	0.03	0.17	—
鲐鱼[2]	66	69.1	155	649	19.9	7.4	2.2	—	—	—	77	1.4	38	—	0.08	0.12	—
鲑鱼（大马哈鱼）[2]	72	74.0	139	582	17.2	7.8	0	—	—	—	68	0.9	45	—	0.07	0.18	—
鲚鱼（凤尾鱼）[2]	79	77.5	106	444	13.2	5.5	0.8	—	—	—	117	3.0	15	—	Tr	0.08	—
鲻鱼[2]	57	75.3	119	498	18.9	4.8	0	—	—	—	99	1.1	—	—	0.02	0.03	—
鲽（比目鱼）[2]	72	74.6	107	448	21.1	2.3	0.5	—	—	—	73	1.5	117	—	0.03	0.04	—
鳕鱼[2]	45	77.4	88	368	20.4	0.5	0.5	—	—	—	114	1.2	14	—	0.04	0.13	—
对虾[2]	61	76.5	93	389	18.6	0.8	2.8	—	—	—	193	1.3	15	—	0.01	0.07	—
海虾[2]	51	79.3	79	331	16.8	0.6	1.5	—	—	—	117	1.8	—	—	0.01	0.05	—
河虾[2]	86	78.1	87	364	16.4	2.4	0	—	—	—	240	3.9	48	—	0.04	0.03	—
基围虾[2]	60	75.2	101	423	18.2	1.4	3.9	—	—	—	181	1.3	—	—	0.02	0.07	—
江虾（沼虾）[2]	100	77.0	87	364	10.3	0.9	9.3	—	—	—	116	2.5	102	—	0.04	0.12	—
龙虾[2]	46	77.6	90	377	18.9	1.1	1.0	—	—	—	121	1.4	—	—	Tr	0.03	—
草虾[2]	57	74.0	96	402	21.2	1.2	0	—	—	—	264	3.6	44	—	0.05	0.03	—
螯虾[2]	31	80.1	93	389	14.8	3.8	0	—	—	—	—	1.3	—	—	0.02	0.18	—
虾皮[2]	100	42.4	153	640	30.7	2.2	2.5	—	—	—	428	22.2	19	—	0.02	0.14	—
虾米（海米）[2]	100	37.4	198	828	43.7	2.6	0	—	—	—	525	17.0	21	—	0.02	0.12	—
海蟹[2]	55	77.1	95	397	13.8	2.3	4.7	—	—	—	125	2.1	389	—	0.06	0.28	—
河蟹[2]	42	75.8	103	431	17.5	2.6	2.3	—	—	—	267	1.8	389	—	0.06	0.28	—
青蟹[2]	43	79.8	80	335	14.6	1.6	1.7	—	—	—	119	2.3	402	2400	0.02	0.39	—

续附表 1

食品名称	维生素 B_{12}	叶酸	烟酸	维生素 C	维生素 E		钙 Ca	磷 P	钾 K	钠 Na	镁 Mg	铁 Fe	锌 Zn	硒 Se	铜 Cu	锰 Mn	碘 I
					总	α-TE											
	μg	μg	mg	mg	mg	mg	mg	mg	mg	mg	mg	mg	mg	μg	mg	mg	μg
鲆(比目鱼)[2]	—	—	4.5	—	0.50	0.16	55	178	317	66.7	55	1.0	0.53	36.97	0.02	0.04	—
鲈鱼[2]	—	—	3.1	—	0.75	0.38	138	242	205	144.1	37	2.0	2.83	33.06	0.05	0.04	—
鲐鱼[2]	—	—	8.8	—	0.55	0.55	50	247	263	87.7	47	1.5	1.02	57.98	0.09	0.04	—
鲑鱼(大马哈鱼)[2]	—	—	4.4	—	0.78	—	13	154	361	63.3	36	0.3	1.11	29.47	0.03	0.02	—
鲚鱼(凤尾鱼)[2]	—	—	1.0	—	0.84	0.05	114	498	161	53.1	28	1.7	1.51	37.80	0.11	0.29	—
鲳鱼[2]	—	—	2.3	—	3.34	0.49	19	183	245	71.4	25	0.5	0.82	16.80	0.03	0.02	—
鲽(比目鱼)[2]	—	—	1.5	—	2.35	0.69	107	135	264	150.4	32	0.4	0.92	29.45	0.06	0.11	—
鳕鱼[2]	—	—	2.7	—	—	—	42	232	321	130.3	84	0.5	0.86	24.80	0.01	0.01	—
对虾[2]	—	—	17	—	0.62	0.50	62	228	215	165.2	43	1.5	2.38	33.72	0.34	0.12	—
海虾[2]	—	—	1.9	—	2.79	0.33	164	196	228	302.2	46	3.0	1.44	56.41	0.44	0.11	—
河虾[2]	—	—	—	—	5.33	0.06	325	186	329	133.8	60	4.0	2.24	29.65	0.64	0.27	—
基围虾[2]	—	—	2.9	—	1.69	1.40	83	139	250	172.0	45	2.0	1.18	39.70	0.50	0.05	—
江虾(沼虾)[2]	—	—	2.2	—	11.30	10.68	78	293	683	—	131	8.8	2.71	17.70	3.46	1.21	—
龙虾[2]	—	—	4.3	—	3.58	3.55	21	221	257	190.0	22	1.3	2.79	39.36	0.54	—	—
草虾[2]	—	—	—	—	4.82	—	4.3	233	250	109.0	26	3.4	2.54	—	2.04	0.21	—
螯虾[2]	—	—	2.7	—	4.31	4.12	85	228	550	225.2	2	6.4	1.45	7.90	1.07	3.25	—
虾皮[2]	—	—	3.1	—	0.92	0.42	991	58.2	617	5057.7	265	607	1.93	74.43	1.08	0.82	—
虾米(海米)[2]	—	—	5.0	—	1.46	1.46	555	666	550	4891.9	236	11.0	3.82	75.40	2.33	0.77	—
海蟹[2]	—	—	2.5	—	2.99	0.96	2.03	208	232	260.0	47	1.6	3.32	82.65	1.67	0.18	—
河蟹[2]	—	—	1.7	—	6.09	5.79	126	182	181	193.5	23	2.9	3.68	56.72	2.97	0.42	—
青蟹[2]	—	—	2.3	—	2.79	2.79	228	262	206	192.9	42	0.9	4.34	75.90	2.84	0.17	—

续附表 1

食物名称	食部	水分	能量[1]		蛋白质	脂肪	碳水化合物	膳食纤维			胆固醇	灰分	维生素 A		硫胺素	核黄素	维生素 B_6
								总	可溶	不溶			VitA	胡萝卜素			
	%	g	kcal	kJ	g	g	g	g	g	g	mg	g	μgRE	μg	mg	mg	mg
梭子蟹[2]	49	77.5	95	397	15.9	3.1	0.9	—	—	—	142	2.6	121	—	0.03	0.30	—
鲍鱼(杂色鲍)[2]	65	77.5	84	351	12.6	0.8	6.6	—	—	—	242	2.5	24	—	0.01	0.16	—
蛏子[2]	57	88.4	40	167	7.3	0.3	2.1	—	—	—	131	1.9	59	—	0.02	0.12	—
河蚌[2]	43	85.3	54	226	10.9	0.8	0.7	—	—	—	103	2.3	243	—	0.01	0.18	—
河蚬(蚬子)[2]	35	88.5	47	197	7.0	1.4	1.7	—	—	—	257	1.4	37	—	0.08	0.13	—
牡蛎(海蛎子)[2]	100	82.0	73	305	503	2.1	8.2	—	—	—	100	2.4	27	—	0.01	0.13	—
泥蚶[2]	30	81.8	71	297	10.0	0.8	6.0	—	—	—	124	1.4	6	—	0.01	0.07	—
扇贝[2]	35	84.2	60	251	11.1	0.6	2.6	—	—	—	140	1.5	—	—	Tr	0.10	—
贻贝(鲜)[2]	49	79.9	0	335	11.4	1.7	4.7	—	—	—	123	2.3	73	—	0.12	0.22	—
贻贝(干,淡菜)[2]	100	15.6	355	1485	47.8	9.3	20.1	—	—	—	493	7.2	36	—	0.04	0.32	—
哈利[2]	39	84.1	62	259	10.1	1.1	2.8	—	—	—	156	1.9	21	—	0.01	0.13	—
红螺[2]	55	68.7	119	498	20.2	0.9	7.6	—	—	—	177	2.6	50	—	Tr	0.64	—
螺蛳[2]	37	83.3	59	247	7.5	0.6	6.0	—	—	—	86	2.6	—	—	Tr	0.28	—
田螺[2]	26	82.3	60	251	11.0	0.2	3.6	—	—	—	154	3.2	—	—	0.02	0.19	—
海参[2]	100	77.1	78	326	16.5	0.2	2.5	—	—	—	51	3.7	—	—	0.03	0.04	—
海参(干)[2]	93	18.9	262	1096	50.2	4.8	4.5	—	—	—	62	21.6	39	—	0.04	0.13	—
海蜇皮[2]	100	76.5	33	138	3.7	0.3	3.8	—	—	—	8	15.7	—	—	0.03	0.05	—
海蜇头[2]	100	69.0	74	310	6.0	0.3	11.8	—	—	—	10	12.9	14	—	0.07	0.04	—
墨鱼[2]	69	79.2	83	347	15.2	0.9	3.4	—	—	—	226	1.3	—	—	0.02	0.04	—
乌贼[2]	97	80.4	84	351	17.4	1.6	0	—	—	—	268	1.1	35	—	0.02	0.06	—
鱿鱼(干)[2]	98	21.8	313	1310	60.0	4.6	7.8	—	—	—	870	5.8	—	—	0.02	0.13	—

续附表 1

食品名称	维生素 B_{12}	叶酸	烟酸	维生素 C	维生素 E		钙 Ca	磷 P	钾 K	钠 Na	镁 Mg	铁 Fe	锌 Zn	硒 Se	铜 Cu	锰 Mn	碘 I
					总	α-TE											
	μg	μg	mg	mg	mg	mg	mg	mg	mg	mg	mg	mg	mg	μg	mg	mg	μg
梭子蟹[2]	—	—	1.9	—	4.56	4.56	280	152	208	484.4	65	2.5	5.50	90.96	1.25	0.26	—
鲍鱼(杂色鲍)[2]	—	—	0.2	—	2.20	0.44	266	77	136	2011.7	59	22.6	1.75	21.38	0.72	0.40	—
蛏子[2]	—	—	1.2	—	0.59	0.59	134	114	140	175.9	35	33.6	2.01	55.14	0.38	11.93	—
河蚌[2]	—	—	0.7	—	1.36	1.36	248	305	17	17.4	16	26.6	6.23	20.24	0.11	59.61	—
河蚬(蚬子)[2]	—	—	1.4	—	0.38	0.38	39	127	25	18.4	10	11.4	1.82	29.79	0.47	0.18	—
牡蛎(海蛎子)[2]	—	—	1.4	—	0.81	0.81	131	115	200	462.1	65	7.1	9.39	86.64	8.13	0.85	—
泥蚶[2]	—	—	1.1	—	13.23	—	59	103	207	354.9	84	11.4	11.59	41.42	0.11	1.25	—
扇贝[2]	—	—	2.5	—	1.53	1.53	77	504	969	306.4	103	5.6	5.05	76.35	0.10	0.43	—
贻贝(鲜)[2]	—	—	1.8	—	14.02	9.67	63	197	157	451.4	56	6.7	2.47	57.77	0.13	0.41	—
贻贝(干,淡菜)[2]	—	—	4.3	—	7.35	4.67	157	454	264	779.0	169	12.5	6.71	120.47	0.73	1.27	—
哈利[2]	—	—	1.5	—	2.41	1.79	133	128	140	425.7	78	10.9	2.38	54.31	0.11	0.44	—
红螺[2]	—	—	0.2	—	20.70	14.23	539	152	179	219.6	191	5.3	3.34	74.78	0.05	0.34	—
螺蛳[2]	—	—	2.0	—	0.43	0.43	156	98	15	252.6	178	104	10.27	16.95	1.52	1.05	—
田螺[2]	—	—	2.2	—	0.75	0.62	103.	93	98	26.0	77	19.7	2.71	16.73	0.80	1.26	—
海参[2]	—	—	0.1	—	3.14	2.37	285	28	43	502.9	149	13.2	0.63	63.93	0.05	0.76	—
海参(干)[2]	—	—	1.3	—	—	—	—	94	356	4968	1047	9.0	2.24	150.0	0.27	0.43	—
海蜇皮[2]	—	—	0.2	—	2.13	0.25	150	30	160	325.0	124	4.8	0.55	15.54	0.12	1.76	—
海蜇头[2]	—	—	0.3	—	2.82	2.17	120	22	331	467.7	114	5.1	0.42	16.60	0.21	1.76	—
墨鱼[2]	—	—	1.8	—	1.49	1.49	15	165	400	165.5	39	1.0	1.34	37.52	0.69	0.10	—
乌贼[2]	—	—	1.6	—	1.68	1.68	44	19	290	110.0	42	0.9	2.38	38.18	0.45	0.08	—
鱿鱼(干)[2]	—	—	4.9	—	9.72	9.72	87	392	1131	965.3	192	4.1	11.24	156.12	1.07	0.18	—

注:1. 杨月欣．中国食物成分表．北京:北京大学医学出版社,2004.

2. 杨月欣,王光豆,等．中国食物成分表．北京:北京大学医学出版社,2002.

“—”—未检测；

Tr—微量,低于目前应用测定方法的检出限或未检出；

(0)—估计零值,理论上估计不存在该营养素,未实际检测；

()—估计数值；

un—不能计算。

附表 2　中国居民膳食营养素参考摄入量表(*DRIs*)

附表 2-1　中国居民膳食能量需要量(*EER*)

年龄(岁)/生理状况	男性 PAL						女性 PAL					
	轻(Ⅰ)		中(Ⅱ)		重(Ⅲ)		轻(Ⅰ)		中(Ⅱ)		重(Ⅲ)	
	MJ/d	kcal/d	MJ/d	kcal/d	MJ/d	kcal/d	MJ/d	kcal/d	MJ/d	kcal/d	MJ/d	kcal/d
0～	—	—	0.38[a]	90[b]	—	—	—	—	0.38[a]	90[b]	—	—
0.5～	—	—	0.33[a]	80[b]	—	—	—	—	0.33[a]	80[b]	—	—
1～	—	—	3.77	900	—	—	—	—	3.35	800	—	—
2～	—	—	4.60	1100	—	—	—	—	4.18	1000	—	—
3～	—	—	5.23	1250	—	—	—	—	5.02	1200	—	—
4～	—	—	5.44	1300	—	—	—	—	5.23	1250	—	—
5～	—	—	5.86	1400	—	—	—	—	5.44	1300	—	—
6～	5.86	1400	6.69	1600	7.53	1800	5.23	1250	6.07	1450	6.90	1650
7～	6.28	1500	7.11	1700	7.95	1900	5.65	1350	6.49	1550	7.32	1750
8～	6.90	1650	7.74	1850	8.79	2100	6.07	1450	7.11	1700	7.95	1900
9～	7.32	1750	8.37	2000	9.41	2250	6.49	1550	7.53	1800	8.37	2000
10～	7.53	1800	8.58	2050	9.62	2300	6.90	1650	7.95	1900	9.00	2150
11～	8.58	2050	9.83	2350	10.88	2600	7.53	1800	8.58	2050	9.62	2300
14～	10.46	2500	11.92	2850	13.39	3200	8.37	2000	9.62	2300	10.67	2550
18～	9.41	2250	10.88	2600	12.55	3000	7.53	1800	8.79	2100	10.04	2400
50～	8.79	2100	10.25	2450	11.72	2800	7.32	1750	8.58	2050	9.83	2350
65～	8.58	2050	9.83	2350	—	—	7.11	1700	8.16	1950	—	—
80～	7.95	1900	9.20	2200	—	—	6.28	1500	7.32	1750	—	—
孕妇(1～12 周)	—	—	—	—	—	—	7.53	1800	8.79	2100	10.04	2400
孕妇(13～27 周)	—	—	—	—	—	—	8.79	2100	10.04	2400	11.29	2700
孕妇(≥28 周)	—	—	—	—	—	—	9.41	2250	10.67	2550	11.92	2850
乳母	—	—	—	—	—	—	9.62	2300	10.88	2600	12.13	2900

注:“—”表示未制定。

a. 单位为:兆焦每天每千克体重[MJ/(kg·d)]。

b. 单位为:千卡每天每千克体重[kcal/(kg·d)]。

附表 2-2　中国居民膳食蛋白质参考摄入量　　单位：g/d

年龄(岁)/生理状况	男性		女性	
	EAR	*RNI*	*EAR*	*RNI*
0～	—	9[a]	—	9[a]
0.5～	15	20	15	20
1～	20	25	20	25
2～	20	25	20	25
3～	25	30	25	30
4～	25	30	25	30
5～	25	30	25	30
6～	25	35	25	35
7～	30	40	30	40
8～	30	40	30	40
9～	40	45	40	45
10～	40	50	40	50
11～	50	60	45	55
14～	60	75	50	60
18～	60	65	50	55
孕妇(1～12周)	—	—	50	55
孕妇(13～27周)	—	—	60	70
孕妇(≥28周)	—	—	75	85
乳母	—	—	70	80

注："—"表示未制定。

a. *AI* 值。

附表 2-3　中国居民膳食脂肪、脂肪酸参考摄入量和可接受范围

单位：能量百分比（%E）

年龄（岁）/生理状况	脂肪	饱和脂肪酸	n-6 多不饱和脂肪酸[a]		n-3 多不饱和脂肪酸	
	AMDR	U-AMDR	AI	AMDR	AI[b]	AMDR
0～	48[c]	—	7.3	—	0.87	—
0.5～	40[c]	—	6.0	—	0.66	—
1～	35[c]	—	4.0	—	0.60	—
4～	20～30	<8	4.0	—	0.60	—
7～	20～30	<8	4.0	—	0.60	—
18～	20～30	<10	4.0	2.5～9.0	0.60	0.5～2.0
60～	20～30	<10	4.0	2.5～9.0	0.60	0.5～2.0
孕妇和乳母	20～30	<10	4.0	2.5～9.0	0.60	0.5～2.0

a. 亚油酸的数值。
b. α-亚麻酸的数值。
c. AI 值。

附表 2-4　中国居民膳食碳水化合物参考摄入量和可接受范围

年龄（岁）/生理状况	碳水化合物		添加糖
	EAR	AMDR	AMDR
	g/d	%E	%E
0～	—	60[a]	—
0.5～	—	85[a]	—
1～	120	50～65	—
4～	120	50～65	<10
7～	120	50～65	<10
11～	150	50～65	<10
14～	150	50～65	<10
18～65	120	50～65	<10
孕妇	130	50～65	<10
乳母	160	50～65	<10

a. AI 值，单位为克（g）。

附表 2-5　中国居民膳食常量元素参考摄入量　　单位：mg/d

年龄(岁)/生理状况	钙			磷			镁		钾	钠	氯
	EAR	*RNI*	*UL*	*EAR*	*RNI*	*UL*	*EAR*	*RNI*	*AI*	*AI*	*AI*
0～	—	200[a]	1000	—	100[a]	—	—	20[a]	350	170	260
0.5～	—	250[a]	1500	—	180[a]	—	—	65[a]	550	350	550
1～	500	600	1500	250	300	—	110	140	900	700	1100
4～	650	800	2000	290	350	—	130	160	1200	900	1400
7～	800	1000	2000	400	470	—	180	220	1500	1200	1900
11～	1000	1200	2000	540	640	—	250	300	1900	1400	2200
14～	800	1000	2000	590	710	—	270	320	2200	1600	2500
18～	650	800	2000	600	720	3500	280	330	2000	1500	2300
50～	800	1000	2000	600	720	3500	280	330	2000	1400	2200
65～	800	1000	2000	590	700	3000	270	320	2000	1400	2200
80～	800	1000	2000	560	670	3000	260	310	2000	1300	2000
孕妇(1～12 周)	650	800	2000	600	720	3500	310	370	2000	1500	2300
孕妇(13～27 周)	810	1000	2000	600	720	3500	310	370	2000	1500	2300
孕妇(≥28 周)	810	1000	2000	600	720	3500	310	370	2000	1500	2300
乳母	810	1000	2000	600	720	3500	280	330	2400	1500	2300

注："—"表示未制定。

a. *AI* 值。

附表 2-6　中国居民膳食微量元素参考摄入量

年龄(岁)/生理状况	铁 mg/d			碘 μg/d			锌 mg/d			硒 μg/d			铜 mg/d			钼 μg/d			铬 μg/d
	EAR	RNI	UL	EAR	RNI	UL	EAR	RNI	UL	EAR	RNI	UL	EAR	RNI	UL	EAR	RNI	UL	AI
0～	—	0.3[a]	—	—	85[a]	—	—	2[a]	—	—	15[a]	55	—	0.3[a]	—	—	2[a]	—	0.2
0.5～	7	10	—	—	115[a]	—	2.8	3.5	—	—	20[a]	80	—	0.3[a]	—	—	15[a]	—	4.0
1～	6	9	25	65	90	—	3.2	4.0	8	20	25	100	0.25	0.3	2.0	35	40	200	15
4～	7	10	30	65	90	200	4.6	5.5	12	25	30	150	0.30	0.4	3.0	40	50	300	20
7～	10	13	35	65	90	300	5.9	7.0	19	35	40	200	0.40	0.5	4.0	55	65	450	25
11～(男)	11	15	40	75	110	400	8.2	10.0	28	45	55	300	0.55	0.7	6.0	75	90	650	30
11～(女)	14	18					7.6	9.0											35
14～(男)	12	16	40	85	120	500	9.7	12.0	35	50	60	350	0.60	0.8	7.0	85	100	800	30
14～(女)	14	18					6.9	8.5											
18～(男)	9	12	42	85	120	600	10.4	12.5	40	50	60	400	0.60	0.8	8.0	85	100	900	30
18～(女)	15	20					6.1	7.5											
50～(男)	9	12	42	85	120	600	10.4	12.5	40	50	60	400	0.60	0.8	8.0	85	100	900	30
50～(女)							6.1	7.5											
孕妇(1～12周)	15	20	42	160	230	600	7.8	9.5	40	54	65	400	0.7	0.9	8.0	92	110	900	31
孕妇(13～27周)	19	24	42																34
孕妇(≥28周)	22	29	42																36
乳母	18	24	42	170	240	600	9.9	12	40	65	78	400	1.1	1.4	8.0	88	103	900	37

注:“—”表示未制定。

a. AI 值。

附表 2-7　中国居民膳食脂溶性维生素参考摄入量

年龄(岁)/生理状况	维生素 A μg RAE/d					维生素 D μg/d			维生素 E mg α-TE/d		维生素 K μg/d
	EAR		*RNI*		*UL*	*EAR*	*RNI*	*UL*	*AI*	*UL*	*AI*
	男	女	男	女							
0～	—		300[a]		600	—	10[a]	20	3	—	2
0.5～	—		350[a]		600	—	10[a]	20	4	—	10
1～	220		310		700	8	10	20	6	150	30
4～	260		360		900	8	10	30	7	200	40
7～	360		500		1500	8	10	45	9	350	50
11～	480	450	670	630	2100	8	10	50	13	500	70
14～	590	450	820	630	2700	8	10	50	14	600	75
18～	560	480	800	700	3000	8	10	50	14	700	80
50～	560	480	800	700	3000	8	10	50	14	700	80
65～	560	480	800	700	3000	8	15	50	14	700	80
80～	560	480	800	700	3000	8	15	50	14	700	80
孕妇(1～12周)	—	480	—	700	3000	8	10	50	14	700	80
孕妇(13～27周)	—	530	—	770	3000	8	10	50	14	700	80
孕妇(≥28周)	—	530	—	770	3000	8	10	50	14	700	80
乳母	—	880	—	1300	3000	8	10	50	17	700	85

注:“—”表示未制定。

a. *AI* 值。

附表 2-8　中国居民膳食水溶性维生素参考摄入量

年龄(岁)/生理状况	维生素 B_1					维生素 B_2					维生素 B_6			
	EAR mg/d		*AI* mg/d	*RNI* mg/d		*EAR* mg/d		*AI* mg/d	*RNI* mg/d		*EAR* mg/d	*AI* mg/d	*RNI* mg/d	*UL* mg/d
	男	女		男	女	男	女		男	女				
0～	—	—	0.1	—	—	—	—	0.4	—	—	—	0.2	—	—
0.5～	—	—	0.3	—	—	—	—	0.5	—	—	—	0.4	—	—
1～	0.5	0.5	—	0.6	0.6	0.5	0.5	—	0.6	0.6	0.5	—	0.6	20
4～	0.6	0.6	—	0.8	0.8	0.6	0.6	—	0.7	0.7	0.6	—	0.7	25
7～	0.8	0.8	—	1.0	1.0	0.8	0.8	—	1.0	1.0	0.8	—	1.0	35
11～	1.1	1.0	—	1.3	1.1	1.1	0.9	—	1.3	1.1	1.1	—	1.3	45
14～	1.3	1.1	—	1.6	1.3	1.3	1.0	—	1.5	1.2	1.2	—	1.4	55
18～	1.2	1.0	—	1.4	1.2	1.2	1.0	—	1.4	1.2	1.2	—	1.4	60
50～	1.2	1.0	—	1.4	1.2	1.2	1.0	—	1.4	1.2	1.3	—	1.6	60
65～	1.2	1.0	—	1.4	1.2	1.2	1.0	—	1.4	1.2	1.3	—	1.6	60
80～	1.2	1.0	—	1.4	1.2	1.2	1.0	—	1.4	1.2	1.3	—	1.6	60
孕妇(1～12 周)	—	1.0	—	—	1.2	—	1.0	—	—	1.2	1.9	—	2.2	60
孕妇(13～27 周)	—	1.1	—	—	1.4	—	1.1	—	—	1.4	1.9	—	2.2	60
孕妇(≥28 周)	—	1.2	—	—	1.5	—	1.2	—	—	1.5	1.9	—	2.2	60
乳母	—	1.2	—		1.5	—	1.2	—	—	1.5	1.4	—	1.7	60

续附表 2-8

年龄(岁)/生理状况	维生素 B_{12}			泛酸	叶酸				烟酸						烟酰胺
	EAR μg/d	*AI* μg/d	*RNI* μg/d	*AI* mg/d	*EAR* μgDFE/d	*AI* μgDFE/d	*RNI* μgDFE/d	*UL* μg/d	*EAR* mgNE/d		*AI* mgNE/d	*RNI* mgNE/d		*UL* mgNE/d	*UL* mg/d
									男	女		男	女		
0～	—	0.3	—	1.7	—	65	—		—		2			—	—
0.5～	—	0.6	—	1.9	—	100	—		—		3			—	—
1～	0.8	—	1.0	2.1	130	—	160	300	5	5	—	6	6	10	100
4～	1.0	—	1.2	2.5	150	—	190	400	7	6	—	8	8	15	130
7～	1.3	—	1.6	3.5	210	—	250	600	9	8	—	11	10	20	180
11～	1.8	—	2.1	4.5	290	—	350	800	11	10	—	14	12	25	240
14～	2.0	—	2.4	5.0	320	—	400	900	14	11	—	16	13	30	280
18～	2.0	—	2.4	5.0	320	—	400	1000	12	10	—	15	12	35	310
50～	2.0	—	2.4	5.0	320	—	400	1000	12	10	—	14	12	35	310
65～	2.0	—	2.4	5.0	320	—	400	1000	11	9	—	14	11	35	300
80～	2.0	—	2.4	5.0	320	—	400	1000	11	8	—	13	10	30	280
孕妇(1～12 周)	2.4	—	2.9	6.0	520	—	600	1000	—	10	—	—	12	35	310
孕妇(13～27 周)	2.4	—	2.9	6.0	520	—	600	1000	—	10	—	—	12	35	310
孕妇(≥28 周)	2.4	—	2.9	6.0	520	—	600	1000	—	10	—	—	12	35	310
乳母	2.6	—	3.2	7.0	450	—	550	1000	—	12	—	—	15	35	310

续附表 2-8

年龄(岁)/生理状况	胆碱			生物素	维生素 C			
	AI mg/d		*UL* mg/d	*AI* mg/d	*EAR* mg/d	*AI* mg/d	*RNI* mg/d	*UL* mg/d
	男	女						
0～	120	120	—	5	—	40	—	—
0.5～	150	150	—	9	—	40	—	—
1～	200	200	1000	17	35	—	40	400
4～	250	250	1000	20	40	—	50	600
7～	300	300	1500	25	55	—	65	1000
11～	400	400	2000	35	75	—	90	1400
14～	500	400	2500	40	85	—	100	1800
18～	500	400	3000	40	85	—	100	2000
50～	500	400	3000	40	85	—	100	2000
65～	500	400	3000	40	85	—	100	2000
80～	500	400	3000	40	85	—	100	2000
孕妇(1～12 周)	—	420	3000	40	85	—	100	2000
孕妇(13～27 周)	—	420	3000	40	95	—	115	2000
孕妇(≥28 周)	—	420	3000	40	95	—	115	2000
乳母	—	520	3000	50	125	—	150	2000

注 1:“—”表示未制定。

注 2:有些维生素未制定 *UL*,主要原因是研究资料不充分,并不表示过量摄入没有健康风险。

参考文献

[1]蔡东联.实用营养学.北京:人民卫生出版社,2005.
[2]蔡美琴.公共营养学.北京:中国中医药出版社,2006.
[3]葛可佑.中国营养师培训教材.北京:人民卫生出版社,2005.
[4]范志红.食物营养与配餐.北京:中国农业大学出版社,2010.
[5]杨月欣.营养配餐和膳食评价实用指导.北京:人民卫生出版社,2008.
[6]杨月欣.公共营养师国家职业资格三级.北京:中国劳动社会保障出版社,2007.
[7]杨月欣.公共营养师国家职业资格四级.北京:中国劳动社会保障出版社,2007.
[8]中国营养学会.中国居民膳食指南.拉萨:西藏人民出版社,2008.
[9]彭珊珊.食品营养与保健.北京:中国计量出版社,2011.
[10]王宇鸿.食品营养与保健.北京:化学工业出版社,2008.
[11]刘志皋.食品营养学.北京:中国轻工业出版社,2006.
[12]周才琼.食品营养学.北京:中国计量出版社,2006.
[13]王光慈.食品营养学.北京:中国农业出版社,2001.
[14]陈辉.现代营养学.北京:化学工业出版社,2005.
[15]常峰,顾宗珠.功能食品.北京:化学工业出版社,2012.
[16]李凤林,张忠,李凤玉.食品营养学.北京:化学工业出版社,2010.
[17]罗登宏,周桃英.食品营养学.北京:中国农业大学出版社,2011.
[18]林海,杨玉红.食品营养与卫生.3版.武汉:武汉理工大学出版社,2018.
[19]杨玉红.食品营养与卫生.西安:西北工业大学出版社,2011.
[20]胡秋红,许丽遐.食品营养与卫生.北京:北京理工大学出版社,2011.
[21]王晶.食品营养标签和标签成分检测技术.北京:化学工业出版社,2006.
[22]李京东,倪雪朋.食品营养与卫生.北京:中国轻工业出版社,2011.
[23]高永清,吴小南,蔡美琴.营养与食品卫生学.北京:科学出版社,2010.
[24]孙长颢.营养与食品卫生学.北京:人民卫生出版社,2011.
[25]任顺成.食品营养与卫生.北京:中国轻工业出版社,2011.
[26]姜忠丽.食品营养与安全卫生学.北京:化学工业出版社,2010.
[27]韩梅,乔晋萍.医学营养学基础.北京:中国医药科技出版社,2011.
[28]杜寿玢,郭长江,顾景范.现代临床营养学.2版.北京:科学出版社,2012.
[29]葛可佑.中国营养科学全书(下册).北京:人民卫生出版社,2006.
[30]Barbara A Bowman,Robert M Russell.现代营养学.9版.荫士安,汪之顼,王茵,译.北京:人民卫生出版社,2008.
[31]李淑琼,张建.食品营养与卫生安全.北京:中国商业出版社,2015.
[32]邓泽元.食品营养学.4版.北京:中国农业出版社,2016.
[33]中国营养学会.中国居民膳食指南(2016).北京:人民卫生出版社,2016.
[34]袁仲.食品营养与卫生.北京:科学出版社,2017.